四川大學中國俗文化研究所
四川大學漢語史研究所

漢語史研究集刊

（第二十三輯）

語言學·漢語類CSSCI來源集刊

俞理明 雷漢卿◎主編

四川大學出版社

責任編輯：歐風偃
責任校對：黄蘊婷
封面設計：嚴春艷
責任印製：王　煒

圖書在版編目(CIP)數據

漢語史研究集刊. 第二十三輯 / 俞理明，雷漢卿主編. —成都：四川大學出版社，2017.8
ISBN 978-7-5690-1141-8

Ⅰ.①漢…　Ⅱ.①俞…　②雷…　Ⅲ.①漢語史-研究-叢刊　Ⅳ.①H1-09

中國版本圖書館 CIP 數據核字（2017）第 219614 號

書名　**漢語史研究集刊(第二十三輯)**
Hanyushi Yanjiu Jikan (Di-ershisan Ji)

主　編	俞理明　雷漢卿
出　版	四川大學出版社
地　址	成都市一環路南一段 24 號 (610065)
發　行	四川大學出版社
書　號	ISBN 978-7-5690-1141-8
印　刷	郫縣犀浦印刷廠
成品尺寸	185 mm×260 mm
印　張	23.25
字　數	457 千字
版　次	2017 年 12 月第 1 版
印　次	2017 年 12 月第 1 次印刷
定　價	68.00 圓

◆讀者郵購本書，請與本社發行科聯繫。
電話：(028)85408408/(028)85401670/
(028)85408023　郵政編碼：610065
◆本社圖書如有印裝質量問題，請
寄回出版社調换。
◆網址：http://www.scupress.net

慶祝張永言、趙振鐸、向熹教授九十華誕專輯

目 録

《說文解字》注音釋義箋識*

蔣冀騁

提　要： 文章吸收古文字的研究成果，證以《説文》體例，對《説文》某些字的注音和釋義以及字形解説提出了一些看法，補充或糾正了許慎和前人的一些説法。

關鍵詞：《説文》；甲骨文；金文；形聲；釋義

禄，《説文》："福也。從示，录聲。"（大徐本，7頁）

按，甲金文有字，諸家釋爲"录"，羅振玉云："《説文解字》禄從示录聲，古文皆不從示，《录敢》作。"孫海波認爲："卜辭用録爲禄。"至於"録"字的取象，大多數研究者都没有解説，只有李孝定曾給予解釋，他説："《説文》：'录，刻木录录也，象形。'許君此語亦殊費解。王筠《釋例》云：'按，上象其交互之文，下象其紛披之文，要之，不定爲何物，不得爲象形也。'自餘説此者甚多，屬無足以饜人意者。竊疑此爲井鹿盧之初文。上象桔槔（或作挈皋，或作契皋，無定字），下象汲水器，小點象水滴形。今字作轆，與轤字連文。《説文》無轆轤字而古語有之，但作鹿盧。古詩'腰中鹿盧劍'，《漢書・雋不疑傳》注：'晋灼曰："古長劍首以玉作井鹿盧形。"'卜辭爲地名，或借爲禄。"（于省吾 1999：2926－2927）

今按，這是一種不錯的解釋，但由於此字在甲金文中或用作地名，有時借爲"禄"，故其造字之意的解釋只是一種猜測，其本義難以指實。《漢語大字典》"录"字下的按語云："甲骨文、金文像井上轆轤打水之形，當爲轆轤之'轆'的初文。"即本孫海波説。我們認爲，以這種猜測的解釋作爲依據是不恰當的。

我們先看孫氏所舉的例證"腰中鹿盧劍"，前人並未給出確解，而晋灼的解釋是針對《漢書・雋不疑傳》"不疑冠進賢冠，帶櫑具劍"的，對這段話，顔師古注先引應劭："櫑具，木摽首之劍，櫑落壯大也"，次引晋灼："古長劍首以玉作井鹿

* 本文是國家社科基金重大招標課題"中國古代語文辭書注音釋義綜合研究"（12&ZD184）的階段性成果。

盧形，上刻木作山形，如蓮花初生未敷時。今大劍木首，其狀似此。”（班固 1962：3036）最後認爲晋灼的説法是正確的。我們認爲應劭以“櫑落壯大”釋“櫑具”，未必正確，晋灼以“鹿盧”釋“櫑具”也有不妥。從構詞法來説，劍首作鹿盧形，就是鹿盧劍；劍首作荷花，就應是荷花劍；劍首作猫狗，就是猫狗劍：古人恐怕不會這樣命名，也不會這樣構詞。何況，以井鹿盧作爲劍的裝飾圖形，不知有何特别的意義？莫非“井鹿盧”代表家園，以此提醒持劍者須以劍保護家園？但如果是這樣，爲什麽不用房子來作爲裝飾圖樣，不是更直接嗎？此外，“井鹿盧”也没有什麽特别的審美意義，所以我們懷疑孫氏説法的正確性。

今按，“櫑具”應是劍名，是藏語對劍的稱呼，“櫑具劍”是一個藏漢合璧詞。《西番譯語及匯編·栗蘇譯語》：“劍 ral gri 劍。”[①] 同書《木坪譯語》：“劍 ral gri 勒折。”《打箭爐譯語》：“劍 ral gri 熱直。”《木里譯語》：“劍 ral gri 熱志。”《草地譯語》：“剌耳革梨。”（聶鴻音，孫伯君 2010：129，143，157，186，200）按照鄭張尚芳等人的研究，來母上古時期的音值爲 r，鄭張《上古音系》“櫑”字的擬音爲 ruul，如果將長元音變成短元音，u 低化爲 a，則與 ral 完全相同。“具”的擬音爲 gos，音節中 s 是表示去聲調的來源的，如果不計聲調，則爲 go，藏文音節的複輔音 gr 偏於 g，則 r 音素含糊，gri 變成 gi，遂與 go 有點近似。用漢字記藏音，本來只能記其近似，不可能很準確。《西番譯語》用章母的“折、志”，澄母的“直”來對音，也是取其近似，可爲證明。所以，我們認爲，“櫑具”就是劍的藏語漢字記音，“櫑具劍”是藏漢合璧詞。

至於“鹿盧劍”，我們認爲就是“櫑具劍”，ral 的聲母變爲 l，則爲 lal，“鹿”古音在入聲屋部，漢代的主要元音爲 o，則“鹿”當時應讀 log，與 ral 的變音 lal 比較接近，故“鹿”就是 ral 的漢字記音。“盧”古音在魚部，漢代的主要元音爲 a，故“盧”在後漢三國時期的梵漢對音中用來對音 ra/la（俞敏 1999：39），藏語音素 gri 的複輔音成分 gr 的重音如果偏於 r，則 g 消失，變成 ri，遂與 ra 稍近，語詞中第二個音節不讀重音，則 ra 的讀音比較模糊，聽起來近於 ri。所以，我們認爲，“鹿盧劍”就是“櫑具劍”，是一個藏漢合璧詞。

據説荆軻刺秦王時，荆軻就是被秦王背負的鹿盧劍所傷，而秦王賜死武安君白起的劍也是鹿盧劍，如此説可信，則秦王起於西部，與藏人相近，用藏語或西部其他民族的語言命名劍，也是有可能的。

正因爲“鹿盧”是劍，故可單用，不必與“劍”連文。北魏崔鴻《咏寶劍詩》：“匣氣冲牛斗，山形轉鹿盧。”既然是咏寶劍，則“鹿盧”指劍無疑，言山形變成

---

① 根據體例，後一個“劍”字應該是一個與藏語讀音相近的漢字，故“劍”是誤字，但不知是何字之誤，今姑仍其舊。

劍。山形險峻，有如利劍，故云。唐權德輿《建除詩》：“滿月張繁弱，含霜耀鹿盧。”“繁弱”是箭，“鹿盧”應指劍。皎然《送顧處士歌》：“門前便取觳觫乘，腰上還將鹿盧（一作轆轤）佩。”“鹿盧”也指劍。唐王起《延陵季子掛劍賦》：“及夫歷聘上國，言旋東吴。訪舊友，遵舊途。亦當開寶匣，獻鹿盧。”“鹿盧”也是劍。當然，這也可看作是修辭上的借代，但我們將它看作劍的外來詞也未嘗不可以。

“鹿盧”也能與“劍”連用，其構詞法是一種並列關係（將“鹿盧”看作井轆轤，則是修飾關係），這類例證除上引《玉臺新咏・日出東南隅行》以外，還有梁朝沈約《少年新婚爲之咏》：“何慚鹿盧劍，詎减府中趨。”王筠《樂府・有所思》：“徒歌鹿盧（《文苑》作轆轤）劍，空貽玳瑁簪。”唐皇甫曾《贈老將》詩：“鹿盧劍折虬髯白，轉戰功多獨不侯。”還有一例，“鹿盧”指劍柄，陳朝陽縉《俠客控絶影》：“白玉鹿盧（《文苑》作轆轤）秋水劍，青絲宛轉黄金勒。”看來晋灼的説法並非毫無依據，但用來釋“檑具”，則不合適。

退一步説，縱使“鹿盧”指井轆轤，也不能證明“录”就是井轆轤，因爲没有詞義和語源方面的證明。

從語源的角度來説，從录聲的“禄”“剥”，皆與“鹿盧”無關，“井鹿盧”不能引申出“禄”“剥”之義。朱駿聲《説文通訓定聲》於“录”字下云：“按此字實即剥之古文。”我們認爲，這種説法值得重視。“录”訓“刻木录录”，未必正確，但將“录”看作“剥”的初文，並非没有道理（盡管朱氏未説“录”爲“剥”的初文），金文字上部象懸掛物品的架子，中間橢圓形的東西象野獸的肉，左右幾點象野獸的血，正是切割野獸肉的圖像。正因爲“录”是“剥”的初文，是切割野獸肉的意思，才有“录”的刻录義，才有“禄”字的福禄和俸禄義（得肉即爲有福，《孟子》云：“鷄豚狗彘之畜，無失其時，七十者可以食肉矣！”七十者纔可以食肉，故一般年齡的人能食肉即爲有福，故《説文》釋“禄”爲福也，盡管禄不是福的全部，但這個意義是存在的，我們下文討論）。切割野獸肉須像庖丁解牛那樣依其紋理，故引申有“隨從”義（《説文》：娽：隨從也）。因爲“隨從”，所以没有創見，故又引申有“碌碌無爲”之義。因爲“隨從”者必多於始創者，故“碌碌”又有“衆”義，《廣雅・釋訓》：“逯逯，衆也。”逯逯即碌碌。從這些從“录”得聲的字來看，“录”爲“剥”的初文的説法是有道理的，所以我們支持朱氏的説法並加以申論如上。

從語音方面來説，“录”上古音爲屋部，鄭張尚芳擬作（b）roog，聲母爲複輔音，當複輔音單輔音化時，由於“录”是“剥”的初文，故保留了原複輔音的第一音素的發音部位，聲母音素偏於 b，經清化讀 p，就是“剥”字的聲母，聲母音素偏於 r 時，則聲母讀 l（r 變爲 l），遂爲“禄、碌、逯”等字聲母的讀音。從這個角度説，認“录”爲“剥”的初文，語音上是説得通的。

又，“禄，福也”，這種解釋屬於“散言則通”，而其“對文”，則是有區别的。

《爾雅·釋詁》“禄，福也”下邢昺《疏》：“福、禄對文則小異，散則禄亦福也。”“小異”，異在何處？段玉裁“禄”字下注：“《詩》言福禄多不別。《商頌》五篇，兩言福、三言禄，大旨不殊。《釋詁》《毛詩傳》皆曰：禄，福也。此古義也。鄭《既醉》箋始爲分别之詞。”段氏所云“鄭……箋始爲分别之詞”是指《既醉》的“其胤維何？天被爾禄”，鄭氏在《毛傳》的“禄，福也”下箋云：“天予女福祚至於子孫，云何乎？天復被女以禄位，使録臨天下。”是以“禄位”釋“禄”，與“福”略有區别。區别較大的是以“俸禄”“食”釋“禄”，《周禮·天官·大宰》：“四曰禄位，以馭其士。”鄭玄注：“禄，若今月俸也。”《國語·魯語上》：“禄，次之食也……若罪也，則請納禄與車服而違署，唯里人所命次。”《楚語下》：“成王每出子文之禄，必逃，王止而後復。”韋昭注：“禄，俸也。”《荀子·强國》：“官人益秩，庶人益禄。”楊倞注：“秩、禄皆謂廩食也。”《韓非子·解老》：“禄也者，人所以持生也。”《吕氏春秋·懷寵》：“皆益其禄，加其級。”高誘注：“禄，食。”《孝經·士章》：“然後能保其禄位。”邢昺《疏》：“禄謂廩食。”正因爲“录”爲切割肉之象，才引申出俸禄、廩食、食等義，這也是“禄”與“福”的區别所在。

祀，《説文》：“祭無已也。從示巳聲。”（大徐本，8頁）

《説文》訓“祀”爲“祭無已”，説文學家或從反訓的角度解釋從巳聲而訓無已，或從音韻的角度來説明巳已同音。段玉裁注：“析言則祭無巳曰祀。從巳而釋爲無巳。此如治曰亂、徂曰存，終則有始之義也。”徐灝《説文段注箋》：“辰巳之祀即已然之已，古音無二。”桂馥云：“祀巳聲相近。……《一切經音義》二：‘祀，祭無已也，謂年常祭祀潔敬無已也。’馥案，年常取載祀之義。《釋名》：唐虞曰載，殷曰祀。祀，已也，新氣昇故氣已也。”

按，從訓詁的角度來説，巳已同音同義没有問題，但“祀”訓“祭無已”用反訓來解釋可能有問題。反訓的形成或因爲詞的本身含正反兩個方面，如亂之訓治（《説文》：“亂，治也。”治的結果有兩種，一爲治好，一爲治壞，治好故爲治，治壞故爲亂，正反二義存焉）、終之訓始（此事的終結是另一事的開始，正反二義存焉），或因語音借用而産生一字含正反兩義，並非本身固有，如徂訓存。（朱駿聲《説文通訓定聲》：“退〈徂〉，又假借爲存，《爾雅·釋詁》：徂，存也。徂存雙聲。《詩·出其東門》：匪我思且，以且爲之，猶匪我思存也。”）巳訓無已，不可信。

甲文有、等字，文字學家釋爲“祀”，甚是。但其取象，研究者有不同的説法，其分歧在於對構件“巳”字所表形象有不同的看法。

1. 蛇形説。楊樹達認爲，《説文》“巳爲蛇”，“先民之於蛇畏而神之，殆無疑義。愚疑古代必有祭蛇之俗，故文從示從巳，而後乃泛用爲一般祭祀之稱耳”（李圃 1999：130）。

葉玉森説："按郭氏謂 象人，考卜辭狀跽形之人，必作垂足，如 可證。若從 ，則象跽而翹之，似與造字通例不合。……則許君謂巳爲蛇形或可信也。"（于省吾 1999：530）

2. 人形説。持人形説者有郭沫若、馬叙倫、張日昇、徐中舒諸家。郭沫若於《釋祖妣》下認爲："祀象人跪於此（生殖）神像之前。"又於《釋干支》下云："骨文巳字實象人形，其可斷言者如祀字作 若 ，殆象人在神前跪禱。"（郭沫若 1982：42，208）

馬叙倫認爲："然巳已一字，爲胎之最初文，古亦無二音。"（馬叙倫 1985：32）胎爲人之初形，故我們將此説歸於人形類。

張日昇引李孝定説：" 象子未成形，非象人跪形也。"並補充説："人跽之形古文字皆作 ，與巳作 不同，若果爲跪形，則祝與祀何别？……然蛇頭成角形，虫字亦然，而人頭作圓形（見金文）或方形（見契文），此其大别也。……祀從子或其子孫對其先祖妣所行之祭，有别於對山川鬼神之祭也。"（周法高 1975：100－102）

徐中舒説：" 之初形當爲 ， 爲祭祀時象徵神主之小兒，亦即後世訛變之'尸'字。古代祭禮'祝迎尸'時爲'立尸'，即舉尸於成人頸上， 、 字即舉子（尸）於人頸表祭祀之義，乃最初之祀字。 又訛變爲 等形，或又省 形，只用 或 代 ，後又爲區别小兒之 與祭祀之 ，乃將之省形 下畫稍彎似人跽跪之形作 ，以專用爲祭祀之字。"（徐中舒 1989：19）徐氏又説："殷人祭祖，一人爲尸，一人主祭，最先充當尸的都是小兒，即所謂'孫爲王父尸'，按何休《公羊宣八年傳》注：祭必有尸者，節神也，禮，天子以卿爲尸，諸侯以大夫爲尸，卿大夫以下以孫爲尸。……以小子爲尸，應該是最原始形式。……另一方面，主祭者是大人， 象雙手上舉主持祭祀之形，加示爲禩，也就成爲祀的異體字。"（徐中舒 1984：14－16）

今按，祭祀必有祭祀者和被祭祀者，"祀"的被祭祀者是"示"，所謂"神主"，那麼祭祀者應該是人，所以，"巳"絶不是蛇形。從圖像所展示的場景來看，如果被祭者是"示"，則有兩種可能，一是祭祀者是"巳"（即蛇），場景爲"蛇"對示（神主）的祭祀；一是祭祀者不存在，場景爲"蛇"將自己作爲祭品奉獻於"示"前。實際上這兩種可能都不存在。没有人的參與，祭祀就没有意義，也就無所謂祭祀。只有"巳"爲人形，這個場景才有意義，才有存在的現實性。

論者或將"巳"釋爲胎兒，胎兒尚未出生，不可能參與祭祀，這種場景也不可能存在。

徐中舒將 釋爲祭祀時象徵神主之小兒， 、 即舉子（尸）於人頸表祭祀之義，乃最初之祀字，既解釋了“祀”“巳”“子”三字及其關係，又可解釋“禩”字，其説可從。許慎“祭無已”的解釋，不符合字的本義，毫無道理。

許慎以“巳”爲聲符，這是後來語音發展的結果。人們失去了此字從示從子這個場景的理解，遂將“巳”看作聲符。許氏釋爲“祭無已”，似乎是看作已聲，否則不會訓爲“祭無已”。但古代“已巳”同字，故巳聲即已聲。劉心源説：“故巳目同形。……是漢人猶用巳爲已也。”（李圃 1999：1131）按，“似”與“祀”同音，“似”從以聲（以即已），在邪母，而“以”在以母。此二者相通之證。

柴，《説文》：“燒柴燓燎以祭天神。從示，此聲。《虞書》曰：至於岱宗，柴。禬，古文柴，從隋省。”（大徐本，8 頁）

按，柴從此聲，“此”字古音在支部，清母。柴以之爲聲符而讀士佳切，聲母變爲濁音，在崇母，韻母變入佳韻，由 e 變成了 ai，同從“此”聲而與這種變化相同的字有“柴、龇、茈、祡、瘵”等。清母而變爲崇母，是通過清濁變化以造新詞，相應地，文字形式也發生了變化，或從木，或從示，成爲“柴、柴”等，餘仿此。

又，此字古文從隋省作“禬”，隋，古音在歌部，邪母。邪母變崇母幾乎没有什麼隔閡，只不過是由精系變爲莊系而已，照二歸精，很好理解。古音“歌”部與“支”部的主要元音相近，某些情況下可以通用。《詩經・賓之初筵》“側弁之俄，屢舞傞傞”，《説文》“㰷”字下云：“《詩》曰：屢舞㰷㰷。”按，《説文》三次引《詩》“屢舞××”，或作“傞傞”（傞字下），或作“僛僛”（僛字下），或作“㰷㰷”，而《詩經》此詩三次言“屢舞××”，或作“傞傞”，或作“僛僛”，或作“仙仙”，而“仙仙”與“㰷㰷”聲韻俱隔，故《説文》的“㰷㰷”不會是《詩經》的“仙仙”①。差聲、此聲古音相近，《詩經》的“傞傞”，《説文》引作“㰷㰷”，也不是没有可能。“差”聲在歌部，“此”聲在支部，歌支二部主要元音相近，故可通用。段玉裁“㰷”字下説：“古此聲差聲最近，《庸風》：玼兮玼兮，或作瑳兮瑳兮。”又於“柴”下云：“禬之爲柴，猶玼瑳、㰷傞皆同字。”鄭張尚芳《上古音系》在論述元音的通變關係時説：“兩個相鄰的元音可稱爲‘鄰位音’，鄰位音相近可通轉。”（鄭張尚芳

① 從嚴格的意義上説，二者聲韻相隔，但並非絶對，此地方言讀“仙仙”，別的方言讀“㰷㰷”，也不是没有可能。《爾雅・釋詁》“鮮，善也”，陸德明《釋文》引沈云：“鮮，古斯字。”又曰：“郭《音義》云：本或作尠，非，古斯字。案，《字書》先奚反，亦訓善。”《讀書雜誌・史記第六・太史公自序》“《尚書・無佚》曰：惠鮮鰥寡”王念孫按：鮮，即斯字。《尚書・立政》：“知恤鮮哉！”《詩經・小雅・蓼莪》：“鮮民之生，不如死之久矣。”司馬遷《報任少卿書》：“故士有畫地爲牢勢不入，削木爲吏議不對，定計於鮮也。”楊樹達《詞詮》：“鮮，此也。”䨣，從鮮聲，而《廣韻》音息移切，與斯同音。鮮，脱去鼻音韻尾，即與“斯”相近，古云“古斯字”，而“斯”與“此”韻部相同，皆爲齒尖音，“鮮”可轉爲“斯”，自可轉爲“此”，“鮮”“仙”同音，故“仙”也可轉爲“此”，如此，則《説文》所引與《詩經》相同。儘管如此，但古音歌部能與支部相通的結論，不會改變。

2013：194—195）e 與 a 是鄰位音，故可相互通轉（e—a，a—e），支部的主要元音是 e，歌部的主要元音是 a，支歌兩部能相互通轉，故從此聲（支部）的“祡”或體作“褙”（歌部）。

祖，《說文》：“始廟也。從示，且聲。”（大徐本，8 頁）

段玉裁注：“始兼兩義，新廟爲始，遠廟亦爲始，故祔、祪皆曰祖也。《釋詁》曰：祖，始也。《詩》毛傳曰：祖，爲也。皆引伸之義。如初爲衣始，引伸爲凡始也。”按，祖，爲也，不是引申義，而是假借義，是假借“租”的結果。《詩・豳風・鴟鴞》“予所蓄租”，《毛傳》：“租，爲也。”

王筠《句讀》將“始廟也”讀爲：“始，（句），廟也。”釋爲：“‘祖，始也’，《釋詁》文，此則謂人之先也。廟也者，兼禰廟言之。《既夕禮》：遷於祖。《王制》：受命於祖。皆謂祖禰之廟爲祖也。”於“從示”下云：“神之也，故不及《釋親》：祖，王父也之義。”於“且聲”下云：“《檀弓》：‘祖者，且也。’鐘鼎文凡祖字皆作且。”按，“始廟”也可引申出“始”義，不煩讀作始也，廟也。

是從示，且聲，還是“且”本就是“祖”字。我們認爲，“且”本就是“祖”字，從示的“祖”，是加偏旁累增字。

按，甲文祖字作等形，是加偏旁累增字，我們只討論字及其取象。字的字形意義有幾種説法，具體情況如下：

1. 依從《説文》的解釋。《説文》：“且，薦也。從几，足有二横。一，其下地也。”孫詒讓舉出甲骨文“且”字的四種字形，並一一與《説文》的字形進行比對。見其所著《契文舉例》卷下（李圃 1999：139）。

2. 象遊牧時代之屋形。馬叙倫説：“祖訓廟者，字當作，此遊牧時代之屋，從一象形，爲指事字，即帳之初文也。且聲魚類，帳聲陽類，魚陽對轉，故轉注字作帳。之爲形，與今之行軍所用之營帳相同，而與蒙古包即蒙古所用以居之幄亦同。”（馬叙倫 1985：37）

3. 牡器之象形。郭沫若云：“祖妣者牡牝之初字也。……實牡器之象形，故可省爲，匕乃匕柶字之引申，蓋以牝器似匕，故以匕爲妣若牝也。”（郭沫若 1982：42）楊聯昇從郭説，他説：“祖妣（且匕）二字，本與生殖器（靈根）崇拜有關。”（李圃 1999：143）

4. 象神主之形。强運開説：“蓋象木主形，從示乃後起字。”（李圃 1999：142）李孝定説：“蓋象神主之形，則象禮俎之形。二物皆屬長方，於文難以爲别。然俎所以薦物，故於文從二肉作以别之耳。非一字也，而其文形近（除或從二肉或否外，其從作則全同也）者，以神主與神俎二物於形本相類也。”（李

孝定 1965：4079）

5．盛肉之俎。徐中舒説：“諸形均象盛肉之俎。本爲斷木，用作切肉之薦，後世或謂之椀俎。象斷木側視之形，爲增繪其横斷面之全角，乃作形或形，甲骨文爲契刻之便，將橢圓形斷面改作或形。其後，俎由切肉之器逐漸演變爲祭神時載肉之禮器，因其形近‘几’，故《説文》誤謂從几，又連俎上所薦之肉作形，進而誤釋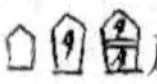爲且、俎、宜三字，涵義亦隨之分化。”（徐中舒 1989：22）按，此説采用唐蘭《殷墟文字二記》的説法。

6．取象意義闕疑。姚孝遂説：“祖字……原始形體作‘’。它究竟象什麽，我只能説不知道，只能闕疑。郭沫若先生以爲源於生殖器崇拜，這僅僅是一種可能性的推測，難以得到證明。如果是生殖器崇拜，字也從，就很難加以解釋。”（姚孝遂 1989：317—318）態度最爲謹慎。

今按，字形的取象，有如射覆，好像没有什麽理性約束，全憑感覺。其實還是有規矩可循的，這就是將其意象放在整個字形的詞義系統去考察，如果與其詞義系統相合，則其意象很有可能是正確的，否則，其意象則不可靠。

且（子魚切），薦也。見《説文》的解釋。《易經·坎》“險且枕”，焦循《章句》：“且，薦也。”《詩·大雅·韓奕》：“籩豆有且”，馬瑞辰《詩經傳箋通釋》：“且訓爲薦。”

且（子魚切），恭慎。見《集韻·語韻》。《詩·周頌·有客》“有萋有且”，毛傳：“萋、且，敬慎貌。”

且（七也切），取也。《老子》六七章“今舍慈且勇”，王弼注：“且，猶取也。”“猶取”，還不是真正的“取”，故朱駿聲《説文通訓定聲》認爲是假借爲“取”。但如果“且”爲薦，薦則必有取，故引申有“取”義，不必一定用“取”之假借來解釋。

且（七也切），始也。《莊子·庚桑楚》“與物且者，其身之不能容”，陸德明《釋文》：“且，始也。”

如果“且”是男性生殖器，不可能有“薦”義，也不可能引申出恭慎義和取義。至於“始”義，則來自“祖”。生殖器崇拜使“且”成爲“祖”，可有始義，神主或薦（禮器）也可産生始義。二者的分量差不多，不存在誰優誰劣。

如果“且”是男性生殖器，不可能有從半肉從且的“俎”字，也不可能有“宜”字。商承祚説：“宜與俎爲一字，而宜乃俎之孳乳。”（商承祚 1983：70）

就祖字而言，除“始廟也”外，還有“祭道”“餞行”的意義。《儀禮·既夕禮》“有司請祖期”，鄭玄注：“將行而飲酒曰祖。”《左傳·昭公七年》：“公將往，夢襄公祖。”杜預注：“祖，祭道神。”《漢書·臨江閔王榮傳》：“榮行，祖於江陵北門。”顔師古注：“祖者，送行之祭，因饗飲也。”《漢書・疏廣傳》“公卿大夫故人邑子設祖道”，顔師古注：“祖道，餞行也。”

如果“祖”是男性生殖器，不可能引申有“祖道”“餞行”之義。

所以，我們贊同盛肉之俎説，它能解釋這些引申意義。

祠，《説文》：“春祭曰祠，品物少多文詞也。從示，司聲。仲春之月，祠不用犧牲，用圭璧及皮幣。”（大徐本，8頁）

甲金文用“司”作“祠”字，猶用“且”字作“祖”字，用“帝”字作“禘”字，“司”“且”“帝”皆諸字的初文，後世加“示”旁以爲區别而已。然則“司”字何所取象，説文學家皆從許氏從反“后”説，古文字研究者則有其他説法。

1. 象兩手理絲形，司、治一字説。吴大澂《説文古籀補》卷九云：“，古司字，從𤔔從ㅋ。許氏説，𤔔，治也。讀若亂同。大澂案，，象兩手理絲形，理則治，否則亂，ㅋ，治絲之器也。從ㅋ爲治。疑司治二字本一字。”

2. 到匕於口，飼之本字説。馬叙倫《説文六書疏證》卷十七説：“司蓋從ㅋ，即匕箸之匕，從口，到匕於口，即飼小兒飯之義，飼、伺之初文也。”

3. 盛食器與扱食器的會意，設食之義。朱芳圃《殷周文字釋叢》卷中：“字從口，從ㅋ，口即甌，盛食之器；ㅋ爲之到文，扱食之器，二者皆所以設食，即司之本義。孳乳爲祠，《爾雅・釋詁》：祠，祭也。又《釋天》：‘春祭曰祠’，郭注：‘祠之言食’，考古人每食必祭，郭云‘祠之言食’，引伸之義也。《説文》示部：‘春祭曰祠，品物少多文詞也。從示，司聲。’望文生義，其失甚矣。”

按，馬朱二説没有本質區别。設食與餵食的區别不是很大，設食讓享受者自取，餵食則享受者不自取，有待於人。

4. 以倒柶覆於口上會進食之意。徐中舒説：“從ㅋ從口（口），ㅋ象倒置之柶，柶所以取食。以倒柶覆於口上會意爲進食。自食爲司，食人食神亦稱司，故祭祀時獻食於神衹亦稱司，後起字爲祠。氏族社會中食物爲共同分配，主持食物分配者亦稱司。《詩・鄭風》：‘邦之司直’，傳曰：‘司，主也’。”（徐中舒 1989：998）

5. 耜形和紡織機叉形説。張鳳説：“司字從口，所以發號施令，這不用説。其所從之ㅋ，象耜形，也象紡織機上放紗的叉形。耜便是現在的鋤頭，鋤頭有鴨嘴和雙龍的區别，這所象的便是那雙龍的一類。耜所以耕治土地，紡機上的叉所以治理機上的紗，所以這個形狀是象徵着治理意義的，而耜的聲音又可以諧司，這ㅋ旁實在已把司字形聲義的三方面都包含在中間了。”

這好像在猜謎語。我們認爲，無論怎麽猜，都應該將司的詞義和司的同源詞的意義包括進去，如果不能統攝，則其猜測没有意義。朱芳圃和徐中舒的解釋能將

“司”的同源詞“飼”“祠”和其中心意義“主”統攝進去，他没有説的還有“嗣”，甲文中常用“司”爲“嗣”，則“嗣”與“司”有可能同源。

我們認爲，“嗣”得義於“祠”，祠，祭也。祭祀祖先必其後嗣。《論語·爲政》：“非其鬼而祭之，諂也。”故祭者必其後裔，受祭者必其祖先。帝王祭天地山川，是他們自以爲是上天的子嗣（祭天應該來自對太陽、月亮、星辰的崇拜和對暴風迅雷驟雨的恐懼，君王獨佔祭天的專權，是階級社會以後的事），故祭天也是以子嗣的身份行禮的。地的主要形式是土和山川，所以祭祀土和山川就是祭地。地是人們生活的載體，資生之物皆出於地，而地又常引發災害，令人恐懼，故古人對其既敬又畏，並加以祭祀，求其福佑。有資格祭祀者爲君王，也是以其子嗣的身份進行祭祀，以此來説明他的統治地位的合法性。就現有文獻而言，這種祭祀殷代就有了。甲骨文“燎於河”（《合集》14380）、“燎於土”（《合集》14396）、“燎於岳”（《合集》14436），這些都是第一期卜辭的文字，説明殷代就有祭祀土地、山川的禮儀。既然祭祀者必以子嗣身份行禮，故“祠”與“子嗣”之“嗣”同源。

還有“詞”。祭祀必有儀式，必用語言，故“祠”又孳乳出“詞”。《説文》：“詞，意内而言外也。”段玉裁云：“有是意於内、因有是言於外謂之詞。……意即意内，詞即言外。言意而詞見，言詞而意見。意者，文字之義也。言者，文字之聲也。詞者，文字形聲之合也。凡許之説字義皆意内也，凡許之説形、説聲皆言外也。有義而後有聲，有聲而後有形，造字之本也。形在而聲在焉，形聲在而義在焉，六藝之學也。”朱駿聲説：“言以足志，文以足言，皆謂之詞。《説文》‘𨋮’篆引《詩·板》：‘詞之𨋮矣’，《周禮·大行人》：故書‘叶詞命’（冀騁按：今本作“協辭命”），《禮記·曾子問》：‘其詞於賓曰’，《釋文》：‘告也’。經傳皆以辭爲之。”

是知“詞”即語詞，段氏説的“形聲之合”還應加上義，實際是現代意義的“詞”（音義結合體）。有人只將“詞”看作虚詞，未必合適。段、朱的解釋是對的。

如此，則“司”解釋爲“設食和進食”，可以統攝“祠飼嗣詞”諸詞的意義，近乎是。所以，《説文》對“祠”的解釋，不可盡信。春祭曰祠，是有周時期的事。《禮記·祭義》“祭不欲數，數則煩，煩則不敬。祭不欲疏，疏則怠，怠則忘。是故君子合諸天道，春禘秋嘗”，鄭注：“春禘者，夏殷禮也。周以禘爲殷祭，更名春祭曰祠。”（阮元 1997：1592）可證。《爾雅·釋詁》：“祠，祭也。”《周禮·天官冢宰·女祝》：“掌王后之内祭祀，凡内禱祠之事。”注：“祠，報福。”（阮元 1997：690）《春官宗伯·小宗伯》：“禱祠於上下神示。”鄭注：“求福曰禱，得求曰祠。”（阮元 1997：767）《春官宗伯·喪祝》：“掌勝國邑之社稷之祝號，以祭祝禱祠焉。”疏：“祭祀者，春秋正祭。禱祠者，謂國有故。祈請求福曰禱，得福報賽曰祠。”（阮元 1997：815）

由此看來，“祠”是“得福報賽”之祭，“春祭曰祠”，不是祠的本義。“品物少多文詞”是後世的推測之辭。至於“仲春之月祠，不用犧牲用圭璧及皮幣”，應該是後世農耕時代的事，獵狩時代要獲取野獸作爲犧牲不是難事，哪怕是仲春之月，也可祭以血牲。

礿，《説文》：“夏祭也，從示，勺聲。”（大徐本，8頁）

按，夏祭曰礿，應該是西周時期的事，與字的本義無關。甲文此字作，金文作，葉玉森説，字形象“兩手奉勺於示前，殆即古文礿字”（李圃 1999：151），實則只是祭名，因時代不同而有區别。夏殷春祭曰礿，西周開始定夏祭爲礿。殷商甲文有“王其又（侑）於武乙，口之，王受右（佑），在正月”（李圃 1999：152），這是殷商時期正月舉行礿祭的明證。《禮記·王制》：“天子諸侯宗廟之祭，春曰礿，夏曰禘，秋曰嘗，冬曰蒸。”鄭注：“此蓋夏、殷之祭名。周則改之，春曰祠，夏曰礿。”（阮元 1997：1335）《祭統》：“凡祭有四時：春祭曰礿，夏祭曰禘，秋祭曰嘗，冬祭曰烝。”鄭注：“謂夏殷時禮也。”（阮元 1997：1606）字又作禴，《易經·既濟》：“九五，東鄰殺牛，不如西鄰之禴祭，實受其福。”疏：“禴，殷春祭之名，祭之薄者也。”（阮元 1997：72）

實際上“礿祭”是一種一般的、無固定時間的祭祀，與季節無關。之所以出現春祭曰禴、夏祭曰禴的不同説法，皆在於各朝代統治者的規定，與字的本義没有關係。《周易·昇》：“九二，孚，乃利用禴。”干寶於此爻《象》曰“九二之孚，有喜也”下注：“非時而祭曰禴。”（李鼎祚 1989：152）《萃》：“六二，引吉，孚，乃利用禴。”王弼注：“禴，殷者祭名也①，四時祭之省者也。……以省薄薦於鬼神也。”（阮元 1997：58）故凡簡便的祭祀都可稱禴。吴其昌説：“今‘礿’本義爲勺，一勺之獻，故非豐裕。”（李圃 1999：152）是不是一勺之獻，不能確定，但字象以手奉盛有酒水的勺獻於示前之形，則是可以肯定的。酒在古代是難得之物，故祭祀不能缺酒，這是自古以來的慣例。從字形上來看，“礿”實際上就是酒祭。酒祭不一定殺牲，故只是一般的、不固定時間的祭。《釋詁》“禴，祭也”（禴是礿的異體，見《玉篇》《廣韻》），指的也是一般的祭，並未涉及季節，與我們的解釋相同。此字的構形在造字之初是會意，後來會意之旨漸失，人們將它看作形聲。於是“勺”由會意的構件變成了聲符，字的讀音讀入藥韻以母。“礿”從勺聲而讀以母，猶“約”從勺聲而讀影母也，其音變之理相近。由於“礿”與“約”同聲符，而“約”有簡約、薄少之義，故認爲是一種薄祭，《易經·既濟》疏所謂“祭之薄者也”即

① 阮氏《校勘記》補：“毛本者作春，下正義同。”冀騁按，作“春”是，“春”的篆書楷定後作萅，有時去草頭作旾，皆與“者”字形近，故誤。

基於這一種理解。如果用聲訓來解釋，就是礿之言約也，簡約也。由於看作是簡約之祭，而春夏之間以農耕爲生者没有什麼出産，只有蔬韭菜肴，難以有犧牲，故統治者將春或夏的祭祀叫做礿。縱使是獵狩爲生的時代，也要給野獸以繁殖的時間，不能取之無度。《公羊傳·桓公八年》“夏曰礿”，何休注：“薦尚麥魚[①]，麥始熟可汋[②]，故曰礿。”《爾雅·釋天》：“春祭曰祠，夏祭曰礿，秋祭曰嘗，冬祭曰蒸。”孫炎曰：“祠之言食。礿，新菜可汋。嘗，嘗新穀。蒸，進品物也。”郭注：“新菜可汋。”以“礿”“汋”皆從“勺”聲，故以聲訓求其語源，並加以解釋。上文所引《萃》卦王注“以省薄薦於鬼神也”，同樣也是以爲“禴”“薄”叠韻，故用聲訓求語源，並加以解釋，實際上“薄”義應來自“約”，與其説“禴”“薄”叠韻，不如説“礿”“約”二字同從“勺”聲，古音相同。這是後世經學家的解釋，不是“礿”字的本義，朱駿聲認爲這是“以音鑿求其義”，説得很對。

祝，《説文》：“祭主贊詞者。從示，從人口。一曰從兑省。《易》：曰兑爲口爲巫。”（大徐本，8 頁）

甲文有、、字，諸家皆釋爲祝，羅振玉説：“弟一字與大祝禽鼎同，弟二字從者殆從，從，象灌酒於神前，非示有形也。弟三字從，象手下拜形。”（于省吾 1999：346）王國維説：“象人跪而事神之形。”（王國維 1983：2）孫海波云：“象巫跽跪於示前，所以交神也。”（李圃 1999：167）馬叙倫云：“乃人跪而向神之形，……祭主贊詞者非本訓。”（馬叙倫 1985：48）徐中舒説：“象人跪於神主前有所禱告之形。”（徐中舒 1989：24）

説法雖略有不同，但大致意思相近，皆爲人跪於神主前有所禱告或有所敬奉之形，“祭主贊詞者”不是字的本義。向神禱告爲“祝”，禱告要禱告者跽跪以獻祭、告言，故字從、，從，爲神主，爲禱告者。獻祭須酒醴牲血，形的四小點，既可看作酒，也可看作動物之血，禱告者以牲血酒醴獻祭於神，以言語向神祈福或詛咒敵對者，故“祝”有祝福義，又有詛咒義，詛咒義讀之右切，徐灝《説文段注箋》引戴侗説：“凡福祝曰祝，惡祝曰詛，傳曰：祝有益也，詛亦有損。俗作咒。”

---

① 今本“苗”作“魚”，阮元《校勘記》云：“閩監毛本‘苗’作‘魚’，無下‘麥’字。按，‘苗’字誤，當定從‘魚’，宋本亦有下‘麥’字，《穀梁》疏引同，與《儀禮》經傳通解合，今本無者，誤脱也。”冀騁按，阮氏校勘甚是。上文“春曰祠”下何注“薦尚韭卵”，下文“秋曰嘗”下何注“薦尚黍肫”，“冬曰烝”下何注“薦尚稻鴈”，所薦之物，前者爲植物，後者爲動物或動物的卵，唯夏祭所薦之物，前後皆爲植物，與文例不合。草書中“魚”字中部“田”形最後一筆不封口，與下部一横合爲一體，遂與“苗”字相近，故誤。

② “汋”今本作“礿”，阮元《校勘記》引段玉裁云：“此‘礿’當作‘汋’，以‘汋’釋‘礿’，同音詁訓法也。”冀騁按：段説甚是。

禬，《説文》："會福祭也。從示從會，會亦聲。《周禮》曰：'禬之祝號。'"（大徐本，9頁）

段注："《周禮》注曰：'除灾害曰禬。禬、㓹去也。'與許異。"段氏只指出鄭注與許氏的不同，並未下斷語，態度極爲謹慎。桂馥云："會福祭也者，《初學記》引同，《藝文類聚》引云：除惡之祭。按，《類篇》：禬，除殃之祭。又引《説文》：會福祭也。《玉篇》：禬，除灾害也，會福祭也。馥謂唐本《説文》各異，故歐陽與徐氏所引不同，《玉篇》則兩存之。《廣雅》：禬，祭也。《周禮》大祝，掌六祈，以同鬼神示，三曰禬。又，女祝，掌以時招梗、禬、禳之事，以除疾殃。注云：除灾害曰禬。禬，猶刮去也。庶氏，掌除毒蠱，以攻説禬之。鄭司農云：禬，除也。馥謂此皆言除惡祭也。會福之祭未聞。"王筠《句讀》："未詳會福之義所出。"朱駿聲云："禬：除疾殃祭也。從示，會聲。《廣雅·釋天》：禬，祭也。《周禮》太祝，三曰禬，四曰禜。注：禬禜，告之以時有灾變也。女祝，禬禳之事以除疾殃。注：除灾害曰禬，猶刮去也。凡以神仕者以禬國之兇荒。注：除也。讀如潰癰之潰。皆叚聲叚義也。"會聲下云："聲是而訓非。"

按，楊樹達舉十二例證明"會"有"會合"義，舉四例以證明從"𠯑"聲也有"會合"義（李圃 1999：180），支持許慎"會福祭"的訓釋。但文獻中未見"禬"用作"會福祭"的用例，儘管《玉篇》有"會福祭"之訓，《廣韻》有"福祭"之釋，但可看作字書的輾轉引用，不爲典要。詞義應該在書籍的用例中得以確認，没有書證的詞義，是值得懷疑的。從語源的角度來看，許慎釋禬爲會福祭，聲中有義，似乎很有道理。但從《説文》的列字次第來看，"禬"字上是"禜禳"，皆除病殃灾害之祭，"禬"字後則爲"禪""禦"，"禪"雖爲祭天，但也有除地的意義。段注："凡封土爲壇，除地爲墠，古封禪字葢只作墠。項威曰：'除地爲墠。後改墠曰禪，神之矣。'服虔曰：'封者，增天之高，歸功於天。禪者，廣土地。'應劭亦云：'封爲增高，禪爲祀地。'惟張晏云：'天高不可及，於泰山上立封，又禪而祭之，冀近神靈也。'元鼎二年紀云：'望見泰一，修天文襢。'襢即古禪字，是可證禪亦祭天之名。但禪訓祭天，似當與祡爲伍，不當厠此。"禪雖爲祭天，但祭天要有平整的地，也就是先除地，然後才能祭天，故"禪"有去除穢塞之義，與"禜禳"的詞義相近。"禬"字列於"禜禳"與"禪禦"（禦也是除惡祭，見下文）之間，當是"除惡祭"的意思，而不是"會福祭"。此外，如果是"會福祭"，則應與"福祿"等字相次，才符合許書"同牽條屬，共理相貫"之旨。

還有個可能是，"禬"的"除惡祭"來於"祮"，"祮"之言"刮"也，刮去灾禍也。"會"聲與"𠯑"聲相通，故"禬"有除惡義。段玉裁疑"祮乃禬字之或體"，並非没有依據。

禦，《説文》："祀也。從示，御聲。"（大徐本，9頁）

"禦"訓祀，文獻中的例證不多，《逸周書・世俘解》"王遂禦循追祀文王"，晋孔晁注："禦循追祀，以克紂告祖考，增帷而祭。是日立王政布天下。"朱右曾《逸周書集訓校釋》云："禦，祀也。蓋祀天即位也。"于鬯認爲"禦"是"祡"字之誤（黄懷信 2006：196）。無論是"禦"還是"祡"，這個語句中的這個位置的詞應該皆是"祭祀"的意思，所不同者，祭祀的方式不同而已。祡是焚柴祭天，"禦"是什麽祭，還須考證，從上下文意來看，祭天的可能性比較大。文王滅紂，奪取天下，爲了證明自己即位的合法性，較好的做法是祭天，以表示王權天授。所以"禦"也應是祭天的意思。

惠棟《惠氏讀説文記》："禦訓祀誼見《尚書大傳》。"按，《尚書大傳》的"禦"是否是祀的意思，還得證明。《段注訂補》引《尚書大傳》："禦貌於喬忿，以其月，從其禮，祭之叁，乃從；禦言於訖衆，以其月，從其禮，祭之叁，乃從；禦視於忽似，以其月，從其禮，祭之叁，乃從；禦聽於怵攸，以其月，從其禮，祭之叁，乃從；禦思心於有尤，以其月，從其禮，祭之叁，乃從；禦王極於宗始，以其月，從其禮，祭之叁，乃從。"這幾個"禦"都是"止"的意思，與祭祀無關，惠棟的説法不可從。

徐灝《説文段注箋》引戴侗説："祀以禦沴也，引而申之，凡捍禦皆曰禦。禦者，禦之使不至，禁者，禁之使不行，皆始於巫祝之爲，故從示。"這種解釋也没有證明"禦"是祀的意思，只説明了"禦""禁"從示的原因。

"禦"訓"祀"的真正例證除了《逸周書》外，還見於甲骨文。孫海波云："其禦於父甲者，言禦祭於父甲也。"（李圃 1999：181）

楊樹達説："甲文有禦字，字作禦，或省作卸，爲祭祀之名。……考甲文用此字爲祭名者，往往有攘除灾禍之義寓於其中。如書契前編卷壹（廿五之壹）云：'貞疒齒，卸於父乙。'書契後編卷下（拾之叁）云：'丁巳，卜，△有疒言，卸△。'庫方二氏卜辭（貳捌叁片）云：'△疒身，卸於妣己眔妣庚。'又玖貳片：'貞疒止，卸於妣己。'胡厚宣《殷人疾病考》引卜辭云：'朕耳鳴，有卸於祖庚。'又云：'卸疒身於父乙。'又云：'卸王目於妣己。'（並見原文拾叁葉）此皆以人有疾病行禦祀者也。"

裘錫圭説："卜辭的卸字，大多數是用作祭名的。這次所示諸骨的卸字，從文例上看也應該是祭名，當讀爲御（繁體爲'禦'），禦是禦除灾殃的一種祭祀。……殷人於已至之灾殃亦禦之，禦祭似可包禬、禳。這次所出卜辭，或言卸衆，應該是指禦除衆人的灾殃；或言卸牧，應該是指禦除牧奴或牧事的灾殃；或言卸牧，應該是指禦除家臣的灾殃。”（裘錫圭 1972：43—45）此外，還有“御年”，就是禦除農業年成的灾害。

姚孝遂按語：“御祭之内容極爲廣泛，或𠦪年，或乞雨，或禦水，或禦疾，或祓無子，均禦祭於先祖以求佑護。”（于省吾 1999：406）

正因爲是攘除灾病之祭，所以引申有禁止之義。《周禮・春官・司寤》：“禦晨行者，禁宵行者。”鄭玄注：“禦亦禁也，謂遏止之。”

攘除灾病，就是對灾病的抵擋，故引申有“當”義。《詩・黄鳥》“百夫之禦”，朱熹《詩集傳》：“禦猶當也。”

抵禦灾病者必强悍，故引申有“强”義。《經義述聞・詩・曾是强禦》“曾是强禦”下王引之引王念孫云：“禦亦强也。”

攘除灾病對於受灾者就是善，故引申有“善”義。《詩・大雅・蕩》“曾是强禦”，鄭玄注：“禦，善也。”

所以“禦”應是禳灾之祀，這樣才能與其詞義系統相合。《説文》的解釋内涵太小，外延太大，與甲文的用例不太吻合，也與其詞義系統不合。

就字的排列而言，“禦”排在“禱”“禬”“禪”（除舊立新之祭）之後，應與其詞義相近，許慎將它們排在一起，在他的心目中，其詞義應該是禳灾除殃之祭，否則，應該與“祭”“祀”等字同類相從。

禖，《説文》：“祭也。從示，某聲。”（大徐本，9 頁）

按，“禖”如果是一般意義的祭，則應置於“祭”“祀”等字後，方顯以類相從之旨。此字置於“禦”“𥙊”等字之後，而“禦”“𥙊”是專門之祭，已見上文，則“禖”也應是專門之祭，方合列字之旨。

然則是什麽之祭呢？

段玉裁注：“謂祭名也。《商頌》傳曰：春分玄鳥降。湯之先祖有娀氏女簡狄配高辛氏帝，帝率與之祈於郊禖而生契。故本其爲天所命，以玄鳥至而生焉。《大雅》傳曰：古者必立郊禖焉。玄鳥至之日，以大牢祀於郊禖。天子親往，后妃率九嬪御。乃禮天子所御，帶以弓韣，授以弓矢於郊媒之前。玉裁按，據此則禖神之祀不始於高辛明矣。鄭注《月令》云：玄鳥，媒氏之官以爲候。高辛氏之世，玄鳥遺卵，娀簡吞之而生契，後王以爲媒官嘉祥，而立其祠焉。變媒言禖，神之也。注《禮記》時未專信毛詩，故説鉏鋙爾。鄭志焦喬之荅，回護鄭公，殊爲詞費。”

馬叙倫云：“禖爲求子祭是古義。……禖似爲求子之祭專名。……求子之祭爲禖，蓋方俗之義。”（馬叙倫 1985：53）

按，《玉篇》：“禖，求子祭。”《漢書・戾太子劉據傳》：“上年二十九乃得太子，甚喜，爲立禖。”韋昭注：“禖，求子之神。”《後漢書·禮儀志上》：“立高禖祠於城南。”劉昭注引《禮記》盧植注云：“禖，因其求子，故謂之禖。”《詩·大雅·生民》：“克禋克祀。”《毛傳》：“以大牢祀於郊禖。”孔穎達《疏》引《禮記·月令》云：“禖猶媒也。”《禮記·月令》：“以大牢祀於高禖。”孔穎達《疏》：“禖，媒字從女，今從示旁，爲之示，是神明告示之義。”《説文》：“媒，謀也。謀合二姓。”古人成親必須媒，所謂無媒不成親。不成親不能得子，故求子須先求媒，故媒人之神爲禖，引而伸之，求子之神也爲禖，求子之祭也爲禖。所以《説文》的解釋應如朱駿聲所説“祈子之祭也”。

参考文獻

班固．漢書．北京：中華書局，1962.

丁福保．説文詁林．北京：中華書局，1988.

郭沫若．甲骨文研究//郭沫若全集：第一卷．北京：科學出版社，1982.

黄懷信．逸周書校補注譯．西安：三秦出版社，2006.

李鼎祚．周易集解．上海：上海古籍出版社，1989.

李圃．古文字詁林．上海：上海教育出版社，1999.

李孝定．甲骨文字集釋//歷史語言研究院專刊：五十．臺北：“中央研究院”歷史語言研究院，1965.

馬叙倫．説文解字六書疏證．上海：上海書店，1985.

聶鴻音，孫伯君．《西番譯語》校錄．北京：社會科學文獻出版社，2010.

錢大昕．潛研堂集．上海：上海古籍出版社，2009.

裘錫圭．讀安陽新出土的牛胛骨及其刻辭．考古，1972（5）：43－45.

容庚．金文編．北京：中華書局，1985.

阮元．十三經注疏．上海：上海古籍出版社，1997.

商承祚．説文中之古文考．上海：上海古籍出版社，1983.

王國維．觀堂集林：第一册．北京：中華書局，1959.

王國維．史籀篇疏證//王國維遺書：卷六．上海：上海古籍出版社，1983.

徐中舒．怎樣研究古文字//古文字研究：第十五輯．北京：中華書局，1984.

徐中舒．甲骨文字典．成都：四川辭書出版社，1989.

姚孝遂．再論古文字的性質//古文字研究：第十七輯．北京：中華書局，1989.

于省吾．甲骨文字詁林．北京：中華書局，1999.

俞敏．俞敏語言學論文集．北京：商務印書館，1999.

鄭樵．通志．北京：中華書局，1987.

鄭張尚芳．上古音系．上海：上海教育出版社，2013.

周法高．金文詁林：卷一．香港：香港中文大學，1975.

On the Phonetic Notation and Definitions of *Shuowenjiezi* (《説文解字》)

Jiang Jicheng

Abstract: Based on some research achievements in the field of ancient philology, referring to the style of *Shuowenjiezi* (《説文解字》), this paper puts forward some opinions on the phonetic notation and definitions of some Chinese characters in *Shuowenjiezi* and corrects Xushen's and some other scholars' conclusions.

Keywords: *Shuowenjiezi* (《説文解字》); oracle-bone inscriptions; bronze inscriptions; pictophnetic characters; definitions

（蔣冀騁，湖南師範大學文學院）

《禮記釋文》“卝人”音注及相關問題*

楊 軍 黃繼省

提 要：《禮記音義》有：“卝人，革猛反，又虢猛反。徐如猛反。”其中涉及文字譌誤和唐人以新反切改造舊反切兩個問題。本文根據《經典釋文》前後注音，指出“革”是“華”之誤，“如”為“姑”之譌而通志堂本等又據注疏本改為“故”。而其中“虢猛反”與“姑猛反/古猛反/工猛反”、“華猛反”與“侯猛反”之類在同條音注中的重音，都是後人將“等第與開合口一致”與“準直音”式的反切添加在舊反切前造成的。今本《釋文》中出現的“自壞其例”現象，是改撰《釋文》者不明陸德明體例所致，這是利用《釋文》研究中古語音不能不注意的。

關鍵詞：文字譌誤；改造反切；重音音注；《經典釋文》

《禮記·曲禮下》“天子之六府，曰司土、司木、司水、司草、司器、司貨，典司六職”鄭注：“司貨，卝人也。”宋元遞修本《禮記音義》：“卝人，革猛反，又虢猛反。徐如猛反。卝人掌金玉錫石未成器者。”（652.25①）

首音“革猛反”，黃焯《彙校》云：“卝人，革猛反。○革，宋本同。撫本作辜，聲同。”“徐如猛反”通志堂本作“徐故猛反”，黃焯未出校②。盧文弨《考證》云：“注疏本故猛反作故孟反，非。《周禮》卝人徐音虢猛反。”法偉堂云：“偉案，盧引彼證此，亦是。但此條已有虢猛反一讀，不當再重故猛。疑故為胡之譌，當合《周禮·地官》及下《禮運》音考。”二人亦未及“徐故猛反”宋本作“徐如猛反”。且法偉堂所疑“故”為“胡”之誤亦未是：1. 徐邈除此例外，另有兩條“卝”字皆音見紐而適與劉昌宗音匣紐者相異，例見後；2. 改為匣紐之“胡”雖與見紐“虢猛反”不重，然首音若為“革猛反”亦是見紐相重，法氏於重音問題仍未達一間。

---

* 國家社科基金重大招標項目“《經典釋文》文獻與語言研究”（14ZDB097）成果。

① 阿拉伯數字表示該條在宋元遞修本中的頁碼和條次。

② 以下辨卝丱不分二形，故從略。

本條實際涉及切字譌誤和反切改造兩個不同性質的問題，為使討論免生枝節，我們先解決遞修本“徐如猛反”的校勘問題。“如”是中古日母字，作二等“卝”之切上字顯誤，通志堂本、抱經堂本皆作“故”，注疏本同。“卝”字向有見母一讀，作“故”似是。然通志堂本所據為葉林宗影宋鈔本，而葉鈔所據與宋元遞修本並無二致，是其底本亦當譌為“如”。錢曾《讀書敏求記》卷一“陸德明《經典釋文》三十卷”條云：“此書原本，君從絳雲樓北宋本影摹，逾年卒業。不惜費，不計日，毫髮親為是正，非篤信好學者孰能之?”錢遵王所云“從絳雲樓北宋本影摹”不確，臧鏞堂受段玉裁之命以葉鈔本校《釋文》，其引述段玉裁語云：“寫本名銜在《毛詩》末，甚是。蓋此書係南宋本彙刊[①]，故《尚書》《孝經》等音義竄改最甚，全非陸氏之舊，而《毛詩》或本之北宋，有乾德、開寶間名銜，因仍之。”而今所見遞修本乾德、開寶間勘官名銜正在《毛詩音義》末（《毛詩音義》下三十九頁），與段玉裁、臧鏞堂等所見葉鈔本相同，由此可知葉鈔所據絳雲樓藏本並非另一北宋本，而是與文淵閣藏宋元遞修本完全相同的本子。葉鈔本作“故”而異於遞修本者，當是葉林宗抄寫時依注疏本校改。葉本世稱影鈔，而實非嚴格意義之影鈔。影鈔必“依樣畫葫蘆”，不得絲毫走樣，而錢遵王所謂“毫髮親為是正”，正葉氏摹寫《釋文》時曾有校勘之證。

諸本改“如”為“故”，雖與見紐讀音相符，然“故”字之形，與“如”不甚近，當是本作“姑”。按，“姑”字誤為“如”者，《北堂書鈔》卷一百四十三酒食部二總篇一下“貧者不以酒肉為禮”條：“王隱《晉書》云：皇甫謐姑子梁柳為陽城太守，或勸謐送之，謐曰云云。”孔廣陶校注：“今案《類聚》七十二引王隱《晉書》，柳誤抑，陽城作城陽，陳本改注今《晉書》，又姑誤如。”是其例。《釋文》此“姑”既譌而為“如”，注疏本遂改為“故”，後葉鈔、通志堂、抱經堂諸本皆誤從之。然則本條“革猛反”與“又虢猛反”及“徐姑猛反”一音三切，在全書實為罕見，且三反語並無“音和”與“類隔”之別，其中當另有問題。

一、“革猛反”當作“華猛反”

“革猛反”“虢猛反”“姑猛反”音韻地位相同，都是二等梗韻合口見母，三音相重，大違《釋文》體例。除此而外，“革”作切上字在《釋文》中僅有一例。《毛詩音義》：“解，革買反，又閑買反。”（218.20）其中，被切字“解”和切上字“革”皆是開口二等，而“卝”則是合口二等，故“革猛反”以開口二等切合口二等必有譌誤。《禮記·禮運》“用水火金木”鄭注：“金，謂丱人以時取金玉錫石也。”《釋文》：“丱人，華猛反，又瓜猛反。徐古猛反。”（718.33）按抱經堂本“華猛反”作“革猛反”，《考證》云：“舊革譌華，今改正。”《彙校》雖引，而未置可

---

① 臧鏞堂臨段玉裁校本題記引段氏語唯“蓋此書係南宋本彙刊”作“故此書係南宋本”。

否。法偉堂云："華盧改革，依《周禮·地官》及《曲禮》音改也。《地官》革字，阮校葉本作華，與此正同。竊意作華為是，瓜猛與古猛同。若作革猛，則三音同矣。"今謂法偉堂說是。《周禮·地官·丱人》"丱人掌金玉錫石之地"《釋文》："丱人，華猛反，又虢猛反。劉侯猛反，沈工猛反。"① (461.37) 此條"華猛反"與"又虢猛反"、"劉侯猛反"與"沈工猛反"皆匣母與見母之異，亦足證《曲禮》注"卝人"條首音"革猛反"為"華猛反"之誤。撫本作"辜"亦為"華"字之譌。

然則本條"華猛反"與"虢猛反"皆為梗韻二等合口而有匣、見之別，而"虢猛反"與"徐姑猛反"為重音，而《曲禮》注《釋文》之"又瓜猛反"與"徐古猛反"為重音。又《周禮音義》則匣紐"華猛反"與"劉侯猛反"重，見紐"虢猛反"與"沈工猛反"亦重。此類重音涉及後人改造《釋文》反切，且於陸德明所引諸家音注或刪或否而致。

二、"華猛反"改自"侯猛反"，"虢猛反""瓜猛反"改自"姑猛反""古猛反"或"工猛反"

（一）關於"華猛反"的改造

華是二等合口字，在今本《釋文》中作切上字 18 次，被切字全是二等合口字，沒有例外。分別為：

（1）擭，華化反，徐户覆反。（《尚書音義》200.20）

此例反語上下字疊韻，假攝二等麻韻②合口，韻母是-wa。

（2）衡者，華盲反。（《毛詩音義》398.22）③

（3）衡，依注音横，華彭反。（《禮記音義》661.14）

（4）衡，依字作横，華彭反，下"衡三"同。（《禮記音義》667.29）

（5）衡流，華盲反，又如字。（《左傳音義》1188.41）

（6）横，古曠反，又音光，又華盲反。（《禮記音義》753.21）

（7）諻諻，《詩》作喤喤，華盲反。字書云：鍠，樂之聲也。又作鍠，一音胡光反。（《爾雅音義》1621.37）

（8）蟲則蝗，徐華孟反，范音擴，《字林》音黄。（《禮記音義》694.16）

（9）蝗，華孟反。（《穀梁傳音義》1281.13）

① "華猛反"通志堂本亦誤為"革猛反"，《彙校》於此未出校。法偉堂云："阮云：'葉本革作華，非也。'偉疑葉本是也。"按法偉堂說是。

② 舉平賅上去，下同。

③ 此"衡"當讀為"横"，故都是合口。

(10) 蝗，華孟反。下同。《字林》音皇，《說文》榮庚反。范宣《禮記音》音橫。《聲類》《韻集》並以蝗協庚韻。(《爾雅音義》1687.54)

(11) 強橫，華孟反。(《左傳音義》1131.19)

(12) 而橫，華孟反，又如字。(《穀梁傳音義》1311.10)

以上被切字為梗攝二等庚韻合口，切下字為唇音，被切字韻母是-wɐŋ。

(13) 睆，華板反。睍睆，好貌。(《毛詩音義》224.14)

(14) 睆彼，華板反。明星貌。(《毛詩音義》322.17)

(15) 睆，華板反，明貌，孫炎云："睆，漆也。"徐又音剖。(《禮記音義》659.18)

(16) 莧，閑辯反。三家音胡練反。一本作莞，華板反。(《周易音義》105.29)

(17) 莧爾，華版反。本今作莞。(《論語音義》1385.16)

(18) 鯇，華板反。郭胡本反，《字林》下短反。(《爾雅音義》1692.21)

以上被切字為山攝二等山韻合口，切下字唇音，被切字韻母是-wan。

從這些例子來看，"華"字作切時雖所受限制很大，但其審音則相當精密。例(1)"擭，華化反"為"準直音式的反切"(楊軍、黃笑山、儲泰松 2016)，陸志韋(1963)稱為"疊韻式反切"[①]，平山久雄(1990)稱為"同音異調的上字"。值得注意的是，今本《釋文》中除了"睆，華板反"有3例外，還出現1例"睆，環板反"(《莊子音義》1484.10)，在《經典釋文》里，用"環"作切上字亦僅此例，這也是把切上字改成跟被切字同音不同調的"準直音"式的反切(楊軍、黃笑山、儲泰松 2016)。例(2)—(18)的反切符合"等第及開合一致"的原則，這種反切是用上字的合口介音-w-突出被切字的合口性質，從音理上看，唇音字固然可以充作合口韻的切下字，但輔音的唇勢明顯弱於圓唇元音且不夠直截了當，用一個含-w-的同等切上字可以彌補不足且同時满足"等第一致"和"开合一致"的原則。但這種符合音理的反切顯然跟韻圖的分等和分開合口關係密切，大量出現的時間不會早於唐初。

從現存的材料看，《切韻》系韻書極少有此類反切，成批出現始於敦煌《毛詩音》殘卷斯二七二九B，俄敦一三六六(列一五七一)、四四九九－四五一一，伯三三八三，敦煌《論語音》殘卷北臨七三九、北殷四二(BD09521號)和慧琳《一切經音義》。據我們(楊軍、黃笑山、儲泰松 2016)的研究，"等第及開合"一致的反切是唐初以來唐人對古反切的一種改良，這種結構的反切後來被《集韻》部分繼承。

既然"華猛反"之類"等第與開合一致"的反切是唐代產生的，因此可以肯定不會是陸德明的原作。那麼，我們不難發現"華猛反"是對"劉侯猛反"改造，原

---

① 陸志韋先生說："-m只有兩個疊韻式的反切，-p絕無。"(1963)

因就是使反切實現被切字與切上字“等”和“開合”的一致。那麼《禮記音義》該條本當是“卝人，劉侯猛反，徐姑猛反。卝人掌金玉錫石未成器者。”改造時將“劉侯猛反”改為“華猛反”，又在“徐姑猛反”前加了一個“虢猛反”。我們的另外一個理由，是後人在改造《禮記音義》時有大量删改劉昌宗音注的事實。陸德明在《經典釋文序錄·注解撰述人》中說：“劉昌宗《周禮》《儀禮》音各一卷，《禮記》音五卷。”而《釋文》在《周禮音義》中引劉音580條，在《儀禮音義》中引劉音417條，而有“五卷”之多的劉氏《禮記音》在今本中僅存9條，這是陸德明引用的劉音一部分被改造，一部分被删汰而致。

同樣，上引《周禮·地官·丱人》音義也被後人加上了“華猛反”的首音和“又虢猛反”的次音，目的就是用“等第及開合口一致”和“準直音”式的反切分别替代劉昌宗和沈重的兩個舊反切。此外，《周禮·地官·敘官》“丱人中士二人”《釋文》又有：“丱人，徐音礦，虢猛反，劉侯猛反。”（446.03）此條如果不是在“徐音礦”後添加了反切，就是把“姑猛反”一類的音注改成了“虢猛反”。

（二）關於“虢猛反”的改造

“虢”是單音字，在今本《釋文》中作切上字共5次，被切字全部為梗攝二等合口字，全部屬於“準直音”式的反切。除了上舉“卝”“丱”的2次注音，還有另外3例：

（19）磺，虢猛反。金玉未成器。（《周禮音義》446.04）

（20）獷，虢猛反。（《爾雅音義》1710.23）

（21）觵，虢彭反。本亦作“觥”。（《毛詩音義》282.20）

值得注意的是，作為切上字的“虢”在今本《釋文》中竟然也是被注字。《尚書音義》3次，皆作“虢，寡白反”；《左傳音義》4次，皆作“瓜伯反”；《爾雅音義》1次，作“古伯反”①。虢是單音字，且為常見國名，是無需注音的單音常用字。

“虢”在十三經經注出現及在《釋文》中被注情況一覽

經名	“虢”在經注中出現的次數	“虢”在《釋文》中的注音及分佈		
《尚書》	6	寡白反 3	0	0
《周禮》	1	0	0	0
《左傳》	109	0	瓜白反 4	0
《穀梁傳》	9	0	0	0
《爾雅》	1	0	0	古白反 1
合計	126	3	4	1

① 分別見《尚書音義》158.31、169.20、189.01；《左傳音義》871.05、1055.14、1065.02、1087.24；《爾雅音義》1596.31。

“虢”在以上經注中出現126次，都作為國名出現。注音情況分別是《尚書》6：3、《左傳音義》109：4和《爾雅音義》1：1，而《周禮》和《穀梁傳》10：0。不僅注音分佈極不均衡，這些注音除“古伯反”外，又都用“等第與開合口一致”的反切。又《經典釋文序錄》自定條例云：“書音之用，本示童蒙。前儒或用假借字為音，更令學者疑昧。今之所撰，務從易識。”這裡透出的重要信息是，用作反切的一定是“易識”的字。所謂易識字，必為無需注音即可識之字。那麼“虢”字既然作切上字使用，就應該是無需注音的；如果“虢”確需注音，就不符合“易識”原則而不得作切。然在今本《釋文》中“虢”字既作反切而又被注音，跟陸德明自定條例嚴重衝突。綜合判斷，這並非陸德明“自亂其例”，而是改撰者未瞭《釋文》體例所致。無論“虢”字作切還是為“虢”注音，都不是陸德明親為。如《尚書音義》的“虢，寡白反，徐公伯反”（189.01），即在舊反切前添加同音新反切，從而造成重音音切。《春秋音義》的改撰者是呂證，《尚書音義》《爾雅音義》的改撰者則不詳，然可以推知因各經音義的改撰者不同，而改造反切者用字好尚有異，遂使切上字有“寡”“瓜”“古”之別。

綜合以上討論，我們可以得出結論：“虢猛反”之類的新反切是從“姑猛反”“古猛反”“工猛反”等舊反切改造而成的，“虢彭反”則是從“古横反”[①] 改造而來的。這種“準直音”式的反切在今本《釋文》中有4000多例，顯然是受到某種偏好“準直音”式反切的字書或韻書的影響有意而為的。

關於“等第與開合口一致”和“準直音”式兩類新反切大量出現的時代與其所反映的音韻性質，以及與敦煌《毛詩音》《論語音》，慧琳《一切經音義》，元庭堅《韻英》，唐玄宗《韻英》及《開元文字音義》的關係等，我們已在《〈經典釋文〉反切結構的類型、層次及音韻性質》（楊軍、黃笑山、儲泰松2016）中作了詳細的論述，本文不再重複討論了。

参考文獻

黃焯.《經典釋文》彙校. 北京：中華書局，1980.

陸志韋. 古反切是怎樣構造的. 中國語文，1963（5）.

平山久雄. 敦煌《毛詩音》殘卷的結構特點. 古漢語研究，1990（3）.

邵榮芬.《經典釋文》音系. 臺北：學海出版社，1995.

楊軍，曹小雲.《經典釋文》文獻研究述論. 合肥師範學院學報，2015（4）.

楊軍，黃笑山，儲泰松.《經典釋文》反切結構的類型、層次及音韻性質//第二屆文獻語言

---

① “觥”字又作“觵”，《毛詩音義》331.29、404.31，《周禮音義》478.04，《禮記音義》759.39並“古横反”。

學國際學術論壇會議論文集. 北京：北京語言大學，2016.

On the Yinqie（音切）Annotations and Related Problems of "Kuangren（卝人）" in *Liji Shiwen*

Yang Jun，Huang Jisheng

Abstract："Kuangren（卝人），Ge Meng Fan（革猛反）and Guo Meng Fan（虢猛反），Xu Ru Meng Fan（徐如猛反）" in *Liji Yinyi* involves two problems：the of misuse of characters and the transformation from old Fanqie（反切）into new Fanqie（反切）in the Tang Dynasty. Based on the front and back phonetic notation of the *Jingdian Shiwen*，this article points out that "Ge（革）" is misuse of "Hua（華）"，and "Ru（如）" is the misuse of "Gu（姑）". *Tongzhi Tang* version（通志堂本）and others adopt "Gu（故）" according to *ShisanJing Zhushu* version. "Guo Meng Fan（虢猛反），Gu Meng Fan（姑猛反），Gu Meng Fan（古猛反）and Gong Meng Fan（工猛反）" are repeated sounds in the same note，so does "Hua Meng Fan（華猛反）and Hou Meng Fan（侯猛反）". All these are done by adding "Deng Di and Kai He accordance（等第開合一致式）" Fanqie（反切）and "Zhunzhiyin（準直音式）" Fanqie（反切）before the old Fanqie（反切）. The phenomenon of "destruction of their own examples" in the present editions of the *Jingdian Shiwen* is because of different interpretations of men who do not know the system of Lu Deming. We should pay attention to the study of medieval phonetics with the help of *Jingdian Shiwen*.

Keywords：misuse of characters；transformation of Fanqie（反切）；phonetic notes of repeated Yinqie（音切）；*Jingdian Shiwen*

（楊軍、黄繼省，安徽大學文學院）

《廣韻》新增小韻注音來源分析*

蔡夢麒　皮華林

提　要：與《王韻》相對照，《廣韻》較《王韻》增加了296個小韻，這些新增小韻從來源的角度分析，有的直接來自唐五代其他韻書，有的則來自《王韻》等唐五代韻書的提示又音，有的則來自韻書以外的其他注音材料，也有的新增小韻來源不明。

關鍵詞：《廣韻》；《王韻》；小韻；注音

《廣韻》之前的韻書，現今唯有《王韻》① 是最為完整的全帙韻書。《王韻》原名《刊謬補缺切韻》，王仁昫撰，“刊謬”，即改正《切韻》的錯誤，“補缺”，即增加字及其訓釋。《王韻》是在《切韻》的基礎上增字加訓，而《廣韻》則是在《王韻》等各種《切韻》修訂本的基礎上進一步“刊謬補缺”。《廣韻》序前列其來源時說：

> 陸法言撰本。長孫訥言箋注。郭知玄拾遺緒正更以朱箋三百字。關亮增加字、薛峋增加字、王仁煦增加字、祝尚丘增加字、孫愐增加字、嚴寶文增加字、裴務齊增加字、陳道固增加字。更有諸家增字及義理釋訓，悉纂略備載卷中。

《廣韻》所列，王仁昫之前有長孫訥言、郭知玄、關亮、薛峋增字加訓，王仁昫之後有祝尚丘、孫愐、嚴寶文增字加訓，除此之外還有“諸家增字及義理釋訓”。根據我們的統計，《王韻》收字頭17059個，《廣韻》收字頭25336個，增加了8277個字頭，這其中包含了新增形體，也包括新增讀音。新增形體、新增讀音必

* 本文為國家社科基金重大招標課題“中國古代語文辭書注音釋義綜合研究”（12&ZD184）階段性成果。

① 宋濂跋本王仁昫《刊謬補缺切韻》通稱為“宋跋本王韻”“故宮王韻”“全本王韻”或“王三”，本文在未指明的情況下一律以《王韻》指稱所謂的“宋跋本王韻”“故宮王韻”“全本王韻”“王三”。

然伴隨著小韻的增加。因此本文所謂的“《廣韻》新增小韻”，就是以《王韻》為比較對象而言的，凡《廣韻》小韻在《王韻》中找不到小韻與之對應，我們稱之為“《廣韻》新增小韻”。例如《廣韻》夬韻：“敗，破他曰敗。補邁切。”《王韻》夬韻無合口幫紐，“敗”補邁切是《廣韻》新增小韻。《廣韻》職韻：“瀷，水潦積聚。昌力切。”《王韻》職韻無开口昌紐，“瀷”昌力切是《廣韻》新增小韻。《廣韻》沁韻：“深，不淺也。式禁切。”《王韻》沁韻無書紐，“深”式禁切是《廣韻》新增小韻。

以小韻為比較對象，我們統計得出，《廣韻》較《王韻》增加了 296 個小韻，其中，《王韻》抄本殘缺小韻 5 個：臥，吾貨切；奈，奴箇切；挫，則卧切；滲，所禁切；闖，丑禁切。《王韻》疏忽漏錄小韻 9 個：娑，素何切；幫，博旁切；癸，居誄切；貜，䧢禹切；斬，側減切；顜，丘檻切；緎，側六切；劾，胡得切；魶，奴盍切。《廣韻》新增重小韻 23 個：抾，丘之切；眣，式其切；䢵，七戈切；㗇，乞加切；浜，布耕切；𢠸，職勇切；跡，止姊切；䐗，與改切；獷，居往切；秠，芳婦切；喊，呼豏切；㺐，呼吠切；𥈿，七外切；蚚，胡輩切；諎，千過切；茁，徵筆切；蛭，丁悉切；歠，丑歷切；䓣，丁力切；䢈，七合切；唈，烏荅切；砝，居盍切；㵐，先頰切。因此《廣韻》實際新增小韻數爲 281 個。下面我們將對《廣韻》281 個新增小韻的注音來源情況進行考察。

《廣韻》新增小韻的紐字和讀音，有的我們能從唐五代其他韻書或者其他相關材料中找到依據，有的則除了《廣韻》之外，找不到《廣韻》之前或者《廣韻》同期的證明材料。就其來源來說，《廣韻》新增小韻的讀音主要有這樣幾種情況。

一、《廣韻》新增小韻直接來自唐五代其他韻書

從《切韻》到《廣韻》是一個遞修的過程，《廣韻》是在唐五代各《切韻》修訂本的基礎上修訂而成的，但不是在《王韻》的基礎上修訂完成的。因此比照《王韻》，《廣韻》所增加的內容不一定是《廣韻》修訂者所做，有的在《廣韻》之前的其他《切韻》修訂本就已經有了，《廣韻》不過是繼承而已。這 281 個新增小韻，有的在《切三》《王一》《王二》《唐韻》等韻書中就已經有了。例如：

《廣韻》旨韻：“巋，巋然，高峻皃。又小山而衆曰巋。丘軌切。”《王韻》旨韻無合口溪紐，“巋”丘軌切是新增小韻。而《切三》旨韻：“巋，羌軌反。又丘追反。”有此小韻。

以上新增小韻《切三》就已經有了。

《廣韻》慁韻：“惽，迷忘也。呼悶切。”《王韻》慁韻無曉紐，“惽”呼悶切是新增小韻。而《王一》有“昏”小韻，呼困反。《唐韻》慁韻：“惽，迷忘。呼困反。”有此小韻。

《廣韻》釅韻："脅，妨也。許欠切。二。"《王韻》嚴韻無去聲，"脅"許欠切是新增小韻。而《王一》嚴韻："脅，盰淹反。妨。一。"有此小韻。

《廣韻》釅韻："𢻔，厓下也。丘釅切。二。"《王韻》嚴韻無去聲，"𢻔"丘釅切是新增小韻。而《王一》嚴韻："𢻔，丘嚴反。欠崖。二。"有此小韻。

以上新增小韻《王一》就已經有了。

《廣韻》寘韻："裝，爭義切。衣不展也。"《王韻》寘韻無莊紐，"裝"爭義切是新增小韻。而《王二》寘韻："裝，争義反。襵衣不伸。"有此小韻。

《廣韻》至韻："㾽，病皃。釋類切。二。"《王韻》至韻無合口書紐，"㾽"釋類切是新增小韻。而《王二》至韻："㾽，釋淚反。病也。"有此小韻。

《廣韻》御韻："嘘，吹嘘。許御切。"《王韻》御韻無曉紐，"嘘"許御切是新增小韻。而《王二》御韻："嘘，虚據反。吹也。"有此小韻。

《廣韻》恨韻："饐，饐餶，飽也。烏恨切。一。"《王韻》恨韻無影紐，"饐"烏恨切是新增小韻。《王韻》慁韻烏困反："饐，相謁食。又於恨反。"《王一》同，有提示又音，但恨韻不收"饐"字及"又於恨反"讀音。《方言》郭璞注惡恨反，《萬象名義》於恨反，《博雅音》《玉篇》均有又音於恨切。而《王二》恨韻："饐，恩恨反。《方言》：秦晉云祭食麦饐，謂之饐。"有此小韻。

《廣韻》諫韻："㬊，赤色也。丑晏切。"《王韻》諫韻無開口徹紐，"㬊"丑晏切是新增小韻。而《王二》諫韻："㬊，丑晏反。赤白。"有此小韻。

《廣韻》銜韻："𨂜，步渡水。白銜切。"《王韻》銜韻無脣音，"𨂜"白銜切是新增小韻。而《王二》銜韻："湴，蒲銜反。泥行。"有此小韻但不收"𨂜"字。《集韻》銜韻："𨂜，皮咸切。涉也。"小韻下收"湴"字，釋義"行淖中也"，与《王二》同。則《王二》本有此小韻。

《廣韻》沃韻："𤛓，白牛。五沃切。"《王韻》沃韻無疑紐，"𤛓"五沃切是新增小韻。而《王二》："𤛓，五沃反。白色牛。"有此小韻。

《廣韻》鎋韻："䰰，細毛也。而轄切。"《王韻》鎋韻無日紐，"䰰"而轄切是新增小韻。而《王二》鎋韻："䰰，而鎋反。細毛皃。"有此小韻。

以上新增小韻《王二》就已經有了。

《廣韻》暮韻："謼，號謼。亦作呼。荒故切。"《王韻》暮韻無曉紐，"謼"荒故切是新增小韻。而《唐韻》暮韻："謼，號謼。亦作呼。荒故反。"有此小韻。

《廣韻》夬韻："敗，破他曰敗。補邁切。"《王韻》夬韻無幫紐，"敗"補邁切是新增小韻。而《唐韻》夬韻："敗，破他曰敗。北邁反。"有此小韻。

《廣韻》襇韻："扮，打扮。晡幻切。"《王韻》襇韻無幫紐，"扮"晡幻切是新增小韻。而《唐韻》襇韻："扮，打扮。出《字林》。晡幻反。"有此小韻。

《廣韻》勁韻："輕，墟正切。"《王韻》勁韻無溪紐，"輕"墟正切是新增小韻。

而《唐韻》勁韻："輕，墟正反。"有此小韻。

《廣韻》證韻："凝，牛餕切。"《王韻》證韻無疑紐，"凝"牛餕切是新增小韻。而《唐韻》證韻："凝，牛餕反。"有此小韻。

《廣韻》闞韻："三，三思。蘇暫切。"《王韻》闞韻無心紐，"三"蘇暫切是新增小韻。而《唐韻》闞韻："三，三思。蘇暫反。"有此小韻。

《廣韻》質韻："暨，姓也，吳尚書暨豔。居乙切。"《王韻》質韻無開口三等重紐見紐，"暨"居乙切是新增小韻。而《唐韻》質韻："暨，姓，吳尚書暨豔。居乙反。"有此小韻。

《廣韻》沃韻："襮，黼領。博沃切。"《王韻》沃韻無幫紐，"襮"博沃切是新增小韻。而《唐韻》沃韻："襮，黼領。博沃反。"有此小韻。

《廣韻》薛韻："抴，亦作拽。拕也。羊列切。"《王韻》薛韻無開口余紐，"抴"羊列切是新增小韻。而《唐韻》薛韻最末有"拽，羊列反。又余例反"，与《廣韻》小韻同。

以上新增小韻《唐韻》就已經有了。

有的則幾種材料都有這個小韻，如：

《廣韻》盍韻："魶，魚名。奴盍切。"《王韻》盍韻無泥紐，"魶"奴盍切是新增小韻。而《切三》盍韻："魶，魚名。奴盍反。"《王二》《唐韻》同。《切三》《王二》《唐韻》均有此小韻。

《廣韻》豪韻："橐，囊張大皃。普袍切。"《王韻》豪韻無滂紐，"橐"普袍切是新增小韻。而《王一》豪韻："橐，普勞反。囊張大皃。"《王二》同。《王一》《王二》均有此小韻。

《廣韻》勁韻："欱，含笑也。許令切。"《王韻》勁韻無曉紐，"欱"許令切是新增小韻。而《王二》勁韻："欱，許令反。含笑。"《唐韻》勁韻："欱，含笑也。出《說文》。許令反。"《王二》《唐韻》有此小韻。

《廣韻》宕韻："桄，織機桄。古曠切。"另收"光"字。《王韻》宕韻無合口見紐，"桄"古曠切是新增小韻。而《唐韻》宕韻："桄，織機桄。古曠反。"另收"光鐲"二字。《王二》宕韻："廣，姑曠反。戰車。"另收"光絖"二字。則"桄光鐲廣"均有宕韻合口見紐讀音，与《廣韻》古曠切小韻同。《王二》《唐韻》均有此小韻。

《廣韻》藥韻："躩，《說文》云：足躩如也。丘縛切。"《王韻》藥韻無合口溪紐，"躩"丘縛切是新增小韻。而《王二》藥韻："躩，丘籰反。足躩如也。"《唐韻》藥韻："躩，《說文》云：足躩如也。丘縛反。"《王二》《唐韻》均有此小韻。

就我們統計的情況看，《廣韻》新增小韻在《切三》能找到 3 個，在《王一》能找到 4 個，在《王二》能找到 17 個，在《唐韻》能找到 19 個，如果綜合殘卷多寡情況去推算，《唐韻》應該是《廣韻》新增小韻來源最多的，也就是說《唐韻》與《廣韻》的關係最為密切。同時必須看到，以上新增小韻在《王一》《王二》《唐韻》中多不重合，據此推算《廣韻》編著所依據的决不是一種《切韻》修訂本。當然也有的新增小韻來源更晚，例如：

《廣韻》緩韻："鄹，《字林》云：亭名，在新豐。辝纂切。"《王韻》緩韻無合口邪紐，"鄹"辝纂切是新增小韻。而五代抄本 P2014 緩韻："耶，亭名。詞纂反。一。"《集韻》緩韻緒纂切列"鄹耶"為異體。有此小韻。

《廣韻》佳韻："鼃，蛙屬。戶媧切。"《王韻》佳韻無合口匣紐，"鼃"戶媧切是新增小韻。該字《玉篇》胡媧切，《萬象名義》胡媧反，《博雅音》獲叉（反），讀音與《廣韻》同。五代刻本 P2015 佳韻末尾有"鼃，蛙鼃。戶咼反"，小韻与《廣韻》同。

《廣韻》蟹韻："灑，灑水……所蟹切。"《王韻》蟹韻無合口山紐，"灑"所蟹切是新增小韻。該字《玉篇》所買切；《萬象名義》所買反；《經典釋文》或色蟹反，或所買反，反復出現；《文選·班固〈西都賦〉》李善注所買切，《文選·張衡〈南都賦〉》李善注所蟹（反）：讀音與《廣韻》同。五代刻本 P5531 蟹韻有"灑，山解反。散水"，小韻与《廣韻》同。

二、《廣韻》新增小韻來自《王韻》等唐五代韻書的提示又音

韻書收字注音，在注某個讀音時，遇異讀字，往往會提示"又××反（切）"，而在相應的讀音位置又會出現該字，形成提示音與又音的對應。例如《王韻》東韻徒紅切："罿，車上網。又尺容反。"有提示音"又尺容反"，而相應的鍾韻尺容反下有"罿，網"。但這一體例並不嚴格，《王韻》及其他唐五代韻書往往在注音中提示有某讀音，但在相應位置卻沒有作為正切出現，這種提示音與又音不對應的情況不少。《廣韻》修訂時則可能把這些提示又音作為正切收錄，有的則成為《廣韻》的新增小韻。例如：

《王韻》佳韻："崽，山佳反。呼彼之稱。又山皆反。"《切三》同，但《王韻》皆韻下不收"崽"字及"又山皆反"讀音，而《廣韻》皆韻收"崽"字，音山皆切，於是《廣韻》較《王韻》增"崽"山皆切小韻。

《王韻》仙韻："邅，張連反。又直連、持戰二反。"《切三》同，但《王韻》線韻下不收"邅"字及"又持戰反"讀音，而《廣韻》線韻收"邅"字，音持碾切，於是《廣韻》較《王韻》增"邅"持碾切小韻。

《王韻》侵韻："㞤，崯。又口敢反。"但《王韻》敢韻下不收"㞤"字及"又口敢反"讀音，而《廣韻》敢韻收"㞤"字，音口敢切，於是《廣韻》較《王韻》增"㞤"口敢切小韻。

《王韻》紙韻之累反："騹，馬小。又子垂反。"《王一》《王二》同，但《王韻》支韻下不收"騹"字及"又子垂反"讀音，而《切三》《王二》《廣韻》支韻並收"騹"字，音子垂反，於是《廣韻》較《王韻》增"騹"子垂切小韻。

《王韵》軫韻丘引反："趣，行皃。又渠人、去刃三反。"《王一》《王二》同，但《王韻》真韻下不收"趣"字及"又渠人反"讀音，而《廣韻》真韻收"趣"字，音渠人切，於是《廣韻》較《王韻》增"趣"渠人切小韻。

《王韻》産韻："棧，士限反。閣。又士免反、士晏反。"又諫韻士諫反："棧，棧木道。又士限反、士免（二）反。"兩處均注音"又士免反"，但《王韻》獮韻下不收"棧"字及"又士免反"讀音，而《廣韻》獮韻收"棧"字，音士免切，於是《廣韻》較《王韻》增"棧"士免切小韻。

《王韻》蕩韻苦朗反："廣，大。又口廣（反）。"《王二》同，但《王韻》蕩韻合口溪紐不收"廣"字及"又口廣反"讀音，而《廣韻》蕩韻合口溪紐收"廣"字，音丘晃切，於是《廣韻》較《王韻》增"廣"丘晃切小韻。

《王韻》有韻："娝，好色。又普來反。"但《王韻》咍韻下不收"娝"字及"又普來反"讀音，而《廣韻》咍韻收"娝"字，音普才切，於是《廣韻》較《王韻》增"娝"普才切小韻。

《王韻》祭韻："掣，尺制反。曳。又尺折反。"《王二》同，但《王韻》薛韻下不收"掣"字及"又尺折反"讀音，而《廣韻》薛韻收"掣"字，音昌列切，於是《廣韻》較《王韻》增"掣"昌列切小韻。

《王韻》代韻五愛反："儗，儓儗。又呼愛反。"但《王韻》代韻下不收"又呼愛反"讀音，而《廣韻》代韻曉紐收"儗"字，音海愛切，於是《廣韻》較《王韻》增"儗"海愛切小韻。

《王韻》業韻居怯反："跲，躓。又渠業反。"但《王韻》業韻下不收"又渠業反"讀音，而《廣韻》業韻收"跲"字，音巨業切，於是《廣韻》較《王韻》增"跲"巨業切小韻。

《廣韻》支韻："𤿺，器破也。匹支切。一。"唐五代韻書支韻無"𤿺"字，亦無此小韻。《廣韻》"𤿺"匹支切與"鈹"敷羈切為重紐。《王一》旨韻"嚭"匹鄙反下有"敀"字，注云："破。又匹支反。"《王二》同，注云："又疋支反。"《王韻》匹鄙反下有"𢻫"字，無注文。"敀"即"𤿺"字，或作"𢻫"。《集韻·支韻》攀糜切："𢻫、𤿺，《方言》云：'南楚之間，器破而未離謂之𢻫。'或從皮。"《集韻·旨韻》普鄙切："敀、𤿺，《方言》：南楚謂器破未離曰敀。或從皮。"《玉篇·支部》："敀，匹之、皮美二切。器破也。"又皮部："𤿺，音披。器破。"《廣韻》"𤿺"有支韻敷羈、匹支二切，大致與《玉篇》音披、匹之切相當，不過《玉篇》匹之切切語下字在之韻。《王一》"又匹支反"、《王二》"又疋支反"正與"鈹"敷羈切為重紐。則“帔（旇）”有此音而《王韻》支韻正切失收。《廣韻》將《王一》《王二》的提示音“又匹支反”作為正切收入支韻，成為新增小韻。

《廣韻》琰韻：“剡，縣名，屬會稽。時染切。”《王韻》及唐五代韻書琰韻無禪紐。《漢書・地理志》顏師古注上冉反。《王二》琰韻以冉反：“剡，削；又縣名，在會稽。又時琰反。”有提示音“又時琰反”，但沒有列入琰韻正切。《廣韻》將《王二》的提示音“又時琰反”作為正切收入琰韻，成為新增小韻。

《廣韻》冬韻：“烔，火色，他冬切。”《王韻》冬韻無透紐。《切二》《王二》及《王韻》徒冬反：“烔，火盛皃。又他冬反。”有提示音“又他冬反”，但沒有列入冬韻正切。《廣韻》將提示音“又他冬反”作為正切收入冬韻，成為新增小韻。

三、《廣韻》新增小韻來自其他注音材料

《廣韻》新增小韻，有一部分其紐字或者其讀音在《廣韻》之前的各《切韻》修訂本及其殘卷中找不到依據，但在《廣韻》之前或差不多同時代的其他材料中確實能夠找到這個讀音。爲了得知《廣韻》新增小韻的來源情況，除唐五代韻書之外，我們也查檢其他材料的注音情況，字典類重點查檢《玉篇》《萬象名義》《五經文字》《龍龕手鑑》以及《說文》徐鉉注音、《說文》朱翺注音，包括徐鍇《說文解字篆韻譜》，音義類重點查檢《經典釋文》《晉書音義》《一切經音義》，文獻注釋類重點查檢《史記三家注》、顏師古《漢書注》、李賢《後漢書注》、李善《文選注》和曹憲《博雅音》，等等；《廣韻》之後的《集韻》《類篇》受《廣韻》影響的因素居多，不作依據。凡是以上材料中能夠找到《廣韻》新增小韻紐字及相應讀音者，雖然我們不能肯定新增小韻就是來源於此，但至少可以證明《廣韻》新增是有依據的。例如：

《廣韻》江韻：“岘，五江切。”《王韻》及唐五代韻書均無此音，“岘”五江切是新增小韻。《玉篇・山部》：“岘，五江切。山名。”《龍龕・口部》：“岘，五江反。山名也。”《文選・張衡〈南都賦〉》“其山則崆岘嶱嵑”李善注：“（岘）五江（切）。”可見本有“岘”五江切小韻讀音。

《廣韻》支韻：“蘬，悅吹切。藍蓼秀。”《王韻》及唐五代韻書均無此音，“蘬”悅吹切是新增小韻。《玉篇・艸部》：“蘬，悅吹、羊棰二切。《說文》曰：藍蓼秀也。”《龍龕・艸部》：“蘬，悅吹反，藍蓼秀也。又音隋。”《爾雅・釋草》“蒿，侯莎；其實媞”郭璞注“蒿也者莎蘬，媞者其實”釋文：“蘬，弋垂、徂規二反。”《廣雅・釋詁》“蘬，蔕也”曹憲音：“（蘬）弋箠、素箠（切）。”弋垂反、弋箠切、悅吹反同音。可見本有“蘬”悅吹切小韻讀音。

《廣韻》脂韻：“咦，笑皃。喜夷切。”《王韻》及唐五代韻書均無此音，“咦”喜夷切是新增小韻。《玉篇・口部》：“咦，弋之、喜夷二切。南陽謂大呼曰咦。又

笑皃。"《萬象名義·口部》："咦，火尸反。大笑也。"《廣雅·釋詁》"咦，笑也"曹憲音："火尸（反）。"《龍龕·口部》："咦，喜夷反，笑貌也。"可見本有"咦"喜夷切小韻讀音。

《廣韻》元韻："樠，松心。又木名也。武元切。"《王韻》及唐五代韻書均無此音，"樠"武元切是新增小韻。《左傳·莊公四年》"王遂行，卒於樠木之下"杜預注"樠木，木名"釋文："樠，郎蕩反。又莫昆反，又武元反。"《漢書·西域傳》"莽平多雨，寒，山多松樠"顔師古曰："樠，木名，其心似松。音武元反。"《莊子·人間世》"以為門戶則液樠"釋文："樠，亡言反。向、李莫干反。郭武半反。"亡言反與武元反同音。可見本有"樠"武元切小韻讀音。

《廣韻》鍾韻："銎，斤斧受柄處也。曲恭切。"《王韻》及唐五代韻書均無此音，"銎"曲恭切是新增小韻。《説文·金部》"銎，斤釜穿也"徐鉉曰："曲恭切。"《篆韻譜》同。《玉篇·金部》："銎，去恭切。斤斧空也。"《廣雅·釋器》"銃謂之銎"曹憲音："（銎）去恭（切）。"《詩·豳風·七月》："蠶月條桑，取彼斧斨，以伐遠揚，猗彼女桑"毛傳"傳斨，方銎也"釋文："銎，曲容反。《説文》云：斧空也。"《詩·豳風·破斧》"既破我斧，又缺我斨"毛傳"隋銎曰斧"釋文："銎，曲容反。"《五經文字》："銎，曲容反。見《詩》注。"曲恭切、去恭切、曲容反同音。可見本有"銎"曲恭切小韻讀音。

《廣韻》物韻："崛，危崛，山皃。魚勿切。"《王韻》及唐五代韻書均無此音，"崛"魚勿切是新增小韻。《玉篇·山部》："崛，魚勿切。山短高皃。又特起也。"《萬象名義·山部》："崛，魚屈反。"《龍龕·山部》："崫，魚勿反，山也。又特立也。又同上（崛）。"《文選·張衡〈西京賦〉》"隆崛崔崒，隐轔鬱律"李善注："《埤蒼》曰：崛，特起也。魚勿切。"《文選·左思〈蜀都賦〉》"鬱葐蒕以翠微，崛巍巍以峨峨"李善注："（崛）魚物（切）。"《文選·王延壽〈魯靈光殿賦〉》"屹山峙以紆鬱，隆崛岉乎青雲"張載注："（崛）魚勿（切）。"《文選·陸倕〈石闕銘〉》"鬱崫重軒，穹隆反宇"李善注："（崫）魚勿（切）。"可見本有"崛"魚勿切小韻讀音。

《廣韻》屋韻："砡，齊頭皃。魚菊切。"《王韻》及唐五代韻書均無此音，"砡"魚菊切是新增小韻。《玉篇·石部》："砡，牛六切。齊也。"《萬象名義·石部》："砡（砡），牛六反。齊頭也。"《廣雅·釋詁》"砡，齊也"曹憲音："牛玉（切）。"《文選·馬融〈長笛賦〉》"重巘增石，簡積頵砡"李善注："《字林》曰：砡，齊頭也。牛六切。"魚菊切、牛六切、牛玉切同音。可見本有"砡"魚菊切小韻讀音。

《廣韻》緝韻："霵，暴雨皃。仕戢切。"《王韻》及唐五代韻書均無此音，"霵"仕戢切是新增小韻。《玉篇·雨部》："霵，側立切，又七立切。雨下也。霵，同上。"據《龍龕》，"七立切"當作"士立切"。《龍龕·雨部》："霵，阻立、士立、林邑三反。雨下也。《玉篇》與霰同。霰，《玉篇》同上。《切韻》士立反。霰霰，暴雨貌。”“霰”《廣韻》釋義“暴雨皃”，與《龍龕》所稱引的《切韻》相吻合。《集韻》緝韻：“囐，仕戢切。嚁囐，衆聲疾皃。”小韻收字與《廣韻》不同。《文選·王褒〈洞簫賦〉》“惏慄密率掩以絶滅，嚁霰曄踕跳然復出”李善注：“嚁霰，衆聲疾貌。助急切。”字本作“霰”，“嚁霰”連用，偏旁類化加旁作“囐”。仕戢切、士立反、助急切同音。可見本有“霰”仕戢切小韻讀音。

如此之類甚夥，不煩舉證。

四、《廣韻》新增小韻來源不明

《廣韻》新增小韻中也有一部分紐字及其讀音，除了《廣韻》本身及其後的《集韻》之外，我們找不到其他任何材料來證明此字此音，暫且稱之為“來源不明”。這種來源不明，或者是因為我們資料掌握不全，或者是由於時間原因而出現的材料斷層。例如：

《廣韻》御韻：“屐，履屬。徐預切。”《王韻》及唐五代韻書御韻均無開口邪紐，“屐”徐預切是新增小韻。周祖謨《廣韻校勘記》：“屐，《集韻》《類篇》作屄。段改作屖，與《說文》《玉篇》合。”《說文·履部》“屖，履屬”徐鉉注音“徐呂切”，朱翺注音“夕與反”，讀音同。“屖”意義單純，各家釋義均來自《說文》。《龍龕》徐呂反。《玉篇》余去、徐呂二切，多余去切讀音。《王韻》語韻徐呂反：“屖，履屬。又余去反。”《廣韻》“屖”字羊洳切、徐呂切，均與《玉篇》同。《王韻》《玉篇》《龍龕》等均不收“屐”字形及徐預切讀音。《集韻》“屖”字有羊茹、象呂、寫與、演女四切，又有“屄”字遲據切，但沒有徐預切讀音。可見僅《廣韻》“屐（屖）”錄有徐預切之音，其來源不明。《集韻》有“姐”祥豫切小韻，僅“姐”一字，釋義“嫧也”，雖然讀音相同，但與《廣韻》“屐”徐預切無關。

下面是一些此字此音只出現在《廣韻》的例子，《集韻》及以後出現該字該音不計：

江韻：“�，肒肛，不伏人。握江切。一。”

虞韻：“傷，《纂文》云：偭傷，小人皃。莊俱切。二。”

山韻：“尲，尲尴，胷膝痛也。力頑切。一。”

山韻：“尴，跪頑切。一。”

肴韻：“秫，禾穭生。直交切。穭音呂。一。”

戈韻：“骳，手足疾皃。去靴切。二。”

麻韻：“些，少也。寫邪切。一。”

蟹韻：“挐，攙挐，挐物，出《聲譜》。丈夥切。一。”

蟹韻：“扮，亂扮也。花夥切。一。”

隱韻：“鱶，角齊多皃。仄謹切。二。”

混韻：“栩，飛起。又走也。普本切。一。”

混韻：“栩，結也。虛本切。二。”

緩韻：“坢，平坦，坢也。普伴切。二。”

馬韻：“乜，蕃姓。彌也切。一。”

馬韻：“䅊，䅊穀，南人食之。或云�菱。丑寡切。一。”

蕩韻：“汻，姓，今涇州有之。呼朗切。三。”

梗韻：“檸，木皮，入酒浸治風。拏梗切。一。”

有韻：“穈，聚名。士九切。一。”

有韻：“鞇，鞇束。初九切。二。”

范韻：“腇，今河東謂淊腫爲腇。府犯切。一。”

范韻：“釩，釩拂。峯犯切。一。”

送韻：“敹，敹敹，不迎自來。徂送切。二。”

祭韻：“䥽，曲刀也。削竹也。除芮切。一”

泰韻：“暩，小春也。七外切。一。”

怪韻：“𦓤，𦓤𦓤。火怪切。五。”

夬韻：“𤟤，犬臭。又事露也。除邁切。一。”

線韻：“瘇，痓瘇，惡病也。連彥切。二。”

嶝韻：“澄，小水相益。台鄧切。一。”

薛韻：“閮，城門中板也。士列切。一。”

鐸韻：“瓁，扑瓁。五郭切。一。”

鐸韻：“䃎，礏䃎，石聲。盧穫切。礏音廓。一。”

麥韻：“趚，急走也。出《字林》。查獲切。二。”

麥韻：“趪，趪趚，足長皃。求獲切。一。”

昔韻：“菒，菒卷。之役切。一。”

這裡有個別例字《廣韻》注明來自《纂文》《聲譜》《字林》，但原書遺佚，不得確知。

參考文獻

董同龢. 全本王仁昫刊謬補缺切韻的反切下字∥歷史語言研究所集刊：19. 北京：中華書局，1987.

葛信益. 廣韻叢考. 北京：北京師範大學出版社，1993.

古德夫. 漢語中古音新探. 江蘇：江蘇教育出版社，1993.

李榮．切韻音系：語言學專刊第四種．北京：中國科學院，1952.

李新魁．論《切韻》系統中床禪的分合．中山大學學報，1979（1）.

龍宇純．唐寫全本王仁昫刊謬補缺切韻校箋．香港：香港中文大學，1968.

歐陽國泰．《切韻》"俟"母質疑．厦門大學學報，1987（4）.

潘悟雲．反切行為與反切原則．中國語文，2001（2）.

徐朝東．《切韻》系韻書中四種異常音切之考察．語言研究，2006（1）.

楊軍．韻鏡校箋．杭州：浙江大學出版社，2007.

余迺永．新校互注宋本廣韻：定稿本．上海：上海人民出版社，2010.

趙少咸．廣韻疏證．成都：巴蜀書社，2010.

周祖謨．廣韻校本．北京：中華書局，1960.

周祖謨．唐五代韻書集存．北京：中華書局，1983.

周祖庠．切韻韻圖．貴陽：貴州教育出版社，1994.

Source Analysis to Phonetic Notation of Xiaoyun newly Increased in *Guangyun*

Cai Mengqi, Pi Hualin

Abstract: Compared with *Wang Yun*, 296 "xiaoyun" are increased in *Guang Yun*. This essay analyses the source of these increased "xiao yun" and finds the some of them are from oher Yunshu of Tang and the Five Dynasties, some from "youyin" of Yunshu of Tang and the Five Dynasties such as *Wang Yun*, and some from other phonetic materials, and others, source is unknown.

Keywords: *Guang Yun*; *Wang Yun*; xiaoyun; phonetic notation

（蔡夢麒、皮華林，湖南師範大學文學院）

唐詩的字義和平仄音讀問題之六*

劉子瑜　劉宋川

提　要： 本文討論唐詩中一字平上去（或平去入）三讀而義別和三讀義同的問題。唐詩中一字平上去（或平去入）三讀而義別的字共有7個：卷、茺、長、咽、與、濟、累。三個音讀先後產生的次序不盡相同，有的是平、上、去，有的是平、去、入，或上、去、平；三讀用以顯示本義、引申義或假借義的不同。平上去三讀而義同的字群有7字：拖、沽、酤、鄢、但、盪（蕩）、醒。7字音讀產生的次序亦可分為三小類：平、上、去，上、平、去，上、去、平。這類字群的義項較為簡明。三讀義別字群的音義到現今發生了變化，多數演變為兩讀義別，僅個別字保留三讀義別；而三讀義同的字群到現今在義項方面基本未變，音讀則都簡化為一讀。這種音義關係和特點最大限度地滿足了唐代詩體聲律的需要，為詩人依律審音用字提供了更為自如的選擇餘地。唐以後這種用法衰減。只有理解諸字在唐代的音義關係以及到現代的音義變化規律，才可以準確解釋諸字在唐詩中的音義，進而分析唐詩的平仄律式和體格。

關鍵詞： 唐詩；平上去三讀；常讀與偏讀；義別；義同；平仄律式

一、引　言

本文討論唐詩中一字平上去（或平去入、上去平）三讀而義別和三讀義同的問題。這一論題是我們所定唐詩中一字平仄兩讀而義有異同總論題的分支。總論題的理論基礎是：漢字是形音義的統一體。音指音節，由聲母、韻母、聲調三要素組成，變動其中一個要素就會組成不同的音節。中古漢語的聲調分平、上、去、入四類，聲韻相同而調不同，就組成了語音關係密切的不同音節，往往用來表示發展關係密切的不同義項。唐詩中約有300個較為常用的單字組成不同類型的字群，以平

---

* 本文為北京市2013年度哲學社會科學規劃項目“唐詩的平仄音讀與字義異同關係研究”（13WYB005）的階段性成果。

上、平去兩讀，平上去三讀或平上去入四讀而表示義別、義同或義別兼義同，顯示各種類型的音義特點。從唐代詩體聲律來說，這些兩讀、三讀、四讀都總歸為平和仄（上去入）兩讀。一字具體音節的兩讀或多讀，是屬於語音關係密切的音讀，即在音節上是聲母相同（或同類，即同發音部位）、韻母相同（入聲則是韻母中元音相同，韻尾因有塞音而略別）而聲調有平、上、去、入的不同，這與各字的義項發展為本義、引申義（又分直接引申義和間接引申義）和假借義等不同類型相對應。

唐詩中具有三讀義別或義同特點的兩個字群所包括的單字儘管為數不多，但是它們的音義關係遠比兩讀複雜，需要細加考釋。由於《廣韻》《集韻》等中古韻書和《漢語大字典》《漢語大詞典》等現代工具書關於諸字的音義注釋互有參差，我們不可簡單照搬，需要考究參酌，以求準確論析諸字的音義關係；還要全面搜索和歸納唐詩用例，以求證實我們對於諸字的音義和平仄關係的斷定，並最終得出可信的結論。

下面論析兩個字群的音義關係和用法。

二、唐詩一字平上去三讀而義別

唐詩有一類字群具有平上去（或平去入）三個音讀而表示不同義項，簡稱為一字平上去三讀而義別，共有 7 字：卷、莞、長、咽、與、濟、累。其中“卷、莞、長”3 字音讀先後產生的次序是平、上、去，“咽”字音讀是平、去、入，“與、濟、累”3 字音讀是上、去、平。諸字的三讀都是用以顯示本義、引申義或假借義的不同。下面分三小類來討論。

（一）一字有平上去三讀而義別

1. 卷

A.《廣韻》巨員切，平聲仙韻群母（簡稱平仙群），今讀 quán。據《說文》，本義為膝曲（唐詩無例），引申為彎曲，形容詞。B.《廣韻》居轉切，上獮見，今讀 juǎn。義為：把東西卷成圓筒形，卷起，動詞；後作“捲”。唐詩用例甚多。C.《廣韻》居倦切，去線見，今讀 juàn。義為：書本，名詞；又表示全書內容分成若干部分，每一部分稱為一卷，量詞。D.《集韻》古本切，上混見，今讀 gǔn；通“袞”。“卷衣”，即袞衣，帝王禮服。唐詩中“卷”字有平、上、去三類聲調，四個音讀（平聲有兩讀），字義顯示本義、直接引申義和間接引申義等類型的不同；唐詩中常用有“卷卷、卷衣、卷簾、卷席、卷懷、卷舒、舒卷、書卷、黃卷、廢卷、披卷、卷軸、萬卷”等詞語。現今只有上、去音義。下舉 9 例：

（1）金環欲落曾穿耳，螺髻長卷亦裹頭。（張籍《昆侖》，七律）

（2）桑屐時登望，荷衣自卷舒。（盧綸《郊居對雨寄趙涓給事……》，五

排）

(3) 遇事知裁剪，操心識卷舒。（杜牧《自遣》，五排）

(4) 卻看妻子愁何在，漫卷詩書喜欲狂。（杜甫《聞官軍收河南河北》，七律）

(5) 卷懷能憤悱，卒歲且優遊。（杜牧《陪昭應盧郎中……》，五排）

(6) 獨愁常廢卷，多病久離群。（祖詠《汝墳別業》，五律）

(7) 走筆往來盈卷軸，除官遞互掌絲綸。（白居易《餘思未盡加為六韻重寄微之》，七排）

(8) 孤雲獨鶴共悠悠，萬卷經書一葉舟。（嚴維《送薛居士和州讀書》，七律）

(9) 霸主卷衣才二世，老僧傳錫已千秋。（羅隱《秦望山僧院》，七律）

例（1）"卷"義為髮曲，用在"仄仄平平仄仄平"律式第四字，平聲。例（2）"卷舒"意思是卷起與展開，例（3）"卷舒"意指行為的進退顯隱，兩例"卷"字用在"平平仄仄平"律式第四字，屬仄聲（以上聲歸仄）。例（4）"卷"字義為卷起，例（5）"卷懷"意思是藏身隱退，"卷"字都是以上歸仄。例（6）"廢卷"意思是放下書中止閱讀，例（7）"卷軸"是指有軸可卷舒的書籍，"卷"字用在"平平平仄仄"和"仄仄平平平仄仄"律式第五和第六字，以去聲歸仄。例（8）"卷"是量詞，去聲。例（9）"卷衣"即衮衣，帝王禮服，"卷"屬上聲混韻字。唐詩另有常用詞語"卷衣"，意為收卷衣裳，多指侍奉君王，"卷"字屬上聲獮韻，與此例音義不同，須加辨別。

2. 莞

A.《廣韻》古丸切，平桓見，今讀 guān。義為：蒲草，俗名水蔥，可織席（"莞席"即指草編的席子），名詞。B.《廣韻》戶板切，上潸匣，今讀 wǎn。義為：微笑貌。C.《集韻》古玩切，去換見，今讀 guàn。義為：郡名，晉置東莞郡，在今山東沂水縣一帶。"莞"字三讀顯示本義和假借義的不同，唐詩用例不多；現今仍保留平、上音義，而喪失去聲義；至於新出現的縣市名"東莞"屬於廣東省，與古郡名無關，而且"莞"字另讀上聲。下舉 3 例：

(1) 橋夾水松行百步，竹床莞席到僧家。（韓愈《題秀禪師房》，七絕）

(2) 薄暮歸見君，迎我笑而莞。（韓愈《贈張籍》，五古）

(3) 東莞為著姓，奕代皆俊喆。（皮日休《二游詩・徐詩》，五古）

例（1）"莞"字用在"仄平平仄仄平平"律式第三字（本仄而可平），平聲。例（2）"莞"字用在五古體對句作韻腳，以上聲潸韻字押韻。例（3）"東莞"的"莞"讀去聲。

3. **長（长）**

A.《廣韻》直良切，平陽澄，今讀 cháng。義為：兩端距離大，與“短”相對，形容詞；長度，名詞；長久，遠，形容詞；經常，副詞；擅長，動詞；長處，優點，名詞。B. 知丈切，上養知，今讀 zhǎng。義為：年紀較大，與“幼”相對，又排行最大，形容詞；首領，特指縣一級長官，名詞；生長、成長、增進，撫養，動詞。C.《廣韻》直亮切，去漾澄，今讀 zhàng。義為：多、多餘，形容詞。唐詩中“長”字組合的詞語十分豐富。“長”字讀平聲的常用詞語有“長門、長樂、長楊、長秋、長信、長陵、長江、長河、長城、長干、長天、長空、長雲、長風、長虹、長橋、長汀、長洲、長薄、長途、長路、長亭、長日、長年、長纓、長繩、長裾、長袖、長才、長策”等（以上表示名詞性意義，其中“長樂”又表示動詞義）和“長吟、長歌、長謠、長嘯、長歎、長嗟、長恨、長懷、長慟、長望、長別、長征、長驅、長流”等（以上表示動詞性意義，其中“長恨、長懷”又分別表示永遠的遺憾、遐想，名詞義）。“長”字讀上聲的常用詞語有“長史、長吏、長年、長老、長者”等。“長”字義項現今仍基本保留，不過上列唐詩中許多詞語已經不用，而且去聲義已併入平聲讀，只分平上兩讀。下舉 10 例：

(1) 明月隱高樹，長河沒曉天。（陳子昂《春夜別友人二首》之一，五律）

(2) 大漠孤煙直，長河落日圓。（王維《使至塞上》，五律）

(3) 長謠朝復暝，幽獨幾人知。（秦系《春日閒居三首》之二，五律）

(4) 離居欲有贈，春草寄長謠。（沈佺期《登瀛州南城樓寄遠》，五排）

(5) 須憑吉夢為先兆，必恐長才偶盛時。（方干《送王霖赴舉》，七律）

(6) 長懷報明主，臥病復高秋。（杜甫《搖落》，五律）

(7) 世路紅塵懶步趨，長年結屋傍岩隅。（牟融《贈殷以道》，七律）

(8) 促織驚寒女，秋風感長年。（孟浩然《題長安主人壁》，五排）

(9) 莫道還家不惆悵，蘇秦羈旅長卿貧。（黃滔《新野道中》，七律）

(10) 寧為百夫長，勝作一書生。（楊炯《從軍行》，五律）

(11) 但恐人間為長物，不如林下作遺民。（白居易《狂吟七言十四韻》，七排）

(12) 未有長錢求鄴錦，且令裁取一團嬌。（段成式《柔卿解籍戲呈飛卿三首》之二，七絕）

前二例“長河”一指銀河，一指黃河，“長”字義為距離大，用在“平平仄仄平”律式第一字，平聲。(3)、(4) 兩例“長謠”分別表示放聲高歌、長篇詩作，“長”字用在“平平平仄仄”和“仄仄仄平平”律式第二和第五字，平聲。例 (5)“長”字義為優秀，用在“仄仄平平仄仄平”律式第三字，平聲。例 (6)“長”字義為永久、永遠，用在“平平仄平仄”律式第一字，平聲。例（7）“長年”意為整年、長期，例（8）“長年”意為老年，“長”字分别用在“平平仄仄仄平平”和“平平仄仄平”律式中，一讀平聲，一讀上聲（以上聲歸仄）。例（9）“長卿”是西漢辭賦家司馬相如的字，“長”字表示排行最大，上聲，用在“平平仄仄平”律式中，以上聲歸仄。例（10）“長”字義為首領、長官，上聲。例（11）、例（12）“長”義為多餘的，“長”字用在律式中，以去聲歸仄。

（二）一字有平去入三讀而義别

咽

A.《廣韻》烏前切，平先影，今讀 yān。義為：咽喉、喉嚨，泛指頸項，又喻指形勢險要之地，名詞。B.《廣韻》於甸切，去霰影，今讀 yàn。義為：吞食，使食物通過咽喉進入食道裡去，動詞；又作“嚥”。C.《廣韻》烏結切，入屑影，今讀 yè。義為：聲音受阻塞而低沉，多用來形容悲哀淒切之聲。“咽”的基本義項現今仍然保留，只是音讀已成一平兩去（其中入聲讀在普通話中因失去塞音尾而轉讀去聲）。下舉 5 例：

（1）亂結羅紋照襟袖，别含瓊露爽咽喉。（曹松《南海陪鄭司空遊荔園》，七律）

（2）地鎖咽喉千古壯，風傳歌吹萬家閑。（李山甫《蒲關西道中作》，七律）

（3）飛離海浪從燒尾，嚥卻金丹定易牙。（黄滔《喜陳先輩及第》，七律）

（4）相思咽不語，回向錦屏眠。（徐彦伯《孤燭歎》，五律）

（5）掩抑危弦咽又通，朔雲邊月想朦朧。（羊士諤《夜聽琵琶三首》之一，七絕）

前二例“咽”字用在律式中，讀平聲。例（3）“嚥”字用在“仄仄平平仄仄平”律式中，以去聲歸仄。例（4）、例（5）“咽”字用在“平平仄仄仄”和“仄仄平平仄仄平”律式第三和第五字，以入聲歸仄。

（三）一字有上去平三讀而義别

1. **與（与）**

A.《廣韻》余吕切，上語喻四，今讀 yǔ。義為：本義是給予、授予，引申為幫助、援助，結交、親附，稱讚、贊許，等待，動詞；跟、同，介詞；和，連詞。B.《廣韻》羊洳切，去御喻四，今讀 yù。義為：參與，動詞。C.《廣韻》以諸切，平魚喻四，今讀 yú。義為：表示疑問或反詰，又表示感歎，語氣詞，此為假借義；中古已多作“歟”（欤）。“與”字現今仍列有上去平三讀，但平聲義基本不用。下舉 10 例：

（1）楊梅今熟未，與我兩三枝。（秦系《贈烏程楊蘋明府》，五律）

（2）早知潮有信，嫁與弄潮兒。（李益《江南詞》，五絕）

（3）松滋聞古縣，明府是詩家。……君去應相與，乘船泛月華。（齊己《送王秀才往松滋夏課》，五律）

（4）流水如有意，暮禽相與還。（王維《歸嵩山作》，五律）

（5）良時不我與，白髮向秦生。（李頻《長安夜懷》，五律）

（6）舞袖飄飖棹容與，忽疑身是夢中游。（白居易《府中夜賞》，七律）

（7）賜浴皆長纓，與宴非短褐。（杜甫《自京赴奉先縣詠懷五百字》，五古）

（8）猗與子美思，不盡如轉軨。（皮日休《魯望昨以五百言見貽……》，五古）

（9）客有歸歟歎，淒其霜露濃。（李頎《望秦川》，五律）

（10）抑揚蹈厲，有裂犀兕之氣者非公與？（陸龜蒙《吳俞兒舞歌·弩俞》，雜言古詩）

前六例“與”字用作上聲義，在律式中以上歸仄。例（1）“與”字義為給予；例（2）“與”義仍為給，只是用在另一動詞後面，表示通過某一行為來給予，唐詩中常用詞語有“嫁與、寄與、賜與、付與、賣與、拋與、擲與、報與、留與、借與、傳與、送與”等。例（3）“與”義為結交，“相與”即相結交；例（4）“相與”意為一同、一起；例（5）“與”義為等待，例（6）“容與”是雙聲聯綿詞，表示隨波起伏貌；例（7）“與”字義為參加，去聲。後三例“與”字都讀平聲。例（8）“猗與”是表示讚歎的語氣詞；例（9）“歟”（欤）是“與”（与）的後起字，此句的“歟”《唐詩別裁》仍作“與”（与）；例（10）“與”表示反問語氣。

2. **濟（济）**

A.《廣韻》子禮切，上薺精，今讀 jǐ。義為：本義是古水名。又隋設濟北郡，唐改為濟州，在濟水北岸。又“濟濟”，疊音的狀態詞，眾多貌，整齊美好貌。B.《廣韻》子計切，去霽精，今讀 jì。義為：渡水，救助，成功，有益，動詞；又渡口，名詞。此類為引申義。C.《集韻》前西切，平齊從，舊讀 qí。通“齊”，“濟濟”，莊敬貌。現今“濟”字保留了上、去兩讀和義項，而不用平聲義。下舉 8 例：

（1）烏紗靈壽對秋風，悵望浮雲濟水東。（韓翃《寄裴鄆州》，七絕）

（2）喪亂聞吾弟，飢寒傍濟州。（杜甫《憶弟二首》，五律）

（3）由來鴛鷺侶，濟濟列千官。（李頻《省試振鷺》，五排）

（4）濟濟金門步，洋洋玉樹篇。（張九齡《奉和吏部崔尚書雨後……望南山》，五排）

（5）遙享粢盛，堂斟況齊。降福穰穰，來儀濟濟。（陳叔達《太廟祼地歌辭》，四言古）

（6）欲濟無舟楫，端居恥聖明。（孟浩然《望洞庭湖贈張丞相》，五律）

（7）鑿處若教當要路，為君常濟往來人。（郭振《野井》，七絕）

（8）人浮津濟晚，棹倚汭寥秋。（薛能《天際識歸舟》，五排）

前四例“濟”字用在律式中，表示上聲義，其中“濟濟”分別表示眾多貌、整齊美好貌。例（5）“濟濟”表示莊敬貌，“濟”字用在四言詩中與“齊”字押韻，平聲。後三例“濟”字用在律式中，以去聲歸仄，意義分別為渡水、救助和渡口。

3. **累**

A.《廣韻》力委切，上紙來，今讀 lěi。義為：堆集、積聚，重疊，連續，動詞，本作“絫”，“累”是後起字；又屢次，副詞。“累累”，疊音的狀態詞，重積貌，眾多貌。B.《廣韻》良偽切，去寘來，今讀 lèi。義為：牽連、拖累（今讀上聲），煩勞、託付，勞累，動詞；禍害、憂慮，又指家財、家眷，名詞。C.《集韻》倫追切，平脂來，今讀 léi。義為：繩索，拘繫、捆綁；唐詩無例。又“累累”，連貫成串貌。“累”字現今仍有三讀，但義項已經簡化。下舉 9 例：

（1）千花開國界，萬善累皇基。（趙彥昭《奉和幸大薦福寺》，五排）

（2）苻堅舉國出西秦，東晉危如累卵晨。（胡曾《詠史詩・八公山》，七絕）

（3）酒中堪累月，身外即浮雲。（杜審言《秋夜宴臨津鄭明府宅》，五律）

（4）累徵期旦暮，未起戀煙霞。（劉長卿《贈元容州》，五排）

（5）無才不敢累明時，思向東谿守故籬。（王維《早秋山中作》，七律）

（6）已撥形骸累，真為爛漫深。（杜甫《長吟》，五律）

（7）不使鄉人治驛路，卻將家累宿山雲。（姚合《送河中楊少府宴崔駙馬宅》，七律）

（8）群峰日來朝，累累孫侍祖。（張祜《遊天台山》，五古）

（9）繫虜君臣人，累累來自東。（柳宗元《唐鐃歌鼓吹曲十二篇・第十二》，五古）

前四例“累”字依次義為：堆積、重疊、連續（唐詩中此義還有“累日、累年、累世”等詞語）、屢次，在律式中以上聲歸仄聲。例（5）“累”字義為拖累（唐詩中此義還有“世累、俗累、塵累、物累、外累”和“累身”等詞語），例（6）“累”字義為勞累，例（7）“家累”指家眷（“累”字仍為拖累），在律式中“累”字都是以去聲歸仄聲。例（8）“累累”表示眾多貌，上聲；例（9）“累累”表示連貫成串貌，平聲。

三、唐詩一字平上去三讀而義同

與上一類字群相對的是，唐詩中另一類字群有平上去三讀而義同，計有 6 字：拖、沽、酤、鄢、但、醒。這 6 字音讀產生的次序可以分為三小類：一是音讀依次為平、上、去，有“拖、沽、酤、鄢”4 字；二是音讀依次為上、平、去，只有“醒”字；三是音讀依次為上、去、平，只有“但”字。下面按三小類來討論。

（一）一字有平上去三讀而義同

1. 拖〔拕〕

A.《廣韻》“拕”，託何切，平歌透，今讀 tuō。注義：曳也，俗作“拖”。B.《廣韻》徒可切，上哿定；又《集韻》“拕、拖”，待可切，上哿定，舊讀 tuǒ。兩韻書注義都是“引也”。C.《廣韻》“拖”，吐邏切，去箇透，舊讀 tuò。注義：牽車。又《集韻》“拕、拖”，他佐切，去過透（過韻是與戈韻相應的去聲韻，歌、戈韻同用，則箇、過韻也同用）。注義：曳也。據此可知“拖、拕”有平上去三讀（平聲為常讀），且同義。義為：牽引、拉，下垂，動詞。現今仍保留基本義牽引，但只有平聲一讀。下舉 6 例：

（1）裛雨拖風不自持，全身無力向人垂。（韓偓《詠柳》，七絕）

（2）鑾輿上碧天，翠帟拖晴煙。（武平一《奉和登驪山高頂寓目應制》，五律）

（3）橫拖長袖招人別，只待春風卻舞來。（司空圖《白菊三首》之三，七絕）

（4）榮耀初題劍，清羸已拖紳。（劉禹錫《許給事見示哭工部劉尚書……》，五排）

（5）畫鼓拖環錦臂攘，小娥雙換舞衣裳。（張祜《周員外席上觀柘枝》，七律）

（6）揮金應物理，拖玉豈吾身。（杜甫《秋日寄題鄭監湖上亭三首》之三，五律）

前四例“拖”字義為牽引、拖帶，用在例（1）、例（3）的“仄仄平平仄仄平”和“平平仄仄平平仄”律式第三和第二字，須讀平聲；用在例（2）、例（4）的“仄仄仄平平”和“平平仄仄平”律式第三和第四字，必歸仄聲（“拖”字實讀上聲或去聲）。後二例“拖”字義為下垂、垂掛，用在“仄仄平平仄仄平”和“仄仄仄平平”律式第三和第一字，分別屬平聲和仄聲（以上聲或去聲歸仄聲）。

2. 沽

A.《廣韻》古胡且，平模見，今讀 gū。注義：水名。B.《廣韻》公戶切，上姥見，舊讀 gǔ。注義：屠沽（賣酒者）。C.《廣韻》古暮切，去暮見，舊讀 gù。注義：賣也。按，“沽”字本表水名（唐詩無例），通假為“酤”，表示賣酒、買酒，再虛化為賣或買，動詞；又指賣酒的商人，名詞。唐詩中諸義都有平、上、去三讀（即三讀義同，平聲為常讀），《廣韻》注為三讀義別，《漢語大字典》《漢語大詞典》依此作注，不合唐詩用例。現今“沽”字仍表示賣、買義，但只有平聲一讀。下舉6例：

（1）玉瓶沽美酒，數里送君還。（李白《廣陵贈別》，五律）

（2）賭棋招敵手，沽酒自扶頭。（姚合《答友人招游》，五律）

（3）村店酒旗沽竹葉，野橋梅雨泊蘆花。（羅隱《送魏校書兼呈曹使君》，七律）

（4）紅袖織綾誇柿蒂，青旗沽酒趁梨花。（白居易《杭州春望》，七律）

（5）安知不及屠沽者，曾對青萍淚滿巾。（趙嘏《西峰即事獻沈大夫》，七律）

（6）陶令若能兼不飲，無弦琴亦是沽名。（司空圖《書懷》，七律）

（1）、（2）兩例“沽”字義為買酒，用在“平平平仄仄”和“仄仄仄平平”律式第三和第一字，音讀一平一仄（以上聲或去聲歸仄）。（3）、（4）兩例“沽”字義為賣酒，用在“仄仄平平平仄仄”和“平平仄仄仄平平”律式第五和第三字，音讀一平一仄（實讀上聲或去聲）。後二例“沽”字義為賣酒和賣，都讀平聲。

3. **酤**

A.《廣韻》古胡切，平模見，今讀 gū。注義：酤酒。B.《廣韻》侯古切，上姥匣；又《集韻》果五切，上姥見，舊讀 gǔ。注義：一宿酒（一夜釀成的酒，即清酒）。C.《廣韻》古暮切，去暮見，舊讀 gù。注義：賣也。《廣韻》《集韻》“酤”字有平上去三讀，注義各異，但在唐詩中實為三讀義同，《漢語大字典》等現代工具書按三讀義同作注，是正確的。其中平聲為常讀，今唯讀平聲。義為：薄酒、清酒，名詞；賣酒，買酒，動詞（動詞義多用通假字“沽”）。下舉6例：

（1）白雪篇篇麗，清酤盞盞深。（韋莊《對酒賦友人》，五律）

（2）中山獻仙酤，趙媛發清謳。（許敬宗《奉和宴中山應制》，準五排）

（3）細草稱偏坐，香醪懶再酤。（杜甫《陪李金吾花下飲》，五律）

（4）山僧雖不飲，酤酒引陶潛。（皎然《招韓武康章》，五絕）

（5）誰家紅樹先花發，何處青樓有酒酤。（白居易《早春聞提壺鳥因題鄰家》，七律）

前二例“酤”字義為清酒，用在“平平仄仄平”和“平平仄平仄”律式第二和第五字，一平一仄（以上聲或去聲歸仄）。例（3）、例（4）“酤”字義為買酒，一平一仄（以上聲或去聲歸仄）。例（5）“酤”字義為賣酒，平聲。

4. **鄢**

A.《廣韻》於乾切，平仙影，今讀 yān。B.《廣韻》於幰切，上阮影，今讀 yǎn。C.《廣韻》於建切，去願影，今讀 yàn。“鄢”字三讀（平聲為常讀）義同。一為楚都名，春秋時楚文王定都於郢，後惠王遷都于鄢（今湖北宜城市），仍號郢，唐詩“鄢郢”一詞即指楚都郢城（今湖北江陵縣紀南城）。又為周代國名，春秋時為鄭邑，隨後改名鄢陵（今河南鄢陵縣）。現今“鄢”字只保留平聲，表示姓。下舉 4 例：

（1）為結潘楊好，言過鄢郢城。（孟浩然《送桓子之郢成禮》，五律）

（2）擇才綏鄢郢，殊化被江湘。（崔泰之《同光祿弟冬日述懷》，準五排）

（3）多病無由酬一顧，鄢陵千騎去翩翩。（張祜《送周尚書赴滑台》，七律）

（4）莊辛正諫謂妖詞，兵及鄢陵始悔思。（周曇《詠史詩・春秋戰國門・莊辛》，七絕）

例（1）“鄢郢”的“鄢”用在“平平仄仄平”律式第三字，平聲（本仄又可平）。例（2）“鄢”字用在“平平平仄仄”律式第四字，必屬仄聲（以上聲或去聲歸仄）。後二例“鄢陵”的“鄢”用在“平平仄仄仄平平”和“仄仄平平仄仄平”律式第一字和第三字，都讀平聲。

（二）一字有上平去三讀而義同

1. **盪（蕩）**

A.《廣韻》徒朗切，上蕩定，舊讀 dǎng。B.《廣韻》吐郎切，平唐透，舊讀 táng。C.《廣韻》他浪切，去宕透，今讀 dàng。“盪”字上平去三讀義同，唐詩中平聲用例甚少，上、去聲居多，去聲可能是常讀。義為：洗滌、清除，搖動、擺動，推、碰撞，掃蕩、平定，動詞。“盪”字意義本與“蕩”字相通，今簡化為“蕩（荡）”，唯讀去聲。下舉 8 例：

（1）珠履盪花濕，龍鉤折桂新。（趙嘏《採桑秦氏女》，五律）

（2）戲鳥隨蘭棹，空波盪石鯨。（朱慶餘《省試晦日與同志昆明池泛舟》，五排）

（3）天地齊休慶，歡聲欲盪波。（呂渭《皇帝移晦日為中和節》，五排）

（4）指麾安率土，盪滌撫洪爐。（杜甫《行次昭陵》，五排）

（5）反覆歸聖朝，點染無滌盪。（杜甫《故著作郎貶台州司戶滎陽鄭公虔》，五古）

（6）盪蔡擒封豕，平齊斬巨鼇。（白居易《寄獻北都留守裴令公》，五排）

（7）雨歇楊林東渡頭，永和三日盪輕舟。（常建《三日尋李九莊》，七絕）

（8）半浦夜歌聞盪槳，一星幽火照叉魚。（李群玉《仙明洲口號》，七律）

前三例“盪”字義為碰撞、震盪，例（1）“盪”字用在“仄仄平平仄”第三字，讀平聲，後二例“盪”字分別用在“平平仄仄平”律式第三、第四字，屬仄聲（以上聲或去聲歸仄）。例（4）、例（5）、例（6）“盪”字義為清洗、清除、掃盪，在律式中屬仄聲（以上聲或去聲歸仄），在五古詩中以上聲與“響、養、賞”等字相押韻。最後二例“盪”字義為搖動、擺動，在律式中屬仄聲（以上聲或去聲歸仄）。

2. **醒**

A.《廣韻》蘇挺切，上迥心，今讀 xǐng。B.《廣韻》桑經切，平青心，舊讀 xīng。C.《廣韻》蘇佞切，去徑心，舊讀 xìng。“醒”字中古有上平去三讀（上聲為常讀）而義同，義為：酒醉後神志恢復正常狀態，又睡眠狀態結束，再引申為醒悟、覺悟，動詞。現今基本義項未變，但只有上聲一讀。下舉 6 例：

（1）鐘鼓饌玉不足貴，但願長醉不願醒。（李白《將進酒》，七古）

（2）書回秋欲盡，酒醒夜初長。（杜牧《秋夕有懷》，五律）

（3）吳王扶頭酒初醒，秉燭張筵樂清景。美人不眠憐夜永，起舞亭亭亂花影。（戴叔倫《白苧詞》，七古）

（4）行客舟已遠，居人酒初醒。（白居易《送客回晚興》，五古）

（5）度鴻驚睡醒，敧枕已三更。（方干《秋夜》，五律）

（6）好風吹醒羅浮夢，莫聽空林翠羽聲。（殷堯藩《友人山中梅花》，七律）

（7）獨醒時所嫉，群小謗能深。（杜甫《贈裴南部》，五排）

（8）耳煩聞曉角，眼醒見秋山。（白居易《松窄偶興》，五律）

前四例“醒”字義為酒醉後醒來，例（1）“醒”字用在七古詩中作韻腳，以平聲與“生、停、聽、名”四字相押韻；例（2）“醒”字用在“仄仄仄平平”律式第二字，屬仄聲（以上聲或去聲歸仄）；例（3）“醒”字用在七古詩中作韻腳，以上聲與“冷、井、景、永、影”五字相押韻；例（4）“醒”字用在五古詩中作韻腳，以去聲與“定、淨、磬”三字相押韻。（5）（6）兩例“醒”字表示睡眠後醒來，用在“仄平平仄平”和“仄平平仄平平仄”律式第五和第四字，音讀一平一仄（以上聲或去聲歸仄）。末二例“醒”字表示醒悟、清醒，用在“平平平仄仄”和“仄仄仄平平”律式第二字，一平一仄（以上聲或去聲歸仄）。

（三）一字有上去平三讀而義同

但

A.《廣韻》徒旱切，上旱定，舊讀 dǎn。B.《廣韻》徒案切，去翰定，今讀

dàn。C.《廣韻》徒干切，平寒定，舊讀 dān。“但”字有上去平三讀（上聲為常讀）而義同，本義是：脫去上衣，露出上身，動詞（唐詩無例，而另用“袒”字表示）；引申義是：空、徒然，又凡、凡是，僅、只，只是，只要，副詞；又但是，連詞。“但”字現今義為只和但是，只有去聲一讀。下舉 6 例：

（1）但曾行處遍尋看，雖是生離死一般。（劉禹錫《懷妓》四首之三，七律）

（2）但是詩人多薄命，就中淪落不過君。（白居易《李白墓》，七言短律）

（3）窮愁但有骨，群盜尚如毛。（杜甫《王閬州筵奉酬十一舅……》，五排）

（4）東林精舍近，日暮但聞鐘。（孟浩然《晚泊潯陽望廬山》，五律）

（5）但令毛羽在，何處不翻飛。（呂溫《賦得失群鶴》，五律）

（6）但使龍城飛將在，不教胡馬度陰山。（王昌齡《出塞二首》之一，七絕）

前二例“但”字義為凡、凡是，用在“平平仄仄仄平平”和“仄仄平平平仄仄”律式第一字，一平一仄（以上或去聲歸仄）。(3)、(4) 兩例“但”字義為僅、只，用在“平平平仄仄”和“仄仄仄平平”律式第三字，一平一仄（上聲或去聲）。末二例“但”字義為只要，一平一仄（上聲或去聲）。

四、餘　論

從上文的論析中可以看出，一字三讀義別或義同的情況較為複雜，給讀者領會唐詩句意、判別平仄律式增加了一定的難度。但是只要明白一個基本原理，即諸字音讀之別屬於聲韻相同前提下的聲調之別，這種聲調的分類決定了諸字基本義項的分類，就不難掌握它們的音義關係了。

三讀義別的字群中有 4 字（卷、莞、長、咽）本義讀平聲，直接引申義和間接引申義或假借義則分讀上聲和去聲（“莞”字無引申義，其兩個假借義則分讀上、去聲）；有 3 字（與、濟、累）本義讀上聲，其引申義和假借義則分讀去、平聲（“累”字無假借義，其去、平聲由兩個引申義分讀）。

至於三讀義同的字群，其義項較為簡明，只要理解並記住各字的兩三個基本義項和平上去三個音讀，就可以在唐詩的上下句中因文定義又定音，並確定平仄了。

三讀義別的字群到現今在音義方面已有一定的變化，而音讀變化較為明顯。“咽”字變為一平兩去，“長”字平上兩讀，“莞”字平去兩讀，“卷、濟、與”3 字上去兩讀，只有“累”字大體保留平上去三讀義別。至於三讀義同的字群在義項方面基本未變，而音讀都簡化為一讀。“拖、沽、酤、鄜”4 字都保留了常讀平聲，“醒”字保留了常讀上聲，“但”字則由常讀上聲變為去聲。我們不可用諸字的今音來斷定它們在唐詩中的音讀和平仄，不能犯以今律古的錯誤。

參考文獻

陳彭年，邱雍．宋本廣韻．北京：中國書店，1982.

陳尚君．全唐詩補編．北京：中華書局，1962.

丁度．宋刻集韻．北京：中華書局，1989.

丁聲樹．古今字音對照手冊．北京：中華書局，1981.

郭錫良．漢字古音手冊：增訂本．北京：商務印書館，2010.

林尹，高明．中文大辭典．臺北：中國文化學院出版部，1968.

羅竹風．漢語大詞典：縮印本．上海：漢語大詞典出版社，1997.

彭定求．全唐詩．北京：中華書局，1960.

王力．漢語詩律學．上海：新知識出版社，1958.

王力．王力古漢語字典．北京：中華書局，2000.

王力．漢語語音史．北京：商務印書館，2008.

徐中舒．漢語大字典：縮印本．武漢：湖北辭書出版社，1992.

中國社科院語言研究所詞典編輯室．現代漢語詞典：修訂本．北京：商務印書館，1996.

Synonymy and Polysemy of Characters with Ping, Shang and Qu Tones in Tang Poems

Liu Ziyu, Liu Songchuan

Abstract: This paper analyzes the synonymy and polysemy of 14 characters with Ping, Shang and Qu tones in Tang poems. Firstly, we divide these characters into two types according to their tones. Seven characters have different meanings with the three tones: Ping Shang Qu, or Ping Qu Ru, the tone-meaning relationships of these characters show us the development of word meaning from the original to the extended meaning and the borrowed meaning. Seven characters have the same meaning with the three tones: Ping Shang Qu. Their meaning is concise. Secondly, the tone-meaning relationships of these characters are generated in the early Mediaeval Chinese, which are developed in Tang dynasty and widely used in the metrics of Tang poems. Finally, the tone-meaning relationships of these characters are simplified in Modern Chinese since they are too complex for oral communication. However, it is still necessary to apply these relationships to the study of metrics of Tang poems.

Keywords: Tang poems; one character with Ping, Shang and Qu tones; synonymy; polysemy; metrics of level and oblique tones

（劉子瑜，北京大學中文系；劉宋川，湖北大學文學院）

音注文獻中反切用字的多音問題*

杜玄圖

提　要： 作為一種傳統注音方法，反切的基本原則是切上字與被切字雙聲，切下字與被切字疊韻。因此，理想的切語當是：切上字有確定的聲母，不宜為多音（聲）字；切下字有確定的韻母和聲調，不宜為多音（韻）字。否則被切字聲韻難定。然而，音注文獻中不乏種種“不理想”的切語。通過對歷代音注材料中該類現象的分析，我們認為反切制用者不回避以多音字作反切上、下字，是有主、客觀原因的。

關鍵詞： 反切用字；多音；反切原則；原因

一、反切用字多音問題概述

反切是漢語傳統的注音方法，其原理是用兩個漢字拼注另一個漢字的讀音。前字用來表示被注字的聲母，謂之切上字。次字表示被注字的韻（韻母和聲調），謂之切下字。所拼注之字為被切字。拼注時，切上字取其聲，切下字取其韻，聲韻相拼，便可得出被切字的讀音①。

如《廣韻》冬韻：“冬，都宗切。”《廣韻》中，“都”只有端母音（[t]），“宗”只有冬韻音（[uoŋ]）。二字分別在聲、韻方面能明確所屬，故可得出“冬”的讀音為[tuoŋ]。像這樣的切語，體現了反切的基本原則——上字與被切字雙聲，下字與被切字疊韻。然而，反切畢竟不是國際音標，所用之字與所表之音未必是“一符一音”的關係。所以，音注文獻中存在不少切語，因其上、下字分別在聲、韻方面不能確定所屬，使得反切未能嚴格遵從“理想原則”。

---

* 拙文初稿曾在“中國音韻學國際高端學術論壇”（中國・合肥，2016年8月）上宣讀，感謝萬獻初、李添富等先生對拙文提出寶貴修改意見。感謝《漢語史研究集刊》匿名審稿人的修改意見。文中不妥之處概由本人負責。

① 早期的反切，其上、下字對聲、韻的“分工切割”顯然不如漢語拼音理想，但其原則大體上是合理的。關於這一點，陸志韋先生《古反切是怎樣構造的》一文已有詳細說明。

如《廣韻》寘韻："芰，奇寄切。"切上字"奇"在《廣韻》中有群、見二母音。然則，"奇"所反映的"芰"字聲母無法確定。《廣韻》東韻："忡，敕中切。"切下字"中"在《廣韻》中有東、送二韻音。然則，"中"所反映的"忡"字的韻無法確定。

當然，韻書中不存在被切字之韻無法確定的問題，因為每個字皆被置於某韻之中，這樣的安排自然排除了切下字其他韻的干擾。而切上字多音（聲），在韻書中一般也不會造成讀音的混亂。因為一韻之中"同音之字不分立兩切語"，即各小韻聲母不同（除重紐外），通過這種方法能確定多聲上字的聲母。如《廣韻》寘韻："芰，奇寄切。""奇"字是群母還是見母不能定。《廣韻》寘韻除"芰"小韻外，別無群母小韻，但有四個小韻為見母："賜，詭偽切""寄，居義切""馶，居企切"和"䫜，規恚切"。四個切上字"詭、居、居、規"都只有見母音。再查韻圖，"芰"為開口重紐三等，"賜"為合口重紐三等，"寄"為開口重紐三等，"馶"為開口重紐四等，"䫜"為合口重紐四等。在不計聲母的情況下，"芰""寄"二小韻同音。二者被置於同一韻而"分立兩切語"，其聲母自當不同，"寄"小韻為見母，則"芰"小韻當為群母。

如此看來，反切用字多音帶來的拼切缺陷似乎被韻書體例彌補得天衣無縫。然而，理論上是有缺陷的：如果韻書中的"寄"類小韻有音無字，或者其切上字也是"奇"，那麼，再嚴謹的體例也厘清不了這種混亂。再者，反切的產生和大量使用，並非始於韻書，而是始於音義書。與《廣韻》系韻書不同，音義書往往沒有完整的語音系統和精密的編纂體例，如果出現反切用字多音問題，無法憑借系統和體例來確定具體音。因此，若想從源頭上探討反切用字多音問題，我們就有必要先從早期的音注材料（尤其是無時音系統的反切注音材料）入手。

二、早期音注材料中的反切用字多音現象

唐代學者認為，反切創自服虔、應劭等人。

今存服虔反切 10 條：僦，子就反；㵾，普懿翻；惴，章瑞反；孱，鉏閑反；鯫，七垢反；撙，子本反；臑，奴溝反，又音奴皋反；踼，石臭反；痹，蒲北切。

這 10 條切語的上、下字分別與被切字嚴格地保持著雙聲、疊韻關係。

應劭略晚於服虔，著有《漢書集解音義》，今存其反切 12 條：狙，若蛆反①；狙，七預反；駹，亡江反；滲，來朝反；砮，乃互反；迋，君狂反；墊，徒浹反；

① 《廣韻》"若"為日母，"狙"為清母，"若"或為"蒼"之誤。或者音注當為"狙音若蛆"，衍"反"字。《漢書注》中不乏"音若"這類注音術語，如《漢書·昭帝紀》"鉤町侯毋波"，顏師古注引應劭曰："町音若挺，西南夷也。"

僰，蒲北反；幵，羌肩反；遝，長答反；沈，長含反；更，工衡反。

第十、第十一條切語的上字皆為“長”。《廣韻》中“長”有知、澄二母音。據此，“遝”“沈”二被切字的聲母無法確定。

稍晚有鄧展、蘇林和文穎等人的反切。如：

(1)《漢書·薛宣傳》“故使掾平鐫令”，蕭該《漢書音義》引鄧展注：“鐫，音子緣反。”

(2)《漢書·江都易王傳》“荼恬上書”，蘇林注：“荼，音食邪反。”

(3)《漢書·黥布傳》“果如薛公揣之”，文穎注：“揣，度也，音初委反。”

《廣韻》中，例（1）的切下字“緣”有仙、線二韻音。例（2）的切上字“食”有以、船二母音。例（3）的切下字“委”有兩支、紙二韻音。據此，三個被切字讀音無法確定。

然後是孫炎的反切。《經典釋文·爾雅音義》引孫炎反切 59 條：

桄，古黃反；絇，九遇反；著，居篘反；攈，居郡反；鱖，居衛反；湀，苦穴反；蘈，苦圭反；騆，犬縣反；蘼，去貧反；頠，五果反；迕，吾補反；寓，五胡反，又魚句反；凝，牛烝反；箌，都耗反；妥，他果反；耋，他結反；葖，他忽反；胎，大才反；遝，徒答反；蕁，徒南反；鵜，敕亂反；著，直略反；朾，丈耕反；昄，方滿反；蜚，甫尾反；粃，敷是反；蘪，芳麥反；圮，房美反；辨，蒲莧反；蕡，苻粉反；儚，亡崩反，又亡冰反；揫，子由反；臧，子郎反；蝍，子逸反；寀，七代反；檓，七各反，又七路反；沮，慈呂反（又辭與反）；巢，徂交反（又仕交、莊交二反）；沮，辭與反；巢，莊交反；巢，仕交反；底，之視反；杼，昌汝反；陓，於于反；萎，於為反；汔，虛乞反；䝐，虛貴反；呬，許器反；灦，許廢反；很，戶墾反；貈，戶各反；臺，羊而反；蔞，力朱反；儴，如羊反；萎，人垂反；犉，汝均反

其中，部分切語存在被切字聲、韻難定的問題。

A. 切上字多音（聲）：

昄，方滿反。《廣韻》中“方”有並、幫二母。

汔，虛乞反。《廣韻》中“虛”有曉、溪二母。

B. 切下字多音（韻）：

騆，犬縣反。《廣韻》中“縣”有先、霰二韻。

寓，五胡反，又魚句反。《廣韻》中“句”有虞、侯、遇、候四韻。

凝，牛烝反。《廣韻》中“烝”有蒸、證二韻。

沮，辭與反。《廣韻》中“與”有魚、語、御三韻。

底，之視反。《廣韻》中“視”有旨、至二韻。

萎，於為反。《廣韻》中“為”有支、寘二韻。

顏師古《漢書注》和陸德明《經典釋文》保留有如淳、王肅等人的反切。如：

(1)《漢書·成帝紀》“流民欲入函谷、天井、壺口、五阮關者，勿苛留”，顏師古引如淳注曰：“阮，音近卷反。”

(2)《周易音義》“大車以載”，“車”字音注：“王肅剛除反。”

切下字“卷、除”在《廣韻》中皆為多音（韻）字，“卷”有仙、獮、線、阮四韻，“除”有魚、御二韻。

然而，我們判斷相關反切用字是否多音，是以《廣韻》為依據。通常認為，《廣韻》反映的是南北朝音，且夾雜“南北是非，古今通塞”。自然與漢末及以前的實際語音有差別。因此，若據《廣韻》而武斷地說反切制用之初就存在用字多音的弊端，失之嚴謹。

那麼，早期音義材料中的反切用字在當時有無多音現象呢？

魏晉南北朝時期，漢語發生了一次系統的變革——音變構詞，導致多音現象大規模地產生。其實，在單音節詞占主導的漢魏，“一些材料直接反映出上古後期口語中存在著變調構詞”（孫玉文 2007：407）。該論斷“不唯漢魏經師音注可以為證；漢魏韻文，都大量地反映了這一語言現象”（孫玉文 2007：409）。

周祖謨先生《四聲別義釋例》：“以余考之，一字兩讀，決非起於葛洪、徐邈，推其本源，蓋遠自後漢始。魏晉諸儒，第衍其緒餘，推而廣之耳，非自創也。”比如：

為：《廣韻》遠支切，在支韻，《爾雅》作，造，為也。又于偽切，在寘韻，助也。

案“作為”與“助為”義雖相因，而有廣狹之異，故相傳分作兩讀。如《呂覽·審為篇》“殺所飾要所以飾，則不知所為矣”，高注云：“為讀相為之為”，相為之為，即音于偽切。又《漢書·高紀上》“明為其賊”，《集注》云：“應劭曰為音無為之為，鄭氏曰為音人相為之為。”應鄭皆漢末人，其言已如此。（周祖謨 1966：84）

文中還列出了“漁、語、遺、難、勞、任、量、陰、與、子、比、下、假、被、走、過、數、告”等18例，證明早在魏晉以前，漢語中就有四聲別義（即音變構詞）現象。據此，周祖謨先生斷言：“可知以四聲別義遠自漢始，確乎信而有徵……即諸儒之音觀之，以杜子春之音《周禮》‘儺讀難問之難’為最早，爾後鄭玄、高誘分別更廣。鄭玄與盧植同為馬融之門人，而高誘又為盧植之弟子，二人師友之源既深，故解字說音，旨趣亦同。後儒繼作，遂成風尚。迨夫晉世，葛洪、徐邈，更趨精密矣。論起所始，不得不謂昉自漢世也。”

鄭玄、應劭和孫炎皆漢末人，但鄭、應二人早於孫炎。《三國志・魏書・王朗傳》記載："時樂安孫叔然，受學鄭玄之門，人稱東州大儒。"鄭玄為北海高密（今山東高密）人，孫炎為樂安（今山東博興）人，地域差異不大。孫、鄭二人學術、方音大體相承、相通。應、鄭時已產生構詞音變，孫炎時亦應如此。那麼，《爾雅音義》"萎，於為反"的切下字"為"在孫炎時期當已有二音。這說明在上古之末、反切之初，已存在反切用字多音現象。

三、反切用字多音現象在後世音書中的存在情況

（一）後世音書對早期反切用字多音現象的承襲

相比於兩漢，魏晉南北朝時期的語言（包括語音）有了很大變化。所以，在後世（比如南北朝、隋唐）的音書中，反切制用者為兼顧文獻音義，通常會承襲早期切語。比如顏師古《漢書音義》、裴駰《史記集解》和司馬貞《史記索隱》等音義書，直接或間接地引用了服虔《漢書音訓》中的部分反切。《經典釋文・爾雅音義》引用了 59 條孫炎的反切。《切韻》基於"廣文路、賞知音"的綜合考量，兼論"南北是非，古今通塞"，對早期切語亦有所"捃選"。

如《廣韻》德韻"僰"音"蒲北切"，可能來源於服虔、應劭（言其"可能"，因不能確定具體源自何人，但一定源自前代。後同）：

《文選・揚雄〈長楊賦〉》"靡節西征，羌僰東馳"，李善注引服虔《漢書音義》曰："僰，夷名也。節，所杖信節也。僰，蒲北切。"

《漢書・地理志》"僰道"，顏師古注引應劭曰："故僰侯國也。音蒲北反。"

《廣韻》紙韻"揣"音"初委切"，可能來源於文穎：

《漢書・黥布傳》"果如薛公揣之"，文穎注："揣，度也，音初委反。"

《廣韻》中還有一些反切可能來源於孫炎：

桄，古黃反　絢，九遇反　莙，居筠反　泬，苦穴反　藈，苦圭反
妥，他果反　著，直略反　辨，蒲莧反　沮，慈呂反　蔞，力朱反

成書較《切韻》早出十八年的《經典釋文》，也承襲了大量前代的切語。據考，全書"引錄前人音切 230 多家"（萬獻初 2004：13），其中不乏王肅、韋昭、孫炎、徐邈等人的反切。如《經典釋文》卷三釋《尚書音義》"（朕）堲讒說"，"堲""說"分別注音"徐在力反"和"徐失銳反"，二切語來源於徐邈。卷七《毛詩音義》釋"昄"音："徐符版反。大也。孫炎、郭璞方滿反。《字林》方但反，又方旦反。"引錄了徐邈、孫炎、郭璞、呂忱等人的切語。

其中一些被承襲的反切存在用字多音的問題。如前文提到的"揣，初委切"，切下字"委"有支、紙二韻。

後世音書承襲該類反切，到底是無心之失還是無奈之舉？文穎注《漢書》時，“委”有無二音（韻），已不可知，因而我們不能簡單地評價其用字優劣。但在《廣韻》時代，“委”字有二音（韻）是不爭的事實，時人仍以之為切下字，似不妥當。

我們知道，魏晉以降構詞音變大量產生，由此帶來了漢語語音史上“多音”現象的井噴。《切韻》等韻書見證並記錄下了這些“多音”現象，書中諸多“又音”便是其體現。然而，韻書中“捃選”的早期切語，其用字可能經歷了如下音變過程：某字（如“委”）最初被用作反切下字時，為一單音（韻）字；《切韻》中，該條切語（如“揣，初委切”）被承襲下來；因經歷了構詞音變，該切下字（“委”）變成一個多音（韻）字。今天我們看到《切韻》中這條切語時，若單純地以該切下字（“委”）在《切韻》中為多音字，而質疑“制”該切語的精確性，是不合理的，因為該切語本身所體現的語音層次未必與韻書音系（“委”字所屬音系）相合。但是，我們可以說，《切韻》“用”該切語有欠斟酌。

當然，不是所有用字多音的早期切語都被後世音書承襲了下來。如前述應劭和孫炎反切中的用字多音現象，都未出現在《廣韻》中。再如《集韻》，其“切語多根據前代學人和經師讀音，凡是見於前代典籍的音切，它都盡量收錄”（趙振鐸 2005：59），“以《經典釋文》來說，不論是首音或者非首音，又音、或音、一音都收錄了（指《集韻》收錄，引者注）”（趙振鐸 2005：61）。但《經典釋文》中很多反切用字多音例，並未出現於《集韻》中。如：

> 《春秋·昭公二十年》：“夏，曹公孫會自鄸出奔宋。”杜注：“鄸，曹邑。”釋文：“鄸，莫公反。一音忘增反。《字林》音夢。案：夢，《字林》忘忠反。”

趙振鐸先生認為：“釋文的三個音切，《集韻》都收錄了。首音莫公反就是《東韻》（指《集韻》東韻，引者注，後同）的謨蓬切，注文‘魯邑’的‘魯’當時是‘曹’的錯字。一音忘增反就是《登韻》的彌登切。陸德明特別注明《字林》的‘夢’音忘忠反，它就是《集韻·東韻》的謨中切。”（趙振鐸 2005：60）

《經典釋文》“忘增反”的切下字“增”有登、嶒二韻，《集韻》改用單音（韻）字“登”作切下字。

需要說明的是，反切用字由多音字變為單音字，未必是後世注音家針對用字多音問題進行的改良。這種變化可能是以下原因造成的：第一，後世音書中的相關切語，並非有所承，或其所承本無用字多音問題。如《切韻》“遝，徒合切”這條切語或為陸法言所造，或來源於前人，但非應劭切語（長答反）。第二，所承早期相關切語，確實有用字多音的問題，因後世改良反切（如改類隔切為音和切，改下字為零聲母字等），致使多音用字變成單音用字。如《經典釋文》釋《老子》“穀神不死，是謂玄牝”云：“牝，頻忍反。舊云扶比反，簡文扶緊反。”《集韻》旨韻也收錄有該“舊音”（趙振鐸 2005：61），只是改類隔切為音和切“並履反”。因而有並、幫二母音的原上字“扶”就變成了只有並母音的“並”字。

（二）後世韻書中新生的反切用字多音現象

後世韻書中，還有一些新生的反切用字多音現象。下面以《集韻》《五音集韻》《交泰韻》和《音韻闡微》為範圍[①]，各舉數例加以說明。

1.《集韻》中的反切用字多音現象

“《集韻》的切語多根據前代學人和經師讀音”，也不乏改動例子。除對《經典釋文》等音義書中的部分反切有所改動外（趙振鐸 2005：55—63），《集韻》還改動了《廣韻》2287 個反切上字，占《廣韻》反切總數的 59%（張渭毅 2002：21—36）。這些改動過的反切存在用字多音問題。如：

“弅”，《集韻》一音“符分切”。《廣韻》作“房吻切”。《經典釋文》注《莊子·知北遊》“隱弅之丘”作“符云切”。趙振鐸先生認為《集韻》“符分切”之音來源於《經典釋文》（趙振鐸 2005：57），也就是說《集韻》對《經典釋文》相關切語有所改動。下字“分”在《集韻》中有文、問二韻。

“夢”，《集韻》一音“謨中切”。《廣韻》作“莫中切”。《經典釋文》注《公羊傳》“曹公孫會自鄸出奔宋”云：“鄸，莫公反。一音忘增反。《字林》音夢。案：夢，《字林》忘忠反。”趙振鐸先生認為“陸德明特別注明《字林》的‘夢’音忘忠反，它就是《集韻·東韻》的謨中切”（趙振鐸 2005：60）。可見，《集韻》對《經典釋文》和《廣韻》反切都有改動[②]。下字“中”在《集韻》中有東、送二韻。

“迋”，《集韻》一音“渠王切”[③]。《廣韻》作“俱往切”。顏師古注《漢書·五行志》“是我迋吾兄也”云：“應劭曰：‘迋音君狂。’臣瓚曰：‘迋音九放反。’師古曰：‘二說皆非也。迋，欺也。音求往反。’”趙振鐸先生認為《集韻》“渠王切”之音來源於顏師古所引應劭音（趙振鐸 2005：61）。下字“王”在《集韻》中有陽、漾二韻。

2.《五音集韻》中的反切用字多音現象

《五音集韻》的反切“對《廣韻》、《集韻》有很強的繼承性，主要沿用舊有反切，但仍然有一些反切改良的舉措偶爾顯現出來”（黃雪晴 2013：350），這些改良過的反切存在用字多音問題。如：

① 《廣韻》反切是否有所本，所本為何，大多數無從考證。所以，這裏不將其納入探討範圍。選擇《五音集韻》《交泰韻》和《音韻闡微》為範圍，是因為其反切多經過改良，《集韻》音切以《經典釋文》等音切材料為據，但多有改動，能代表“新生”的切語。

② 《集韻》對反切的改良主要集中於切上字，通常表現為力求上字與被切字同開合、同聲調。此處改《廣韻》之入聲“莫”和《經典釋文》之去聲“忘”為平聲“謨”，使切上字與被切字“夢”（“不明”義）同為平聲。

③ 《摛藻堂四庫全書薈要》本《集韻》為“渠王切”，揚州使院重刻影印本《集韻》為“曲王切”。

“咀”，《五音集韻》音“慈語切”，《廣韻》音“慈呂切”，《集韻》音“在呂切”。《五音集韻》對《廣韻》和《集韻》中的切語都做了改動。下字“語”在《五音集韻》中有語、御二韻。

“㨂”，《五音集韻》音“思句切……又息淺切”，《廣韻》和《集韻》只收“息淺切”音。下字“句”在《五音集韻》中有遇、侯、候三韻。

“抻”，《五音集韻》音“居近切”，《廣韻》和《集韻》無此小韻，亦無此切語。下字“近”在《五音集韻》中有震、隱二韻。

“圈”，《五音集韻》音“巨萬切”，《廣韻》音“臼萬切”，《集韻》音“逵眷切”。《五音集韻》對《廣韻》和《集韻》都做了改動。下字“萬”在《五音集韻》中有願、德二韻。

3.《交泰韻》中的反切用字多音現象

《交泰韻·凡例》云：“此書反切與舊全殊……切字之體，二字切一聲。凡平聲字，二切皆以平聲。上聲字，二切皆以上聲。去聲字，二切皆以去聲。入聲字，二切皆以入聲。此精切妥當，毫發不爽之正聲也。”《交泰韻》對傳統反切做了大量改良，改良重點有二：“一是被切字、上字、下字的聲調相同，二是下字零聲母化”，是一部“有宗旨、有凡例指導的大規模反切改良的明代韻書”（黃雪晴 2013：357）。該書存在反切用字多音現象。如：

“犬”，《交泰韻》音“闕遠切”，下字“遠”有阮、願二音（韻）。①

“狂”，《交泰韻》音“闊王切”，下字“王”有陽、漾二音（韻）。

“著”，《交泰韻》音“長惡切”，上字“長”有知、澄二聲母音。

“伈”，《交泰韻》音“洗飲切”，下字“飲”有寢、沁二音（韻）。

“剨”，《交泰韻》音“參一切”，上字“參”有生、初、清、心、澄四聲母音。

4.《音韻闡微》中的反切用字多音現象

《音韻闡微》“在表現清初時音音系方面有著重要的建樹，特別是在反切改良上有突出的重大貢獻”，全書共改良反切 4423 條（黃雪晴 2013：184），但還是存在反切用字多音現象。如：

“洪”，《音韻闡微》音“今用胡籠切”。下字“籠”在《音韻闡微》中有東、冬、董三韻。

“書”，《音韻闡微》音“今用束於切”。下字“於”在《音韻闡微》中有魚、模二韻。

---

① 《交泰韻》是一部韻圖式著作，收字只含代表例字，不涉及“又音”問題，本無法根據該書判斷某字是否多音、多音為何，但我們可以結合前代《廣韻》、後代《音韻闡微》等韻書中相關的多音流變情況，判定相關多音問題。後同。

“邪”，《音韻闡微》音“今用移蛇切”。下字“蛇”在《音韻闡微》中有支、歌、麻三韻。

“碻”，《音韻闡微》音“今用乞覺切”。下字“覺”在《音韻闡微》中有覺、效二韻。

隨著語音的演變和人們對反切認知的深入，歷代都對反切進行了改良。但無論如何改良，都未能避免用字多音現象的產生。即使是“漢語反切注音史上改良最徹底、結構最優化”（黃雪晴 2013：389）的《音韻闡微》，在這個問題上也未做到盡善盡美。

四、反切用字多音現象產生的原因

反切制用之初，已存在用字多音現象。後世音書，不僅承襲了這些反切，還新產生了一些用字多音的切語。這顯然與反切的“理想原則”相違背。難道歷代反切制用者沒有注意到這個問題？為什麼這樣的現象會長期存在？我們認為有以下幾方面原因。

（一）早期選擇反切用字，語感的作用大於原則

陸志韋先生研究古反切的構造，通過對上、下字開合、等第的分析，認為早期反切“是憑習慣造成的，而習慣又是反映親切的語音直感的”（陸志韋 2003：322）。“反切作者只要求兩個字念起來順口而同時能切出本字的音。這也不過是心理上的一種傾向，是相當有勢力的，但是不妨通融，特別是在有筆畫簡單的漢字可以使用的時候。”（陸志韋 2003：327）“反切要求切上、下字協調，念起來順口，容易‘出切’，這種自然流露的趨勢是晉代以後逐漸趨於完善的，但是始終沒有被提升到原則的平面。”（陸志韋 2003：329）

漢末，在漢語“雙聲疊韻”、上古“合音”現象和梵漢音譯的影響下，時人首先觸發的靈感是漢語音節可一分為二，這種靈感只是一個大概的認識。雖發明並大量使用反切，但對反切本身的諸多局限和需要注意的細節問題，還沒有自覺的、深入的認知，對反切的理解尚未達到後世的精確程度——也就是陸志韋先生所說的“沒有被提升到原則的平面”。人們大多依靠語感來選擇反切用字。哪個字的某個音可以使反切更順口、更容易在聽感上契合，那個字的使用概率可能就更大。在此過程中，沒人在意該字的又音可能會給反切帶來干擾。

隨著對反切行為的進一步認知，人們開始意識到切語用字宜尋求被切字、上字、下字的開合、等第、介音等方面的相互契合（潘悟雲 2001：99－111），甚至可能會為哪個字更常用、更常見而斟酌，並開始總結出一些原則性的東西來規範反切的制用，但並未將重心放在規避用字的多音問題上。

（二）單音字減少，難以避免對多音字的使用

上古已存在一字多音現象，魏晉以降，構詞音變使得漢語中的多音字越來越多。以蕭該《漢書音義》為例，全書“注音釋義的228條音切中，有純注音的60條、標示專名音變的14條、辨析字形的30條，更重要的是辨析同義異音的83條和音變構詞的68條，後兩項共151條，占總量的66％強”（萬獻初2009：7—14）。陸德明《經典釋文》中“音變構詞占音注總量的44％強”（萬獻初2009：7—14）。這種情況下，反切制用者並沒有太多選擇使用單音字的餘地。畢竟，古人制用反切，還有筆順簡單、常見易讀、聽感和諧、開合等第相配等因素的考量，很難避免反切用字多音現象的出現。

無論是早期還是後世的這類反切，都是切上字多音（聲）現象少於下字多音（韻），下字多韻母現象少於下字多調。這與漢語構詞音變的音變類型成比例。“就音變類型看，《經典釋文》音變構詞31261項中變調22062項，占70.6％。而蕭該《漢書音義》68條音變構詞總共涉及101項音變……變聲33項、變韻（指韻母，不包括聲調。引者注）20項、變調48項。”（萬獻初2009：7—14）總體上，變調構詞所導致的多韻（調）現象是漢語多音詞的主要組成部分。這也從一個側面反映了單音字減少對反切用字多音現象的影響。

與此同時，歷代切語多選用為人熟知的常見字，少用生僻字。大體上，就多音化而言，常見字甚於生僻字。這也凸顯了音注文獻中反切用字的多音特點。

（三）韻書的框架體例，對該類反切的缺陷有彌補作用

音義書沒有嚴密的系統語音和體例保障，其切語用字多音問題，必然會影響反切注音的准確性。但韻書中有系統音和框架體例的保障，往往能夠彌補反切用字多音問題在注音功能上的缺陷。這在一定程度上使得韻書不用刻意規避對該類切語的使用。關於這一點，前文已有所討論，茲不贅述。

（四）“本音”或“正音”意識，淡化了多音用字的語音不定性

《經典釋文·敘錄》：“若典籍常用，會理合時，即便尊承，標之於首。其音堪互用，義可並行，或字有多音，眾家別讀，苟有所取，靡不畢書，各題姓氏，以相甄識。義乖於經，亦不悉記。其或音、一音者，蓋出於淺近，示傳聞見，覽者察其衷焉。”趙振鐸先生據此歸納其於音義材料的取舍原則為四點：

> 第一，列在每一條材料開始的，是他認為規範的讀音和釋義。它們是按照“典籍常用”和“會理合時”的原則確定的。
>
> 第二，一個字在前代有不同的注音和釋義，它們有參考價值，所謂“音堪互用，義可並行”，也盡量依次收錄。
>
> 第三，與經典意義相違背的音義則全部不收。

第四，書中提到“一音”、“或音”，是曾經有人使用過的，但是不為典要；收錄了一些，也僅只是為了保留異說，供人們參考。（趙振鐸 2005：59）

可見，在陸德明時代，人們有一種“本音”或“正音”意識，“本音”或“正音”是時人認為最常用、最規範的讀音。《經典釋文》中“首音”即正音。

《廣韻》等韻書也存在這種“本音”或“正音”意識，書中與“又音”相對應的音切即可視為“本音”。（如《廣韻》“足”有燭、遇二韻音。遇韻音為又音，下注：“足，添物也。本音入聲。”）在“本音”意識下，《廣韻》中的多音字被用作切上/下字時，通常只表一音。如“區”字，《廣韻》中有溪、影二母，作切上字共4次，皆表溪母。“其”字，《廣韻》中有見、群二母，作切上字凡23次，皆表群母。

又如“中”字，《廣韻》中有東、送二韻，作切下字共3次，皆表東韻合口三等。“大”字，《廣韻》中有泰、箇二韻，作切下字1次，表泰韻開口一等。

在歸併同形字的情況下，《廣韻》中共有472個[①]切上字，其中31個為多音（聲）字，無一字兼表二聲。共有1232個切下字，其中216個為多音（韻）字，除“累”“蓋”“但”“辨”“嬌”“少”“横”“任”八字兼表多韻外，所有下字只表一韻。

《經典釋文》和《廣韻》等音書中，反切制用者對這類多音字有“本音”的判定和認同，以“本音”用於切語，至少在當時不會給拼切讀音帶來分歧或疑惑。

（五）為備錄古經典音義，後世韻書承襲前代音切

正如《經典釋文·敘錄》所揭示的音切取舍原則，音書除了收錄“典籍常用”和“會理合時”之音，還會備錄前代“音堪互用，義可並行”的不同注音，以及雖“不為典要”，但可供參考的前人異說。

無論是韻書（如《集韻》）還是音義書（如《經典釋文》），都體現出濃鬱的存古色彩和承襲特徵，這也是古代音韻學的屬性所決定的。古代音韻學作為“傳統語文學”一支，只是經學的附庸，其存在和發展以注釋經典為前提，既然注釋經典，就需要廣納經典及相關經注的音義。

語音在變化發展，後世的語音未必完全保留前代經注中的又音。但本著尊經的思想，後世韻書往往將相關“又音”切語承襲下來，以備讀經參考。

五、餘　論

站在今天的角度，可以說用字多音現象違背理想的“反切原則”。我們從現代語音學出發，以國際音標“一音一符”的原則，回頭探討古漢語反切使用中的不合

① 這裏的“個”指《廣韻》中切上字的字量，而非“字次”，不包含其重複使用。後同。

理因素，指瑕擿失，是科學研究應持的態度。但學術研究不應止於此，尤其是對於語音史中的一些問題，需用歷史的眼光加以審視，我們不僅要知其“不合理”，還要知其何以“不合理”。

反切上、下字存在多聲、韻問題，不便於確定被切字的讀音，在反切的制用和改良過程中，古人並未回避這一現象。有制用者語感、本音意識等主觀原因，有漢語單音字減少等客觀原因，還有韻書框架、保留經典音等其他原因。正是這些因素，使得切語用字多音現象雖與反切的“理想原則”相背，仍然大量產生，並為後世音書所承襲。

雖然歷經千餘年的改良，後出切語仍存在用字多音的問題。無論如何改良，反切都不能做到盡善盡美。這是由漢字和反切的特性所決定的。漢字多音現象的產生，多與詞義有關。但這些多音字在被用作反切上、下字時，只是與詞義毫無關聯的語音符號。作為音義結合體，多音字可以據詞義而定音，作為語音符號，其字音缺乏判定依據。從音義結合體到語音符號，缺失的不僅有詞義，還有作為反切用字的語音確定性。

參考文獻

陳彭年．宋本廣韻．南京：江蘇教育出版社，2008.

丁度．宋刻集韻．北京：中華書局，2005.

韓道昭．五音集韻//景印文淵閣四庫全書：第 238 冊．臺北：商務印書館，2003.

黃雪晴．《音韻闡微》的音系與反切改良．武漢：武漢大學，2013.

李光地，王蘭生．音韻闡微//景印文淵閣四庫全書：第 240 冊．臺北：商務印書館，2003.

陸德明，經典釋文．張一弓，點校．上海：上海古籍出版社，2012.

陸志韋．陸志韋集．北京：中國社會科學出版社，2003.

呂坤．交泰韻//續修四庫全書：第 251 冊．上海：上海古籍出版社，1995.

潘悟雲．反切行為與反切原則．中國語文，2001（2）.

孫玉文．漢語變調構詞研究．北京：商務印書館，2007.

萬獻初．《經典釋文》音切類目研究．北京：商務印書館，2004.

萬獻初．蕭該《漢書音義》音切考辨．古漢語研究，2009（3）.

王力．中國語言學史．上海：復旦大學出版社，2006.

張渭毅．《集韻》的反切上字所透露的語音信息（上）．南陽師範學院學報（社會科學版），2002（2）.

趙振鐸．集韻研究．北京：語文出版社，2005.

周祖謨．問學集：下冊．北京：中華書局，1966.

The Polyphonic *Fanqie* Characters in the Ancient Chinese Phonetic Transcription Literature

Du Xuantu

Abstract: As a traditional method of phonetic transcription, the basic principle of *Fanqie* is that there must be alliteration relationship between the first sinigram in a *Fanqie* and the sinigram to be spelt, and, of course, there must be assonance relationship between the second sinigram in a *Fanqie* and the sinigram to be spelt. Therefore, the ideal *Fanqie* principle should be that the first sinigram in a *Fanqie* has determined initial, and the second sinigram in a *Fanqie* has determined vowel and determined tone. Otherwise, the consonants, vowels and tones of the sinigram to be spelt cannot be determined. However, there were many unideal *Fanqie* in the ancient Chinese phonetic transcription literature. Through the analysis of these unideal phenomena, we believe that there are subjective and objective reasons for the ancients to evade these unideal *Fanqie*.

Keywords: *Fanqie* characters; polyphonic; *Fanqie* principle; reason

(杜玄圖，內江師範學院文學院)

論黄侃古本音研究對“聲韻相挾而變”的運用*

馬　坤　王　苗

提　要： 黄侃的古本紐學説在發表之初即引起了較為廣泛的討論。時至今日，學者對這一學説的認識和評價仍存在一定分歧。在前人的基礎上，我們梳理了黄氏在推求本紐和本韻的過程中各自所依據的基礎和預設，較合理地還原了古本音研究的步驟。此外，我們圍繞黄氏“聲韻相挾而變”之説，對某些長期存在的爭論做了進一步分析，對喻、為、群、禪、邪五個變紐的歸併依據作了考察，指出當中雜糅了聲轉説的成分。

關鍵詞： 黄侃；古本音；古聲十九紐；聲轉

一、引　言

乾嘉以來的傳統古聲紐研究思潮可區分為三類，即“探究聲轉之學”“古聲紐考證之學”和“推求古本紐之學”。前者受“方音轉語”的啟發而產生，主要探討古聲紐之間的親疏關係；次者受聲轉説的影響而產生，主要從早期音韻文獻中發掘音變規律並結合“轉語”材料對古聲紐作局部考證①；後者以《廣韻》聲、韻類系統為基礎，吸收古韻分部、古聲紐考證等成果，提出一系列假設以推測古聲紐的總體面貌。黄侃的古本韻和古本紐分別關涉上古韻部和聲紐，二者結合即構成了古本音學説，與現代學者所提出的“假説—演繹法（hypothetico-deductive method）”存在共通之處（Baxter，Sagart 2014：5）。

---

* 基金項目：中國博士後科學基金第 61 批面上資助（一等）（2017M610560）；教育部人文社會科學研究青年基金項目（17YJC740066）；“出土文獻與中國古代文明研究協同創新中心博士創新資助”（CTWX2016BS033）。本文曾在“紀念黄侃先生誕辰 130 週年國際學術研討會”上宣讀，在寫作過程中曾得到宗福邦師的指導，《漢語史研究集刊》匿名審稿人也提出了中肯的修改意見，在此謹致謝忱。

① 李葆嘉（1996，2012）把黄侃的“古本紐”學説納入“古音流轉模式”，即認為與戴震的聲轉説類似。但實際上，二者在研究思路和方法存在歸納與演繹之别（馮勝利，2013：126－127）、參照音系上有“三十六字母”與《廣韻》41 聲類之分，故宜區别看待。有關聲轉説的情況可參看拙文《論聲轉説之產生及推闡》，《古漢語研究》，2017 年第 3 期。

在具體學者的研究中，上述三類思潮有時相互雜糅。要認清黃侃古本音理論的實質，我們首先必須分析它的歷史淵源。在黃侃之前，學者使用“古本音”主要包括兩層含義：一為陳第、焦竑等人提出的“古有本音”或“古有正音”之説[①]，一為段玉裁等人解釋韻部演化而提出的“古本音”之説。前者意在反對“叶音”説，強調今音與古音有別；後者在離析《廣韻》劃分韻部的基礎上進一步認為古韻、變韻即包含在《廣韻》之中，通過一定手段即可確定十七部之古讀。由於段氏的“古本音”只針對韻部，故實際上是“古本韻”，當中也包含兩層含義：

一是針對古韻合流。即認為某些《廣韻》韻類存在多個來源，應加以離析並讀如本韻：

> 凡一字而古今異部，以古音為本音，以今音為音轉。如尤讀怡、牛讀疑、丘讀欺必在第一部而不在第三部者，古本音也；今音在十八尤者，音轉也。舉此可以隅反矣。
>
> ……
>
> 四江一韻東、冬、鐘轉入陽、唐之音也，不以其字雜厠之陽、唐，而別為一韻繫諸一東、二冬、三鐘之後，別為一韻以箸今音也。長孫納言所謂酌古沿今者是也。(《六書音均表·表一·古十七部本音説》)

二是針對古韻分化。即認為某些韻部後來分為數個韻類，但只有一部分維持了古讀，其餘則應當改從此讀：

> 古音分十七部矣，今韻平五十有七，上五十有五，去六十，入三十有四，何分析之過多也？曰：音有正變也。昔之斂侈必適中，過斂而音變矣，過侈而音變矣。之者，音之正也；咍者，之之變也……大略古音多斂，今音多侈。之變爲咍、脂變爲皆、支變爲佳、歌變爲麻、眞變爲先、侵變爲鹽，變之甚者也。其變之微者，亦審音而分析之。音不能無變，變不能無分，明乎古有正而無變，知古音之甚諧矣。(《六書音均表·表一·古十七部音變説》)

段氏的“古本音”實際上是其古韻十七部的古讀，即為韻部確定古音讀法。參照《六書音均表·古十七部音變説》，段氏的“古本音”可概括如下（加點者為“古本音”）：

表1　段玉裁古韻十七部中的“古本音”

	第一部	第二部	第三部	第四部	第五部
陰	之咍	蕭宵肴豪	尤幽	侯	魚虞模
入	職德	—	屋沃燭覺	—	藥鐸

---

① 參見陳第《毛詩古音考序》、焦竑《焦氏筆乘》第三卷“古詩無叶音”條。

續表 1

	第六部	第七部	第八部	第九部	第十部
陽 入	蒸登 —	侵鹽添 緝葉怗	覃談咸銜嚴凡 合盍洽狎業乏	東冬鍾江 —	陽唐 —
	第十一部	第十二部	第十三部	第十四部	
陽 入	庚耕清青 —	真臻先 質櫛屑	諄文欣魂痕 —	元寒桓刪山仙 —	
	第十五部	第十六部	第十七部		
陰 入	脂微齊皆灰 術物迄月沒 曷末黠鎋薛	支佳 陌麥昔錫	歌戈麻 —		

以段氏第一部（之部）為例，當中主要包括陰聲之、咍（以平聲賅上、去），入聲職、德，以及經離析而轉入的尤韻等。段氏判斷“古本音”的依據是發音的“斂侈”，即“昔之斂侈必適中，過斂而音變矣，過侈而音變矣”（《六書音均表・表一・古十七部音變說》），但具體標準不得而知。他認為之韻仍維持上古音讀（即斂侈適中），其餘諸韻應從此讀。可見，段式推求“古本音”的過程中暗含了一個預設，即“本音”仍保存在《廣韻》當中。我們認為，黃侃的研究在一定程度上是對上述理論的擴充和改良：在段氏的基礎上，他區分了古本韻、古本紐和古本音，並提出更精密的手段以探究古音讀法。

二、古本音研究的基礎和預設

黃侃並未明確闡述其推求古本音的步驟，導致後來學者的認識存在較大分歧。關於本紐和本韻研究的次序，主要有三種看法：林語堂（1989）認為古本音學說屬循環式論證，聲、韻之間並無先後之分；王力（1989：381—382）認為“黃氏是從古本紐出發，來證明古本韻的”；李開（2002）認為本紐是運用“邏輯方法”從《廣韻》聲類中求得，本韻是運用“音系紬繹法”從“206 韻及其韻攝”中求得，二者相互獨立，似乎也沒有先後之分。古本音理論帶有假說的性質，這是它引起關注和爭論的重要原因。我們首先從黃氏的論著中發掘古本音理論的研究基礎和隱含預設，分清本紐、本韻各自的依據，以還原其推求古本音的具體步驟。

（一）三項研究基礎

基礎一：前人古聲紐考證之成績

黃侃的古本紐研究主要利用了錢大昕的古無輕唇及舌上說，以及章太炎的古娘、日二紐歸泥說：

> 古聲數之定，乃今日事。前者錢竹汀知古無輕唇、古無舌上，吾師章氏知古音娘、日二紐歸泥。侃得陳氏之書，始先明今字母照、穿數紐之有誤；既已分析，因而進求古聲，本之音理，稽之故籍之通假，無絲毫不合，遂定為十九。（黃侃 2006：62）

此外，黃侃對鄒漢勳的部分古聲紐觀點持肯定態度（包括“論照穿牀審當析爲照穿神審、甾初牀所”“照之照屬古讀同端知”“穿之穿屬古讀當併徹透”等），蓋由於鄒氏的相關論述已經亡佚，僅在《五均論上・廿聲卌論》中保存了條目，故黃侃並未納入。黃氏曾說：

> 侃得陳氏之書，始先明今字母照、穿數紐之有誤；既已分析，因而進求古聲，本之音理，稽之故籍之通假，無絲毫不合……（黃侃 1964：69）

> 古聲不過五，今聲則舌音之中包有舌頭、舌上、半舌、半齒、舌齒間五類之音（舌齒間音，如照、穿、神、審、禪之類，向無此名，今姑為立此名，亦未安爾），古聲惟有舌頭耳，半舌一類，實宜稱舌音；齒音之中，包有齒頭、正齒二類之音，古聲惟有齒頭耳……（黃侃 2006：101）

黃氏依陳澧所考將照組分為兩類，即引文所謂“舌齒間”（相當於照三組）和“正齒”（相當於照二組），提出二者上古來源不同，與鄒氏的觀點接近。

基礎二：陳澧對《廣韻》聲、韻類的系聯分類

陳澧著《切韻考》，提出“反切系聯法”，系聯《廣韻》反切上、下字分別得40聲類、311韻類。在陳氏基礎上，黃侃早年著《聲韻略說》，進一步劃分明、微，得41聲類；系聯《廣韻》反切下字得335類，後來又做了調整（詳下文）。

基礎三：古韻二十八部

同段玉裁的研究類似，黃侃的古本韻也依據了他本人的分部結論，即古韻二十八部。對於二十八部的來歷，黃焯先生曾說：

> 言古音部類者，王懷祖二十二部，孔氏分出中部，此為至精。章君用之，然陰聲之入聲亦不與平同部。驗之《詩》韻，絕未相混。偶然同用，則平、入通轉之理，未可竟以為一部也。故當分出入聲，介在陰、陽二聲之間，合之共得十類二十八部。（黃焯 2013：127）

可見黃侃的古韻分部是受戴震“陰、陽、入三分”的影響，在章太炎的基礎上將收*-k的入聲錫、鐸、屋、沃、德五部分出而成。

（二）三項預設

預設一：《廣韻》保存了古音

黃氏認為《切韻》由顏之推等八人論難而成，是一個兼收並蓄的音系，對古音仍有所保存。他說：

古本音即在《廣韻》二百六部中，《廣韻》所收，乃包舉周、漢至陳、隋之音，非别有所謂古本音也。（黄侃 2006：151）

言古音讀法者，段氏謂古斂今侈，錢君已駁之。蓋不悟古本音即存於《廣韻》之中，而别求讀法。（黄焯 2013：127）

（《廣韻》）大抵聲多、韻多、等多，皆非一時一地所能完具。二百六韻、五十一聲合全中國之音而後有之，責之一方一地而皆能發其音，此事之不可能者。（黄焯 2013：131）

黄氏推論，古本韻、古本紐和古本音分别保存在《廣韻》335 韻類、41 聲類和 3874 小韻之中，關鍵在於以何種手段找出本紐、本韻。該預設貫穿於黄氏古本音研究的始終。

預設二：古有平、入而無上、去

在段玉裁"古無去聲"的基礎上，黄侃又提出"古無上聲"之論，但具體理由並不明確。他說：

四聲，古無去聲，段君所說；今更知古無上聲，惟有平、入而已。（黄侃 2006：54）

凡聲有輕、重，古聲惟有二類：曰平，曰入。今聲分四類：重於平曰上，輕於入曰去。凡古音平、入亦可相叶為韻。（黄侃 1964：143）

根據該假設，所有的上、去聲韻皆屬變韻。

預設三："聲韻相挾而變"

黄侃提出古本音是本紐和本韻的結合，凡本紐與變韻相拼、變紐與本韻相拼或變紐與變韻相拼都會導致"變音"。他說：

古聲既變為今聲，則古韻不得不變為今韻，以此二物相挾而變。（黄侃 2006：54）

今姑以私意為左右陳治《廣韻》以通古音之法：

第一，當知四十一聲類中有本聲、有變聲。

第二，當知二百六韻中，但有本聲不雜變聲者為古本音；雜有變聲者，其本聲亦為變聲所挾而變，是為變音。

第三，當知變音之中，本聲字當改從本音讀之；其變聲當改讀本聲，而後以本音讀之。（黄侃 2006：156—161）

凡以聲相變者，無不有關於韻；凡以韻相轉者，無不有關於聲。此語言轉

變之大則，又以之示限制也。（黃焯 2013：116）

當知變音中之古紐應改從本音讀之，變音中之今紐當改為古紐，而後以本音讀之。（黃焯 2013：126）

“聲韻相挾而變”是串聯本紐和本韻的關鍵。根據該假設，不論古本紐存在何種音韻特徵，古本韻也同樣具備，反之亦然。故一旦找到本紐或本韻的音讀特徵，古本音的聲韻配合條件也就確定了。可見，古本音學說不在於對本紐、本韻做一一考求，而是在現有成果的基礎上推測本紐或本韻的音韻特徵。

三、“聲韻相挾而變”在古本音研究中的具體運用

“聲韻相挾而變”是推求古本音的關鍵。反對者提出以本紐、本韻相參互屬於“乞貸論證”（林語堂 1989：43），支持者則認為“本紐本韻，相互證明，一一吻合”（錢玄同 1999：47）。我們認為，黃侃在古本音研究中曾兩次自覺或不自覺地運用了該假設：一是利用古本紐的音韻特徵來尋找古本韻；二是當本紐、本韻確定之後，復以本韻證本紐。

（一）尋找古本韻

黃侃的古本音研究分兩個步驟：首先是推求古本紐，即以《廣韻》音節表（亦稱“紐經韻緯”表）為基礎，結合現有的古聲紐考證結論，考察輕—重唇、舌頭—舌上、半齒的分佈情況，歸納出古本紐的音韻特徵，並劃分本紐和變紐；其次是古本韻研究，即根據“聲韻相挾而變”之假設，利用本紐的音韻特徵，從二十八部中找出相應的韻類，排除上、去聲，以充當各部之古本韻。具體情況可歸納如下：

表 2　考求古本音的步驟

古本音研究（預設一：本紐、本韻仍保存在《廣韻》中）

步驟一：推求古本紐
- 基礎一：錢大昕、章太炎的考證成果（八本紐、九變紐）
- 基礎二：陳澧對《廣韻》聲、韻類的系聯
- 結論：古本紐可以拼一、四等韻

步驟二：尋找古本韻
（預設二：聲韻）
- 推論：古本韻為一、四等
- 基礎三：古韻二十八部
- 預設三：古無上、去聲
- 結論：各部中的一、四等韻類為古本韻

從上表可知，本紐、本韻有各自的研究基礎和預設，又通過“聲韻相挾而變”發生聯繫。觀察輕—重唇、舌頭—舌上、半齒的分佈情況（依據基礎一、二），可得到以下表格：

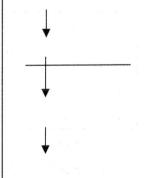

表 3　輕－重脣、舌頭－舌上、半齒音的分佈情況

	本紐		變紐		
	重脣	舌頭	輕脣	舌上	半齒
	幫滂並明	端透定泥	非敷奉微	知徹澄娘	日
一等	○○○○	○○○○			
二等	○○○○	○		○○○○	
三等			○○○○	○○○○	○
四等	○○○○	○○○○			

可見，重脣、舌頭與輕脣、舌上、半齒的區別在於能否拼一、四等。於是黄侃推論一、四等即為本紐與變紐的分界線：

> 凡古聲十九紐：影、曉、見、溪、端、透、精、清、心、幫、滂為清聲；匣、疑、定、泥、來、從、並、明為濁聲。
>
> 凡今音於古音十九紐外，更增二十二紐：知、徹、莊、初、疏、照、穿、審、非、敷為清聲；為、喻、群、澄、娘、日、牀、邪、神、禪、奉、微為濁聲。（黄侃 1964：140）

根據“聲韻相挾而變”之假設，本韻和變韻也應當具備這一特徵，配合“古無上、去”之假設，可以確定二十八部之中的平、入聲一等或四等韻類即為古本韻。以支部為例，黄侃從王念孫等人的支部中獨立出入聲（錫部）之後，其支部大致包含佳、齊、支諸韻（舉平聲以賅上、去）。根據反切系聯的結果，它們按開、合各分為兩類，支部的古本韻就隱含在這些韻類當中。根據上文分析，可以確定齊韻開、合口四等為古本韻：

表 4　支部的古本韻①

	支部					
	開口三等	合口三等	開口四等	合口四等	開口三等	合口三等
平	佳（一）	佳（二）	齊（一）	齊（二）	支（一）	支（二）
上	蟹（一）	蟹（二）	薺（一）	薺（二）	紙（一）	紙（二）
去	卦（一）	卦（二）	霽（一）	霽（二）	寘（一）	寘（二）

上述思路與段玉裁的“古本音”研究類似，但判斷標準由發音的弇侈變為韻類的等第。黄氏二十八部中的古本韻可歸納如下：

① 本表格參考了《黄侃國學文集·音略·錢夏韻攝表》《聲韻通例·廣韻聲勢及對轉表》和《音略·古韻》中的相關內容（黄侃 2006：73，83，181）。

表 5　黃侃二十八部的古本韻[①]

陰	陽		入	
	收鼻	收脣	收鼻	收脣
歌(開合洪)				
	寒(開合洪)	覃(開洪)	曷(開合洪)	合(開洪)
灰(合洪)		痕(開合洪)		沒(合洪)
	先(開合細)	添(開合細)	屑(開合細)	帖(開細)
齊(開合細)		青(開合細)		錫(開合細)
模(合洪)		唐(開合洪)		鐸(開合細)
侯(開合洪)		東(合洪)		屋(合洪)
蕭(開合細)				
豪(開合洪)		冬(合洪)		沃(合洪)
咍(開合洪)		登(開合洪)		德(開合洪)

古本音學說是本紐和本韻的有機結合，其關鍵在於確定二者的配合條件。它以古本紐為突破，即在《廣韻》聲類以及現有的古聲紐結論的基礎上，歸納出古本紐的音韻特徵，再依據“聲韻相挾而變”之假設，從二十八部中尋找平、入聲一、四等韻類充當古本韻。上述步驟對“聲韻相挾而變”的運用帶有假說性質，並不存在循環論證。

（二）以本韻證本紐

本紐、本韻的研究基礎有厚薄之別：後者建立在黃侃本人的古韻二十八部系統之上；前者依據錢大昕、章太炎等人的考證結論，零散而不成體系。在推求古本紐的過程中，除了對本紐、變紐分別進行區分之外，還必須指明變紐的上古來源。為使“古聲十九紐”更為可信，黃侃不得不拿本韻證本紐。他說：

> 韻部多少，古今有異也。《廣韻》中諸韻，但有十九聲者，皆為古音（除上、去兩聲不用）。又以開、合同類者併之，得二十八部。（黃侃 1964：100—101）

> 古聲十九類必為一、四等，中雖間有二、三等，而十九聲外碻無一、四等。《廣韻》中於等韻全韻皆為一、四等者，即為古今同有之韻；於等韻為二、三等者，必非古音。何以故？以其中有古所無之聲母。（黃焯 2013：106—107）

黃侃云，歌部音本為元音，觀《廣韻》歌、戈二韻音切，可以證知古紐消

① 參看黃侃 1964：88—90。

息。如：非、敷、奉、微、知、徹、澄、娘、照、穿、牀、審、禪、喻、日諸紐，歌、戈部中皆無之，即知古無是音矣。此亦一發明。（章太炎 2011：67）

實際上，學者懷疑古本音學說存在循環論證即針對這一步驟（陳新雄 1999：215—232）。在“聲韻相挾而變”之框架下，本韻和本紐具有相同的音韻特徵，不論黃氏提出本紐具有何種屬性，本韻必與之相應，反之亦然。故我們認為，黃侃以本紐、本韻相參互，所“證明”的只是邏輯推論而非語言事實，這一步是多餘的。

黃侃的古本韻理論固然依傍其古韻二十八部，但同樣離不開古本紐的提示。然而學界存在這樣一種誤解，即認為本韻、本紐毫不相干，古本韻可以單純從《廣韻》韻類中考得。例如：

黃侃據章君之說，稽之《廣韻》，得“古本韻”三十二韻（知此三十二韻為“古本韻”者，以韻中止有十九古本紐也。因此三十二韻中止有古本紐，異於其他各韻之有變紐，故知其為“古本韻”。又因此三十二“古本韻”中止有十九紐，故知此十九紐實為“古本紐”。本紐本韻，互相證明，一一吻合。以是知其說之不可易，合之為二十八部。（錢玄同 1999：47）

《廣韻》二百六部中，有三十二韻為古本音，此三十二韻中衹有古本聲十九紐。知此十九紐為古本音者，以此三十二韻為古本音也。知此三十二韻為古本音者，以其衹具古本聲十九紐也。古聲古紐，互相證明，而又與考古諸家之說相吻合。（曾運乾 2012：292—293）

黃侃是從今韻 206 韻及韻攝，用等韻分析法紬繹出古本韻的……“今韻之分類”完全按照錢夏今韻 206 韻可分二十三韻攝之說（按，錢玄同初名夏），由今音音系二十三攝推求出上古音系之古本韻……黃侃正是在錢表的基礎上找出古本韻，其標準是，開口呼須開口一等韻，合口呼須合口一等韻。錢表列明清撮口呼須是對應後的合口四等韻為古本韻。（李開 2002）

我們認為上述觀點主要有三點困難：

首先，黃侃對《廣韻》一、四等韻類的注意並非憑空而來，而是依據“聲韻相挾而變”之假設，受古本紐音讀特徵的提示（預設二、三）。認為本韻、本紐毫無關聯，實際上未能認識到“聲韻相挾而變”在古本音研究中的作用。

其次，古本韻所依傍的是古韻二十八部而非《廣韻》韻類，其實質是確定韻部的“古音讀法”（與段玉裁的“古本音”類似）。起初，黃侃認為《廣韻》平、入聲一、四等韻類有 32 個，而他分古韻為 28 部，二者多寡不同，於是將歌、戈，寒、桓，魂、痕，曷、末諸韻按開、合口分別進行歸併，以遷就韻部數量。後來，黃氏承認覃部有覃、談兩個一等“重韻”，對應的入聲亦然。他說：

> 自來言音韻者，但知覃等收唇，而不知為寒等之收唇音；故於覃等之無陰，不知其故；又不悟覃等九韻中有三本韻，則於分韻繁密之故，又不能說。今始晰言之，自謂於音學不無裨補。（黃侃 2006：197－198）

受此影響，黃氏《談添盍怗分四部說》將覃、合二部分別作了劃分，遂有三十韻部、三十古本韻[①]。黃侃的二十八或三十部都未能將蕭（幽）部入聲分出。從以往的研究來看，段玉裁提出劃分幽、侯，而以二部同入；王念孫為幽部分配了入聲；孔廣森更將幽、侯對應的陽聲分作東、冬二類。依“審音派”的觀點，應分出幽部入聲以搭配陰、陽才能“完密無間”。黃氏未能分出幽部入聲，可能與當中缺少一、四等韻類有關。

最後，黃侃對《廣韻》的研究比錢玄同更早。根據黃氏的說法，錢氏《韻攝表》乃是採納了他的某些觀點：

> 余早治聲韻，誦說法言之書，嘗欲據音聲條理、文字孳乳要例以發明其書。既未克執管從事，幸因江慎修、陳蘭甫之賜，得以悉通《切韻》之奧窔也。（黃焯 2013：125）

> 余以頑昧，少好斯業，窮居海上，日取江、陳之說紬繹之，因得明今韻之分類。其後，吾友吳興錢夏，因之以成《韻攝表》，差有綱維，非同臆論。（黃侃 2006：71－72）

黃侃早年著《聲韻略說》，在陳澧 311 韻類的基礎上系聯《廣韻》反切下字為 335 類。錢玄同受黃氏影響考得 339 類，二者的差異在於：黃氏平聲無咍（二）一類，上聲無海（二）及䏹兩類，入聲無沒一類（錢玄同 1999：18－24）。後來，黃侃參照錢氏的意見作了幾處修正，將平聲咍、上聲海韻各分為二，得 337 類[②]。

錢氏將 339 韻類製成了兩類反映今音的韻圖，一類分 22 攝，一類分 19 或 29 攝[③]，而黃氏《音略》所附“錢夏韻表”則為 23 攝。與錢氏的 22 攝相較，黃侃的改動主要著眼於“陰－入－陽”搭配：錢氏陰聲有謳、爊二攝，而對應的陽、入聲僅有一類，黃氏各析為二，以謳－翁－屋和爊－硿－沃相配；錢氏陰聲有依、隈二攝，對應的陽、入聲僅有一類，黃氏將依、隈合併，以依－𪆶－惡相配。實際上，錢氏《韻攝表》是建立在反切系聯基礎上的，而單從中古韻類出發既無從得知古本

---

① 按，黃侃劃分覃、合二部雖然受到古本韻的影響，但在具體操作上仍依據了傳統的考證方法。後來，董同龢亦將高本漢的談、葉兩部各析為兩類，他說：“（黃侃）談、盍與添、帖（怗）的內容恰好大體與以上的分析相合。”（董同龢 1948：110－111）

② 《廣韻校錄》“上平聲十六咍”下有黃焯先生案語：“焯案，先生後依錢玄同之說分咍（呼來）、䏧（普才）二類。”（黃侃，黃焯 2006：4）

③ 錢氏《文字學音篇》（1999：24－31）分 22 攝，《國音沿革》（1999：184－185）分 19 攝，後者若入聲獨立則為 29 攝。

韻的音讀特徵，更無法直接由一、四等韻類重建古韻系統。

四、古本紐中的“聲轉”因素

根據上文分析，依據古本紐的音韻特徵能劃分本紐與變紐的界限，無法得知變紐在本紐中的歸屬情況。黄侃的 22 個變紐可分為兩類：一類為非、敷、奉、微、知、徹、澄、娘、日、莊、初、牀、疏、照、穿、神、審 17 紐，一類為喻、為、群、禪、邪 5 紐。前者根據錢大昕、章太炎、陳澧、鄒漢勳和黄氏本人的考證可以確定其古音歸屬，而後者則不然。黄氏早年在《與友人論治小學書》中的處理情況如下：

表 6　黄侃早年對變紐的歸併情況

	唇	舌	齒	牙	喉
本紐	重唇 幫滂並明 清清濁濁	舌頭 端透定泥來 清清濁濁濁	齒頭 精清從心 清清濁清	見溪疑 清清濁	影曉匣 清清濁
變紐	輕唇 非敷奉微 清清濁濁	舌上 知徹澄娘 清清濁濁	齒頭 邪 濁	群 濁	為 濁
變紐		正齒 照穿神 清清濁 審禪 清濁	舌齒間 莊初牀疏 清清濁清		喻 濁
變紐		半齒 日 濁			

黄侃採取歸併的手段：併照二組於齒頭，併照三組於舌頭、舌上，併喻一為於影，併群於溪，併邪於心，併禪於神。對於喻、為、群、禪、邪 5 紐，其依據不得而知。後來，他又對喻、為二紐的歸屬做了反復調整（李葆嘉 2012：291—298）。曾運乾著《喻母古讀考》，從考古的角度提出“喻三歸匣”“喻四歸定”之說，黄氏接受了這一說法，主張對“古聲十九紐”做相應調整①。

陳新雄（1999）專闢“黄君古韻二十八部駁難辨”一節，凡十辨，以維護黄侃的“古本音”學說。但對於黄氏早年對喻、為等 5 紐的處理，他不得不承認當中存在缺陷：

> 蘄春黄季剛先生在《與友人論治小學書》裡曾列表說明《廣韻》四十一聲類中，有本聲，有變聲。其中有些聲母的正變，是發音部位的改變……除此之外，又有些聲母的正變，是由於發音方法的改變。像本聲有喉音的影，變聲有喉音的為、喻……這類發音的方法改變的正變聲母，在本聲都是清聲，在變聲都是濁聲。所以黄先生統名之為清濁相變……凡是屬於部位改變的正變聲母，

① 黄焯《古今聲類通轉表·後論》云：“喻紐屬定，為紐古與匣合，係依黄先生晚年所說更定。”

經過歷來學者的討論，幾乎均已證明其正確性，關於方法改變的正變聲母，其可靠性大成問題。（陳新雄 1999：602—603）

當時學者普遍從歸併字母的角度來處理"變紐"，但各家的意見莫衷一是：錢玄同《古音無"邪"紐證》提出"邪紐古非歸心，應歸定"，戴君仁《古音無邪紐補證》為錢氏的主張補充了例證，陳新雄《群母古讀考》提出群紐歸匣，符定一《群紐古讀同見證》提出群紐歸見，謝雲飛《自諧聲中考匣紐古讀》提出匣紐歸見，敖士英《關於研究古音的一個商榷》《古代濁音考》提出群、匣二紐歸見。其癥結在於，從"轉語"材料來看喻、為等五紐接觸行為較為複雜，從音位學角度來看群—匣—為諸紐處於多重互補的狀態，難以決定其古音歸屬。

我們認為，黃侃對喻、為、群、禪、邪 5 個變紐的處理雜糅了聲轉說的因素。聲轉研究始於戴震的"轉語二十章"，指通過"轉語"材料（包括方音、聲訓、假借、異文、古讀等）以觀察"三十六字母"間的接觸，由此對推測上古聲紐的面貌。結合諸家對上述五紐的處理：戴震《聲類表》對溪—群、喻—微—影、審—禪、心—邪分別作了歸併，分屬第二、第三、第十二和第十六章；錢大昕《十駕齋養新錄》以影、喻為牙音之"外收聲"①，溪、群為牙音之"送聲"，審、禪為腭音之"外收聲"，心、邪為齒音之"外收聲"；章太炎《新方言·音表》（2014：145）將群、溪分列，併喻（包括喻三、喻四）入影，併心入審，併邪入禪，同樣糅合了聲轉②。具體情況可歸納如下：

表 7　諸家對喻、為、群、禪、邪 5 紐的處理

戴震	喻（喻三、喻四）—影—微		群—溪	禪—審	邪—心
錢大昕	喻（喻三、喻四）—影		群—溪	禪—審	邪—心
章太炎	喻（喻三、喻四）—影		群	禪—邪	邪—禪
黃侃（早期）	喻—為—影③		群—溪	禪—審	邪—心
黃侃（後期）	喻—定	為—匣	群—溪	禪—審	邪—心

黃侃早年對喻、為等 5 紐的處理同戴、錢二氏類似而與章氏稍異。其原因在於，錢、黃二氏都遵用戴震的變轉理論，主張通過發音方法（"發、送、收"）製造轉換；章氏放棄變轉，而一律通過發音部位來考察聲紐接觸。儘管聲轉說以早期

---

① 錢氏云："凡影母之字，引而長之則為喻母；曉母之字，引而長之稍濁則為匣母；匣母三、四等字輕讀亦有似喻母者，古文於此四母不甚區別。"（《十駕齋養新錄》卷五"字母"條）即認為影、喻、曉、匣古讀相近。

② 章氏《國故論衡·成均圖》（2003：8）、《文始·敍例》（2014：183）大致沿用了這一方案。後者將喉音改稱深喉音，將牙音改稱淺喉音，將"喻"母改作"諭"。

③ 據錢玄同所錄《黃侃音學八種》（載《黃侃聲韻學未刊稿》），黃氏在更早的時候將喻（四）列為"細音正聲"，將喻三併入。注云："于、喻母讀洪等於影母。"蓋由於喻四在韻圖中列於四等位置，黃氏當時對它的安排仍有疑慮。

“轉語”研究材料，但它與“字母等韻之學”仍存在較深淵源，故黃氏古本紐中也不免混入了今音的成分。

五、小　結

我們分析了黃侃古本音研究中的各項基礎和預設，發現本紐、本韻的依據有所不同，二者既相對獨立，又通過“聲韻相挾而變”發生聯繫。具體操作分兩步：一是推求古本紐，以《廣韻》聲、韻類系統為基礎，結合已有的古聲紐考證結論歸納其音讀特徵；二是尋找古本韻，利用“聲韻相挾而變”之假設，依據古本紐的音讀特征，從二十八部中找出平、入聲一、四等韻類以充當古本韻。

“聲韻相挾而變”是串聯本紐、本韻的關鍵，黃侃既用來尋找古本韻，又用來“證明”其十九紐。圍繞這一預設，我們對某些長期存在的爭論做了進一步梳理：反對者認為以本紐、本韻相參互屬於“乞貸論證”，這實際上只注意到“聲韻相挾而變”在上述第二步中的運用；支持者認為本韻、本紐分別從《廣韻》聲類和韻類中求得，二者並行不悖，“本紐本韻，相互證明，一一吻合”，這實際上忽略了“聲韻相挾而變”對於推求古本韻的作用。我們還分析了喻、為、群、禪、邪五個變紐的歸併依據，認為黃氏吸收了聲轉說的觀點。

以上是我們在傳統古音學的歷史背景下所得出的結論。從今天的角度來看，儘管黃氏在推求本紐和本韻的過程中吸收了當時的古音成果，但他所依據的各項預設以及對變紐的處理卻混入了某些今音成分，這同樣是應當注意的。

參考文獻

陳新雄．古音研究．臺北：五南圖書出版公司，1999.

戴震．聲類表//音韻學叢書．刻本．成都：渭南嚴氏書坊，1923－1936.

董同龢．上古音韻表稿//史语所集刊：18 本 1 分．南京：中研院史語所，1948.

段玉裁．六書音均表//音韻學叢書．刻本．成都：渭南嚴氏書坊，1923－1936.

馮勝利．新材料與新理論的綜合運用：兼談文獻語言學與章黄演繹論//歷史語言學研究：第六輯．北京：商務印書館，2013.

黃侃．黃侃論學雜著．北京：中華書局，1964.

黃侃．古韻譜稿//黃季剛先生遺書．臺北：臺北石門圖書公司，1980.

黃侃．黃侃聲韻學未刊稿．武漢：武漢大學出版社，1985.

黃侃．黃侃國學文集．北京：中華書局，2006.

黃侃，黃焯．廣韻校錄．北京：中華書局，2006.

黃焯．古音為紐歸匣說．文哲季刊，1941（1）.

黃焯．文字聲韻訓詁筆記．武漢：武漢大學出版社，2013.

《漢語史研究集刊》稿約

一、本集刊提倡扎實語料基礎，在拓寬傳世典籍語料研究領域的同時，重視出土文獻與活的語言資料，并汲取相關學科的研究成果；提倡微觀與宏觀相結合，在繼承傳統文獻的同時吸收現代語言學的理論和方法，探求語言現象產生的原因和演變規律。

二、來稿請用繁體字書寫。全文一般不超過 12000 字，包括 100 字左右的內容提要、3—5 個關鍵詞。特別提示：請在文末附上文章題目、內容提要以及關鍵詞的英文翻譯。來稿半年後未得到答復，作者可自行處理。因人力限制，來稿恕不退還。

三、本集刊採用匿名審稿，來稿請寫上論文題目、作者姓名、工作單位、通訊地址以及學術簡歷。正文另起一頁，不署名。

四、參考文獻衹列出本文直接引用者，並據內容採用以下順序：

1. 論文集類：作者、文章標題、文集名稱、編者、出版社、文集出版年份；

2. 期刊類：作者、文章標題、期刊名稱、期數、頁碼；

3. 專著類：作者、書名、出版社、出版年份。

五、爲便於閱讀，正文中的注釋使用脚注形式。這種注釋應該是對正文內容的附加解釋或補充説明，因此參考文獻或者引用文獻的出處最好不以脚注形式出現。

六、來稿請寄：四川大學中文系《漢語史研究集刊》編輯委員會，郵政編碼 610064，並發電子郵件至 hanyus98@163.com。

李葆嘉. 清代古聲紐學. 上海：上海古籍出版社，2012.

李葆嘉. 清代古聲紐研究史論. 臺北：五南圖書出版公司，1996.

李開. 黃侃的古音學：古本聲十九紐和古本韻二十八部. 江蘇大學學報（社會科學版），2002（1）.

林語堂. 中古音已經遺失的聲母//語言學論叢. 上海：上海書店，1989.

錢大昕. 十駕齋養新錄//嘉定钱大昕全集. 南京：江蘇古籍出版社，1997.

錢玄同. 古音無“邪”紐證//錢玄同文集：第四冊. 北京：中國人民大學出版社，1999.

錢玄同. 文字學音篇//錢玄同文集：第五冊. 北京：中國人民大學出版社，1999.

王力. 黃侃古音學述評//王力文集：第十七卷. 濟南：山東教育出版社，1989.

曾運乾. 切韻五聲五十一紐考. 東北大學季刊，1927（1）.

曾運乾. 音韻學講義. 北京：中華書局，2004.

曾運乾. 喻母古讀考. 東北大學季刊，1927（2）.

章太炎. 國故論衡. 上海：上海古籍出版社，2003.

章太炎. 文始//章太炎全集：第七冊. 上海：上海人民出版社，2014.

章太炎. 新方言//章太炎全集：第七冊. 上海：上海人民出版社，2014.

鄒漢勳. 五均論//續修四庫全書. 上海：上海古籍出版社，2002.

Baxter，William H，Laurent Sagart，*Old Chinese：A New Reconstruction*. Oxford：Oxford University Press，2014.

The Usage of "*Shengyun Xiangxie er Bian*（聲韻相挾而變）" in Huang Kan's *Gubenyin*（古本音）Study

Ma Kun，Wang Miao

Abstract：There was extensive discussion after Huang Kan published his *Gubenyin* theory. Those debates still continues. This paper discusses both basis and presets in *Gubenyin* study and reconstructs Huang's theory. Then it analyzes some long-existing disputes around "*shengyun xiangxie er bian*（聲韻相挾而變）". At last，we discusses Huang's treatment of Yu（喻），Wei（為），Qun（群），Chan（禪），Xie（邪）and points out that some Middle Chinese phonological factors are involved in this theory.

Keywords：Huang Kan；Gubenyin；19 old Chinese intials；Shengzhuan

（馬坤，中山大學中文系；王苗，廣州大學人文學院）

《增修互注禮部韻略》的古與今

陸 燕

提　要：《增修互注禮部韻略》較多地反映了時音，在《禮部韻略》一系韻書中特出。我們從毛氏父子對《禮部韻略》的改動中糅合古音與時音的契點出發，分析了毛氏在書中引進時音的深廣的社會背景，發現其根源是模糊不清的古今觀，而非毛氏具有重視口語語音的先進的語言觀。

關鍵詞：《增修互注禮部韻略》；古音；時音；古今觀

研讀《增修互注禮部韻略》（以下簡稱《增韻》），不難發現它的音韻可分析爲三層，除《禮部韻略》（以下簡稱《禮韻》）音系外，還有古音、時音兩個層面。古音指經典舊音，包括音義、通假、諧聲、協韻等，並非嚴格意義上古音學所謂的古音；時音指當時口語實際語音，既有通語語音，又有毛氏方音，它們都被零散地增修在《禮韻》系統内。增補古音是宋代各家修訂《禮韻》的要務；時音則不爲諸家所問，惟《增韻》通過修訂《禮韻》反切、移併小韻或韻字、增加口語新詞等，較多地表現時音，故於《禮韻》一系韻書中特出。受其影響，宋末元初《古今韻會舉要》（以下簡稱《舉要》）[①] 也可分析爲《禮韻》、古音、時音三個音韻層次，古音仍以增補《禮韻》的形式出現，而時音則因爲韻書編纂形式的改進，得以自成系統，平行於《禮韻》，《舉要》因此開創了一種韻書編纂的新形式。可見《增韻》在宋元韻書中處於承前啟後的關鍵位置，而時音的進入是關鍵中的關鍵，解釋好這一關鍵問題或將有益於我們更好地梳理這一段韻書史及音韻史。

一

前賢時彥分析《增韻》語音，很多會傾向於認爲《增韻》表現時音反映了編纂

① 從源頭來講，《舉要》也是增補《禮韻》一系的韻書。

者毛晃、毛居正父子重視口語語音的進步的語言觀，毛居正在微韻末的案語更被視爲毛氏在着意分析實際音變，尤其是麻韻一分爲二的論述。現將此篇案語擇要錄下：

> 《禮部韻略》有獨用當併爲通用者，亦有一韻當析爲二韻者。所謂獨用當併爲通用者，平聲如微之與脂，魚之與虞，欣之與諄，青之與清，覃之與咸……入聲如迄之與術，錫之與昔，合之與洽是也。所謂一韻當析而爲二者，如麻字韻自奢字以下，馬字韻自寫字以下，禡字韻自藉字以下，皆當別爲二韻，但與之通用可也。蓋麻馬禡等字皆喉音，奢寫藉等字皆齒音，以中原雅聲求之，夐然不同矣。至於諸韻之當併者，不可概舉。且以平聲諸韻論之，則其餘可以類推。如微字聲與支脂雖有輕重，而音韻相協，不害其爲通。況韻內字又多互用。如祈祁蘄義皆訓求。《漢書》以飢爲饑饉之饑，《列子》以饑爲飢餓之飢，是飢饑二字通用也……魚之與虞，其音實通，古人墟字作虛，亦作區。祛與驅、毆、歐義亦相通。《廣韻序》論隋以前音韻，亦謂支脂魚虞共爲一韻，是古人未嘗不通用也……《說文》清字從水形也，從青聲也，是清與青同音。如《詩》中脊令與使令字，字音皆同，後世俗加鳥字耳。銘字從金形也，從名聲也，是銘與名同音，陸德明亦音銘爲名。今令與名在清韻內，鴒與銘在青韻內，不得相通，此何義也……覃與咸本同一韻，故古人用包含字亦作包函，今乃異韻。推此，則上去入諸韻皆然，理宜通併，以便學者。

寧忌浮據此概括出《增韻》93 個實際韻部。不過不得不說，對實際語音的探討，“毛居正的表述還欠準確”（李子君 2012：406），因爲幾乎整篇案語都在說古人的通假、諧聲，看上去是在討論古音。宋代古音學早期，古音研究多見於對舊韻書的增補，《增韻》是其代表之一。楊守敬說：“毛氏不依附《廣韻》，於舉世不談古音之日，能採取古音以增入此書，可謂特出。獨惜其所採尚未備，不能如吳才老之《韻補》專成一書耳。”（《日本訪書志》卷四）所以毛居正在以上案語中確實也在講古音，他用古音證明《禮韻》脂、微等韻部當併，而所證明的又正是實際語音。以古證今，古今糅合，《增韻》中的古與今有點複雜。爲了更深入的了解，類似古今錯綜的例子，我們再舉一二。

例 1：《禮韻》東韻謨中切瞢小韻，《增韻》合併到同韻的莫紅切蒙小韻。列表以示：

韻書	小韻	韻字	反切	訓　釋
《禮韻》	蒙	蒙 ⋮	莫紅	
	瞢	瞢 懜	謨中	

續上表

韻書	小韻	韻字	反切	訓　釋
《增韻》	蒙	蒙 ⋮ 夢 瞢 懜	莫紅	夢，《爾雅》：夢夢，亂也。《詩》：視天夢夢。壽夢，吳子名。雲夢，澤名，《周禮》作雲瞢。……《高帝》：偽遊雲夢。韋昭曰：在南郡華容。師古曰：讀如本字，又莫紅反。增入。

夢字爲毛氏增補，《廣韻》莫中切，《集韻》謨中切，按《切韻》音系，則屬瞢小韻。經典舊音讀同“蒙”，毛氏於是把夢字及其小韻併入蒙小韻。隱藏於訓釋中的古音證據如下。《爾雅・釋訓》“夢夢，亂也”，陸音“亡工反”。《詩・小雅・正月》“民今方殆，視天夢夢”，陸德明音義“莫紅反”。《左傳・成公七年》“吳子壽夢說之”，《襄公十年》“會吳子壽夢也”，《襄公十九年》“先吳壽夢之鼎”，陸並音“莫公反”。又《宣公四年》“鄖夫人使棄諸夢中”，陸德明音義：“夢，澤名，江夏安陸縣城東南有雲夢城。夢音蒙，又亡貢反。”《爾雅・釋地・十藪》“楚有雲夢”，《周禮・夏官司馬下・職方氏》作“雲瞢”，曰“其山鎮曰衡山，其澤藪曰雲瞢”。雲夢亦作雲瞢。底下所引顏師古音義有誤。《漢書・高帝紀》“用陳平計，乃僞游雲夢”，師古曰“讀如本字，又音莫風反”，“莫風反”在三等瞢小韻。邵榮芬（1995：140）考證東韻系明母三等在《經典釋文》中已變入一等，它們早在唇音輕化之前就失去了前腭介音，故後來的唇音輕化規律對它們不起作用。瞢，《說文系傳》音“木空反”，《說文》大徐音“木空切”。《舉要》瞢小韻在法音公字母韻。毛氏把顏師古音義記成莫紅反，可能因爲時音的影響，熟諳成習。古今音巧合，毛氏於是假託古音，將東韻明母三等併入一等。

例 2：《禮韻》脂韻良脂切棃小韻、之韻陵之切釐小韻，《增韻》移併到支韻鄰知切離小韻，詳見下表：

韻書	韻部	小韻	韻字	反切	訓　釋
《禮韻》	支韻	離	離 ⋮	鄰知	
	脂韻	棃	棃 ⋮	良脂	
	之韻	釐	釐 ⋮	陵之	

續上表

韻書	韻部	小韻	韻字	反切	訓　釋
《增韻》	支韻	離	離……梨 棃……來……	鄰知	棃，《方言》：眉、棃、耋、鮐，老也。東齊曰眉，燕代之北鄙曰棃。郭璞曰：言面色似凍棃也。《詩·行葦》傳：耇，凍棃也。陸有二音。又齊韻。增入。 至也，還也，及也，招之也。亦作倈徠。又麥也。亦作𪎩、秾。《詩》：惠然肯來。音郎才切，又音梨。陸德明云：古協韻多音梨。《左傳》：棄甲復來。《楚辭·山鬼篇》：天路險難兮獨後來。皆音梨。《漢書》：康鼎來。韓愈《淮西碑》：四夷畢來。亦音梨。又咍代二韻。

棃字是梨字的異體，爲毛氏增補。《詩·大雅·行葦》小序"外尊事黄耇"毛傳"耇，凍棃也"，陸音"利知反，又利兮反"。"利知反"正以支韻字切脂韻字。來字亦毛氏增補，此處未注明。《集韻》之韻陵之切𪎩小韻有來字，毛氏增補或參考了《集韻》。《詩·邶風·終風》"終風且霾，惠然肯來"，陸音："來，如字。古協思韻，多音棃。"《左傳·宣公二年》"于思于思，棄甲復來"，陸音："力知反，又如字，以協上韻（思）。"底下所引《楚辭》《漢書》《平淮西碑》，來字皆押之韻字，毛氏索性據陸德明音義注成"音棃"。以上陸氏音義反映了在《經典釋文》中支、脂、之混同（邵榮芬 1995：156）。中唐《慧琳音義》（黄淬伯 1931）、宋代《磧砂藏》隨函義（李廣寬 2016）、宋本《切韻指掌圖》都記錄了支、脂、之三韻合併的語音事實。毫無疑問，毛氏把脂韻的棃韻、之韻的來小韻移併到支韻，不僅有古音作證，還有時音爲據。他在古今之間找到了契點，時音於是在古音的掩護下進入了《增韻》。需要進一步說明的是來字。來，《廣韻》只有咍韻一讀，《集韻》之韻增入來字；《禮韻》又只收咍韻一讀，這說明來字在宋代通常讀咍韻，之韻一讀也存在，但不常用，可能只用於誦讀經典。劉曉南（2009）考證毛氏的方言將來字讀入之韻。宋人王楙《野客叢書》卷六記載"今吳人呼來爲𪎩"，現代浙江江山（毛氏父子里第）方言來字有三讀，以讀同厘字爲常。故來字入支韻反映了毛氏的方音。

毛氏以增補韻書的形式研究古音可見一斑了，而他據古音對《禮韻》的改動又反映着實際語音變化。那麼到底是在說古還是道今？我們說古今兼具，不過有觀念和客觀結果之分。毛氏增修《禮韻》，在他觀念中，古音是增修對象，而在具體操作過程中帶進了時音，導致在客觀結果上，《增韻》表現了時音。

二

增補古音是宋代《禮韻》增修的傳統，自北宋元祐五年太常博士孫諤陳請增補以來，官方允准的五次增補都是蒐采經傳用字，以備於科場選用。又有私家修訂，專門采摭九經之字以補官韻，以吳棫《韻補》和楊伯嵒《九經補韻》爲代表。這一增修傳統取決於《禮韻》的性質。《禮部韻略》爲科舉而設，選字訓釋，蓋多經雅，僻韻俗字多遭刊落，趙彥衛《雲麓漫抄》云："《禮部韻略》始於科舉用律賦，取六經中字爲之，故曰略。"而且科舉事關國體，宜穩定少變，《禮韻》亦然，故官方的態度是相當保守的，每有學者陳乞增補，官方都慎之又慎，准許添入者有限。孫諤祈請增補 10 字，"係經傳正文内字，舉人所常用而見行禮部韻有不收者"（《貢舉條式》元祐五年七月初十日牒文），紹興十一年福州進士黃啟宗"採摭經傳諸常用字與夫同類，皆韻所不載者，繕寫上進"（《增修校正押韻釋疑》卷首《韻字沿革》），均許補入。而紹興十三年黃積厚乞添連綿字 185 字，官方只准添入"倥、螳"2字，理由是："《禮部韻》專謂約束舉人程文只得押韻内字，庶幾便於考校，故名《禮部韻略》。若廣引訓釋及添入不要緊字，即與《廣韻》無異。"（《貢舉條式》紹興十三年二月十二日牒文）

毛氏增修《禮韻》的初衷是將《增韻》呈進朝廷，指導科選。現行《增韻》卷首附有毛晃《擬進增修互注禮部韻略表》（以下簡稱《表》），云：

> 即方州小郡，秋舉試官不過三四人，員既不多，書亦罕備，至有文理優長，援引深邃者，或以疑似，暗行黜落。以謂與其取之有疑，寧若黜之無罪。臣每觀此，爲之太息，故以十年之力，增修四聲之譜。紬其端緒，貫穿經傳，貳以古今字書，諸儒音釋，互加考證，凡九經子史，蒼雅方言中遺漏要字，定其可否，參入逐韻……庶令新學士子開卷曉然，不至誤用。主司考校，亦更無有所疑云。

不止如此，毛氏的終極目的是藉助《增韻》聞達於聖聽，從而獲得仕途晉升的機會。《表》中對高宗皇帝歌功頌德，然後慷慨自薦道：

> 今陛下以聖繼聖，方將混一區宇，海内喁喁，咸仰同文之治。臣在草茅畎畝中，苟有涓塵以裨助同文之萬一，則臣之志願足矣。

所以他要貫穿"九經子史，蒼雅方言"，足以見他"援引深邃"，並且要以經傳字書，"諸儒音釋，互加考證"，足以見他學思精鋭。遺憾的是毛晃未能如願。《增韻》成書（1162）後，於嘉定十六年（1223）才被應允由國子監刊印①。不管如何，終究得到官方承認。王國維云："其書（筆者案，指《增韻》）於紹興三十二年表進，是亦不啻官書也。"（《觀堂集林》卷八）即使不然，毛氏的編纂初衷也決定了他都

---

① 宋・魏了翁《鶴山集》卷六三《跋毛氏增韻》："三衢毛氏《增韻》奏之六十二年，其子居正義夫應大司成校正經籍之聘，始克鋟梓於胄庠。"

應該符合官方取捨標準。

所以不管從《禮韻》的性質，還是從毛氏的個人願望來看，對《禮韻》音韻方面的增修，必然要以經典舊音爲準。當時俗音俚語，既無經典爲校，當然不在修訂之列。而實際上《增韻》確實引入了較多時音，諸如以上二例在古音中糅進時音是極少數，絕大多數時音徑直而入，並無古音驗證，更有甚者，還有嚴重的吳音傾向。魯國堯（2003：345）說："北宋太宗太平興國八年（983）吳鉉獻《重定切韻》，多吳音。後'詔盡索而焚之'。南宋高宗紹興三十二年（1162）毛晃進《增韻》，雖有吳音，但印行不衰，至元猶然。彼一時也，此一時也，可見個中消息。"《增韻》得以在國子監刊印，其中除了官方的鑑取口味有變之外，更有其深廣的社會背景。

三

總的說來，最大的客觀現實是《禮韻》與時音齟齬不合，最大的主觀前提是宋人混淆不明的古今觀。隋唐時比較符合實際語音的詩韻，歷經三四百年，發展到宋代，不可避免地與實際語音漸行漸遠，束縛詩賦創作。宋人因此滿腹牢騷，洪邁《容齋隨筆》卷八"禮部韻略非理"條的批評頗爲尖銳："《禮部韻略》所分字有絕不近人情者，如東之與冬，清之與青。至於隔韻不通用，而爲四聲切韻之學者，必強立說，然終爲非是。"與《增韻》微韻末的毛居正案語異調同辭。韻字既隔礙不通，又不得不遵循，遂使人多攻於浮聲切響，不能諷詠優長，文之骨骼亦安得不弱？[①] 何以救之？取法古韻。羅大經《鶴林玉露》卷六載："楊誠齋云：今之《禮部韻》乃是限制士子程文不許出韻，因難以見其工耳。至於吟詠情性，當以《國風》《離騷》爲法，又奚《禮部韻》之拘哉。魏鶴山亦云：除科舉之外，閒常之詩不必一一以韻爲較，況今所較者，特《禮部韻》耳。此只是魏晉以來之韻，隋唐以來之法。若據古音，則今麻馬等韻元無之，歌字韻與之字韻通，豪字韻與蕭字韻通。言之及此，方是經雅。"嚴羽指出詩歌押韻的四種方式，其中有兩種是仿古用韻："協韻楚詞及選詩多用協韻""古韻韓愈此日足可惜詩用古韻也，蓋選詩多如此"（郭紹虞 1983：74）。協韻的體式，據劉曉南（2012）研究，不止仿古協韻，還依時音協韻，例如北宋黃庶五律《酒》四個韻腳"新坤自注：協韻人均"以詩韻的十三元"坤"押入十一真，依據的就是宋代時音（其實魂痕押入真諄臻文欣是宋代用韻慣例，一般都不注協韻）。韓愈的《此日足可惜贈張籍》一詩被嚴羽視作仿用古韻的典範，整篇主押陽唐韻，間有通、江、梗三攝字與陽唐混押，其中確實有仿《詩經》之古的，比如梗攝"明、更"等押入陽唐，它

---

① 金·李治《敬齋古今黈》卷八："蓋古人因事爲文，不拘聲病，而專以意爲主，雖其音韻不諧不恤也。後人則專以浮聲切響論文，文之骨骼安得不弱。"

們在《詩經》時與陽唐韻同屬陽部，而更值得我們注意的是江韻字“江、雙”押入陽唐，這是時音。裴務齊正字本《刊謬補缺切韻》把江、陽、唐排在一起，反映這三韻在時音中趨同。看來這兩種仿古用韻都不止仿古人用韻，還依時音押韻。再看號稱“以《國風》《離騷》爲法”的楊誠齋用韻如何。據杜愛英（1998）研究，楊氏古體詩韻的舒聲韻分十四部，近體詩韻居然也分十四部，果然不拘《禮韻》，但也不合詩騷之法，而與魯國堯（1991）據宋詞用韻考出的宋代通語韻系一致，故楊氏以詩騷爲法其實是以自然口語爲法。可見唐宋之際，詩賦崇尚仿古用韻，“古”是要打上引號的，因爲不僅僅是仿用真正時間意義上的古韻，還指以時音入韻，而後者事實上成了“古”的主流。

爲何仿古用韻實際上成了依時音用韻呢？宋代在儒學復古思潮的蕩滌下，經學疑古蔚然成風，儒學隨即由漢學轉變成宋學。宋人疑漢魏以來先儒說經，疑《釋文》、《切韻》（包括《禮韻》），於是復古經，正古音，成了當務之急。魏了翁云：“朱文公復古經，主叶韻。然後興觀群怨之旨，可以吟詠體習，庶幾其無遺憾矣。”（《鶴山集》卷五四）朱熹說：“（《詩》）只要音韻相叶，好吟哦諷誦，易見道理，亦無甚要緊。”（《朱子語類》卷八十）《詩》之易行教化，在於詩韻取諧，便於吟詠。然古無韻書，何以諧？自然唇吻也。朱熹稱《詩》乃“自然之音響節奏”（《詩集傳序》），又感慨：“《詩》之音韻是自然如此，這個與天通。”（《朱子語類》卷八十）項安世也把《詩》之用韻稱爲“自然之本聲”（《項氏家說》卷四）。毛晃《表》云：“嘗觀‘立我蒸民，莫匪爾極’之辭，則堯之時固有聲韻也。觀‘日月光華，洪于一人’之辭，則舜之時固有聲韻也。不然舜命夔典樂，何以曰詩言志，歌永言，聲依永，律和聲也邪。古詩三千餘篇，孔子被之弦歌，定爲三百十一篇，其不合乎弦歌者去之，則字音聲韻未出之前，所以爲聲韻者，固自若也。”也是說古韻出於自然。所謂自然其實就是當時口語實際語音，那麼宋人當世的口語語音不也是自然的嗎？這是很自然的聯想。於是宋代時音和古音一樣被納入了自然語音的行列，遂與凝滯不通的《禮韻》站成了兩隊。這個“自然”帶給宋人的強烈衝擊就是相較《禮韻》而言，聲韻寬疏。朱熹說：“古人音韻寬，後人分得密後隔開了。”“古人韻疏，後世韻方嚴密。”（並《朱子語類》卷八十）。毛居正在微韻末案語也說：“國風雅頌皆三代之樂章，采於太師，協於音律……雖諧聲協韻，蓋甚寬也。若繩以後世之《切韻》，則古聖賢皆爲不知音矣。”他們信奉陸德明的“古人韻緩”說。儘管古韻寬緩，今韻（《禮韻》）狹窄是語言史實，“古人韻緩”說有一定道理，也助推了宋代古音學的發展，但它畢竟是一種以今律古，非歷史的古音學觀念，導致人們在觀察古音的時候受制於今音，混淆古今。比如吳棫《詩補音》基本能夠考證江韻字在《詩經》中僅與東韻字同用而不與陽唐韻相押，但宋時江韻已併入陽唐韻中，所以《韻補》以爲“古通陽，或轉入東”，即江韻與陽唐韻是一部，而與東韻字只是通轉關係（張民權 2005：90）。至於到底何爲古，何爲今，在宋人那裡總是一個依稀又仿佛的概念。

回頭再看《增韻》的古與今。上文所舉二例增補的古音糅入了時音，正如仿古用韻實則用的時音一樣，這樣的“古”也是要打上引號的，因爲它事實上指自然實際語音，包括出於古人唇吻的和今人的，與音韻苛細的《禮韻》對立。而毛氏個人及社會對《禮韻》的批評是時音得以進入《禮韻》的契機。不過在復古之風盛行的社會環境中，出於儒士的崇古心理，也爲了符合《禮韻》爲科舉而設、選材經雅的特質，毛氏的增修肯定要以增補古音爲要務。然而，模糊不清的古今觀使得今音溜了進來，有些正與增補的古音相合，於是古今並舉，不過大多數並無如此巧遇，但既然今音已被冠上了“古”之名，進來無妨。要之，在混淆古今的語言歷史觀的指導下，“古”爲“今”正了名，使今音也有了“古音”名分，從而符合儒士們崇古的取捨標準，今音得以在毛氏手下進入《禮韻》系統。

最後，關於毛居正案語提到的“中原雅聲”，再贅言幾句。正如上文所言，宋人對比古音、今音與《禮韻》，得到的直觀感覺是古今都比《禮韻》寬疏，這也是語言事實，故《增韻》反映的音變主要是《禮韻》的聲類、韻部在時音中合併的，也只有這一類才會與古音巧作相合。相對而言，麻韻分爲麻、遮二部在古音中當然不會有，毛氏只得求之於中原雅音。《增韻》還有案語提及雅音，宵韻饒字下毛晃案語：“饒字雅音與韶同，吳人呼饒近堯，呼如近魚，故作如招切。若如吳音則當與堯字同切，非也。從正音則當與韶字通爲一切。”《禮韻》饒字作如招切，毛氏分析作如招切的是吳音、訛音，因而《禮韻》是吳音，是訛音。從中得如下等式：雅音＝正音，《禮韻》＝吳音＝訛音。而宋人觀念裏的正音還不止於中原雅音，熊朋來說：“聲韻起於江左，非古之正音也。”（《熊先生經說》卷七）又說：“古人用韻，可以見當時語音之正……自《釋文》行世，《韻略》試士，俗儒執唐韻爲證，正音始盡廢。”（《熊先生經說》卷二）古音（正音）與《釋文》《禮韻》等吳音對峙，吳音破壞了正音的傳承。後世也有人持這種觀點，比如明代童冀《尚絅齋集》卷二《詩叶韻辯》云：“自沈約撰《四聲譜》，一以當世之音爲主，正音於是微矣。”古音和中原雅音同時站到了吳音、《禮韻》的對立面。

北方中原居天地之中，向來被認爲得天地正氣，聲音亦正，而南方則氣偏音訛。陸遊《老學庵筆記》卷六曰：“中原惟洛陽得天地之中，語音最正。”元代范德機《木天禁語・音節》記載：“馬御史云：東夷、西戎、南蠻、北狄，四方偏氣之語，不相通曉，互相憎惡。惟中原漢音，四方可以通行，四方之人皆喜於習說。蓋中原，天地之中，得氣之正，聲音散佈，各能相入。”音韻興盛在南朝，歷史從南北朝進入隋唐，語言文化重心隨之由江南轉移至北方，北方中原之音受到更多關注，與《切韻》的差異顯現。時移韻遷，中唐以後，愈加明顯，更有儒學和文學復古思潮推波助瀾，在其影響下，吳音被認爲破壞了自古以來中原正音的傳統，遭到貶斥，李涪《刊誤》以洛陽音刊正《切韻》，可視爲宋以後以中原之音貶斥吳音的濫觴（平田昌司 2007：53－54）。一直到清代，還有人把中原雅音直接比附古音，比如孔廣森《詩聲類》卷八案語："周京之初，陳風制雅，吳越方言未入於中國，其音皆江北人脣吻，略與中原音韻相似。故《詩》有三聲，而無入聲。"柴紹炳《柴氏古韻通》卷一《古音不係方言說》曰："禮失求野，未爲無當，要不可謂古音必辨方言，且耑以北方爲正耳。或又云北無入聲，最爲近古。"綜上，儒家的復古思想及正音觀念將中原雅音所在的北方與時間意義上的古音在時空上對接，唐宋以後，隨著政治中心的北移，中原雅音成爲現實語音的標準，所以在宋人觀念裏，中原雅音是古之正音，亦是今之正音，也被烙上了古、今兩重印記。毛氏求正於中原雅音，在他觀念里也就是求之於"古"。

四

我們不否認《增韻》在一定程度上反映了時音，毛居正在微韻末的案語確實也論述到了實際音變，但問題是書中明明有以古證今、古今糅合的現象，其背後的動因若不作探究，恐怕有礙我們對此書作實事求是的評價，更不利於我們書寫這一段韻書史及音韻史。若能與作者站在同一起點上，在同一環境中去思考，或許會覺得本文的討論比較切近實際。另外，《增韻》反映時音一般都歸結爲傳統韻書屈就於客觀語音變化。無可否認，《切韻》以後的任何韻書表現時音，歸根結底都是口語音變使然，但這無益於我們更深入地發掘語言學史。凡著書立說，皆有所爲而發，若不能探究作者所處之環境、作者之所思所慮，則不易評論。

《增韻》後，《舉要》繼踵而至，與《增韻》有着頗爲相似的結構，但時音層已系統完整，改革耶？圖新耶？作者的主觀意願及社會環境決定這一問題的答案，有待於我們深入歷史中去考察。

参考文獻

杜愛英．楊萬里詩韻考．中國韻文學刊，1998（2）．

郭紹虞．滄浪詩話校釋．北京：人民文學出版社，1983．

黃淬伯．慧琳一切經音義反切考．南京：國立中央研究院歷史語言研究所，1931．

李廣寬．《磧砂藏》隨意音義止蟹二攝的合流//漢語史研究集刊：第二十一輯．成都：巴蜀書社，2016．

李子君．《增修互注禮部韻略》研究．北京：社會科學文獻出版社，2012．

劉曉南．毛氏父子吳音補證．山西大學學報（哲學社會科學版），2009（5）．

劉曉南．試論宋代詩人詩歌創作叶音及其語音根據．語文研究，2012（4）．

劉曉南．元祐新制與宋代叶韻．古漢語研究，2013（4）．

魯國堯．論宋詞韻及其與金元詞韻的比較．中國語言學報，1991（4）．

魯國堯．《盧宗邁切韻法》述論//魯國堯語言學論文集．南京：江蘇教育出版社，2003．

寧忌浮．古今韻會舉要及其相關韻書．北京：中華書局，1997．

平田昌司．“中原雅音”與宋元明江南儒學//耿振生．近代漢語官話語音研究．北京：語文出版社，2007．

邵榮芬．《經典釋文》音系．臺北：學海出版社，1995．

張民權．宋代古音學與吳棫《詩補音》研究．北京：商務印書館，2005．

The View of Language History Reflected by *Zengxiu Huzhu Libu Yunlue*（《增修互注禮部韻略》）

Lu Yan

Abstract: *Zengxiu Huzhu Libu Yunlue*（《增修互注禮部韻略》）, one of the amendments of *Libu Yunlue*（《禮部韻略》）, reflected the pronunciation of the spoken language in Song Dynasty the most among all the books of this series, making it distinguished. In this book, the authors Mao Huang（毛晃, father）and Mao Juzheng（毛居正, son）made revisions for some sounds in *Libu Yunlue*（《禮部韻略》）by making addition of ancient pronunciation for the Confucian Classics, and incidentally, the Song Dynasty pronunciations were also found in those revisions. We analyzed the profound socio-cultural contexts which caused this coincidence, and found the profound reason was Maos' vague view of the history of language, instead of their intention of referring to the spoken language pronunciation of their age.

Keywords: *Zengxiu Huzhu Libu Yunlue*（《增修互注禮部韻略》）; ancient pronunciation for Confucian Classics; Song Dynasty pronunciation; view of language history

（陸燕，武漢大學文學院）

漢語歷史音變的內在機制考察*

莊會彬

提　要：本文結合漢語歷史音變的幾個事實以及漢語各分期音位組合面貌，首先指出漢語歷史音變不應當視作自然音變，而應視作一種劇變；進而對這一音變的內在機制做了考察。文章提出漢語歷史音變由三種的內在機制共同協作完成，即“偏好原則”“音步轉型”“韻律模板”。文章最後討論了漢語史上的音變給漢語造成的影響，這主要體現在：第一，漢語詞的詞根裸露，由此在句法上表現出了根性特點，形成“名含動、動含形”的詞性格局，以及動賓非常規搭配現象；第二，語序上發生了重大的變化，由 SOV 語序轉變為 SVO；第三，由於音步轉型以及韻律模板的建立，漢語史上的詞彙化主要表現為雙音化。

關鍵詞：漢語歷史音變；劇變；內在機制；影響

一、漢語歷史音變概況

這裏所謂的內在機制是談漢語歷史音變的原因，而相關影響主要是談漢語歷史音變給漢語詞法、句法所帶來的影響。首先，我們需要對漢語歷史音變的概念做出界定。

本研究所談之音變（phonological change）概念，取其廣義，泛指一語言中音位、音位組合、音節結構等各種演變。通观整個漢語歷史，我們發現，漢語音系歷史上經歷了這樣的變化：

——音位數目的增減：從少（上古）到多（中古）再到少（現代）。

——（可能）音位組合的數目：從多到少。

* 本文曾於 2014 年 4 月在香港中文大學中文系演示，馮勝利教授、鄧思穎教授、萬波教授給予了建設性的意見。《漢語史研究集刊》外審專家的意見對本文的完善多有裨益。文稿付梓之際，陳鑫海、李甜甜二位學兄審閱全文，並校對了文字。謹此表示由衷感謝。文中所餘不足及訛誤，概由作者負責。本研究得到“河南省高等學校青年骨幹教師培養計劃”（2016GGJS－025）以及河南省哲學社會科學規劃項目（2017BYY003）的資助。

——音節結構：從複雜到簡單。

出於研究方便，我們把這三類音系變化現象統稱為漢語歷史音變。

（一）漢語歷史音變的幾個事實

首先，我們看一下漢語歷史音變的幾個事實：古無輕唇音（錢大昕），古無舌上音（錢大昕），娘、日二紐歸泥（章太炎），喻三歸匣、喻四歸定（曾運乾），照二歸精（黃侃）……相信這些大家都是耳熟能詳的。這些事實給我們一個什麼樣的啟示？我們知道，上述上古音的特點是和以《切韻》《廣韻》為代表的中古音系比較得出的，它反映了上古音和中古音系的差異所在，也就是說，好多音在上古沒有，而在中古產生，比如輕唇音、舌上音、娘母、日母等。由此，我們可以猜測，上古的音位數目可能要少於中古。是不是真的這樣？以上看到的只有聲母，韻母的情況是什麼樣的呢？十三家[1]把上古韻部（簡言之，韻母剔除了介音）分为 10 到 31 部[2]不等。這一數目，和中古韻部的數目相比較，顯然存在較大差異：根據鄭張尚芳（2013：73），《切韻》有 95 部，細分之後有 151 部。

繼續看《切韻》以後的音系演變：濁音清化、尖團合流、知莊章合併、零聲母字增多、鼻音韻尾合併、入聲消失、韻母合併（一二等韻合併，如“開”和“楷”；三四等韻合併，如“旋”和“玄”）。由此，我們可以得出，《切韻》到近現代漢語，音位數目減少，很多音本來是有的，但是到了近現代漢語消失了，比如濁音、尖音，知莊章的分立，疑母、喻母、微母聲母脫落。由此，不難得出下面的推測，即漢語歷史上音位（morpheme）數目可能經歷了這樣的变化：

從少（上古）到多（中古）再到少（近现代）。

從以往的研究來看，的確如此。根據鄭張尚芳（2013：70－73），上古有基本輔音 25 個（共 30 個），基本母音 6 個；中古（《切韻》）有輔音 37 個，母音 11 個。而現代漢語普通話輔音 22 個，母音 10 個。

（二）漢語各分期音位組合面貌

繼續看漢語各個時期的音位組合面貌。我們先從現代漢語普通話說起。

1. 現代漢語普通話的音位組合面貌

現代漢語普通話有 21 個聲母（另有 1 個零聲母），39 個韻母，4 個調。現代漢語普通話的音位組合最多可能有 3432 個組合（22 個聲母×39 個韻母×4 個調≤3432），而實際使用的帶調音節只有 1200 多個——根據 Wang（1993），現代北京話

① 十三家是指顧炎武、江永、戴震、段玉裁、孔廣森、王念孫、江有誥、朱駿聲、章炳麟、黃侃、羅常培、王力、周祖謨等。

② 當然，各家古音分部的多少在一定程度上還與入聲韻是否獨立有關。但是，即使入聲韻獨立，各家分部最多也不過 31 部。

裏所有的音節都是開音節，即其最大音節結構應當為 CMV（C＝輔音，M＝介音，V＝元音）。顯然，現代漢語普通話單一聲韻拼合無法支撑起一個語言的詞彙系統。事實是，現代漢語普通話中複音詞占绝大多数（超过 80%，参 Duanmu 1999）（另外，輕聲、兒化等韻律形態也起到一定的輔助作用）。

2. **中古漢語的音位組合面貌**

那麼中古漢語的情況是怎樣的呢？我們知道，中古聲母 37 個（胡安順 2003：104；鄭張尚芳 2013：72）、韻母 142 個（胡安順 2003：110；唐作藩 2002：132）。如此看來，中古漢語僅聲韻拼合的结果，就可能有 5000 多個（37 個聲母×142 個韻母≤5254 個可能組合/音節），再配以聲調，可能達到上萬的組合。理論上來說，這足可以支撑起一種語言的詞彙系統。然而，即便如此，在《切韻》之前，漢語已經大量使用複音詞（參程湘清 2003；Feng 1997）。另外，根据前人的研究（丁邦新 1979；余迺永 1985；馮勝利 2000，2009），我們知道，中古漢語的最大音節結構當為 CMVE 或 CMVN（E＝入聲，N＝鼻音韻尾）。

3. **上古漢語的音位組合面貌**

上古漢語的音位組合情況，又是另一番景象。如據黃侃（1985）所拟，上古十九紐二十八部，而又考慮到上古無聲調：

段玉裁：古無去聲
黃　侃：古無上聲　}上古無聲調（鄭張尚芳 2013：71）
岑麒祥：入聲非聲調

我們由此可以得出這樣的結論：上古音系不可能單純依靠聲韻拼合（19 個聲母×28 個韻部≤532 個可能組合），因为這樣的拼合即便加上介音，最多也不過一兩千個音節。考慮到上古漢語基本音位組合面貌是一詞（一字）一音節，这一數量顯然無法滿足人類的基本日常交際需要①。由此可以推測，上古漢語的音位組合面貌應允許複輔音、詞綴乃至豐富的屈折變化存在②。许多學者持這一觀點，如高本漢（1940）、丁邦新（1976）、余迺永（1985）、Baxter（1992）、鄭張尚芳（2013）、潘悟雲（2000）等。又據余迺永（1985），上古漢語最大音節結構是 CCCMVCC。如果這樣，上古漢語的音位組合數目理論上就可能會達到數百萬。

由此，我們得出第二個結論：漢語史上音位組合（combination of phonemes）數目以及音節結構（syllabic structure）可能經歷了這樣的变化：

---

① 此處的探討得到陳鑫海博士、宋華強博士、孫志波博士、王志勇博士、張生漢教授的指導，敬致謝忱。

② 當然，學界還存在第二種假説，即認為上古漢語可能是一詞（一字或多字）兩個（或多個）音節，代表學者 Sagart（1999）、金理新（1995，2002）、江荻（2012）等，尚未成為主流，但也有很大影響。我們這裏不採用這種假説。

——（可能）音位組合數目從多到少。

——音節結構從複雜变得簡單。

這兩點的確無需多言，從前述來看，從上古漢語到現代漢語普通話（北京音），其最大音節結構由 CCCMVCC 變成 CMV；而可能音位組合數目從數百萬變成 1200＋。

（三）漢語歷史音變特徵总结

我們把漢語歷史音變情況總結如下表：

比較項 時代	音位數目	音節結構	最大音節結構面貌	可能音位組合的數目
上古	少	複雜	CCCMVCC	數百萬
中古	多	簡單	CMVE	上萬
普通話（北京音）	少	极簡	CMV	1200＋

二、漢語歷史音變定性

我們該如何看待漢語史上的音變现象？它們是自然音變（natural process）還是其他？

（一）自然音變

我們認為，漢語史上的音變絕非單純的自然音變所能解釋，因為典型的自然音變是一類語音的整體遷移現象，如日爾曼語裏的輔音遷移（格里姆定律 Grimm's Law）和英語史上的元音大遷移（great vowel shift），分別如下。

1. **格里姆定律**（Grimm's Law）

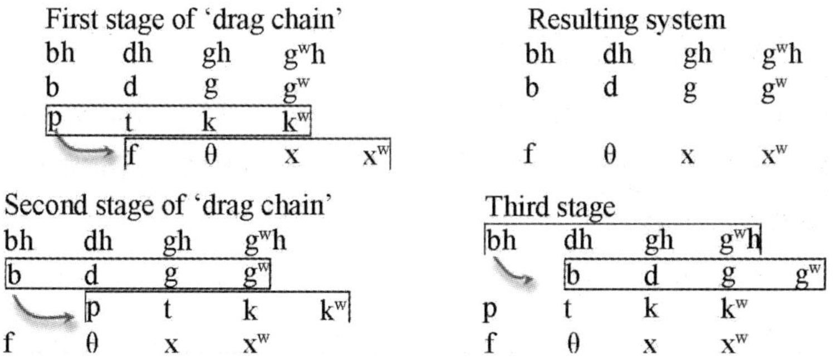

2. **英語中的元音大遷移**（great vowel shift）

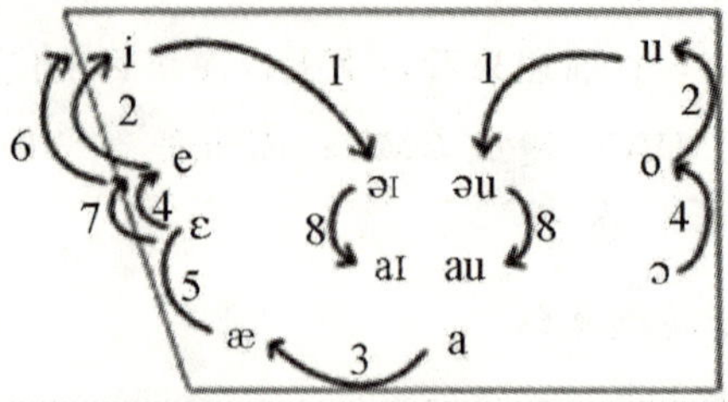

也就是說，自然音變是通過拉力（pull）（Jacewicz，Fox & Salmons 2011）实现的，即一組音位變化後，留下空缺，下一組音位補上，如此再三。它雖然會造成音位佈局上的改變，但並不會導致音位數目的增加或減少，因此不會從根本上改變一個語言的語音系統。

（二）漢語歷史音變是一種劇變

漢語歷史音變不排除有自然音變存在，但卻有所不同：它牵涉到一個音位分裂成兩個音位，或者幾個音位合併成一個，由此導致了音位數目的增加或減少。

音位增加（音位裂變/phonemic fission），如：

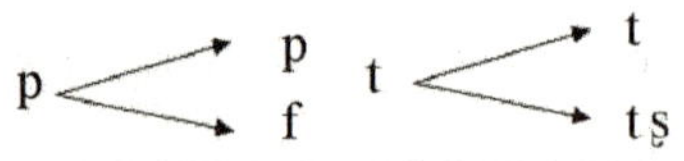

音位合併（或稱音位聚變/phonemic fusion），如“知莊章”合為［tʂ］；

音位脫落（phoneme dropping），如歷史上的微母［ɱ］（经过［v］）、疑母［ŋ］、喻母［ɣ］的消失。

另外，自然音變也無法解釋漢語歷史上的音節結構從複雜到簡單这一发展趋势。因此，我們認為，漢語歷史音變不應當視作自然音變，而是一種劇變（catastrophe）。

三、漢語歷史音變的內在機制考察

是什麼原因［cause(s)］或機制［mechanism(s)］導致了漢語史上語音系統的剧變？在展開討論之前，我們先回顧功能說的解釋，對其缺陷做出檢討。

（一）功能說及其缺陷

以往多數採用功能說予以解釋。其觀點可归纳并闡釋如下：

（1）从上古到中古漢語音位數目增加，是由其複雜音節結構簡化所致。隨其簡化，新的音（或調）出現以為補償所失。是以音位數目增加。

（2）複雜音節結構簡化了，音位組合數目自然也就減少了。邏輯上如此。

（3）隨著其複雜音節結構的簡化，同音詞增多。為減少歧義，雙音節詞彙也隨之增多。

（4）至於後來漢語音位數目減少，則是因為詞彙雙音節化了，區別能力大大提高，語音的區分不再需要如此精細。

功能說看似合理，卻面臨著許多問題，如：

（1）上古複雜音節為什麼會簡化？其動因何在？

（2）如果語言本身需要簡化，何必還要以新的音（或調）加以補償？

（3）既然上古音節簡化後有新的音（或調）為補償，那麼詞彙為什麼還需要雙音化？

總而言之，功能說暴露出一系列的缺點，要真正做到令人信服，還是顯得力不從心。要解釋漢語的歷史語音演變的內在動因還需要另闢蹊徑，而以往研究所留罅隙恰恰是本選題的理據所在。本研究將整合韻律研究中的三種理論，給出一個新的框架，力求克服功能說之弊端，并對漢語歷史音變做出較好的解釋。

（二）本研究的理論框架及解釋

本研究所運用的三種理論基礎如下：

——偏好原則（preference rule）（Murray，Vennemann 1983；Vennemann 1988）；

——音步轉型（foot shift）（Feng 1997；馮勝利 2000，2009）；

——韻律模板（prosodic template）（Macken，Salmons 1997；Smith，Ussishkin 2014）。

1. 偏好原則

偏好原則（preference rule）是由 Murray & Vennemann（1983）、Vennemann（1988）等提出的音節音系學理論（Theory of Syllabic Phonology）。其核心觀點是 CV 音節為最理想的音節結構，所以多數的音節演變都是朝向這一理想模式。上古複雜音節结构的簡化恰恰是偏好原則作用的直接結果。上古漢語的音節雖然最大可能大到 CCCMVCC（余迺永 1985），它演變的方向当是 CV，即：

$$\mathrm{CCCMVCC} \rightarrow \mathrm{CV}$$

然而，就其具體演化過程，應該分兩方面來談：韻尾弱化並最終脫落（coda reduction and loss）和複輔音簡化（simplification of consonant cluster）。這方面漢藏語研究提供了一些參照。

（1）韻尾的弱化及脫落：

漢藏語韵尾弱化到脫落的趋势，前人既有共性探索，又有語言個案研究。前者如李敬忠（1989）、石林和黄勇（1996，1997）之於漢藏語系；后者如陳康（1993）之於彝緬語，如鄭張尚芳（1990）、張吉生（2007）之於漢語，劉光坤（1984）之於羌語，汪大年（1983）之於緬甸語，張濟川（1982）、格勒（1985）之於藏語，羅美珍（1984）之於傣語，龍海燕（2011）之於布依語。甚至還有對個別語言個別音的研究，如羅秉芬（1991）之於古藏語複輔音韻尾中 d 的演變，譚克讓（1985）之於藏語擦音韻尾的演變。應該說，基本上已不存在異議。

我們認為，漢藏語韻尾的弱化乃至脱落的情況大致可概括為如下三類：

a. 濁塞音清化，清音變成喉塞音，最終消失；也可能直接變成元音韻尾。即：

$$-b,-d,-g > -p,-t,-k > \begin{cases} -ʔ > \varnothing \\ -u(-w)/-i(-j) \end{cases}$$

b. 鼻音合併，變為鼻化元音，最終消失。即：

$$-m,\ -n,\ -ŋ \begin{Bmatrix} -n,\ -ŋ \rightarrow -n/-ŋ \\ -m,\ -ŋ \rightarrow -m/-ŋ \end{Bmatrix} \rightarrow \tilde{V} \rightarrow \varnothing$$

c. 擦音-s 變為喉塞音後脱落或化為聲調。即：

$$-s \rightarrow -ʔ \rightarrow \varnothing/T$$

（2）複輔音簡化：

複輔音簡化為單輔音的情況，也早已為漢藏語言（包括侗台語）演變的歷史事實所證實。相關文獻众多，如徐世璿（1991）之於緬彝語，倪大白（1996）之於侗台語等；具體針對單一語言的研究則有曹翠雲（1991）之於苗語，梅祖麟（2008）、鄭偉（2009）之於漢語，劉光坤（1997）之於羌語，朱文旭（1989）之於彝語，蔡向陽（1995）、鍾智翔（1996）之於緬語，華侃（1982）之於藏語安多方言。複輔音的簡化大致可分以下幾種情況：

a. $C_1C_2 \rightarrow C_1$，即第二個輔音脱落。古漢語中有很多這樣的例子，如：

“谷”*kloog＞k-、“各”*klaag＞k-（鄭張一潘音系）

b. $C_1C_2 \rightarrow C_2$，即第一個輔音脱落，如上古漢語中ɦlˁ-簡化成lˁ-便很常見（鄭張尚芳 2013：71）。這種情況在今天的羌語中便能見到，如：

“鼓”*rb-＞b-、“困難”*sq-＞q-

c. $C_1C_2 \rightarrow C_3$，也就是説，複輔音變成了單輔音，但是一個完全不同的單輔音。這一現象廣泛存在於漢藏語言之中，如：

“蠶”*zluum＞tsʻ-、“派”*mhreeg＞pʻ-（鄭張一潘音系）

緬甸語中也有類似的例子（來自於四譯館），如：

“星”*kraj＞tɕɛ，“蚊子”*khrang＞ tɕʻĩ

d. 音位增加。漢語史上的音位增加應分兩種情況闡述：輔音的增加和元音的增加。

輔音的增加應是偏好原則發生作用的副產品，這已在上面看到。複輔音簡化過程中可能会演化出一個該語言中原來沒有的單輔音，從而帶來了新的輔音音位，如：

"蠶" *zluum＞ts‘-

元音增加，同樣應該是偏好原則的副產品。這方面的證據是（部分）入聲消失時會給韻母元音帶來音質上的改變，有時甚至還會產生複合元音。前者容易理解，這裏重點談後者。

龍果夫（1959：24）曾指出："古漢語的聲隨-p、-t、-k已經失去，可是，如果一個字的主要元音在古漢語裏屬於-ɑ或-ə類的，那末-k在-u̯或-i̯裏還留下一點痕跡。"①之後，橋本萬太郎（1982）、雅洪托夫（1986：187－196）、侍建國（2004）、沈鍾偉（2006）等都對此做了更為深入的探討，其共識就是宕江、曾梗摄的韻尾-k後來變成了複合元音中的-u或-i。可见，漢語史上的元音複雜化应该与韻尾脫落有着极大的关系。

接下來的問題是：為什麼漢語史上的音位數目增加之後又可以減少？這是如何允准的？細究起來，這是內部統一的兩個作用機制：一是上古晚期的音步轉型（foot shift），這一轉型直接造成了詞彙雙音化；二是在中古雙音節詞彙基礎上形成的韻律模板（prosodic template）（C）V（C）V，該模板通过規整詞彙語音結構最終造成現代漢語的音系格局。下面逐一展開。

2. 漢語史上的音步轉型

韻律語法中的"音步"有一個典型的特徵：必須為"雙"。這裏的"雙"因語言不同而表現不同：可能在韻素（mora）層面實現，也可能在音節（syllable）層面實現（Prince 1990；Hayes 1995）。

漢語從古到今經歷了一個從韻素音步到音節音步轉變的過程（馮勝利2000，2009；Feng 1997；趙璞嵩2013；李果2015）。基於前人的研究（丁邦新1979；余迺永1985；Wang 1993），馮勝利（2000，2009）指出，漢語上古至當代音節結構經歷了如下簡化過程（C＝聲母；M＝介音；V＝元音；E＝入聲）：

(C)(C)C(M)(M)VC(C)　（諧聲時代，公元前1384年—公元前771年）

---

① 龍果夫的意思是-u̯或-i̯是韻尾-k留下的痕跡。

C(C)(M)(M)(V)V(C)　（《詩經》時代，公元前770年—公元前207年）

C(M)(M)V(E/m，n，ŋ)　（晚唐時期，公元800年左右）

(C)(M)V(m，n，ng)　（《中原音韻》時代，約公元1324年）

(C)(M)V(n，ng)　（清代官話）

(C)(M)V　（當代北京話）[根據Wang (1993)，現代北京話裏所有的音節都是開音節]

也就是說，在《詩經》和晚唐之間，漢語的韻部經歷了這樣的一個變化：

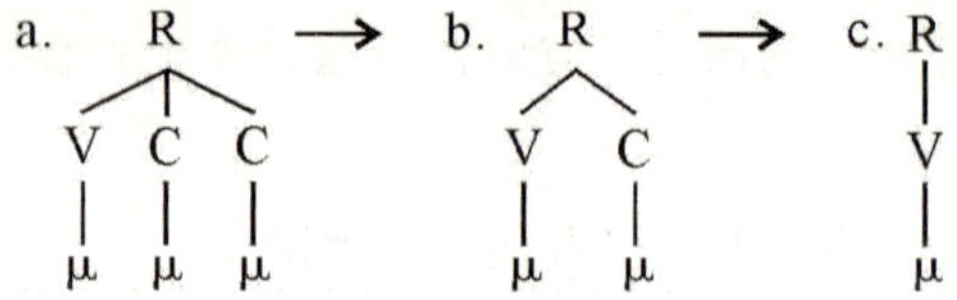

然而，這一新發展起來的音節無法滿足音步需要：

雙音節音步由此出現（馮勝利 2000，2009）：

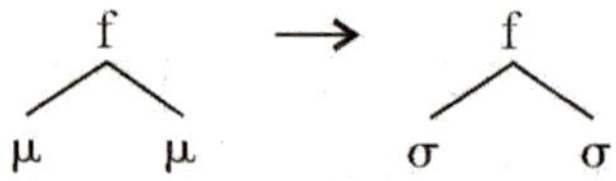

漢語史上的音步轉型，可以說，是漢語史研究的一個重要發現。它絕非單純觀察語料所能得出，而是需要理論修養、對歷史語料精準觀察以及宏觀把握。它的發現和提出，從理論上徹底解決了漢語史上的一個重大問題，即詞彙的雙音化。

馮勝利（2000，2009；Feng 1997）的研究表明，漢語史上的音步轉型發生在漢代——上古漢語（《詩經》時代，公元前1000年）向中古漢語（《切韻》時代，公元7世纪）的轉變時期。雙音詞真正大幅度的發展也是發生在漢代——雙音形式的詞語占到當時語言的43%，而戰國時期在相同語境中還在使用以單音詞為主的語言。

3. 韻律模板

也就是說，漢語歷史音變帶來的應該不僅僅是音節、音位以及音位組合的變化，還帶來了詞彙語音結構的變化：從複雜（複輔音單音節）到簡單（單輔音單音節），再到複雜（單輔音雙音節）。

除此之外，漢語史上的音步轉型還給漢語帶來了一個韻律模板(C)V(C)V。那麼，什麼是韻律模板？韻律模板（prosodic template），按照 Macken & Salmons（1997：37）的定義是："……韻律模板是一個樣式化的唯一的單位——它限制詞的表面形式，並借此賦予該類詞以特定的關係。"① 這就意味著，在中古雙音節詞彙

① 原文如下："...a prosodic template is a conventionalized unit—a single unit—that imposes constraints on the surface form of words and, in so doing, encodes a particular relationship between words thus related."

基礎上形成的韻律模板，會以其模板的作用影響同時代及後來詞彙的表面形式。

雖然說，這一韻律模板是抽象的，但通觀古今詞彙語音結構，並結合馮勝利先生的韻律詞理論（漢語的韻律詞本身就是一種韻律模板），我們不難得出其為(C)V(C)V 的結論。

根據 Smith & Ussishkin（2014），“韻律模板在一種語言裏的影響，即便不是絕對的，那也是支配性的（templatic effects can predominate in a language even if they are not absolute）”。也就是說，韻律模板一旦形成，就會通過設定詞的典範形式，以強有力的作用影響詞彙的表面形式（McCarthy & Prince 1986，1995a,b；Booij 1998；Holsinger，2000；Wiese 2000；Smith & Ussishkin 2014）。

事實上，韻律模板的影響是巨大的，除了規整詞彙語音結構，還可能帶來一個語言音系格局的改變。這一點對於漢語而言，尤為明顯。譬如漢語史上入聲的消失、鼻音韻尾變為鼻化韻母、零聲母字的增加、元音簡化以及輕聲出現等，都與韻律模板有著直接的關係。漢語史上韻律模板影響詞彙的表面形式主要是通過以下幾種措施完成的。

第一，對詞的音節數進行規整，少則增添，多則刪減，即：

$$\sigma \rightarrow \sigma\sigma$$

$$\sigma\sigma\sigma\cdots \rightarrow \sigma\sigma$$

漢語史上，這類例子很多，具體又可以分為三大類：

a. 加綴（affixing）。上古時期，詞綴便已開始出現，如“有夏”“有民”“有梅”。之後，更是大量湧現，如“阿爺”“老師”“童子”“雁兒”“舌頭”等（選自王力 2004：255—270）。

b. 複合（compounding），即一個單音節語素聯合另一個意義相近、相關或相反的單音節語素共同構成一個雙音節詞，例如“衣裳”“國家”“世界”等。

c. 縮略、截取（ abbreviation and clipping）。歷史上通過這類手段形成的詞很多，在現代漢語裏更是屢見不鮮，譬如“民警”“城管”“簡歷”“郵編”等。

第二，對於已經雙音化的詞，則予以優化——調整詞彙內音節為最佳，即：

CVC・CV/CV・CVC/CVC・CVC → CVCV

如“道德”：

dɑutək（《廣韻》，郭锡良 2011）→ tautə（普通話）

顯然，漢語普通話中入聲的消失，不僅有偏好原則的作用，韻律模板也在其中起了推波助瀾的作用。

同理，鼻輔音韻尾也隨之消失［根據 Wang（1993），現代北京話裏所有的音節都是開音節］：

CVNCV→ CVṼCV

CVCVN→ CVCVṼ

CVNCVN→ CVṼCVṼ

第三，對韻律模板維護（reinforcing），對於模板内的兩個音節，如果其中一個音節喪失地位，模板會予以再次加强，如下：

孩兒 xai'ər → xair → 小孩$_{兒}$ ɕiau'xair

偷兒 təu'ər → təur → 小偷$_{兒}$ ɕiau'təur

鳥兒 niau'ər → niaur → 小鳥$_{兒}$ ɕiau'niaur

第四，導致輕聲出現。Vennemann（1993：323—324）指出："最優語音詞的首音節或重讀音節為強輔音，其他音節則為弱輔音、低響度元音。"[①]

據此，我們可以做出如下預測：

CVCV → C V́CV

而現代漢語中大量存在的輕聲恰恰説明了這一點。

由此，還導致部分詞彙第二個音節元音央化，即：

CVCV → CVCə

另外，對於外來詞，韻律模板也同樣有效，如：

bus→ 巴士 paʂʅ

clone→ 克隆 k'ɤluŋ

即，CVC/CCV → CVCV。

以上所見皆為韻律模板的優化作用，可以視為強性手段。除此之外，韻律模板還較多地使用一些柔性的手段，那就是，它能容忍模板内部的音系簡化，從而為音步轉型之後的音變開關放行。

按照上面我們對韻律模板的理解，一種音變，如果與韻律模板的範式不符，是絕對不能得到放行的。而有些音變，卻因為沒有觸動韻律模板，而悄然發生，並由此給漢語的音系帶來進一步的改變。如《切韻》以來出現的輔音脫落（如疑母、喻母、微母聲母脫落，與影母合併為零聲母）、輔音合併（如濁輔音清化、尖團合流、知莊章合併）、元音合併（如［iai］與［iɛ］的合併）、聲調簡化（如現代漢語只有

---

① 原文如下："The optimal phonological word form ... is one in which the initial syllable, and in addition any stressed syllable, has a very strong consonant, while all other syllables have weak consonants and all unstressed syllables have, furthermore, vowels of reduced sonority."

四個調，還允許輕聲）都应该與韻律模板的容忍和放行有關。這方面的研究在國際上早已出現（如 Macken 1996；Macken & Salmons 1997），而在漢語界尚是欠缺，亟待開展。

（三）本部分小結

前面我們看到，漢語歷史音變呈現如下特點：

——音位數目：從少（上古）到多（中古）再到少（现代）。

——（可能）音位組合數目：從多到少。

——音節結構：從複雜到簡單。

——詞彙語音結構：從複雜（複輔音單音節）到簡單（單輔音單音節），再到複雜（單輔音雙音節）。

在這些變化中，三種理論機制起了各自的作用：①

作用機制 / 現象	偏好原則	音步轉型	韻律模板
音位數目增多	✓		
音位數目減少			✓
音位組合數目減少	✓		✓
音節結構简化	✓		✓
詞彙語音結構简化	✓		
詞彙語音結構双音化		✓	✓

三種理論機制的作用實則劃水難分：沒有偏好原則對上古音節結構的簡化，就不會有後來的音步轉型，沒有音步轉型，也不可能有雙音節的韻律模板；三者在歷史上又是相承相接，并分別在不同歷史時期的音變中起著主導作用。三者關係可以簡圖表示如下：

偏好原則 —啟動→ 音步轉型 —設定→ 韻律模板

四、漢語歷史音變的影響

漢語史上的音變給漢語造成了巨大的影響，從語音到詞彙再到句法，無一不有

① 需要说明的是，這裏只給標注了那些起直接作用的機制，而對起間接作用的機制則沒有加以標注。另外，还要說明的是，時間關係無法論及一些次要作用，譬如，理論上來說，偏好原則也可能導致音位數目的減少。如前所述，偏好原則會導致複輔音脫落其中一個（甚至多個）輔音，而該輔音可能獨成音位；韻律模板也可能會導致元音音位數量增加，比如入聲韻尾的消失可能會帶來-u或-i韻尾（龍果夫 1959）。由於這些不是演變的主流，本文暫不討論。

其影響。概括說來，這主要表現在三個方面：

第一，漢語歷史音變導致了漢語詞的詞根裸露，由此在句法上表現出了根性特點，形成“名含動、動含形”的詞性格局，以及動賓非常規搭配現象。

第二，漢語歷史音變給漢語帶來語序上的重大變化。

第三，由於音步轉型以及韻律模板的建立，漢語史上的詞彙化主要是以雙音化為主。

下面逐一介紹。

（一）漢語詞的根性特徵

前面看到，漢語歷史音變使得其音節結構由最大可能是 CCCMVCC 演變為最大只能是 CMV。這一變化對後來漢語的直接影響就是其詞根由此暴露，詞性界限也因此模糊。

根據 Wolfenden（1929）研究，原始漢藏語詞根的詞性是不明確的，等到加上詞綴後才能區分出名詞、動詞和形容詞。上古漢語的詞根亦是如此［參金理新（2005，2013）等的研究］。也就是說，上古漢語本可以通過複雜音節結構攜帶詞綴/屈折以標記詞性信息和/或事件類型（event type）。然而，隨其音節縮減為 CV，所攜帶詞綴/屈折等都隨之消失，只剩下一個光禿禿的詞根。這不可避免，會影響到後來漢語的句法表現。

在現代漢語裏這一表現尤為明顯，已為多位學者所關注。

李亞非等（Huang，Li & Li 2009：第二章；孫天琦、李亞非 2010）最早指出漢語動詞具有根性特徵，即漢語動詞直接以光杆詞根（bare root）入句（以√标示，事件类型则以 Lv 标示），并在此基础上解釋了漢語動賓短語的超常搭配的句法允准問題，如“寫毛筆”“吃食堂”等。事實上，在李之前，學者們已對漢語詞的根性有所察覺。如朱德熙（1982：73）已经發現漢語形容詞只能單純表示屬性，只有借助額外的輔助手段（如重疊、修飾、後綴或“f ＋形容詞＋的”結構）才能具備描寫性。

沈家煊（2009，2013）則指出漢語的名詞直接以光杆形式入句，不像印歐語那樣有一個指稱化過程。據此，沈家煊提出了名動包含說，即漢語具有“名包動，動包形”的特點。

實際上，不止漢語如此，Vennemann（1974）指出，在印歐語言的歷史上，也許在語言總體的歷史上，由於語音演變等原因，一直存在形態區分銷蝕的傾向。比如，英語、法語、威爾士語發展到了近代階段以後，大多數名詞短語已經沒有主、賓格的區別。而在西日爾曼語支（West Germanic），由於其非重音節元音的消減、衰落，屈折詞尾已经喪失，直接導致了整個動詞、名詞體系的崩潰（Smith & Ussishkin 2014）。

（二）漢語語序的歷史變遷

上古漢語的語序問題一直頗具爭議。雖然有較多的證據表明原始漢語應該是SOV，但這一假說一直面對一系列問題：為什麼這一語序歷史上會變為SVO？是什麼原因誘發了其語序的改變？又是如何變的？

以往研究曾提出了語言接觸/語言混合來回答這些問題，卻都不盡人意，因為歷史上尚找不出兩種實力相當的語言，兩者相決之下，最終互相妥協，取一方之SVO語序，另一方之其他涵項。漢語歷史音變研究恰恰能夠回答這一問題。跨語言的研究（如Comrie 1989）表明，一種SOV語言，隨著其格形態的不斷減少，主、賓語之間的形態區分越來越模糊，解決這個問題的辦法之一是把動詞前移至主語和賓語中間。這導致許多甚至是嚴格SOV語序的語言（如土耳其語）會時而允許名詞短語出现在動詞後面。

歷史上，許多SOV語言，隨著格形態大大減少，都已轉向了SVO。如古英語隨其格形態銷蝕，SOV语序演變為現代英語的SVO（Blake 2001）。據此，歷史上漢語語序的轉變問題也就迎刃而解。

如果說上古漢語形態豐富，那麼它很可能存在嚴格的格區分，如此一來，它採用SOV語序就應該沒有問題，不會存在主、賓語區別困難的問題。

王力（2004：304—305）就指出，上古漢語可能存在顯性的格範疇："'吾'和'我'的分別，就大多數的情况看來是這樣：'吾'字用於主格和領格，'我'字用於主格和賓格……在任何情况下'吾'都不用於動詞後的賓格。"例如，"今者吾喪我"（《莊子·齊物論》）、"二三子以我為隱乎"（《論語·述而》）。張世祿（2000：191—192）也認為，"吾""我""朕""余（予）"的用法區別反映了原始漢語的某種格位關係。時兵（2003）則發現，"於"在上古漢語中是一個格助詞。

如果以上成立，那麼，隨著漢語語音演變帶來的形態銷蝕，複輔音以及輔音韻尾急劇喪失（如上所述），主、賓語之間的區分必然變得模糊，最終不得不採用語序來解決這一問題——辦法之一是把動詞前移至主語和賓語中間——因而產生了SVO語序。

（三）漢語雙音詞的衍生和發展

由於音步轉型以及韻律模板的建立，漢語詞彙史以雙音化為主。雙音节為漢語史上詞彙發展的最基本模板和最重要形式，這一點已為以往的研究所證實（馮勝利1997；董秀芳2011等）。程湘清（2003）考察了《尚書》《詩經》《論語》《韓非子》《論衡》《世說新語》等古書的複音詞（絕大部分是雙音詞），並進行了梳理和總結，為今天的研究、分析提供了充足的語言材料和清晰詳實的分析資料，從而為我們瞭解漢語詞彙的雙音節化過程廓清了道路。下表是由馬駿驥（2005）根據程湘清（2003）《漢語史專書複音詞研究》的統計資料製作，從中可以較好地瞭解漢語複音詞的發展脈絡：

漢語複音詞的發展脈絡表

書名	成書時代	文字總量	複音詞數量
《詩經》《論語》《孟子》	先秦	11 萬餘字	1245
《論衡》	東漢	21 萬餘字	2300
《世說新語》	南朝	6 萬餘字	2126
《敦煌變文集》	唐代	27 萬餘字	4347

及至近代漢語，複音詞已接近半數。而現代漢語中，雙音詞已超過半數。以往的統計匯總如下：

近現代複音詞（及雙音詞）統計匯總

書名	成書/文時間	複音詞比例（%）	資料來源
《水滸傳》	1649 年	54.5%	馬西尼（1997）
《紅樓夢》	1765 年	50.7%	馬西尼（1997）
《兒女英雄傳》	1840 年	50.06%	馬西尼（1997）
新時期文學作品	1949 年以後	85.8%（73.7%為雙）	馬西尼（1997）
商務印書館《現代漢語詞典（修訂本）》	1996 年	條目凡 58481 個，雙字組合有 39548 個，占條目總數的 67.625%	周薦（1999）
文字改革委員會《普通話三千常用詞表》	1959 年	複音詞 1379 個（絕大多數是雙音詞），約占 85%	吕叔湘（1963）
葉聖陶（紹鈞）《低能兒》的第一節第四段	1920 年	詞類總數 470 個，複音詞總數 277 個，占總數 58%（另有 5 萬多字統計，結果大致相同）	黎錦熙（《國語月刊・漢字改革號》（1922 年 8 月），轉自易熙吾（1954）
小學課本和作文九十一萬餘字	1931 年以前	單音生詞 960 個，複音生詞 6239 個，複音詞比單音詞約多 5 倍多，而複音詞中仍以雙音詞占絕大多數	王文新《小學詞彙分級研究》（1931 年），轉自易熙吾（1954）
北京語詞（只要是口頭上應用的，不論新舊一律蒐集）	1935 年	複音生詞數 36000 個（總數 7 萬有餘）。複音詞中仍以雙音詞占最大多數	國語教育促進會《標準語大辭典》，轉自易熙吾（1954）
《毛澤東號》《龍鬚溝》《水滸傳》和《反對黨八股》四篇作品中各有一段	—	共有生詞 2899 個，複音生詞 2263 個，占總詞數 75.4%	文斌在《新語文》50 期的《漢語單音詞和複音詞的統計》，轉自易熙吾（1954）

續上表

書名	成書/文時間	複音詞比例（%）	資料來源
商務印書館的“復興”“基本”和中華書局的初小國語讀本二十四冊	民國	雙音詞在複音詞中，竟占了 85.5%	艾偉《漢字問題》的詞彙研究（1949 年），轉自易熙吾（1954）
《論共產黨員的修養》	1939 年	共 22882 個詞，內有複音詞 14517 個。在複音詞中有雙音詞 12190 個，占全詞數約 57%，占複音詞數約 84%	速記月報社，轉自易熙吾（1954）
《蘇聯馬林科夫主席給我們毛主席祝賀國慶日的電文》	1953 年	雙音詞占 57%	易熙吾《整理古今詞彙》，轉自易熙吾（1954）

五、結　語

漢語史上音位數目從少到多再到少，音節結構從複雜到簡單，詞彙從單音節到雙音節，詞法句法經歷了巨大變化。這一切都與漢語歷史音變以及韻律機制的作用存在著千絲萬縷的聯繫。

第一，漢語的歷史音變給漢語帶來了語音系統的第一次變革——音位數量增多，音位組合數目減少，音節結構簡化；音步轉型則重新設定了韻律模板，在韻律模板的作用（放行）下，語音系統再次變革——音位數目轉而走向減少，音位組合數目繼續減少，音節結構繼續簡化。

第二，由於音步轉型以及韻律模板的建立，漢語史上的詞彙化主要是以雙音化为主。

第三，由於歷史音變，漢語詞彙逐漸裸露出詞根，因此在句法上表現出了許多根性特點，形成“名含動、動含形”的詞性格局以及動賓非常規搭配現象。

第四，漢語歷史音變還給漢語帶來語序上的重大變化。

總而言之，整個漢語演變史的背後可能存在許多推手，音變和韻律一定算其中之一。

参考文獻

Baxter, William. *A Handbook of Old Chinese Phonology*. Berlin/New York: Mouton de Gruyter, 1992.

Blake, Barry. *Case*. Cambridge: Cambridge University Press, 2001.

Booij, Geert. Phonological output constraints in morphology. //Wolfgang Kehrein & Richard Wiese (Eds.) *Phonology and Morphology of the Germanic Languages*, 143－163. Tübingen:

Niemeyer, 1998.

Comrie, Bernard. *Language Universals and Linguistic Typology*. Chicago: The University of Chicago Press, 1989.

Duanmu, San. Stress and the development of disyllabic words in Chinese. *Diachronica*, 16, 1—35, 1999.

Feng, Shengli. Prosodic structure and compound words in Classical Chinese. // Jerry Packard (Ed.) *New Approaches to Chinese Word Formation*, 197 — 260. Berlin: Mouton de Gruyter, 1997.

Hayes, Bruce. *Metrical Stress Theory: Principles and Case Studies*. Chicago: University of Chicago Press, 1995.

Holsinger, David. *Lenition in Germanic: Prosodic Templates in Sound Change*. Ph. D. dissertation, University of Wisconsin-Madison, 2000.

Huang, C.-T. James, Y.-H. Audrey Li & Yafei Li. *The Syntax of Chinese*. New York: Cambridge University Press, 2009.

Jacewicz, Ewa, Robert Allen Fox & Joseph Salmons. Cross-generational vowel change in American English. *Language Variation and Change* 23, 1—42, 2011.

Macken, Marlys. Prosodic constraints on features. // David Ingram, et al. (Eds.) *Phonological Acquisition*, 159—172. Cambridge, MA: Cascadilla Press, 1996.

Macken, Marlys & Joseph Salmons. Prosodic templates in sound change. *Diachronica*. 14, 31—66, 1997.

McCarthy, John & Alan Prince. *Prosodic Morphology*. Manuscript, 1986.

McCarthy, John & Alan Prince. Faithfulness and reduplicative identity. In Jill Beckman, Suzanne Urbanczyk and Laura Walsh Dickey (Eds.) *University of Massachusetts Occasional Papers in Linguistics 18: Papers in Optimality Theory*, 249—384. 1995a.

McCarthy, John & Alan Prince. Prosodic morphology. // John A. Goldsmith (Ed.) *The Handbook of Phonological Theory*, 318—366. Cambridge, MA: Blackwell. 1995b.

Murray, Robert and Theo Vennemann. Sound change and syllable structure in Germanic phonology. *Language* 59, 514—528, 1983.

Prince, Alan. Quantitative consequences of rhythmic organization. // Michael Ziolkowski, Manuela Noske & Karen Deaton (Eds.), *Parasession on the Syllable in Phonetics and Phonology*, 355—398. Chicago: Chicago Linguistic Society, 1990.

Sagart, Laurent. *The Root of Old Chinese*. Amsterdam & Philadelphia: John Benjamins, 1999.

Smith, Laura Catharine & Adam Ussishkin. The role of prosodic templates in diachrony. // Patrick Honeybone & Joseph Salmons (Eds.), *The Oxford Handbook of Historical Phonology*, 262—285. Oxford: Oxford University Press, 2014.

Vennemann, Theo. Topics, subjects, and word order: From SXV to SVX via TVX. // John Anderson & Charles Jones (Eds.) *Historical Linguistics, Vol. 1, Syntax, Morphology, and Comparative Reconstruction*, 339—376. Amsterdam: John Benjamins, 1974.

Vennemann, Theo. *Preference Laws for Syllable Structure and the Explanation of Sound Change*. Berlin: Mouton de Gryuter, 1988.

Vennemann, Theo. Language Change as Language Improvement. // Charles Jones (Ed.), *Historical Linguistics: Problems and Perspectives*, 319—344. London: Longman, 1993.

Wang, Jenny Zhijie. *The Geometry of Segmental Features in Beijing Mandarin*. Ph. D. dissertation, University of Delaware, 1993.

Wiese, Richard. *The Phonology of German*. Oxford: Oxford University Press, 2000.

Wolfenden, Stuart. *Outlines of Tibeto-Burman Linguistic Morphology*. London: The Royal Asiatic Society, 1929.

蔡向陽. 論緬語複輔音的演變. 解放軍外國語學院學報, 1995 (6).

曹翠雲. 苗語和漢語語音變化的相同點. 民族語文, 1991 (3).

陳康. 彝緬語塞音韻尾演變軌跡. 民族語文, 1993 (1).

程湘清. 漢語史專書複音詞研究. 北京: 商務印書館, 2003.

丁邦新. 上古漢語的音節結構// "中央研究院"歷史語言所集刊: 第50輯. 臺北: 商務印書館, 1979.

馮勝利. 漢語雙音化的歷史來源. 現代中國語研究, 2000 (1).

馮勝利. 漢語的韻律、詞法與句法. 北京: 北京大學出版社, 2009.

高本漢. 中國音韻學研究. 上海: 商務印書館, 1940.

格勒. 略論藏語輔音韻尾的幾個問題. 民族語文, 1985 (1).

華侃. 安多方言複輔音聲母和輔音韻尾的演變情況. 西北民族大學學報 (哲學社會科學版), 1982 (1).

黄侃. 黄侃聲韻學未刊稿. 武漢: 武漢大學出版社, 1985.

江荻. 《爾雅》詞彙形式證明漢語曾是多音節詞語言//2012年演化語言學國際研討會論文集. 北京: 北京大學, 2012.

金理新. 上古漢語音系. 黄山書社, 2002.

金理新. 上古漢語形態研究. 黄山書社, 2005.

金理新. 上古音略. 黄山書社, 2013.

李果. 從姓名單雙音節選擇看上古韻律類型的轉變. 古漢語研究, 2015 (2).

劉光坤. 羌語輔音韻尾研究. 民族語文, 1984 (4).

劉光坤. 羌語複輔音研究. 民族語文, 1997 (4).

龍果夫. 八思巴字與古漢語. 唐虞, 譯. 北京: 科學出版社, 1959.

龍海燕. 布依語輔音韻尾變化特徵. 民族語文, 2011 (1).

羅美珍. 傣語長短元音和輔音韻尾的變化. 民族語文, 1984 (6).

呂叔湘．現代漢語單雙音節問題初探．中國語文，1963（1）．

馬駿驥．漢語音步對漢語詞法的影響．上海：上海大學，2005.

馬西尼．現代漢語詞彙的形成．黃河清，譯．上海：漢語大詞典出版社，1997.

梅祖麟．甲骨文裏的幾個複輔音聲母．中國語文，2008（3）．

倪大白．侗台語複輔音聲母的來源及演變．民族語文，1996（3）．

潘悟雲．漢語歷史音韻學．上海：上海教育出版社，2000.

橋本萬太郎．西北方言和中古漢語硬顎音韻尾．語文研究，1982（1）．

沈家煊．我只是接著向前跨了半步：再談漢語的名詞和動詞//語言學論叢：第四十輯．北京：商務印書館，2009.

沈家煊．“名動包含”的論證和好處：第十一屆全國語言學暑期高級講習班講稿．北京：中國人民大學，2013.

沈鍾偉．遼代北方漢語方言的語音特徵．中國語文，2006（6）．

石林，黃勇．漢藏語系語言鼻音韻尾的發展演變．民族語文，1996（6）．

石林，黃勇．論漢藏語系語言塞音韻尾的發展演變．民族語文，1997（6）．

時兵．也論介詞“于”的起源和發展．中國語文，2003（4）．

侍建國．宋代北方官話與邵雍“天聲地音”圖//中國語言學論叢：第三輯．北京：北京語言大學出版社，2004.

孫天琦，李亞非．漢語非核心論元允准結構初探．中國語文，2010（1）．

唐作藩．音韻學教程．北京：北京大學出版社，2002.

汪大年．緬甸語中輔音韻尾的歷史演變．民族語文，1983（2）．

王力．漢語史稿．北京：中華書局，2004.

徐世璿．緬彝語幾種音類的演變．民族語文，1991（3）．

雅洪托夫．十一世紀的北京音//漢語史論集．北京：北京大學出版社，1986.

易熙吾．漢語中的變音詞：下．中國語文，1954（11）．

余迺永．上古音系研究．香港：香港中文大學出版社，1985.

張吉生．漢語韻尾輔音演變的音系理據．中國語文，2007（4）．

張濟川．古藏語塞音韻尾讀音初探．民族語文，1982（6）．

張世祿．古代漢語教程．修訂版．上海：復旦大學出版社，2000.

趙璞嵩．從“吾”“我”的互補分佈看上古漢語韻素的對立．香港：香港中文大學，2014.

鄭偉．從侗台語看漢語的複聲母．民族語文，2009（2）．

鄭張尚芳．上古入聲韻尾的清濁問題．語言研究，1990（1）．

鄭張尚芳．上古音系．2版．上海：上海教育出版社，2013.

鍾智翔．緬語複輔音辯：與蔡向陽先生商榷．解放軍外國語學院學報，1996（6）．

鍾智翔．論古緬語複輔音的變遷．解放軍外國語學院學報，1999（1）．

周薦．雙字組合與詞典收條．中國語文，1999（4）．

朱德熙．語法講義．北京：商務印書館，1982.

朱文旭. 涼山彝語複輔音聲母探源. 民族語文，1989 (3).
朱文旭. 彝語部分輔音特殊演化. 語言研究，2010 (4).

Sound Change in the History of Chinese: Inner Mechanism and Related Issues

Zhuang Huibin

Abstract: Starting from some facts of sound change and phonemic combination in the history of Chinese, this paper firstly points out that the sound change in the history of Chinese should not be treated as a natural process, but a catastrophe. As for the mechanism of this sound change, this paper proposes that it is a result of three forces working cooperatively, i. e., preference rule, foot shift, and prosodic template. The last part of this paper devotes to the influences from the sound change, which is discussed from three aspects: (1) syntactic bare-rootness, due to morphological erosion, thus showing the phenomena that in Chinese "noun contains verb, and verb contains adjective"; (2) word order in the history of Chinese has been shifted from SOV to SVO; and (3) as a result of foot shift and the establishment of prosodic template, the lexicalization in the history of Chinese demonstrates a tendency of disyllabification.

Keywords: sound change in the history of Chinese; catastrophe; mechanism; influence

（莊會彬，河南大學外國語言學及應用語言學研究所）

論副詞“特為”形成的突變與漸變及相關問題*

雷冬平　胡麗珍

提　要： 副詞“特為”有兩種功能，一種是程度副詞，一種是情態副詞。“特為”作程度副詞的用法是通過程度副詞“特”加副詞詞尾“為”直接構成的，這種“特為”的內部結構是附加式的，它的形成是突變的。而“特為”的情態副詞用法則是由情態副詞“特”加介詞“為”的線性排列結構逐漸重新分析而形成的，線性排列的“特為”由於“為”後的賓語省略而促使“特為”直接位於動詞前，獲得狀語位置的“特為”由於介詞“為”的弱化而重新分析成一個情態副詞。它的形成是漸變式的，也就是說，從線性排列跨層結構的“特為”到情態副詞的“特為”還具有兩個中間階段，這兩個中間階段都可以做兩可的分析。因此，情態副詞“特為”的形成過程呈現出明顯的層次性。所以，即使是同一個詞形，由於具有不同的功能，則形成路徑也有所不同，但只要遵循時間順序原則、結構層次原則以及邏輯推理原則，那麼也不難區別是突變的構詞法造成的詞彙化還是漸變的重新分析造成的詞彙化。

關鍵詞： 副詞；特為；突變；漸變；詞彙化

一、引　言

語言從何而來？傳統的進化論認為語言是隨著生物進化而來的，生物進化經歷了一個漫長的過程，那麼語言的生成自然也就經歷了一個長期的過程，也就是說，語言的產生和演變是一個漸變的過程，具有漸變性。Quirk（1985：90）就曾指出：“所謂漸變性，即按照相同或相異的程度，把所描述的兩個範疇聯繫起來的一個級差（scale），級差兩端的項目分屬兩個截然不同的範疇，稱為中心項目，而在級差中間位置上的則是一些性質兩可的中介成分。中介成分是根據所定的若干標

---

* 本文研究受國家社科基金一般項目“構式語法視閾下漢語常用單音節動詞語義的歷史演變研究”（15BYY142）的資助。

準，依其與所描述的語法範疇相似點和相異點多少的順序排列的。”然而，Bickerton（1990，1995）卻強調句法產生於“神奇的一刻”（magic moment），在那一刻第一個具有意義的話語產生了，一個句子產生了：他認為語言的產生是突變的。但是他（2005）也承認在具有語法的語言產生之前存在一個象徵符號使用的階段，這些象徵符號被認為是“原始語言”（protolanguage），這些象徵符號是原始人最初交談所產生的一些人類所獨有的特殊概念。隨著人類的進化，人腦的容量不斷變大，人的思維也變得更加複雜（Bickerton2009：189—190），在那“神奇的一刻”，人腦的結構產生了質的變化，語言的象徵性符號開始出現合併，一些簡單的語言操作開始出現在人腦中的概念之上，人類語言也就完成了從“原始語言”到“人類自然語言”質的飛躍，這種“神奇一刻”的質的變化，即所謂的“突變論”。從“神奇一刻”的角度來理解突變論是有意義的，因為語言面貌確實在某一個時刻就變得和以前大不相同了，但因此而否定句法的種系發生論的觀點卻值得商榷，特別是 Bickerton 從洋涇浜和克里奧爾語的研究來支持他的觀點更令人生疑，因為洋涇浜和克里奧爾語是語言接觸的結果，或強勢語言對弱勢語言侵蝕的結果，這種次語言形成的探討本質上是一種“從有到有”的研究，即“從語言的基礎上研究另一種形式的語言”，而探究人類語言的起源本質上是一種“從無到有”的研究，二者的產生存在本質上的區別。從洋涇浜和克里奧爾語的形成來探討語言的形成，看似合理，但一些結論常常會差之毫釐而謬以千里。我們認為，任何變化都不可能是無緣無故的，即使是 Bickerton 主張的突變論，在他強調“神奇一刻”的時候，也同時承認“原始語言”的積累。沒有這種積累，“神奇一刻”是不會出現的。從這種意義上說，突變也是以漸變為基礎的，也就是所謂的從量變到質變，只有在量積累到一定階段或者一定程度的時候，才會發生質變。所以，我們理解的漸變和突變並不是兩個對立的面，而是事物發展過程中不同階段的不同外在形態。而且突變也必須遵守一定的原則，即突變前的語言到突變後的語言應該是有規律可循的，這個可循的規律即是這種突變的“原則”，這就會使得突變看起來是突然事件，但是變化前後又有著必然的因果聯繫。所以，語言突變並非語言孤立，語言突變從語言的外部形態來看像是突然發生，出人意料，但是從語言的底層結構和內在本質來看，突變必然是合情合理和可以解釋的。

我們將以“特為”為例，用漢語單音節向雙音節演變的兩種情況來分別探討詞語生成的突變和漸變。既探討那種有跡可循結果突呈的突變，也探討對立和差異之間存在著逐漸變化的中間過渡形態的那種漸變。“特為”是一個比較特殊的副詞，說它特殊是因為這個副詞在同一個形體下實則蘊含了兩個用法不同的、小類不同的副詞。這些並未得到學界較多的關注，《古代漢語虛詞詞典》（1999）和《近代漢語詞典》（1992）均未收錄“特為”，龍潛庵《宋元語言詞典》（1985）也未注意到該詞。雷文治《近代漢語虛詞詞典》（2002：393）收錄了“特為”並釋為“專門”，表示專為某事。《漢語大詞典》（第六冊，265 頁）則將“特為”分為“特為（wéi）”和“特為（wèi）”，前者有三個義項：①獨個兒幹；②只是、不過是；③最為。後者有兩個義項：①只為了、只因為；②猶特地、特意。《現代漢語詞典》（第6版，1274頁）釋“特為”為“特地”，如“我特為來請你們去幫忙”。從辭書已有的釋義來看，“特為”是一個古代即產生，一直沿用到現代漢語中的副詞，王自強（1998：204）及張誼生（2000：27）提及了該詞，但是對該詞的語義未加詳細說明，只是將其與“特地”羅列在一起。因此，從對“特為”已有的關注來看，學界僅限於對其語義的關注，認為它略等於“特地”。事實僅僅如此嗎？我們主要從“特為”突變和漸變兩個方面來看它兩種副詞功能的形成。

二、程度副詞“特為（wéi）”的功能及其“突變”形成路徑

在“特為（wéi）”一詞下，《漢語大詞典》列出了三個義項。事實果真如此嗎？我們先看第一個義項的例證：

（1）鮑幼弱，在荷繈之中，鮑何與識焉？官臣觀辜特為之。（《墨子·明鬼下》）

《漢語大詞典》釋此例中的“特為”為“獨個兒幹”，也就是說，“特”為副詞，是“獨自”義，“為”是動詞，為“做、幹”義，則“特”修飾“為”充當狀語，此處的“特為”是偏正式的狀中短語，“特為”還不能看成是一個詞。

第二個義項的例證如下：

（2）且姑墨、溫宿二王，特為龜茲所置，既非其種，更相厭苦，其埶必有降反。（《後漢書·班超傳》）

（3）所謂國民革命者，一國之人皆有自由、平等、博愛之精神，即皆負革命之責任，軍政府特為其樞機而已。（孫中山《中國同盟會革命方略·軍政府宣言》）

例（2）“特為龜茲所置”中，“為……所”結構在一個句法層面，而“特”是副詞，修飾其後的結構充當狀語，因此，“特為”並不在一個句法層面，只是線性排列的跨層組合而已。因此，此例中的“特為”同樣不是詞，而且釋之為“只是”也是值得商榷的。例（3）的釋義是正確的，“軍政府只是他們的核心而已”，“為”是判斷動詞，“特”是副詞，表示“只”“僅”之義。此例釋義雖然正確，但是這種意義下的“特為”同樣不是詞，因“為”後是名詞，故係詞前的副詞只是修飾係詞而已，並不能和係詞融合成為一個詞。

再看第三個義項的例證：

（4）寶糖珍粔籹，烏膩美飴餳。（宋范成大《上元紀吳中節物俳諧體三十二韻》）自注：“𩜋拍吳中謂之寶糖𩜋，特為脆美。”

此例中，“特為”後面連接形容詞，表達對“脆美”程度的強調，可以認為是程度副詞。其實，“特為”作為程度副詞早在南北朝時期就已見用例。如：

（5）伏惟聖朝以孝治天下，凡在故老，猶蒙矜湣，況臣孤苦，特為尤甚。（《三國志·蜀書十五》裴注）

在裴松之的注解中即出現了“特為尤甚”這樣的表達。裴松之（372—451），字世期，南朝宋河東聞喜（今山西聞喜）人。南北朝的這種“特為”用例還比較常見，又如：

（6）此境連年不熟，今歲尤甚，晉陵境特為偏祐。（《宋書·徐耕列傳》）

（7）又有孤石，介立大湖中，周回一里，竦立百丈，矗然高峻，特為瓌異。（北魏酈道元《水經注》卷三十九）

（8）魏豫州刺史堯雄，北間驍將，兄子寶樂，特為敢勇。（《梁書》卷三十二）

（9）兼諳識內典，所撰寺塔及眾僧文章，特為綺密，在位多所稱引，一善可錄，無不賞薦。（《陳書》卷二十七）

從以上用例來看，“特為”的意義相當於“特別”，強調後面形容詞性質的程度高。《漢語大詞典》釋之為“最為”，似乎不夠準確。“最為”強調的是性質的程度最高，而“特為”只是強調形容詞的性狀特徵超出一般或不同一般，但並沒有達到最高的語義。

另外，“特為”作為雙音節的程度副詞，一般都是修飾雙音節的形容詞。這種用例在隋唐以降常見。如：

（10）如聞刺史入京朝覲，乃有自陳勾檢之功，喧訴階墀之側，言辭不遜，高自稱譽，上黷冕旒，特為難恕。（《隋書》卷六十六）

（11）穆之子孫，特為隆盛，朱輪華轂，凡數十人，見忌當時，禍難遄及，得之非道，可不戒歟！（《隋書》卷三十七）

（12）以其故老，特為優容，俾居青宮之輔，仍從分洛之命。君臣禮分，予無愧焉。可太子少師，分司東都。（《舊唐書》卷一百七十七）

（13）然焯炫並聰穎特達，文而又儒，擢秀幹於一時，騁絕轡於千里，固諸儒之所揖讓，日下之無雙，於其所作疏內，特為殊絕。（《全唐文》卷一百四十六）

（14）在昔晉初，仰惟盛化，常侍、侍中，並參帷幄。員外常侍，特為清顯。（《通典》卷二十一）

（15）《愧郯錄》前段考訂，特為詳密。（《文獻通考》卷六十七）

（16）明年，以戶部所掌，視他部特為繁劇，增置二員。（《元史·百官志》）

（17）文文山詞，在南宋諸人中，特為富麗。（明楊慎《渚山堂詞話》卷二）

（18）光緒季年，詔裁綠營，練新軍，罷武科，設武備學校。一時新軍將、弁，與學成授官者，特為優異。（《清史稿·選舉志》）

所以，作為程度副詞的"特為"從中古到近代漢語都有大量用例，是一個比較常見的程度副詞。現代漢語中，"特為"表示程度副詞的用法基本不見，僅見1例（以北京大學CCL語料庫現代漢語語料庫為調查對象）：

（19）周有《金梁夢月詞》傳世，杭州愛日軒陸貞一精寫並刻，特為精緻可愛。

現代漢語中這種少量的程度副詞"特為"用例，應該是中古近代漢語程度副詞"特為"用法的遺留。

這種程度副詞"特為"是如何形成的呢？我們認為是"突變"形成的。所謂"突變"，就是說程度副詞"特為"是單音節程度副詞"特"加上副詞後綴"為"直接構成的，"特為（wéi）"在文獻中一出現就是一個雙音節的程度副詞，是一個附加式的詞語，不存在這樣一個過程：動詞"為"逐漸虛化，然後由於語境和韻律的制約，使得"特為"逐漸凝固成詞。也就是不存在一個中間演變過程，更不可能找到一個可A可B的可以重新分析的過渡結構，所見即所示，這就是突變從外在看來決絕的地方，不存在任何溫和的中間狀態。但是突然呈現的突變式詞語生成模式我們是可以解釋的，因為"特為"的這種附加式構詞法在上古時期就產生了，徐朝華（2003：307－311）就指出了上古漢語中的後附加式的副詞構詞法，如"×然""×而"等；王雲路（2010：331－365）也對中古時期漢語附加式副詞進行了研究，指出了很多副詞的後綴，如"爾""然""者""當""復""已""云""應""自""更""手"等十組。其實，在上古和中古時期，作為副詞後綴的"為"也是較為常見的，基本上，上古漢語的單音節程度副詞都能夠加上後綴"為"構成一個雙音節的程度副詞。如：

（20）賊殺大臣及漢使者，迫劫萬民，夭殺無罪，燒殘民家，掘其丘塚，甚為暴虐。（《史記·吳王濞列傳》）

（21）暢隨宜應答，甚為敏捷，音韻詳雅，魏人美之。（《宋書·張暢傳》）

(23) 京兆典京師，長安中浩穰，于三輔尤為劇。(《漢書·張敞傳》)

(24) 又今所過縣邑，尤為困乏。(《後漢書·伏湛傳》)

(25) 百姓始頗為懼，終皆安之。(《後漢書·欒巴傳》)

(26) 時太子起西池樓觀，頗為勞費，嶠上疏以為朝廷草創，巨寇未滅，宜應儉以率下，務農重兵，太子納焉。(《晉書·溫嶠傳》)

(27) 至周末世，大為無道，以失天下。(《漢書·禮志》)

(28) 吏急而壹之虖，則大為煩苛，而力不能勝。(《漢書·食貨志下》)

(29) 又東軍不進，殊為孤懸。(《晉書·范汪傳》)

(30) 中興初，即位東府，殊為儉陋，元明二帝亦不改制。(《晉書·王廙傳》)

(31) 自吉至崇，世名清廉，然材器名稱稍不能及父，而祿位彌隆。皆好車馬衣服，其自奉養極為鮮明，而亡金銀錦繡之物。(《漢書·王吉傳》)

(32) 南方曰蠻者，君臣同川而浴，極為簡慢。(東漢應劭《風俗通義·佚文》)

(33) 齊性奢綺，尤好軍事，兵甲器械，極為精好。(《三國志·吳書·賀齊傳》)

(34) 五害之屬，水最為大。五害已除，人乃可治。(《管子·度地》)

(35) 諸侯咸來賓從，而蚩尤最為暴，莫能伐。(《史記·五帝本紀》)

(36) 崎嶇強國之間，最為弱小，幾滅者數矣。(《史記·燕召公世家》)

以上諸例，其中“甚”“尤”“頗”“大”“殊”“極”“最”皆單音節表示甚度的程度副詞，在漢語雙音化的潮流下，它們都加上詞綴“為”，變成雙音節的表示甚度的程度副詞，其語義和功能與單音節的程度副詞是一致的。因此，以上諸例，“為”字去掉，仍可暢通。我們前文所論及的“特為”即屬於此類“單音節甚度副詞＋為”的結構模式。然如此之多的雙音節副詞未受到重視，《漢語大詞典》僅收錄了其中的“極為”，並以明代用例為始見例，太晚。

此外，除了表甚度的單音節副詞可以加“為”構成雙音節的甚度副詞外，表示“微度”的單音節程度副詞同樣可以添加後綴“為”，構成一個表示“微度”意義的雙音節副詞。如“稍”“略”等，如：

(37) 高宗踐祚，乃用敦煌趙𢾺《四寅》之曆，然其星度，稍為差遠。(《魏書·律曆志》)

(38) 規諫之深，崔比盧、徐，稍為優矣。(《舊唐書·徐彥伯傳》)

(39) 武王伐紂，縣首白旗；陛下平齊，兵不血刃。愚謂聖略為優。(唐令狐德棻《周書·熊安生傳》)

（40）竊謂童子在幼之儀，居喪之節，冠杖之制，有絳成人。衰麻之服，略為不異。（《魏書·禮志》）

“稍為”“略為”表示輕度義的程度副詞，義同“稍微”。《漢語大詞典》收錄了二詞，但是首見文獻用例分别用的是晚清時期的《老殘遊記》與《二十年目睹之怪現狀》，太晚。需要指出的是，“略為”在中古近代時期還有一個表示估計的義項，義同“約略”。如：

（41）所有方書，略為同文。（晉葛洪《抱朴子·金丹》）

（42）雲中川自東山至西河二百里，北山至南山百有餘里，每歲孟秋，馬常大集，略為滿川。（《魏書·燕鳳傳》）

這是因為，“略”既有程度“略微”義，又有揣測的“約略”義，所以在添加詞綴構成雙音節副詞之後，仍然各自保留了單音節副詞的語義。因此，程度副詞中，不僅表示甚度的副詞可以構成“單音節副詞＋為”結構的雙音節甚度副詞，而且表示輕度的單音節副詞同樣可以構成這種結構。

除此之外，還有一類表示程度在原有基礎上加深加重的副詞同樣可以在其後添加後綴“為”構成雙音節的同類副詞。如：

（43）欲令名譽過前人，遂克己不倦，聘諸賢良以為掾史，賞賜邑錢悉以享士，愈為儉約。（《漢書·王莽傳》）

（44）加有監官，既不愛民，務行威勢，所在騷擾，更為煩苛。（《三國志·吳書·陸凱傳》）

（45）今裴衍未至，王士眾已集，蠻左唐突，撓亂近畿，梁、汝之間，民不安業，若不時撲滅，更為深害。（《魏書·辛雄傳》）

無論是“愈為”還是“更為”，其義均表示在原有的基礎上，事物的性質或者狀態所具有的程度不斷加深，二詞義同“更加”。

以上三類副詞均是程度副詞，那是不是說，只有程度副詞能夠利用添加後綴“為”構成這樣的雙音節副詞呢？回答是肯定的，因為除了程度副詞，目前我們在文獻中還未發現有其他類單音節副詞能夠添加後綴“為”構成雙音節的副詞。這是因為“單音節程度副詞＋為”中，“為”是後綴的時候，其後修飾的一般是形容詞（詳上文）。在這種語境中，單音節的程度副詞本身就可以修飾形容詞，“為”自然更傾向于分析成不表義。而其他類副詞由於修飾的是動詞，其後的“為”更多分析成引出動作涉及的對象，更傾向於介詞。如：

（46）叔孫通作漢禮儀，因為太常，諸生弟子共定者，咸為選首，於是喟然歎興於學。（《史記·儒林列傳》）

(47) 乃作《麥秀之詩》以歌詠之。其詩曰："麥秀漸漸兮，禾黍油油。彼狡僮兮，不與我好兮!"所謂狡童者，紂也。殷民聞之，皆為流涕。(《史記·宋微子世家》)

(49) 自令已後，諸有文啟論事並陳要密，有司悉為奏聞。(《北齊書·文宣帝紀》)

以上三例中，"咸為選首""皆為流涕""悉為奏聞"看似可以分析成"全都選首""全都流涕""全都奏聞"，但根據上下文，更應該分析成"都為之選首""都為之流涕""都為之奏聞"。

時間副詞也是如此，如：

(50) 高祖崩，哭泣嘔血。及壯，將為婚娶，而貌有戚容。(《北齊書·趙郡王琛傳》)

(51) 白曜信誓如此，公可早為決計。恐攻逼之後，降悔無由。(《魏書·劉休賓傳》)

以上二例也不應該分析成"將要婚娶"與"早點決計"，而應該根據上下文分析成"將為之婚娶"與"早為之決計"，"為"仍然是個介詞。

論述至此，我們可以認定，"特為"就是中古近代漢語中大量"單音節程度副詞＋後綴'為'"類結構的雙音節程度副詞之一。而"特"表示程度副詞早在上古已有用例。如：

(52) 而彭祖乃今以久特聞。(《莊子·逍遙遊》)

(53) 趨利之情，不肖特厚。(《尹文子·大道上》)

(54) 今子大夫報寡人也特甚，然寡人亦不敢怨子。(《越絕書·荊平王內傳》)

所以，通過對"特為"作程度副詞的功能及其"突變"形成的考察，我們認為，以"單音節程度副詞＋後綴'為'"的這種突變方式生成雙音節程度副詞是中古近代漢語詞語演變的一條重要的路徑。這種突變的模式從上文的考察來看也是有規律可循的，而且也必須是在單音節程度副詞的基礎上形成的，而單音節程度副詞"特"卻是從表示"公牛"義的"特"逐漸演變而來的，早在先秦時期也已經產生，程度副詞後綴"為"也在漢代就已經產生，這說明南北朝時期突變形成的"特為"是建立在漸變的基礎之上的。

三、情態副詞"特為（wèi）"的功能及其"漸變"形成路徑

在"特為（wèi）"一詞下，《漢語大詞典》列出了兩個義項：①只為了、只因

為；②猶特地、特意。事實果真如此嗎？我們先看第一個義項的例證：

（1）君不愛宋民，腹心不完，特為義耳。（《韓非子·外儲說左上》）

（2）豐吾所生長，極不忘耳，吾特為其以雍齒故反我為魏。（《史記·高祖本紀》）

（3）上自嬰夫事時不直蚡，特為太后故。（《漢書·田蚡傳》）

（4）傾情逐節寧不苦，特為盛年惜容華。（南朝宋鮑照《夜聽妓》詩之二）

在這四例中，按照《漢語大詞典》的解釋，“特”是限定副詞，義同“只”，而“為”只是介詞，副詞“特”是修飾後面的介賓結構。因此，表示“只為了”“只因為”義的“特為”只是一個線性的跨層組合結構，“特”與“為”二詞根本不在同一層面。例（1）中“特為義耳”只能分析成“［特［為義耳］］”而不能分析成“［［特為］義耳］”，例（3）“特為太后故”只能分析成“［特［為太后故］］”而不能分析成“［［特為］太后故］”，其他二例都應如此分析。所以，這種“特為”根本就不是詞。

再來看第二個義項的例證：

（5）溫考二品六年滿，故事，止當得太子少保。沈特為請加太子太保以悅之。（明沈德符《野獲編·吏部二·考察留用》）

（6）我因為在辦公室裏，不好來同你說，所以今天特為約你出來，想和你來談一談。（郁達夫《出奔》三）

二例中，“特為”修飾其後的動詞，充當狀語，其義相當於“特地”“特意”，是一個情態副詞。

情態副詞“特為”的形成不是突變的結果，而是漸變的結果。詞彙形成的漸變性指的是詞語形成前和詞語形成後的兩端之間還存在著一些中間階段，中間階段是逐漸變化的中間過渡形態，這種中間形態的特點融合了詞語形成前後兩端的特點，既可以理解成“亦此亦彼”，又可理解成“非此非彼”。如：

（7）于先廟地，特為營造，依舊給祠直令，四時饗祀。（《宋書·文帝紀》）

（8）故泉侯允橫罹凶虐，可特為置後。（《宋書·彭城王義康傳》）

（9）是日，進爵為濟公，言其功濟天下，特為立名，無此郡國也。（《北史·樊子蓋傳》）

（10）敕改顏生等十哲為坐像，悉預從祀，曾參大孝，德冠同列，特為塑像，坐於十哲之次。（《舊唐書·禮儀志四》）

（11）姜嫄是帝嚳之妃，后稷之母，特為立廟，名曰閟宮。（《舊唐書·禮儀志五》）

以上五例，從線性排列上看，“特為”直接位於動詞前，可以看作是後面動詞的狀語，解釋成“特意”似乎可通。但仔細分析的話，發現以上例子中，“特為”之後應承前省略了一個代詞賓語“之”，所以整個結構是“特為之＋VP”，更可能表達的是“特意為了某人而進行某一動作行為”之義。所以，以上例中，“特為”只是從句法形式上獲得了一個狀語的位置，但實際上並未成為動詞的狀語，也就是說，這時候的“特為”還沒有詞彙化，只是具備了詞彙化的外在形式。

當具備了外在形式的語言結構再獲得一些內在動力，就會發生詞彙化。如：

(12) 有洛州婦人淳于氏，坐姦繫於大理，義府聞其姿色，囑大理丞畢正義求為別宅婦，特為雪其罪。(《舊唐書・李義府傳》)

(13) 乾符中，選曹猥濫，吏為奸弊，每歲選人四千餘員。徽性貞剛，特為奏請。由是銓敘稍正，能否旌別，物議稱之。(《舊唐書・牛僧孺傳》)

(14) 昨以李威所訴，已經遠貶，俯全事體，特為從寬，宜准去年敕令處分，張弘思、李公佐卑吏守官，制不由己，不能守正，曲附權臣，各削兩任官。(《舊唐書・宣宗紀下》)

此三例之“特為”較之前文五例，詞彙化程度要更高。

主要有三種語境造成“特為”重新分析的情況：

第一，“特為”後省略的指代詞“之”由於其後已有同指的指示代詞而不需要出現時，“特為”發生詞彙化。如例(12)中“特為雪其罪”可理解為“特為之雪其罪”，即“特意為淳于氏昭雪了她的罪行”之義，但由於“特為雪其罪”中，“其”即為“淳于氏的”之義，在一句話中，其後已經出現了指向同一對象的指稱代詞，那麼“特為之雪其罪”中的“之”完全沒有補充的需要。“之”不需要出現的話，“特為”就可以重新分析成一個情態副詞，表示“特意、特地”。因此，“特為雪其罪”一句理解成“特意昭雪了淳于氏的罪行”則更直接更好。

第二，“特為”之後省略的指代詞“之”在句中指代較長，可承前省略而不必出現時，“特為”發生詞彙化。如例(13)中“徽性貞剛，特為奏請”是說牛僧孺之孫牛徽性格貞純剛正，看不慣每年選官多而濫，因而“特為奏請”。故“特為奏請”可理解成“特為之奏請”，即“特地為了選官一事而向皇帝奏本”。如此理解，“之”即指代前面這件事情，但是“特為奏請”前已經有一段話描述“選曹猥濫”這件事情，因此“特為”之後的“之”沒有必要再出現，完全可以承前省略，“特為奏請”即可理解成“特地奏請”。

第三，“特為”之後省略的指代詞“之”在句中指代不明時，“之”不必補充出現，“特為”發生詞彙化。例(14)中，“特為從寬”是理解成“特地為了李威而從寬”，還是理解成“特地為了照顧大局而從寬”，似乎都可以，這種情況，為了理解簡明，“之”完全可不必出現，因為不管是為了什麼而從寬，前文已經講得很明白了，“之”不必出現就促成了“特為”的凝固而詞彙化。

如果說例（12）—（14）中的“特為”還勉強可以理解成非詞的話，那麼唐末宋元以後，以上提及的語境反復使用，形成了“特為”的習慣性孤立語境，則“特為”完全成為一個情態副詞。如：

（15）他人則不可得見，緣與公是親情，特為致之。（唐薛漁思《河東記·崔紹》）

（16）鄭公奇之，特為刊其事于新梁之脅。（北宋文瑩《湘山野錄》卷中）

（17）於是明里帖木兒等罷兵入朝，特為置驛以通往來。（《元史·土土哈傳》）

（18）澄至中書辭曰：“皇上不識譚澄耶？乃為顯所舉！”中書特為去之。（《元史·譚澄傳》）

例（15）、（16）、（18）皆因為其後有相應的指代詞而促使“特為”完全詞彙化；例（17）則因“特為”後省略的“之”指代不明而詞彙化。“特為”之“為”因其後直接修飾動詞，而其後原本省略的代詞“之”又難以補出，因此“為”的介詞性質進一步淡化了，失去介詞性質的“為”被迫向“特”靠近，最終凝固成一個雙音節的情態副詞。

明清以後，情態副詞“特為”較爲常見了。如：

（19）我構此仇二十年矣，今欲往刺之，而先生特為相勸。殆天所以啟我也。（明郎瑛《七修類稿》卷四十九）

（20）今日特為要見吾兒與媳婦一面，故此暫來，此後也不再來了。（《二刻拍案驚奇》卷三十）

（21）小弟特為竭誠來謁見姑母，務必要求見的，請老表兄委婉道意。（明佚名《明珠緣》第三十一回）

（22）不然我也不知，因為這東西買得便宜，我也有點疑心，特為打聽了來。（《二十年目睹之怪現狀》第四十一回）

（23）我薦了客給你，特為帶他來認認門口，下次他好自己來。（《二十年目睹之怪現狀》第四十八回）

（24）因為惦著老把弟，特為繞著道兒，到濟南來探望的。（《二十年目睹之怪現狀》第五十四回）

以上六例中的“特為”已經完全是個情態副詞了，義同“特地”“特意”。特別是像例（20）“特為”之後連接有情態動詞“要”，例（21）“特為”之後連接有其他副詞和趨向動詞“來”，“特為”就完全沒有分析成跨層結構的可能了。

因此，本節從例（1）至例（24）顯示，情態副詞“特為”的形成過程是一個漸變的過程，我們簡示如下：

A“特＋為”[如例(1)－例(4)] ⟶ B“特＋為”[如例(7)－例(11)] ⟶

（線性排列的跨層結構）　　（可分析為副詞，但傾向於跨層結構）

C 特為[如例(12)－例(14)] ⟶ D 特為[如例(15)－例(24)]

（可分析成跨層結構，但更傾向於副詞）　　（只能分析成情態副詞）

從情態副詞“特”加上介詞“為”的跨層結構發展到情態副詞“特為”的過程中，“為”經歷了一個非介詞化的過程，它在一定的語境中導致了上下文的重新分析，“為”與“特”的凝固程度不斷加深，最終凝固成一個情態副詞。“特為”從A階段到D階段的演變，不是一蹴而就的，B、C階段都是這個過程的中間階段，中間階段具有兩端的特性。這種漸變的形成路徑與程度副詞“特為”的突變形成是有差異的。

前文提到，程度副詞“特為”在現代漢語中基本不見使用，但是情態副詞“特為”在現代漢語中卻有著大量的用例。如（以下6例皆引自CCL語料庫網絡版）：

（25）郁達夫要移家杭州時，魯迅特為寫實勸阻。

（26）前一陣，她還特為去看了上海昆劇團演出的昆劇《晴雯》。

（27）我是特為來看你的；你躺下來，有話慢慢說。

（28）她說，她是聽說胡先生病重，特為趕來服侍的；要住在這裏。

（29）如今特為要請洋人吃飯，可見得數目不小。

（30）只是當郭楊兩軍航海南來之前，李鴻章特為聲明：郭松林不履任，他亦“不勸駕”。

需要特別指出的是，情態副詞“特為”在清代有一個比較特殊的重疊格式“特特為為”。如：

（31）胡老爺四顧無人，方才說道：“護院叫卑職到此，特特為為通知大人一個信。”（清李寶嘉《官場現形記》第三回）

（32）早已特特為為又添了一桌菜，揀老師愛吃的點了幾樣。（同上，第五十九回）

（33）從前陶大人穿的衣服，新嫂嫂嫌他古板，特特為為，叫了幾名裁縫，在家裏客堂裏替他做，趁便自己又做了些時式衣服。（同上，第八回）

（34）那管家特特為為讓出中間一塊地方，請師爺坐。（清李寶嘉《文明小史》）

“特特為為”的清代用例集中在李寶嘉的作品中，單是《官場現形記》中就有8例，其他作品中也偶見。在今人的作品中也偶爾見到，如：

> （35）為了求雨，鄉下人可以做得的事情，差不多是都做了。吃素、斷屠……特特為為從城裏請了九個法師來打了七天醮。（洪深《五奎橋》第一幕）

這種在詞形上的變化自然就是屬於突變式的，沒有任何的演變過程，但是也必須以情態副詞“特為”的形成為前提。因此，任何事物在發展過程中，總會在不同的階段呈現出不同的發展方式和特徵。需要指出的是，為何“特特為為”在其他作者的文獻中未能見到這種用法呢？究其原因，清代李寶嘉和今人洪深都是江蘇武進人，這應該是武進片區方言的特有用法①。雖然我們沒有找到武進方言的文獻證據，但是我們找到了與武進相鄰的丹陽②方言的證據，《丹陽方言詞典》（蔡國璐 1995：290）“特為”條收錄了兩個義項：“①故意：叫他弗要吵，他就～叫則蠻高格；②特地：為則他格事情，我～走從南京歸來回來。‖義項②可重疊為‘特特為為’：他特特為為來叫我喫飯。”可見，“特特為為”是武進、丹陽吳語的特有用法。

然而，這種用法是如何形成的呢？同類副詞“特地”“特意”等都沒有這樣的詞形變化，那麼這樣的變化是不是符合詞語變化的規律呢？回答當然是肯定的。漢語中的雙音節 AB 式複合詞可變化成 AABB 式詞語，這是一種表示語義疊加和程度強調的手段，這種詞語比較多見。如：

高興——高高興興	慌張——慌慌張張	歡喜——歡歡喜喜
匆忙——匆匆忙忙	紅火——紅紅火火	快樂——快快樂樂
來去——來來去去	來回——來來回回	來往——來來往往
上下——上上下下	進出——進進出出	小心——小小心心
前後——前前後後	急忙——急急忙忙	

這些詞語中，常見的有方位名詞（上下、前後）、趨向動詞（來去）、形容詞（慌張）以及副詞（急忙）等。甚至一些臨時組合中，也因為語義反復加深的需要而變成 AABB 格式的表達，如“他在那裏唱唱跳跳”“他在那裏走走停停”，“唱跳”和“走停”不是詞，但同樣可以採用這種重疊的方式來表達語義的重複和加深。不管是詞還是短語，AABB 格式的表達都是語義的疊加和強調，這符合語言的像似性原則，即語言外在形式的疊加與語言格式內在意義的疊加是一致的。因此，“特特

---

① 《南京方言詞典》（劉丹青 1995：348）收錄有“特為”一詞，並解釋為副詞“特地”“特意”。但並未曾指出是否能夠重疊成“特特為為”的形式，而《丹陽方言詞典》中却明確指出了“特為”重疊形式的用法。

② 《丹陽方言詞典·引論》（第 4 頁）：丹陽地處江蘇省南部，位於東經一百一十九度二十三分至一百一十九度五十三分，北緯三十一度四十四分至三十二度零八分之間。東鄰武進，南接金壇，西北與丹徒交接。因此，丹陽的方言與武進的方言應該相去不遠。

為為”的重疊格式符合漢語詞彙生成的規律，同樣是表達“特意”在語義程度上的加深。

四、結論與餘論

從“特為”形式所蘊含的兩類副詞形成的路徑來看，程度副詞“特為”是“特”加上副詞後綴“為”所形成的附加式雙音節程度副詞，是通過構詞法來形成的，這種形成過程是瞬間突呈的，也可以說是突變的，屬於詞彙變化的範疇。而情態副詞“特為”的形成是通過情態副詞“特”加上介詞“為”這種線性跨層結構的重新分析而形成的，這種形成具有一個漸變過程，詞語形成前後的兩端存有中間過渡階段，這種中間階段是可以通過分析觀察到的，這種形成更多的是語法結構導致成分變化而重新分析的結果，是屬於語法範疇的。一個詞，到底是通過詞彙手段，還是通過語法手段構成的，有時候區分起來確實是一件困難的事情（如時間副詞“正在”的形成①）。但是如果遵循一定的原則，區分起來也並非不可能。第一是時間順序原則。不論是通過詞彙手段還是通過語法手段形成的詞語都要遵循時間順序原則，即詞彙形成前的形態在歷史文獻中一定早於詞彙形態。如要論證程度副詞“特為”在南北朝時期就已經由程度副詞“特”加副詞詞尾“為”的方式而形成，就必須論證在南北朝或在此之前，“特”就有程度副詞的用法，“為”具有副詞詞尾的功能以及“副詞＋詞尾”的複合構詞方法已經存在，我們前文正是這樣做的。否則，結論必謬。如付義琴、趙家棟（2007）認為副詞“正”的形成是“正＋VP＋之時”結構脫落了“之時”而形成，然而所舉副詞“正”的文獻用例是南北朝時期的，而“正＋VP＋之時”結構的文獻證據卻是明代用例，這就違反了時間順序原則。第二是結構層次原則。這一原則主要針對詞組或者跨層結構通過語法的重新分析而發生詞彙化的演變。這種演變是一個漸變的過程，這個漸變過程包含了幾個凝固程度不一的結構歷史形態，所以在分析的時候，一定要遵守結構層次原則才能揭示這一過程的真實面貌（如前文對情態副詞“特為”形成的研究）。現有的一些詞彙化研究的缺陷大都在於沒有中間層次的描寫，甚至連源結構的探討都沒有，只是指出某個詞的最早用例以及後世的沿用情況，這其實是不符合詞彙化研究要求的。第三是邏輯推理原則。邏輯推理原則是指在重新分析結構的時候，一個結構到另一個結構的推導一定要符合語言發展事實和語言發展的普遍規律，否則，語言演變過程推導的可信度將大打折扣。如李建平（2013）在研究動量詞“頓”的形成時曾說：“這裏‘一’和‘頓’是副詞同義連用，指一次性地，但正是在這種語法化環

---

① 副詞“正在”的形成學術界主要有兩個方面的觀點，一派是合成說，另一派是主張脫落說（詳見雷冬平、胡麗珍 2010）。

境中，‘一頓’由‘副詞＋副詞’構式被‘重新分析’（reanalysis）為‘數詞＋量詞’構式，從而開始了其語法化。當‘頓’擺脫了‘一次性’這一語義滯留，‘頓’就正式語法化為動量詞。”李建平關於“一(副詞)＋頓(副詞)”構式向“一(數詞)＋頓(量詞)”構式變化的邏輯推導顯然不符合語法化由實而虛的普遍規律（因為副詞要比數量詞更虛），同時也得不到語言事實的支援，因此這種推導顯然是存在問題的。

總而言之，在遵守我們提出的三個原則的基礎上，只要尊重語言事實，尊重語言發展的規律，就能細緻地描寫和論證詞語的詞彙化過程，就能做到有理有據地解釋詞語的來龍去脈。

參考文獻

蔡國璐．丹陽方言詞典．南京：江蘇教育出版社，1995.

高文達．近代漢語詞典．北京：知識出版社，1992.

雷冬平，胡麗珍．時間副詞“正在”的形成再探．中國語文，2010（1）.

雷文治．近代漢語虛詞詞典．石家莊：河北教育出版社，2002.

李建平．也談動量詞“頓”產生的時代及其語源：兼與王毅力先生商榷．語言研究，2013（1）.

劉丹青．南京方言詞典．南京：江蘇教育出版社，1995.

龍潛庵．宋元語言詞典．上海：上海辭書出版社，1985.

王雲路．中古漢語辭彙史．北京：商務印書館，2010.

王自強．現代漢語虛詞詞典．上海：上海辭書出版社，1998.

徐朝華．上古漢語辭彙史．北京：商務印書館，2003.

張誼生．漢語副詞研究．上海：學林出版社，2000.

中國社會科學院語言研究所古代漢語研究室．古代漢語虛詞詞典．北京：商務印書館，1999.

Bickerton，D. *Language and Species*. Chicago：University of Chicago Press，1990.

Bickerton，D. *Language and Human Behavior*. Seattle：University of Washington Press，1955.

Bickerton，D. Language evolution：A brief guide for linguists. *Lingua*，2005（17）：510－26.

Bickerton，D. *Adam's Tongue：How Humans Made Language，How Language Made Humans*. New York：Hill & Wang，2009.

Quirk，R. *A Comprehensive Grammar of the English Language*. London：Longman，1985.

The Mutation and Gradient of the Formation of the Adverb Tewei（特為）

Lei Dongping，Hu Lizhen

Abstract：The adverb Tewei（特為）has two subdivided identities—one is degree adverb, and the other is modal adverb. Tewei (特為) as degree adverb is formed by the degree adverb Te (特) with the addition of the adverb suffix Wei (為). The internal structure of this Tewei (特為) is attachment and its form is mutated. However, the modal adverb Tewei (特為) is formed by reanalysis of linear arrangement—the modal adverb Te (特) + the preposition Wei (為). The linear arrangement of Tewei (特為) is located directly before the verb because of the ellipsis of Wei (為)'s object, obtaining the adverbial position and becoming a modal adverb due to the weakening of the preposition Wei (為), therefore it is reanalyzed as modal adverb. The formation of the modal adverb Tewei (特為) is gradual, that is to say, there are two middle stages from the linear arrangement of cross layer structure Tewei (特為) to the modal adverb Tewei (特為), which are ambiguous. Therefore, the forming process shows a clear hierarchy of the modal adverb Tewei (特為). So even with the same morphology, due to their different functions, the formation path is different, but as long as we follow the chronological principle, hierarchy principle and logic reasoning principle, it is not difficult to distinguish the lexicalization that is caused by mutations of the word formation or by gradual change of reanalysis.

Keywords: adverb; Tewei (特為); mutation; gradient; lexicalization

（雷冬平、胡麗珍，上海師範大學對外漢語學院）

中古漢語“V_1＋O＋令/使＋V_2”句式探源*

程亞恆

提　要： 中古漢語中存在大量的“V_1＋O＋令/使＋V_2”句式。“V_1＋O＋令/使＋V_2”結構本質上屬於連動結構，其功能是經常充當句子的謂語。“V_1＋O＋令/使＋V_2”句式最早出現於先秦時期，它可能的來源有三個。從語法演變的歷時角度分析，這三種可能的來源句式中，只有使令類兼語句纔真正是“V_1＋O＋令/使＋V_2”連動句式最直接的源頭。

關鍵詞：“V_1＋O＋令/使＋V_2”句；隔開的使成式；兼語句；共賓結構

一、“V_1＋O＋令/使＋V_2”結構的功能及其結構特點

中古漢語中有一類“名詞（代詞）＋動詞＋令/使＋動詞/形容詞”句，其中的“名詞（代詞）”成分有時承前省略或者根本不用出現，我們稱之爲空語類成分。爲了表述方便，我們把這類句子記作“V_1＋O＋令/使＋V_2”結構句。

“V_1＋O＋令/使＋V_2”結構句在中古時期的南北朝文獻中均極爲常見，例如：

（1）婉見著欣悅，命婢瓊林令取琴……（《古小說鉤沈·祖台之志怪》）

（2）奏使郭太后出居別宮，及遣樂安王使北詣鄴，又遣文欽令還淮南，皆謐之計。（《三國志·魏書·曹爽傳》注引《魏略》）

（3）初，別駕張熙說道濟令糴太倉穀，賊以九月末圍城，至十二月末，廪糧便。（《宋書·劉粹傳》）

（4）冬十月，復詔公卿令參議之。（《魏書·刑法志》）

（5）顯祖皇興三年六月，尉元表：“臣於彭城遣別將以八日至睢口邀賊將陳顯達，有戰士於營外五里芻牧，見一白頭翁，乘白馬，將軍，呼之語，稱：‘至十八日辰必來到此，語汝將軍，領衆從東北臨入，我當驅賊令走。……’”

* 感謝《漢語史研究集刊》匿名審稿專家提出的寶貴意見，文中不妥之處與他人無關，概由作者負責。

（《魏書·靈徵志下》）

上例中，"命婢瓊林令取琴""遣文欽令還淮南""說道濟令糶太倉穀""詔公卿令參議之"和"驅賊令走"均爲我們所說的"V₁＋O＋令/使＋V₂"結構句。考察"V₁＋O＋令/使＋V₂"結構的功能，我們發現它經常用作句子的謂語，上述幾例均如此。

在"V₁＋O＋令/使＋V₂"結構中，"V₁＋O"和"令/使＋V₂"兩個動詞結構在句法上共用一個主語，如上例"我當驅賊令走"中，動詞"驅"的主語是"我"，"令走"的主語也是"我"；"復詔公卿令參議之"句中，主語是一個刪略型空語類成分 e，動詞"詔"的主語是這個刪略 e，動詞結構"令參議之"的主語也是這個刪略 e；"別駕張熙說道濟令糶太倉穀"中，"說"的主語是"別駕張熙"，"令糶太倉穀"的主語也是"別駕張熙"。正是由於"V₁＋O"和"令/使＋V₂"是共用主語的並列謂語形式，所以我們認爲"V₁＋O＋令/使＋V₂"結構是一種連動式。但是，由於 V₂ 前面出現了使令動詞"使/令"，所以這種連動結構和一般的 V₁＋O＋V₂式連動結構（O 限定在指人的名、代詞性成分，下同）又有所不同。一般的 V₁＋O＋V₂式連動結構中，V₁ 和 V₂ 之間的成分 O 在句法層面上只充當 V₁ 的賓語，而不充當 V₂ 的任何成分；在語義層面上，O 只是 V₁ 的受事題元而不充當 V₂ 的任何題元角色。例如：

（6）十二年，國從父楊俊復殺國自立，安奔苻生，俊遣使歸順。（《宋書·氐胡傳》）

（7）大檀以大那子于陟斤爲部帥，軍士射于陟斤杀之，大檀恐，乃还。（《魏書·蠕蠕傳》）。

（8）及為中山，大眼側生女夫趙延寶言之於大眼，大眼怒，幽潘而殺之。（《魏書·楊大眼傳》）

（9）慕容垂止元觚而求名馬，帝絕之。（《魏書·太祖紀》）

以上四例，如果不考慮後二例連詞"而"的影響，我們是可以把它們看作V₁＋O＋V₂式連動結構謂語句的。正如上面的分析一樣，從句法層面來看，例（6）中的 O 即"（楊）國"只是它前面動詞"殺"的賓語，而和後面動詞"立"沒什麼關係；從語義層面來看，"（楊）國"只是"殺"的受事題元卻不充當動詞"立"的語義角色。例（7）、（8）、（9）中的"于陟斤""潘"及"元觚"分析皆與此同。

有沒有例外呢？我們覺得有一種情況應該屬於例外，比如下面的句子：

（10）三年，引水步軍入清，於淮陽與虜戰，破之。（《南齊書·劉懷珍傳》）

（11）都尉復還戰，立引兵救之。（《漢書·西南夷傳》）

（12）壬辰，度歸以輕騎至鄯善，執其王真達以詣京師，帝大悅，厚待之。（《魏書·世祖紀下》）

（13）恭兒官至員外郎，在襄陽聞敬兒敗，將數十騎走入蠻中，收捕不得。（《南齊書·張敬兒傳》）

這類句子中，處於 V_1＋O＋V_2結構中的O與前文所舉各例不同，一方面它是 V_1的受事賓語，另一方面，它又和整個句子的主語一起充當 V_2的施事題元，所以它又有些像是 V_2的主語。這類句子實際上屬於連動兼語混合疊用句式。由於這類句子既非單純的連動句，又不是純粹的兼語句，所以我們本文暫且不予過多討論。

此外，還有一種似是而非的句子也應該注意，例如：

（14）夏四月壬戌，進遵封常山王。（《魏書·太祖紀》）

這個句子看起來雖然也是 V_1＋O＋V_2結構謂語句，但它跟上面所說的連動式又有不同：結構中的O（即“遵”，指略陽公）和 V_1、V_2都有關係，它是兩個動詞“進”和“封”共同的受事賓語。“進遵封常山王”實際上是“進遵封之（為）常山王”的變式，“遵”既是動詞“進”的賓語，也是動詞“封”的間接賓語或兼語，或者說至少“封”的間接賓語或兼語與“遵”在語義上是同指關係。關於這一點，我們只要拿《魏書·序紀》中“晉懷帝進帝大單于，封代公”一句比較一下就清楚了，所以這種句子我們也應該予以排除。

排除了似是而非的情況以後，我們再來分析“V_1＋O＋令/使＋V_2”結構的特點。

由於 V_2前面出現了使令動詞“使/令”，所以“V_1＋O＋令/使＋V_2”結構不是一種“動賓＋一般動詞”的連動結構，而是一種“動賓＋兼語結構”式的連動結構。在“V_1＋O＋令/使＋V_2”結構中，O的語義角色不像 V_1＋O＋V_2結構中的那麼單純，它跟前後兩個動詞都有一定的聯繫，即它一方面充當 V_1的受事題元，另一方面，它又是 V_2的施事題元。這一層隱性的語義關係是 V_1＋O＋V_2式連動結構中的O所不具備的。正是結構內部O跟 V_1和 V_2之間的這種特殊語義關係，使得該結構表現出了一定的複雜性：它既跟兼語句有著密切的聯繫，又似乎有點像隔開的使成式［也有學者視為述補結構，如柳士鎮（1992：311）］，日本學者古屋昭弘（2005：236）正是把這類結構看作使成式的。但是，這種聯繫只是語義上的聯繫，並不代表句法結構相同。所以“V_1＋O＋令/使＋V_2”式連動結構跟 V_1＋O＋V_2式隔開的使成式和兼語句之間無論如何是不能画等號的，它們完全屬於不同的句子類型。

“V_1＋O＋令/使＋V_2”結構在形式上還可以有兩種變式。第一，當O和“令/使＋V_2”中的空兼語語義指向相同時，O在句法層面也可以和後面的空兼語一樣只是一個空語類，這樣就形成了“V_1＋令/使＋V_2”結構。例如：

(15) 臣謂宜於河表七州人中，擢其門才，引令赴闕，依中州官比，隨能序之。(《魏書·李彪傳》)

(16) 六七月中，各需一曝使乾。(《齊民要術》卷五)

第二，由於“V_1＋O＋令/使＋V_2”結構中的“令/使＋V_2”部分是個空語類式兼語結構，所以當兼語是一個語義上與O非同指關係的實語類成分時，原結構就變成了“V_1＋O＋令/使＋OS＋V_2”的形式。例如：

(17) 大風汗出，灸□譆，□譆在背下俠脊傍三寸所，壓之令病人呼□譆，□譆應手。(《黄帝内經·素問》)

(18) 發汗後，燒針令其汗，針處被寒，核起而赤者，必發賁豚，氣從小腹上至心，灸其核上各一壯，與桂枝加桂湯主之。(《金匱要略·奔豚氣病脈證治·奔豚湯方》)

這種“V_1＋O＋令/使＋OS＋V_2”句式的存在真實地反映了“V_1＋O＋令/使＋V_2”結構作爲連動式的特徵。因爲V_1＋O和“令/使＋V_2”之間是連動關係，所以二者共用一個主語；又因爲“令/使＋V_2”是一個兼語結構，所以V_2前可以出現動作的施事成分。

二、“V_1＋O＋令/使＋V_2”結構跟相關結構的關係

我們說“V_1＋O＋令/使＋V_2”式連動結構跟V_1＋O＋V_2式隔開的使成式之間有聯繫，但我們應該注意到二者之間的區別。王力先生（1989：267）指出：隔開的使成式，是指在使成式中間插入了賓語的結構形式。這種句式中古時期極爲常見，例如：

(19) 由卿口銜致使墮水。今當打汝前兩齒折。(元魏涼州沙門慧覺等譯《賢愚經》卷十二)

(20) 鬼語云：“勿爲駡我！當打汝口破。”(《幽明錄》)

(21) 化作白鼠，嚙其腰帶斷。(《法顯傳》)

(22) 南臺中取我木手去，搭奴肋折！(《魏書·李彪傳》)

(23) 蒙遜寢於新臺，閹人王懷祖斫蒙遜傷足，蒙遜妻孟氏擒懷祖斬之。(《魏書·沮渠蒙遜傳》)

這種隔開的使成式儘管在形式上與“V_1＋O＋令/使＋V_2”結構是很接近的，但是二者在語義結構層面卻截然不同。隔開的使成式中，處於兩個動詞即V_1和V_2之間的O是一個比較特殊的成分，它既是前面動詞的受事題元，同時又是後面動詞的

施事題元。如上“打汝口破”和“嚙其腰帶斷”中，“汝口”和“其腰帶”都是具有雙重身份的語義兼格成分，分别爲動詞“打”和“嚙”的受事題元，同時又分别爲動詞“破”和“斷”的主事（係事）題元。而上述“V_1＋O＋令/使＋V_2”結構句中，O雖然也可以是V_1的受事兼V_2的主事（施事）題元，如上“説道濟令糶太倉穀”中，“道濟”是動詞“説”的受事題元，同時又是“糶太倉穀”的施事題元，但它卻不是兼語結構“令＋糶太倉穀”的施事題元，“令糶太倉穀”的真正施事題元是“别駕張熙”這個人物。“我當驅之令走”和“遣文欽令還淮南”分析與此相同。

另外，從V_1和V_2的語義關係來看，上述“V_1＋O＋令/使＋V_2”結構跟隔開的使成式也不完全相同：隔開的使成式中，V_2有時只是V_1動作產生的客觀結果，它不具有主觀性，如“吹歡羅裳開”中的“開”；有時V_2又是V_1動作主觀上要達到的目的，如“當打汝口破”中的“破”；而上述“V_1＋O＋令/使＋V_2”結構中，V_2卻一定是V_1動作的主觀目的而不是其客觀結果，它的主觀性極強。所以我們不能把上述“V_1＋O＋令/使＋V_2”結構歸入隔開的使成式陣營，也不能籠統地説它跟隔開的使成式有著密切關係。那麽，該怎樣理解這種結構跟隔開的使成式之間的聯繫纔比較妥當呢？通過以上分析我們可以看出，隔開的使成式可分成兩種類型：a——客觀結果型，如“吹歡羅裳開”；b——主觀目的型，如“（當）打汝口破”。我們認爲，比較妥當的説法是，“V_1＋O＋令/使＋V_2”結構跟a類隔開的使成式關係不大，它只跟b類隔開的使成式之間具有密切關係，二者之間具有一定的變換關係。例如：

(24) 皓褰裳將上，匡諫止，世宗推之令下，皓恨匡失色。（《魏書・景穆十二王・廣平王傳》）

(25) 昔饑荒之世，當有利其數升米者，排著井中，嘖嘖有聲，推一大石下，破其頭。（《搜神記》卷三）

⇒ { 世宗推之下。
推一大石令/使下。

但是，從我們掌握的材料來看，就在中古時期，能夠進入這種變换格式的隔開的使成式並不是很多，而和“V_1＋O＋令/使＋V_2”結構之間具有變换關係的使令類兼語句卻有不少，比如：

(26) 世宗曾於山陵還，詔匡陪乘，又命皓登車。（《魏書・景穆十二王・廣平王傳》）

(27) 高祖命之令進，言别殷勤，仍爲流涕。（《魏書・游明根傳》）

⇒{又命皓令/使登車。
高祖命之進。

(28) 碩雖擅兵於中，而猶畏忌於進，乃與諸常侍共說帝遣進西擊邊章、韓遂。(《後漢書·何進傳》)

(29) 讓、忠等說帝令斂天下田畝稅十錢，以修宮室。(《後漢書·張讓趙忠傳》)

⇒{乃與諸常侍共說帝令/使遣進西擊邊章、韓遂
說帝斂天下田畝稅十錢，以修宮室。

通過以上變換分析我們可以看出，“V_1＋O＋令/使＋V_2”式連動結構與隔開的使成式及兼語句之間雖然形式相近，語義關係也具有一定的相似性，但它們之間更主要的區別還是在於深層語義結構方面。三者之間，隔開的使成式與“V_1＋O＋令/使＋V_2”式連動結構的關係不如使令類兼語句與之密切。

三、“V_1＋O＋令/使＋V_2”結構的來源

從歷時發展的角度可以看出，“V_1＋O＋令/使＋V_2”式連動結構出現的時間比較早。大概在先秦時期，這種結構已經產生了，例如：

(30) 城地中遍下，令耳亓内，及下地，地深穿之令漏泉。(《墨子·備水》)

(31) 夫攻强，必養之使强，益之使張。太强必折，太張必缺。(《六韜·武韬》)

這裡的“深穿之令漏泉”和“養之使强，益之使张”是我們所見到的“V_1＋O＋令/使＋V_2”結構的最早用例。

兩漢時期，“V_1＋O＋令/使＋V_2”式連動結構繼續沿用，例如：

(32) 公叔曰：“秦之敢絕周而伐韓者，信東周也。公何不與周地，發質使之楚？”(《史記·周本紀》)

(33) 但備不然，有急乃後使工師擊治石，求其中鐵，燒治之使成水，乃後使良工萬鍜之，乃成莫耶。(《太平經》卷七十二)

可見，中古漢語的“V_1＋O＋令/使＋V_2”句式是直接來源於上古漢語的“V_1＋O＋令/使＋V_2”句式的，只是這個時期的用例比上古出現了迅猛的增長。

那麼，“V_1＋O＋令/使＋V_2”結構究竟是怎麼產生的呢？它究竟是像結果補語那樣由聯合謂語結構緊縮移位而來的，還是由使令類兼語句通過在V_2前添加使令動詞而來的，或者是由隔開的使成式通過添加使令動詞而來的呢？這是我們必須

回答的問題。

要弄清楚“V_1＋O＋令/使＋V_2”式連動結構的來源，我們首先還必須弄清楚它和古漢語“共賓結構”之間的區别和聯繫，因爲 V_1＋O＋V_2隔開的使成式和 V_1＋V_2＋O 共賓結構之間關係極爲密切，而 V_1＋O＋V_2隔開的使成式的 b 式和“V_1＋O＋令/使＋V_2”式連動結構之間的關係也很密切。

“共賓結構”指的是兩個或兩個以上動詞共同支配一個賓語的結構形式，這種結構在上古和中古漢語中都是一種常見的謂語類型，例如：

(34) 宋人、蔡人、衛人伐戴，鄭伯伐取之。(《春秋·隱公十年》)

(35) 豹自後擊而殺之。(《左傳·襄公二十三年》)

(36) 匠人斲而小之，則王怒，以爲不勝其任矣。(《孟子·梁惠王下》)

(37) 其一集司徒府，射而殺之。(《宋書·五行志三》)

(38) 東平公元儀徙據朔方。(《魏書·太祖紀》)

從 V_1＋O＋V_2和 V_1＋V_2＋O 結構之間的表層關係來看，似乎只要把 V_1＋V_2＋O 結構删除連接詞（如果有的話）並把共用的賓語成分前移至 V_1和 V_2之間，再添加一個使令動詞“使”或“令”，就構成了“V_1＋O＋令/使＋V_2”結構了。這種“共賓結構→隔開的使成式→‘V_1＋O＋令/使＋V_2’式連動結構”的連續變换正體現了三者是處於一個變化連續統中的不同語表形式。但是，以上例句中的 V_1＋V_2＋O 結構似乎並不能全部變换成 V_1＋O＋V_2式並進一步變换成“V_1＋O＋令/使＋V_2”式連動結構：比如“伐取之”並不能變换成“伐之令取”，“擊而殺之”也不能變换成“擊之令殺”；只有最後一例的“斲而小之”可以變换成“斲之令小”。那麽，同樣是 V_1＋V_2＋O 式共賓結構，爲什麽有的能變换成“V_1＋O＋令/使＋V_2”式連動結構，而有的卻不能呢？原來問題出在 V_2上：V_1＋V_2＋O 式共賓結構中，只有當 V_2是一個表“致使”義的動詞（包括形容詞等其他詞類的使動用法）時，上述變换才能成立，否則，則不具有變换關係。這樣看來，“V_1＋O＋令/使＋V_2”式連動結構和 V_2爲表“致使”義動詞結構的 V_1＋V_2＋O 結構之間纔有著密切聯繫。

此外，正如上文所言，“V_1＋O＋令/使＋V_2”結構和使令類兼語句之間具有極爲密切的聯繫，例如：

(39) 乃遣子貢之齊。(《墨子·非儒下》)

(40) 召獲駕車，新華爵食肉，奉衛侯輒來奔。(《左傳·哀公五年》)

(41) 車駕將北還，發卒萬人治直道。(《魏書·太祖紀》)

(42) 詔冠軍將軍討平之。(同上)

這類兼語句中，兼語結構 V_1＋OS＋V_2中的 V_2是 V_1役使的結果，“役使”義是一種隱性的語義，當這種隱性的“役使”義在句法層面以使令動詞“令/使”表現出來以後，原來的兼語結構性質就發生了變化，變成了一種“V_1＋O＋令/使＋V_2”式的連動結構了。舉例來説，如：

(43) 召之使處吴竟，爲白公，請伐鄭。(《左傳·哀公十六年》)

(44) 公何不與周地，發質使之楚？(《史記·周本紀》)

(45) 詔曰：“去歲阿那瓌叛逆，遣李崇令北征，崇遂長驅塞北，返旆榆關，此亦一時之盛……”(《魏書·李崇傳》)

很明顯，若把這類“V_1＋O＋令/使＋V_2”結構中的使令動詞“令/使”去掉，句子就變成了地道的使令類兼語句了。

既然“V_1＋O＋令/使＋V_2”式連動結構跟V_2表“致使”義的V_1＋V_2＋O結構和具有隱性“役使”義的使令類兼語結構之間都有明顯的變換關係，那麽“V_1＋O＋令/使＋V_2”式連動結構的源頭又是哪一個呢？

單從V_1和V_2之間的語義關係分析似乎難於回答這一問題，因爲V_2表“致使”義的V_1＋V_2＋O結構和具有隱性“役使”義的使令類兼語結構中，V_2都是V_1的主觀目的，且具有相似的隱性“使令”義，再加上這兩种句法結構形式均出現於上古漢語中——甲骨文中既有共賓結構謂語句，如“辛酉卜，㱿貞：今二月王入于商?”(合，7774)，同時又有兼語結構，如“丙戌卜，貞：令犬延于京”(合，4630)，所以要認定其中某一種句法形式絕對是“V_1＋O＋令/使＋V_2”式連動結構的源頭就顯得有些困難。不過，我們還是傾向於把V_1＋O＋V_2式使令類兼語結構看作是“V_1＋O＋令/使＋V_2”式連動結構最直接的源頭，因爲兼語結構中V_2的隱性“役使”義在句法層面用使令動詞標示出來是比較自然的事情，這是受兩漢時期漢語連動結構大發展的整體語言變化影響所致，也是語言表達明晰化的要求所致；而V_1＋V_2＋O共賓結構向“V_1＋O＋令/使＋V_2”式連動結構的發展比較之下就顯得曲折，多了一個移位的過程。再者，因爲隔開的使成式出現時代較晚（産生於中古時期），所以它也不可能成爲“V_1＋O＋令/使＋V_2”式連動結構的源頭。

總之我們認爲，無論從句法之間的變換關係來看，還是從歷時發展的源流關係來看，我們都必須承認這樣一個事實：儘管“V_1＋O＋令/使＋V_2”式連動結構可能的來源有三種形式，但只有使令類兼語句纔真正是其最可能也最直接的源頭。

参考文獻

古屋昭弘.《齊民要术》中所見的使成式 Vt＋令＋Vi//中古漢語研究：二，北京：商務印書館，2005：235－246.

柳士鎮. 魏晋南北朝歷史語法. 南京：南京大學出版社，1992.

王力．漢語史稿．新 1 版．北京：中華書局，1980.
王力．漢語語法史．北京：商務印書館，1989.
向熹．簡明漢語史：下冊．北京：高等教育出版社，1993.
楊伯峻，何樂士．古漢語語法及其發展．2 版．北京：語文出版社，2001.
志村良治．中國中世語法史研究．江藍生，白維國，譯．北京：中華書局，1995.

The Source of "V_1＋O＋*Ling/Shi*＋V_2" in Middle Ancient Chinese

Cheng Yaheng

Abstract: There are many successive-verb sentences "V_1＋O＋make＋V_2" in Middle Ancient Chinese. The structure of "V_1＋O＋*Ling* or *Shi*＋V_2" is often used as predicate in a sentence, and it appeared in the pre-Qin period. It has three possible sources, among which, in this auther's opinion, only *Jianyu* sentence which the V_1 belongs to is the direct source of this sentence type.

Keywords: "V_1＋O＋*Ling/Shi*＋V_2"; separated *Shicheng*（使成）sentence; *Jianyu*（兼語）sentence; the structure of shared objective

（程亞恆，牡丹江師範學院文學院）

吴語紹興方言人稱代詞的歷史演變*

——兼論北部吴語第二人稱的來源類型

盛益民　陶　寰

提　要： 本文梳理了《越諺》《梅花戒寶卷》等清末以來五部文獻中紹興方言人稱代詞的歷史變遷，並據此探討了紹興方言人稱代詞的歷史演變及系統整合。在此基礎上，文章討論了北部吴語第二人稱單數、複數的來源類型。

關鍵詞： 吴語紹興方言；人稱代詞；歷史演變；來源類型

引　言

不少吴方言的人稱代詞單複數之間是通過內部屈折的方式構成的（錢乃榮1999）。在原湖州府、杭州府、紹興府的方言中，這種內部屈折系統表現得更加完整，請看表1①：

表1　吴語人稱代詞内部屈折表

地區	我	我們	你	你們	他	他們	材料出處
湖州雙林	ŋ̍^{3}	ŋa^{3}	n̩^{3}	na^{3}	ɦi^{2}	ɦia^{2}	錢乃榮 1992
臨安錦城	ŋo^{6}	ŋa^{6}	noŋ^{6}	na^{6}	i^{2}	ia^{2}	筆者調查
紹興市區	ŋo^{4}	ŋa^{4}	noʔ^{8}	na^{4}	ɦi^{4}	ɦia^{4}	王福堂 2015
諸暨	ŋɤ^{4}	ŋɑ^{4}	ȵi^{4}	ȵiɑ^{4}	ʥi^{4}	ʥiɑ^{4}	孟守介 1994
嵊州長樂	ŋo^{4}	uɑ^{4}	ŋ̍^{4}	ŋɑŋ^{4}	ɦi^{4}	ɦiɑ^{4}	錢曾怡 1988
新昌大市聚	ŋɯ^{4}	ŋa^{4}	ŋ̍^{4}	na^{4}	ʥi^{2}	ʥia^{2}	筆者調查

*　本文寫作及修改過程中，承蒙王福堂、王洪君、陳忠敏、史濛輝、王佳亮等諸位師友的指教。本文曾在"首屆地方文獻—漢語方言—民族語言高峰論壇"（常熟理工學院，2017年1月）上報告。文章得到國家社科基金青年項目"吴語人稱代詞的共時類型與歷史演變研究"（17CYY009）、教育部人文社科研究青年項目"漢語方言論元性強調代詞的功能、類型和演變"（15YJC740066）、國家社科基金重大課題"功能—類型學取向的漢語語義演變研究"（14ZDB098）和國家社科基金重大課題"中國境內語言語法化詞庫建設"（15ZDB100）的支持。文中若有錯訛，概由筆者負責。

①　為了方便比較，本文人稱代詞的單音節形式一般採用調類標調，用數字形式放在音標的右上角。1、2、3、4、5、6、7、8分別表示陰平、陽平、陰上、陽上、陰去、陽去、陰入、陽入。雙音節形式一般標寫實際語音（除非原始材料沒有標寫），即變調形式，不標本調。用兩個或三個數字表示調值，0表示輕聲。引文原先的標寫方式各不相同，本文儘可能進行了統一處理。漢字右上角加"＝"表示該字為同音形式，並非本字。

由於北部吳語普遍使用“拉”［la］等形式充當人稱代詞複數後綴，因此很容易得出這些方言點的內部屈折是人稱代詞單數與“拉”合音的結果，如吳子慧（2007：63）、劉丹青（2009）、葉祖貴（2014）等文均認為像紹興話這種內部屈折系統是由單數形式加上複數後綴“拉”［la^{0}］合音而成的。的確，湖州$_{\text{雙林}}$、諸暨、新昌$_{\text{大市聚}}$的情況基本上符合這種簡潔的分析模式，複數形式正是共時單數形式與“拉”合音的結果；而嵊州$_{\text{長樂}}$第一人稱、第二人稱並不僅僅是韻母的簡單交替，情況明顯要複雜多了；至於紹興$_{\text{市區}}$、臨安$_{\text{錦城}}$，表明看著像是單數與複數標記“拉”的合音，但其實共時的內部屈折背後隱藏著較為複雜的演變過程，這也正是吳語人稱代詞複雜性的一個側面。

由於紹興話具有較為豐富的歷史文獻，所以本文打算結合歷史文獻和整個吳語人稱代詞的演變規律，來具體考察紹興話人稱代詞內部屈折系統的歷史來源。第一節討論紹興話的人稱代詞系統及內部差異，第二節根據數種不同的歷史文獻考察紹興話人稱代詞的歷時變遷，第三節根據代詞的變遷考察其歷史演變以及系統整合，第四節在紹興話研究的基礎上著重討論吳語第二人稱代詞的演變類型。

一、紹興方言的人稱代詞及內部差異

吳語的人稱代詞庫藏非常複雜，詞形上根據是否加前綴或者後綴分為三個系列（陳忠敏 2015；陶寰，史濛輝 2015）。我們分別稱之為基本式（不加詞綴）、後綴式和前綴式。這三個系列在紹興話中都有（陶寰 1996；陳忠敏，潘悟雲 1999），下面分別討論。

（一）人稱代詞的基本式及其內部差異

先來看基本式。紹興有兩大口音，東邊為會稽口音，西邊為山陰口音（王福堂 1959）。如果以紹興市區話和柯橋話作為兩種口音的代表，兩地人稱代詞的基本式可列表如下（表 2）：

表 2　紹興市區和柯橋人稱代詞對照表

地區	我	我們	你	你們	他	他們	材料出處
市區	我 ŋo^{4}	伢$^{=}$ ŋa^{4}	偌$^{=}$ noʔ^{8}	倷$^{=}$ na^{4}	渠 ɦi^{4}	伽$^{=}$ ɦia^{4}	王福堂 2015
柯橋	我 ŋo^{4}	伢$^{=}$ ŋa^{4}	偌$^{=}$ noʔ^{8}	倷$^{=}$ na^{4}	渠 dʑi^{2}/ɦi^{2}	伽$^{=}$ ga^{2}	盛益民 2014

從共時層面來看，紹興話人稱代詞系統的一大特點就是表現出單複數的“內部屈折”（吳子慧 2007a、b，劉丹青 2009）。紹興市區話很明顯呈現出單數非 a 與複數 a 的內部屈折；而柯橋話看似第三人稱不呈現內部屈折，但是柯橋話老派第三人稱單數“渠”音 dʑi^{2}，來源於 *gi 的顎化，所以早期也是呈現單數非 a 與複數 a 的內部屈折。至於柯橋的 ɦi^{2} 是 dʑi^{2} 弱化的形式還是受紹興市區影響的結果，則尚需研究。

從内部差異來看，表 2 體現了市區與柯橋在第三人稱上的差别：第三人稱單數“渠”原本為陽平字，在紹興市區受“我”“伢”“倷”的聲調感染（李榮 1965）讀成了陽上調（王福堂 2015：351），而柯橋仍讀陽平調；而第三人稱複數市區是 ɦia⁴，柯橋是 ga²。根據金春華（2014：43）的調查，第三人稱複數説 ga 只分佈于柯橋及附近的湖塘、柯巖、安昌、齊賢和馬鞍這幾個山陰口音的核心地帶，是這一帶的重要特點。

而紹興方言人稱代詞系統上的另一項巨大差别反映在第二人稱單數上。根據金春華（2014：40）的調查，紹興方言第二人稱單數有三大類五種説法。（1）noʔ⁸、neʔ⁸、nəʔ⁸。紹興絕大部分地區都使用這一類，其中讀 nəʔ⁸、neʔ⁸ 的只限於紹興北部地方，是 noʔ⁸ 母音進一步弱化的表現①。金春華（2014：40）認為 noʔ⁸ 這類是“儂”的促化形式，從第三節的討論中可以看出，這種説法並不準確。（2）noŋ⁴。用於紹興南部靠近嵊州的王壇、稽東、富盛等地，而嵊州核心地帶的第二人稱正好就是音 noŋ。（3）ŋ̍⁴。只分佈于靠近蕭山的楊汛橋鎮，第二人稱説 ŋ̍ 是現今蕭山中片南片話的重要表現。這幾種形式在紹興話中的分佈可見圖 1（引自金春華 2014）：

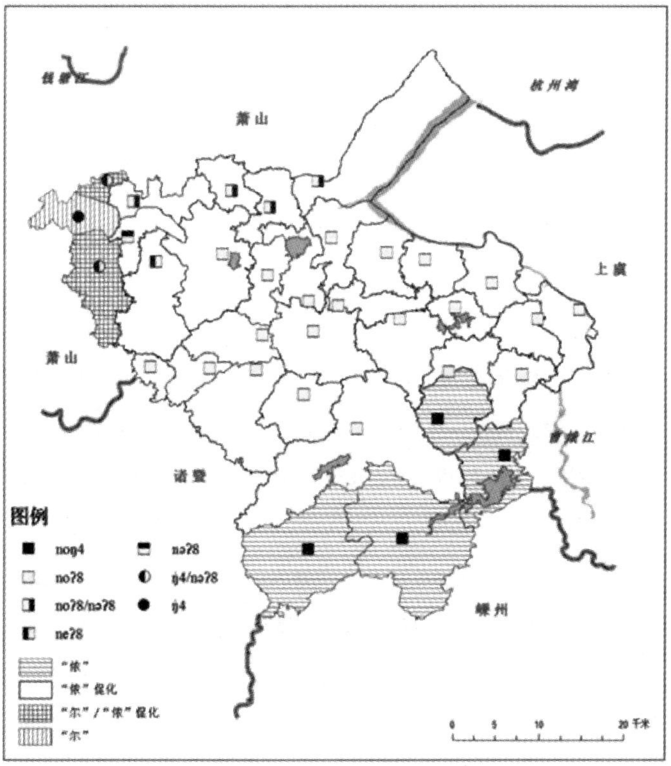

圖 1 紹興方言第二人稱單數的内部差異

① 紹興的山陰口音其實一直可以延伸到蕭山東片的海塗地區。根據趙則玲、大西博子（1999），蕭山東片的第二人稱主要就使用跟紹興核心地區一致的 noʔ⁸、nəʔ⁸ 這樣的形式。

（二）後綴式與前綴式

不少著述已經指出，紹興市區話可以在基本式之後加上後綴 loʔ^{8}（王福堂 1959、2015，陶寰 1996，吳子慧 2007，葉祖貴 2014）。王福堂（1959、2015）的材料中，只有單數可以加 loʔ^{8}，而吳子慧（2007：146）和葉祖貴（2014）的材料中則單數複數都可以加 loʔ^{8}。至於紹興柯橋一帶，並不存在這個後綴，這也體現了紹興的內部差異。

陳忠敏、潘悟雲（1999），葉祖貴（2014）等認為 loʔ^{8} 的本字是"儂"，我們贊同這種說法。其實早在清末的紹興話文獻《越諺》卷中"人類"中就已經指出這一點："'僇'（引者按：即 loʔ^{8}，詳見第二節討論），猶'儂'，吳人曰'儂'，越人曰'僇'。"人稱代詞單數之後加後綴"儂"，在吳語中非常常見，不過像紹興話這樣能在複數形式之後加"儂"的則並不多見，這個問題第三節將會詳述。

"儂"是泥母冬韻字，早期形式可擬音為*noŋ^{2}，之所以會讀 loʔ^{8}，陳忠敏、潘悟雲（1999），葉祖貴（2014）認為是語音弱化的結果，並為其構擬了語音演變路徑：*noŋ＞no＞lo＞loʔ。雖然陳忠敏、潘悟雲（1999）已經指出，"儂" noŋ＞no 的弱化音變在吳語中非常常見，但是除此之外，紹興話"儂"讀 loʔ^{8} 也可能有其他的演變途徑。下面就"儂"在紹興的音變過程略加闡述。

先來看聲母讀 l－的問題。當泥母拼開口呼鼻尾韻時，在浙北地區普遍存在讀如來母的現象，即* nVN＞lVN，這也許是一種時間錯配導致的鼻音異化現象。盛益民、李旭平（2017）指出，富陽方言鼻尾韻（oŋ、eŋ）不能與 n－相拼，一律讀 l－，所以"能$_{\text{～幹}}$"音 leŋ^{2}、"嫩"音 leŋ^{5}、"農、膿"音 loŋ^{2}。徐越（2008：245－246）也指出，"農、膿、能、嫩"等字在杭嘉湖地區普遍讀成 l－聲母，例如"農、膿"海鹽讀 loŋ^{2}，"能"海鹽讀 len^{2}，"嫩"湖州讀 len^{5} 等。這種現象在紹興地區也存在，如根據趙則玲、大西博子（1999），在 20 世紀 50 年代以前一直隸屬紹興的蕭山話老派、中派當中，"農"也讀入來母，音 loŋ^{2}；而根據筆者的調查，在紹興柯橋部分老派中，"農"仍音 loŋ^{2}，"能$_{\text{～幹}}$""嫩"在部分中派中也分別音 leŋ^{2}、leŋ^{6}；而"寧$_{\text{～可}}$"各派一律音 leŋ^{2}，乃是"寧"讀同一等之後，聲母也相應隨著"農、能"等字一同讀入來母了。同樣的，作為代詞後綴的"儂"，其與"農、膿"有相同音韻地位，可見讀 l－聲母也許就是其規則的讀法。根據筆者調查，在富陽$_{\text{龍門}}$方言中，第一人稱單數"我儂"的讀音是 uoʔ^{11} loŋ^{35}，後綴"儂"正音 loŋ^{2}。再如，根據《臨安縣志》編纂委員會（1992），臨安昌化鎮有單數後綴"儂"，三身代詞分別可以說"我儂" ʔa^{1} leŋ^{2}、"爾儂" n^{6} leŋ^{2}、"渠儂" gəʔ^{8} leŋ^{2}。富陽$_{\text{龍門}}$方言後綴"儂"音 loŋ^{2} 和臨安$_{\text{昌化}}$方言"儂"音 leŋ^{2}，可以作為本文論證的重要支持。

至於*loŋ^{2}＞loʔ^{8} 的促化，則是吳語中非常常見的一種弱化現象（請參鄭張尚芳

1995），毋庸多言。

此外，紹興話可以在基本式之前加前綴“是”（陶寰 1996、吳子慧 2007）、“讓”（盛益民 2014）而構成的前綴式。盛益民（2014）已經指出其功能上相當於 Siewierska（2004）所說的論元性強調代詞。由於前綴對紹興話人稱代詞的歷史演變沒有太大影響，下文不再涉及。

二、從文獻看紹興話人稱代詞的變遷

本文使用到的紹興話歷史文獻主要有以下兩個時期共 5 種著作：清末的《越諺》《梅花戒寶卷》；民國時期趙元任的《現代吳語的研究》，婁子匡的《紹興歌謠》《越歌百曲》。下面分別討論。

（一）《越諺》的人稱系統

《越諺》出版於清光緒四年（1878），由會稽范寅（1827—1897）編撰，全書分為上、中、下三卷，卷上著錄“語言”，卷中著錄“名物”，卷下著錄“音義”，並附《越諺剩語》二卷。范寅是紹興皇甫莊（現屬於越城區孫端鎮）人，當地口音屬於會稽口音。該書主要記錄的是清末紹興方言的會稽口語，對研究紹興方言及歷史演變有重要的價值。

《越諺》卷中“名物”下“人類”部分專門羅列了紹興的人稱代詞，下面轉引如下：

> 傒僇“移六”，謂彼，《南史·胡諧之傳》“傒狗”。
>
> 我僇“六”，“僇”猶“儂”，吳稱“儂”，越稱“僇”。上“我”平聲。《說文》。
>
> 俠儺“夷賴”，儕亞也。
>
> 倍傉上吾唔切，下綠毒切。對面為爾。《集韻》。
>
> 倍乃謂爾及爾一黨，括言之。
>
> 僛儺上“其”上聲，下“賴”平聲，山陰鄉音，猶“俠儺”。“僛”，《廣韻》。
>
> 儰儺上蓋矮切，亦山陰鄉音，猶“佁儺”。本後魏語，豪強貌。
>
> 佁儺“佁”額害切，總謂我與我黨人。

排除山陰鄉音的“僛儺”“儰儺”，加上散見於其中各處的單音節人稱代詞單數形式，正好構成紹興會稽口音的人稱代詞系統。我們整理歸納並擬音為表 3：

表 3 《越諺》人稱代詞表

	第一人稱	第二人稱	第三人稱
單數	我 *ŋo、我僇 *ŋo loʔ	倍 *ŋ̍、倍傉 *n̩ l～noʔ	俠 *ɦi、傒僇 *ɦi loʔ
複數	佁儺 *ŋa la	倍乃 *n̩ na	俠儺 *ɦi la

接下來我們要對表 3 中的擬音做一說明，並對部分詞形做一考源工作。

首先，是第二人稱單數“倍”字的讀音。書中常用該字為他字注音，例如給數詞“五”及“端午”的“午”注音。“五、午”皆中古疑母模韻字，在今紹興話中皆音 ŋ̍^{4}，所以我們認為“倍”本字就是“爾”，也可擬音為*ŋ̍。第二人稱代詞“爾”在吳語中普遍音自成音節的 n̍，不過紹興地區發生了成音節鼻音合併為 ŋ̍ 的音變（盛益民 2017）。由於日母字“爾”與疑母字“五、午”已經同音，因此可以構擬成*ŋ̍。至於“倍”在“倍儜”“倍乃”中擬為*n̍，是受之後鼻音同化而保留了早期的讀音，具體請參盛益民（2017）。

其次，是第一人稱複數中的“佁”，下注“額害切”，我們認為可以擬音為*ŋa，問題關鍵在於匣母泰韻字“害”韻母的擬音。今紹興話主體層咍泰有別，咍韻白讀為 ᴇ，泰韻端系讀 a、幫見系讀 ᴇ，“害”在今紹興話中也只有 ɦᴇ^{6} 一種讀音。不過紹興話咍、泰韻另有一個讀 a 的層次，如王福堂（2009）指出，紹興市區話“戴災栽哉宰載凱慨愾埃靉”有 ᴇ、a 兩讀，“態乃賽寨”只有 a 一讀。王洪君（2006）、王福堂（2009）認為紹興話咍韻經歷了一等向二等合流的 ᴇ＞a 的離散式音變，之後音變被阻斷，a 是擴散式音變的殘留；而王佳亮（待刊）根據清末的紹興話韻書《增補同音字類標韻》及清末傳教士莫倫道夫 *The Ningpo Syllabary* 所記紹興話字音，發現早期紹興話咍、泰兩韻讀 a 的字較現代紹興話更多，文章認為《增補同音字類標韻》裡咍韻全部和泰韻見系的文讀是 a，只有個別字收錄了白讀 ᴇ。不管如何，泰韻字“害”在清末韻母可以讀 a 則是可以肯定的，除了早期韻書和傳教士文獻外，這在《越諺》內部注音材料中也得到印證：一方面，《越諺》用“害”給“嗐頭”（一種號子，本字當為“號頭”）的“嗐”注音，“號”為豪韻字，在紹興話中有 ɦa^{6}、ɦɔ^{6} 的異讀，而“號頭”之“號”只音 ɦa^{6}（王福堂 2008），這能證明“害”可讀 a；另一方面，“外”的注音為“額害切”，泰韻合口字“外”在太湖片吳語中主元音普遍讀 a①。基於以上的原因，我們將“佁”擬音為*ŋa。

至於第一人稱複數的形式*ŋa la，其實與寧波、富陽等地的“阿拉”是一回事。根據筆者調查，寧波北侖柴橋和上虞小越仍然音 ŋaʔ laʔ，“阿拉”則是鼻音 ŋ-脫落之後的形式。有意思的是，《越諺》中紹興話的第一人稱單數是*ŋo，而複數是*ŋa la，“我”的讀音並不一致。對此有兩種可能的解釋：一種是認為複數原本是*ŋo la，之後受複數標記 la 逆同化為*ŋa la，趙則玲（2008）就是從這個角度解釋寧波話“阿拉”的讀音的；另一種可能性是早期第一人稱單數是音*ŋa，複數當中保留了早期的形式。具體如何解釋，還需要另行研究。

---

① a 是蟹攝合口二等的主元音。事實上，我們現在看到的普通話和方言材料中，“外”基本上都讀同蟹攝合口二等而不同於蟹攝合口一等，原因不明。

再次，是第三人稱“俠”*ɦi。其本字應該是群母魚韻字“渠”，用“渠”表第三人稱單數是大部分東南方言的特點。“渠”的早期讀音可以構擬為*gi，根據盛益民（2014），紹興柯橋一帶仍有第三人稱讀 ʥi^{2} 的，正是*gi 顎化的結果；柯橋一帶的 ga^{2} 也正是*gi la 合音的結果。《越諺》記錄的“俠”，說明在會稽口音中至少清末已經發生了聲母脫落的現象，這是虛詞中常見的音變現象。至於聲母脫落發生在顎化前還是顎化後，以及脫落聲母的形式是自發的還是其他方言的擴散，則較難判定。

再其次，是人稱代詞單數後綴“僇”“傉”的問題。“僇”用“六”注音，可以擬音為*loʔ，即現今的代詞後綴 loʔ^{8}，第一節已經指出其本字是“儂”。而“傉”的情況則較為複雜。書中給“傉”注的反切是“綠毒切”，按這個反切也當構擬為*loʔ^{8}，但是有兩點疑問：一方面，“僇”“傉”的讀音如果相同，那麼為什麼要用不同的字記錄？另一方面，從字形上看，“傉”的聲旁“辱”是日母字，日母字在紹興話中也並無 l－聲母的讀音。吳語人稱代詞中，l－聲母在成音節鼻音之後被同化為 n－的現象很常見，如松江表“我們”的“我拉”音 ɦŋ^{22} nɑ^{35} 或 ɦn^{22} nɑ^{35}（許寶華、陶寰 2015），寧波表“你們”的“爾拉”音 ɦn nɐʔ 等（錢乃榮 1992）；《越諺》中第二人稱複數是“倷乃”，複數標記“儸”la 在鼻音成分後同化為“乃”，即是同類現象。所以我們認為這大概反映了范寅認為“傉”應該與其他人稱的後綴來源一樣但實際讀音卻不同的矛盾心理，“倷傉”本文暫時構擬為*n̩ l～noʔ。

最後是複數標記的問題。“儸”（注音為“賴”）構擬為*la，“乃”構擬為*na，都問題不大。王福堂（2015）、盛益民（2017）指出，紹興方言的四個聲化韻 ŋ̍、n̩、m̩、ȵ̩，只有 ŋ̍ 能單說，其他幾個都是 ŋ̍ 在不同發音部位前的音位變體，因此“倷乃”可以構擬為＊n̩ na。至於複數標記 la^{0} 與大部分北部吳語的複數標記都同源，都是從處所詞發展而來的，具體請參盛益民（2013）的詳細論證。

從表 3 可看出，清末紹興話人稱代詞的特點有：第一，第二人稱基本形式是“爾”，這與今蕭山話較為一致；第二，只有單數有“儂”後綴，這與大部分吳語相同；第三，複數都還是雙音節的形式。

（二）《梅花戒寶卷》的人稱系統

寶卷主要是由唐代寺院中的俗講演變而來的一種中國傳統說唱文學形式，內容有佛經故事、勸事文、神道故事和民間故事，尤以佛經故事為最多。蘇南浙北地區盛行宣卷（“宣講寶卷”的簡稱）這種民間說唱形式。

本文所依據的《梅花戒寶卷》為日本中國古籍文化研究所單刊第 3 種，由古屋昭弘、冰上正、王福堂三位先生所編，2004 年出版。該書將民國上海文元書局石印本《梅花戒寶卷》（原為澤田瑞穗舊藏，現藏于早稻田大學風陵文庫）全文影印，除了出版說明和凡例之外，書中還收入了冰上正先生的題解以及古屋昭弘（1987）、王福堂（1993）二文。

古屋昭弘（1987）從語音、詞彙、語法三方面證明，《梅花戒寶卷》所用的語言大致為清末時期浙東地區的吳語，而且其中諸醜、花旦等所說的話基本就是紹興方言。王福堂（1993）也持相同的看法。我們認為這個論斷是可以信從的。

古屋昭弘（1987）將《梅花戒寶卷》中出現的的人稱代詞做了總結，我們將其歸納為表 4 並做了語音的構擬：

表 4 《梅花戒寶卷》人稱代詞表

	第一人稱	第二人稱	第三人稱
單數	我 *ŋo	倍 *ŋ，你 *ni	伊 *ɦi
複數	我裡 *ŋo li	那 *na	伊賴 *ɦi la

這個系統與范寅的記錄有同有異，有幾點需要專門討論：

第一，第一人稱代詞“我裡”只見於“我裡相公我們相公”一個詞中，全書 4 見，但是我們並不認為這是紹興話的人稱代詞。根據史濛輝（2015）的研究，吳語第一人稱說“我裡”主要分佈在蘇州地區及其附近一帶。寶卷有其傳承，《梅花戒寶卷》所依據的本子大概是蘇州一帶的，而“我裡”反映的是蘇州方言的情況。我們還有其他證據證明《梅花戒寶卷》中有承襲自蘇州一帶方言的現象，如“差”說“邱（本字為“怵”）”、“妻子”說“家主婆”、“沒有”說“唔得”等都不是紹興話的語言現象。關於《梅花戒寶卷》中承襲蘇州一帶方言的現象，待另文討論。

第二，第二人稱單數“你”只出現在小生、老生的口中，可見其為文讀形式，並不反映紹興話的語言事實。

第三，《梅花戒寶卷》中紹興話人稱代詞系統有一大特點：第二人稱基本形式是“倍”，而複數形式只有單音節的形式“那”；而第三人稱單數是“伊”，複數仍然是雙音節的“伊賴”。這個系統與現今蕭山方言的人稱代詞系統較為一致。

（三）民國紹興話的人稱系統

本文利用趙元任（1956/1928）和婁子匡《紹興歌謠》（1927）、《越歌百曲》（1931）來考察民國時期的紹興話。趙元任（1928）的發音人是紹興城區人，其方言屬於會稽口音；而民國著名的民俗學家婁子匡先生是紹興安昌人，婁先生的兩種材料可代表山陰口音。

趙元任（1956/1928：95—97）記錄的是當時紹興城區的年輕人，我們將其所記人稱代詞系統歸納為表 5，並根據書中的拼寫規則用國際音標轉寫了當時的讀音：

表 5 《現代吳語的研究》人稱代詞表

	第一人稱	第二人稱	第三人稱
單數	ngoo [ηo^{4}]、ngooloq [ηo^{4} $lo\text{ʔ}^{8}$]	noq [$no\text{ʔ}^{8}$]、noqloq [$no\text{ʔ}^{8}$ $lo\text{ʔ}^{8}$]	yi [$\text{ɦ}i^{2}$]
複數	ngaalaq [ηa^{4} $la\text{ʔ}^{8}$]	naa [na^{4}]、naaloq [na^{4} $lo\text{ʔ}^{8}$]	yilaq [$\text{ɦ}i^{2}$ $la\text{ʔ}^{8}$]、yaloq [$\text{ɦ}ia^{2}$ $lo\text{ʔ}^{8}$]

對於趙先生所記的這個系統，有幾點需要說明：

第一，系統有不完整和似可商榷之處。不完整之處如第一人稱、第二人稱單數之後有後綴 $lo\text{ʔ}^{8}$，而第三人稱單數之後卻並沒有；第三人稱複數出現了 $\text{ɦ}ia^{2}lo\text{ʔ}^{8}$，但是並沒有基本形式 $\text{ɦ}ia^{2}$。而似可商榷之處主要是複數中的促化形式 $la\text{ʔ}^{8}$，從《越諺》以來的記載以及筆者的聽聞中，均沒有促化的形式，這也許是趙先生的筆誤。

第二，與清末的系統相比，最大的變化在於以下三點：(1) 第二人稱單數出現了新的形式 $no\text{ʔ}^{8}$，而第二人稱的複數的基本形式也與《梅花戒寶卷》一樣已經是單音節的 na^{4} 了；(2) 第二人稱、第三人稱複數代詞之後，開始出現了加後綴 $lo\text{ʔ}^{8}$ 的現象；(3) 第三人稱複數中開始出現了合音形式 ɦia。

第三，第三人稱代詞仍然是陽平調，這與現今的山陰口音一致，而有別于王福堂（1959）以來所記錄的會稽口音，是早期面貌的反映。

而婁子匡的《紹興歌謠》《越歌百曲》兩書的人稱代詞系統比較相似，可整理並構擬如下（表 6）①：

表 6 《紹興歌謠》《越歌百曲》人稱代詞表

	第一人稱	第二人稱	第三人稱
單數	我 *ŋo，我樂 *ŋo loʔ	偌 *noʔ	伊 *ɦi
複數	俉 *ŋa	倷 *na	——

這個人稱代詞系統有如下兩點需要注意：

一方面，由於兩書記錄的是童謠、民歌等，所以人稱代詞並沒有記錄得很完整，如兩書均沒有記錄到第三人稱複數形式；而後綴式也只有在《越歌百曲·小小一隻高冠雞》中用到了一次"我樂"："小小一隻高冠雞，頭又高來尾又低；相公叫我五更啼，我樂②五更勿肯啼，花貓拖到竹園裡。"

另一方面，第一人稱代詞複數已經是單音節形式 ŋa 了，這也許說明這個單音節形式最晚在 1927 年就已經出現了。

① "俉"《紹興歌謠·100》注音"讀 nga"，《越歌百曲·6 金竹笆》注音"讀作'額矮'切"；"偌"《越歌百曲·16 燕子燕》注音"讀'諾'"；"倷"《越歌百曲·7 討便宜》注音"讀'奈'"。

② 原書注釋為："就是我的意思。"

紹興話人稱代詞在吳語中的一大特點就是第二人稱單數形式音 noʔ^{8}。根據對民國紹興話材料的梳理，可以看出紹興話使用這個形式的下限是 1927、1928 年，記錄山陰口音的《紹興歌謠》和記錄會稽口音的趙元任（1956/1928）都已經出現了這個單音節形式。

三、紹興話人稱代詞的歷史演變與系統調整

上一節我們大致梳理了從清末以來的歷史文獻中紹興話人稱代詞的演變。很明顯可以看到，第一人稱複數來源於“我拉”的熔合，第二人稱單數、複數分別來源於“爾儂”和“爾拉”的熔合，第三人稱複數來源於“渠拉”的熔合。

紹興方言人稱代詞系統的歷史演變中，最複雜的體現在第二人稱上，這也是整個北部吳語第二人稱複雜性的一個側面，本文第四節將詳細討論。當紹興話第二人稱“爾落$^{=}$”熔合成“偌”之後，單數系統中存在“爾”“偌”兩種單音節的形式，相互之間發生了競爭，最終以“偌”淘汰掉了“爾”告終。

在第二人稱代詞單數 noʔ^{8} 產生之後，紹興話的單數人稱代詞系統呈如下格局：

第一人稱	第二人稱	第三人稱
ŋo	noʔ	ɦi
ŋo loʔ	—	ɦi loʔ

也就是說在第二人稱那裡產生了空檔。根據語言的自組織性，於是產生了兩方面的演變：一種是第一、第三人稱跟隨第二人稱淘汰了“落$^{=}$”loʔ^{8} 尾代詞，柯橋話等大部分西頭埭土話正是這種情況；另一種是在第一、第三人稱的類推作用下，產生出 noʔ loʔ 以填補空檔，單數呈現兩套代詞，紹興$_{\text{陶堰}}$一帶的情況就是如此。

更有意思的是，在紹興市區及周邊地區，複數之後也出現了後綴“一落”，以下（表 7）是吳子慧（2007b）一書的材料：

表 7　吳子慧（2007b）所記人稱代詞表

	第一人稱	第二人稱	第三人稱
單數	ŋo^{4}、ŋo^{4} loʔ^{8}	noʔ^{8}、noʔ^{8} loʔ^{8}	ɦi^{4}、ɦi^{4} loʔ^{8}
複數	ŋa^{4}、ŋa^{4} loʔ^{8}	na^{4}、na^{4} loʔ^{8}	ɦia^{4}、ɦia^{4} loʔ^{8}

根據我們的調查，紹興$_{\text{福全}}$等地中也可以在單數和複數之後加 loʔ^{8}。

對於複數形式之後的後綴“落”loʔ^{8}，吳子慧（2007b：150）、葉祖貴（2014）認為是從複數後綴 la^{0} 發展而來，如葉祖貴（2014）指出，當複數發生了語音熔合之後，由於人們覺得單數不足以強調複數意義，所以又在複數之後加上了 la^{0}，之後 la^{0} 的作用削弱，人們不再意識到 la^{0} 的複數意義，於是與 loʔ^{8} 發生了混同。我們不認同這種觀點：一方面，在趙元任（1928）的材料中，已經出現了 na loʔ、ɦia loʔ 這樣的形式；另一方面，葉祖貴（2014）認為的 la^{0} 強化複數意義與之後 la^{0} 複數功能的削弱本身就有矛盾之處。所以我們認為複數之後的後綴“落”loʔ^{8} 與複數標記 la^{0} 並沒有關係，而是單數之後的後綴“落”loʔ^{8} 進一步類推擴展的結果。

紹興話人稱代詞複數形式的合音存在時間上的不同步性，第二人稱複數的 na 在清末的《梅花戒寶卷》中就已經出現，這是三個人稱中合音最早的；而第三人稱的非合音形式“渠拉”直到王福堂（1959）的記錄中還有，說明這個形式的合音時間是最晚的。第一人稱、第二人稱合音快於第三人稱，這種現象在浙北使用複數後綴“拉”的吳語中有所體現，本文不再贅述。

至於多音節詞的語音熔合方式，盛益民等（2015）指出應該區分合音和脫落兩種不同的機制，從紹興話的情況來看，似乎難以判斷具體根據的是哪一種機制。

四、吳語第二人稱來源的類型差異

一般認為漢語方言人稱代詞的複數形式主要是在單數詞根基礎上加上複數標記所形成的（李藍 2008、汪化雲 2008）①。但是由於吳語單數人稱代詞存在前綴式和後綴式，詞根與前綴、後綴會發生語音熔合，因此導致了吳語人稱代詞極其複雜的面貌。其中又以第二人稱最為複雜，本節就以第二人稱為例討論。

第二人稱單數有詞根形式與熔合式（詞根與前綴、後綴的熔合）之分②，複數也有單數形式加複數標記的組合式與單數形式和複數標記的熔合式之別。兩相組合，得到吳語四種不同的類型（表 8）：

表 8　吳語四種不同類型

類型		單數	複數
Ⅰ	杭州型	詞根	組合式
Ⅱ	湖州型	詞根	熔合式
Ⅲ	蘇州型	熔合式	組合式
Ⅳ	紹興型	熔合式	熔合式

吳語中，南部吳語全部都是Ⅰ型，這也是大部分漢語方言所採用的方式，本文不再贅述。而北部吳語的情況則非常複雜，下面逐一討論。

先來看Ⅰ杭州型。主要分佈於杭州以及常州府等一些方言中。例如（表 9）：

① 李藍（2008）通過統計 433 個方言點的材料後指出：“現代漢語方言人稱代詞複數標記法以增標法為基本特點。”我們認為除非是有語言接觸，一般很難出現單複數用不同語源的代詞。

② 當然，單數還可能是詞根加前綴、後綴的情況，不過由於此時一般都會有不加詞綴的詞根形式，本文為了簡化討論不再討論單數帶前綴、後綴的形式。

表 9　Ⅰ杭州型部分方言點第二人稱情況

方言點	第二人稱單數	第二人稱複數	材料出處
杭州	ȵi^{3}	ȵi^{55} mən^{31}	錢乃榮 1992
丹陽	ŋ̍^{2}	ŋ̍^{44} tɕi^{55}	蔡國璐 1995：21
無錫	ȵi^{6}	ȵi^{6} li^{6}	陳祺生 1988
海門	n̩^{4}	n̩^{231} d～ləʔ^{2}	王洪鐘 2011：304
象山	ŋ̍^{2}	n̩^{31} na^{31}	葉宗正 2007：506

吳語人稱代詞複數標記的來源類型非常複雜，具體請參盛益民（2013）的討論。當單數是成音節鼻音時，很容易同化之後的聲母。

再來看Ⅱ湖州型。主要分佈于原湖州府、杭州府所轄縣市。例如（表 10）：

表 10　Ⅱ湖州型部分方言點第二人稱情況

方言點	第二人稱單數	第二人稱複數	材料出處
湖州	ȵi$^{z\,3}$	na^{3}	錢乃榮 1992
富陽	n̩^{6}	na^{6}	盛益民，李旭平 2017
諸暨	ȵi^{4}	ȵiɑ^{4}	孟守介 1994
溧陽	ȵij^{223}	ȵio^{53}	筆者調查

再來看Ⅲ蘇州型。這一類又可以分成兩個次類：

（1）Ⅲa 類單數是詞根與後綴或者前綴的合音，而複數是原來的詞根加上複數標記，例如（表 11）：

表 11　Ⅲa 類部分方言點第二人稱情況

方言點	第二人稱單數	第二人稱複數	材料出處
蘇州	nE^{4}	n̩^{12} toʔ^{21}	謝自立 1988
桐廬	ne^{3}	ŋ̍^{55} təʔ^{55}	浙江省桐廬縣志編委會等 1992：122
定海	noŋ^{4}	n̩^{33} na^{44}	方松熹 1993

關於蘇州方言第二人稱單數“倷”nE^{4} 的來源，學界有較大的爭論，本文贊同陳忠敏（1999、2001、2015），陶寰、史濛輝（2015）認為其來源於“爾儂”熔合的觀點。桐廬方言和定海方言的情況也類似，單數都是來源於“爾儂”的合音，而複數是組合形式“爾得”或者“爾拉”。

（2）Ⅲb 類單數是詞根與詞綴的熔合形式，複數是在熔合式的基礎上再加上複數標記，例如（表 12）：

表 12　Ⅲb 類部分方言點第二人稱情況

方言點	第二人稱單數	第二人稱複數	材料出處
常熟	nɛɲ^{4}	nɛɲ^{22} toʔ^{4}	錢乃榮 1992
嘉定	noŋ^{6}	noŋ^{22} tAʔ^{44}	湯珍珠，陳忠敏 1993：13
嘉善	nə^{6}	nə^{11} la^{13}、nə^{11} də^{31}	徐越 2001

常熟、嘉定、嘉善三地的單數都是來自“爾儂”的熔合形式，而複數則不像Ⅲa 類是“爾”與複數標記的組合，而是用熔合形式加上了複數標記。

最後是第Ⅳ類紹興型。除了紹興，還分佈於上海、嘉興等地，例如（表 13）：

表 13　Ⅳ紹興型部分方言點第二人稱情況

方言點	第二人稱單數	第二人稱複數	材料出處
上海	nʊŋ^{6}	nA^{6}	錢乃榮 1992
嘉興	ne^{6}	nɑ^{6}	

第三節已經論證紹興話第二人稱單數“偌”來源於“爾儂”的熔合，複數“倷”來源於“爾拉”的熔合；陳忠敏（2015），陶寰、史濛輝（2015）指出，上海的第二人稱 noŋ^{6} 實際上來源於“爾儂”的合音；而嘉興話的 ne^{6}、nɑ^{6} 也是分別來源於“爾儂”和“爾拉”的熔合。

總之，吳語人稱代詞系統非常複雜，需要做更深入的研究工作。

參考文獻

蔡國璐．丹陽方言詞典．南京：江蘇教育出版社，1995.

陳祺生．無錫方言中的代詞//漢語論叢．上海：華東師範大學出版社，1988.

陳忠敏．論蘇州話人稱代詞的語源//中國語言學論叢．北京：北京語言大學出版社，1999.

陳忠敏．吳語人稱代詞的範式、層次及音變//漢語史學報：第十六輯．上海：上海教育出版社，2016.

陳忠敏，潘悟雲．論吳語的人稱代詞//李如龍．代詞．廣州：暨南大學出版社，1999.

古屋昭弘．『梅花戒寶卷』と清末浙東の呉語//開篇：第 3 輯．東京：好文出版，1987.

方松熹．舟山方言研究．北京：社會科學文獻出版社，1993.

金春華．吳語紹興方言的方言地理學研究．上海：復旦大學，2014.

李藍．漢語的人稱代詞複數標記法．方言，2008（3）.

李榮．語音演變規律的例外．中國語文，1965（2）.

《臨安縣志》編纂委員會．臨安縣志．上海：漢語大詞典出版社，1992.

劉丹青．語法化理論與漢語方言語法研究．方言，2009（2）.

孟守介．諸暨方言的代詞．語言研究，1994（1）.

錢乃榮. 當代吳語研究. 上海：上海教育出版社，1992.

錢乃榮. 北部吳語的代詞系統//李如龍. 代詞. 廣州：暨南大學出版社，1999.

錢曾怡. 嵊州長樂話的三種語法現象//吳語論叢. 上海：上海教育出版社，1988.

盛益民. 吳語人稱代詞複數標記來源的類型學考察//語言學論叢：第四十八輯. 北京：商務印書館，2013.

盛益民. 吳語紹興柯橋話參考語法. 天津：南開大學，2014.

盛益民. 鼻音的成音節化與去成音節化：以吳語紹興方言為例. 語言研究，2017 (3).

盛益民，李旭平. 富陽方言研究. 上海：復旦大學出版社，2017.

史濛輝. 蘇州方言第一人稱複數的來源及演變//語言學論叢：第五十二輯. 北京：商務印書館，2015.

湯珍珠，陳忠敏. 嘉定方言研究. 北京：社會科學文獻出版社，1993.

陶寰. 紹興市志. 杭州：浙江人民出版社，1996.

陶寰，金春華，盛益民. 吳語紹興方言的內部分區//李小凡，項夢冰. 承澤堂方言論叢：王福堂教授八秩壽慶論文集. 北京：語文出版社，2014.

陶寰，史濛輝. 吳語人稱代詞考源的原則：兼論吳語的“儂”//漢語史學報：第十六輯. 上海：上海教育出版社，2016.

汪化雲. 漢語方言代詞論略. 成都：巴蜀書社，2008.

王福堂. 紹興話記音//語言學論叢：第三輯. 上海：上海教育出版社，1959.

王福堂.《梅花戒寶卷》中的紹興方言//開篇：第 11 輯. 東京：好文出版，1993.

王福堂. 紹興方言韻母又讀中的母音 ɒ 和 a//語言學論叢：第三十七輯. 北京：商務印書館，2008.

王福堂. 紹興方言中蟹攝一等咍泰韻的分合//羅傑瑞先生七秩晉三壽慶論文集. 香港：香港中文大學出版社，2009.

王洪君. 層次與演變階段：蘇州話文白異讀析層擬測三例. *Language and Linguistics*, 2006 (7.1).

王洪鐘. 海門方言研究. 北京：中華書局，2011.

王佳亮.《同音字類標韻》的音韻特點與音系性質：兼回應周賽華《〈同音字類標韻〉所記清中後期的紹興話及其變化》. [待刊].

吳子慧. 紹興方言的人稱代詞和疑問代詞. 浙江教育學院學報，2007a (2).

吳子慧. 吳越文化視野中的紹興方言研究. 杭州：浙江大學出版社，2007b.

謝自立. 蘇州方言的代詞//復旦大學吳語研究所. 吳語論叢. 上海：上海教育出版社，1988.

徐越. 浙北杭嘉湖方言語音研究. 北京：中國社會科學出版社，2007.

葉宗正. 象山方言志. 北京：中華書局，2007.

葉祖貴. 紹興地區方言的人稱代詞論略. 寧波大學學報（哲社版），2014 (2).

趙元任. 現代吳語的研究. 北京：科學出版社，1956/1928.

趙則玲．寧波方言的三身代詞．寧波大學學報（哲社版），2008（6）．
趙則玲，大西博子．蕭山方言的若干內部差異．方言，1999（1）．
浙江省桐廬縣縣志編委會．桐廬方言志．北京：語文出版社，1992．
鄭張尚芳．方言中的舒聲促化現象．中國語言學報，1995（5）．
Siewierska，Anna. *Person*. Cambridge：Press of the University of Cambridge，2004.

Historical Changes of the personal pronouns in Shaoxing Wu dialect

Sheng Yimin，Tao Huan

Abstract：This article analyzes the historical changes of the personal pronouns in Shaoxing Wu dialect based on five documents since the late Qing Dynasty，such as *Yueyan and Meihuajie baojuan*. On this basis，the article discusses the source types of the singular second persons and the plural second persons in Wu dialects.

Keywords：Shaoxing Wu dialect；personal pronoun；historical changes；typology

（盛益民、陶寰，復旦大學中文系）

西方人記錄的20世紀初成都話音系

——《華西一年級學生漢語教科書》分析

周 岷

提 要： 本文分析了 *Chinese Lessons for First Year Students in West China*（《華西一年級學生漢語教科書》）的聲韻調系統，並結合當代成都話的相關資料和其他一些描述19世紀末20世紀初成都話語音的文獻，分別從聲母、韻母、聲調及聲韻配合關係等方面分析了其語音系統的主要特點，為研究100多年前成都話的語音及演變規律提供了新的資料。

關鍵詞：《華西漢語教科書》；20世紀初；成都話音系

引言 啟爾德和 *Chinese Lessons for First Year Students in West China*

加拿大籍傳教士啟爾德（Omar L. Kilborn），在多倫多東區愛華教會（Toronto East District Epworth League，一譯為"衛理青年會"）的支持下於1892年5月和同伴美籍傳教士赫斐秋，加拿大傳教士何忠義夫婦、司徒芬孫夫婦等一行九人來到成都，在玉沙街一幢民房落腳，從事行醫傳教活動。當年，在四聖祠街（今四聖祠北街）創建了四川地區第一家西式醫院——"福音醫院"（1914年後更名為"仁濟醫院"，即今成都市第二人民醫院的前身）；同時，他們還在四聖祠街買下一片菜地，修建了禮拜堂（今基督教恩光堂前身）。

成都的華西協合大學[①]在基督教會的主持下，於1910年3月11日正式開課；啟爾德積極參與了華西協合大學的籌建，是學校董事會的第一任主席。1914年華大設立醫科，啟爾德又親執教鞭，講授生理學、眼科和化學等課程。他創辦的仁濟醫院也成為醫科學生臨床教學和實習的基地。

建校之初，華西協合大學有很多外籍教師和學生。為了讓他們儘快適應當地的學習生活，啟爾德根據自己多年的工作、生活經驗，編寫了中文學習教材 *Chinese*

① 華西協合大學即後來成都南郊的四川醫學院、華西醫科大學（俗稱華西壩），現為四川大學華西校區。

Lessons for First Year Students in West China（《華西一年級學生漢語教科書》，下文簡稱《教科書》），於 1917 年在成都由當時的華西協合大學（The West China Union University）出版，供外籍學生學習漢語使用，一直到 1930 年末。

2015 年，四川人民出版社根據收藏在加拿大多倫多大學圖書館的原件，影印出版了這部教材（下文簡稱"影印本"）①。影印本在出版後記中提到，啟爾德對學習中文，特別是學習當地方言有自己獨特的理解。他認為學習語言的精髓在於詞彙和句子，於是他選取了很多當地人日常使用頻率較高、相對簡單的詞句作為教材内容。

《教科書》全書分 Introduction（前言）和正文兩部分。前言部分從教材的編寫目的和編寫體例、當地口語特點、漢語教師、參考字典、漢語聲調、羅馬字母注音、學習漢字、教材的使用方法、結論等 9 個方面對《教科書》進行說明。正文部分分為 32 課，每課以當時一生活場景作為話題，以對話體的形式總共收錄句子 1005 條（影印本只出現了 1002 條）。每句話的編排體例依次是：漢語句子，漢語句子整句的英語翻譯，漢語句子逐字的羅馬字注音（大寫字母，後加數位識別碼聲調）和逐字逐詞的英語翻譯，句中生詞的英語解釋（分別列出各詞的漢字形式、羅馬字注音、英語解釋）。如：

Lesson 1. 第一課

同教書先生說話

Conversation with the Teacher

同教書先生說話

1 Conversation with the Teacher.

$\mathrm{TUNG^{2}GIAO^{1}SHU^{1}SIEN^{1}SEN^{1}SHO^{2}HUA^{4}}$.

With teach books teacher speak words.

教書

$\mathrm{GIAO^{1}SHU^{1}}$ to teach; lit., to teach books.

先生

$\mathrm{{}^{1}SIEN^{1}\ SEN^{1}}$, teacher, mister; lit., before or first born. This most common designation may now be used in addressing men—and even women teachers—in all grades of society.

說話

$\mathrm{SHO^{2}\ HUA^{4}}$ to speak, to talk; lit., to speak words.

① 影印本中譯名為《民國四川話英語教科書》，本文認為根據英文原文應譯為《華西一年級學生漢語教科書》。

一、《教科書》與民國初期成都話音系

從《教科書》的注音來看，本書是一種方言教材，反映了當時成都地區的方言面貌。理由如下：

第一，啟爾德的目的是在當地傳教，因此來華後聘請教師學習漢語時，應該向當地的教師學當地話。

第二，啟爾德來華後定居成都，除了有一段時間（1892 至 1895 年）常去榮縣、嘉定（今樂山）、自流井（今自貢）等地短期傳教，其他時間主要在成都傳教、行醫和教學，成都老城區（府河之內）是他的主要活動區域。

第三，《教科書》前言談及成都話和四川其他地區（如重慶、樂山、榮縣）方言的異同；可見《教科書》是以成都話為基礎，據此與四川其他地方的方言作比較。

第四，作者在前言部分提到，他在學習當地語言和編寫《教科書》時參考過 Grainger（鍾秀芝）的 *Western Mandarin or the Spoken Language of West China*（《西蜀方言》）。甄尚靈在考證《西蜀方言》時說："成都是西蜀首府，政治文化中心，語言在全川有較高的威望。用成都話來代表'西蜀方言'，好比用北京話代表官話，是合情合理的。"（甄尚靈 1988：209）此外，比啟爾德生活年代稍早的傳教士 Edkins（艾約瑟）在 *A Grammar of the Chinese Colloquial Language Commonly Called the Mandarin Dialect*（《漢語官話口語語法》）中也提到："In Western Mandarin，taking C'heng-tu-fu the capital city of Sï-c'hwan as the standard ...（西部官話以四川首府成都話為標準）。"（Edkins1864：9）

第五，《教科書》的音系與現代四川各地方言都有出入，但從當今四川各方言的音系特點來看，《教科書》所記音系和今成都話音系更接近，和樂山、自貢、榮縣等地方言音系差別較大。書中提到"這"和"那"二字在字典中的讀法分別為"DJE^{4}"［ts^{h}e4］和"LA^{4}"［la4］，但當地老師教他的發音卻是"DJER^{1}"［ts^{h}ɚ1］"LER^{1}"［lɚ1］；還提到當時成都口語中常說的如啜子 SHA^{4}DZ^{3}［ʂa4］［tsɿ3］，那麼個 LA^{4}MO^{3}GO^{4}［la4］［mo3］［ko4］或 LANG^{4}GO^{4}［laŋ4］［ko4］，在那根前 DZAI^{4}LA^{4}GEN^{1}TSIEN^{2}［tsai4］［la4］［ken1］［tɕiɛn2］或 DZAI^{4}LER^{1}GEN^{1}TSIEN^{2}［tsai4］［lɚ1］［ken1］［tɕiɛn2］等（Kilborn1917：Introduction），均與今天的成都話非常相似。

因此可以初步判斷，《教科書》所記錄的語言為 20 世紀初期的成都話。正如廖志林在影印本代序中所說："該書在很大程度上體現出了當時成都話的基本特點，為研究 20 世紀初成都話提供了珍貴的語料。"

本文嘗試通過整理該書中的漢字注音，歸納出那個時期成都話的語音特徵；並

參照之前學者的相關研究，討論其與當代成都話音系的異同。

二、《教科書》的語音系統

啟爾德（1917）在《教科書》Introduction（前言）部分對全書的羅馬字注音作系統說明時，只提到其使用的是“standard system ...with a few modification to adapt it for West China（標準系統，為了適應對當地話的描述略加修改）”。至於其所謂“標準系統”到底指什麼並未作進一步說明。鍾秀芝在《西蜀方言》前言中指出，自己的書使用的是“a modification of the China Inland Mission system（中國內地會的拼寫體系略加修改）”（Grainger 1900）。鍾秀芝和啟爾德同為在四川活動的傳教士，生活年代大致相當。啟爾德在編寫《教科書》時曾以《西蜀方言》作為參考，對比《教科書》和《西蜀方言》羅馬字注音系統，發現二者呈現出高度一致性。同時，《教科書》的注音體系和《西蜀方言》的注音體系一樣，“反映的是音類分別，沒有音值詳細描寫”（甄尚靈 1988：210）。

甄尚靈（1988）、千葉謙悟（2008）等在整理《西蜀方言》時參照了該書的 Syllabic Index（音節索引），“這個音節索引相當於現在方言調查的同音字表”，“共收字頭 3786 個”（甄尚靈 1988：209，210）。在這個基礎上整理其聲韻調以及聲韻配合關係等材料相對豐富，得到的語音系統也會更趨完備。《教科書》沒有附音節索引，去除重複，32 篇課文 1005 條對話中出現注音漢字 812 個，字數偏少，但由於課文中選用的都是最基本的詞語，仍比較完整地反映了當時的語音系統。本文據此建立語音資料庫，展開分析，個別闕漏處另作說明。

（一）《教科書》的聲母系統

本文整理出的《教科書》所描述的語音體系中共包含聲母 23 組，包括零聲母在內。雖然作者未作說明，但是通過分析全書的拼寫系統發現，部分羅馬字代表了兩套不同的聲母。“因為是拼寫體系，在語音分佈有互補的地方，就求簡單，用相同的符號……”（甄尚靈 1988：210）其中：

（1）《教科書》中聲母［k］和［tɕ］都用羅馬字母 G 記音；G 在洪音（開口呼、合口呼）前讀［k］，如個、過 GO［ko］，改、蓋 GAI［kai］，給 GE［ke］，跟 GEN［ken］，乾 GAN［kan］等；G 在細音（齊齒呼、撮口呼）前讀［tɕ］，如教、叫 GIAO［tɕiau］，今 GIN［tɕin］，九、久 GIU［tɕiəu］，己 GI［tɕi］，句 GÜ［tɕy］等。這是因為成都話中，［k-］不同細音相拼，［tɕ-］不與洪音相拼，為互補關係，用同一個符號 G 記寫，減少了符號數且不會混淆。

（2）《教科書》中聲母［$tʂ^h$］和［$tɕ^h$］都用羅馬字母 CH 記音；其中 CH 在洪音（開口呼、合口呼）前讀［$tʂ^h$］，如成、塵、稱 CHEN［$tʂ^h$en］，床 CHWANG [tʂʰuaŋ]，長 CHANG [tʂʰaŋ]，柴 CHAI [tʂʰai]，川 CHWAN [tʂʰuan]，茶 CHA [tʂʰa] 等；CH 在細音（齊齒呼、撮口呼）前讀 [tɕʰ]，如去、取 CHÜ [tɕʰy]，期、起、氣 CHI [tɕʰi]，輕 CHIN [tɕʰin]，茄 CHIE [tɕʰie]，撬 CHIAO [tɕʰiau] 等。成都話中，[tʂʰ-] 不與細音相拼，[tɕʰ-] 不與洪音相拼，為互補關係，可用同一個符號 CH 記寫。

（3）根據《教科書》的注音情況來看，該音系中的古泥來母字洪混細分，如：

來 LAI＝奶 LAI；

年 NIEN≠蓮 LIEN

這與《西蜀方言》的語音系統以及當代成都話音系完全一致。當代成都話音系大多將成都話來母字聲母音值描述為 [n]，將位於細音前的泥母字聲母音值描述為 [ȵ]（參見甄尚靈 1958，郝錫炯等 1960，楊時逢 1984，何婉等 2014）。千葉謙悟（2008）將《西蜀方言》中的來母字聲母音值描述為 [l]，將位於細音前的泥母字聲母音值描述為 [n]。考慮到鍾秀芝和啟爾德的母語為英語，從聽感上分析，他們對 [n] [l] 區別應很清楚。二者都用 L 記錄成都話的古來母字而沒用 N，所以本將《教科書》中羅馬字聲母 L 的音值用國際音標 [l] 表示，N 的音值用國際音標 [ȵ] 表示。

（4）此外，零聲母音節多以 Y、YU、W 等開頭，用國際音標分別轉寫為 [i]、[y]、[u]。如要 YAO [iau]、月 YUEH [yɛ]、問 WEN [uen] 等。因此，總結《教科書》聲母系統如表 1（根據《教科書》的羅馬字記音推測出其所記的大致音值，用國際音標表示）：

表 1　《教科書》聲母表（羅馬字記音，國際音標及例字）

發音方法 / 發音部位	塞音		塞擦音		鼻音	擦音
	不送氣	送氣	不送氣	送氣		
雙唇	B[p]巴	P[pʰ]鋪			M[m]母	
唇齒						F[f]房
齦音	D[t]讀	T[tʰ]同	DZ[ts]坐	TS[tsʰ]錯	L[l]來	S[s]絲，R[z]人
翹舌			DJ[tʂ]張	CH[tʂʰ]成		SH[ʂ]書
齦齶			G[tɕ]教	CH[tɕʰ]去	N[ȵ]念	HS[ɕ]興
軟齶	G[k]貴	K[kʰ]快			NG[ŋ]熬	H[x]花
零聲母	∅要、月、問、哎					

還需要說明的是，《教科書》中對“只”“指”“紙”“置”四字的注音為 GÏ。在《教科書》韻母系統中，IÏ 代表舌尖元音 [ɿ] 或 [ʅ]（詳見後文），在成都話音系中不可能與 [k] 或 [tɕ] 相拼。因此，G 在《教科書》記音系統中還可表示舌

尖後塞擦音［tʂ］，“只”“指”“紙”“置”四字的讀音都為［tʂʅ］。

（二）《教科書》的韻母系統

根據《教科書》對812字的羅馬字注音，可整理出其語音系統有韻母共計42個。其中，對《教科書》韻母部分的羅馬字注音與當時成都話的實際語音（用國際音標表示）之間的關係需要作如下說明：

（1）《教科書》記音中，I代表前高元音［i］，如李、裡LI［li］，一、依I［i］，己GI［tɕi］等；有時Y也可代表前高元音［i］，如的DY［ti］。Ï在平舌音聲母後代表舌尖前元音［ɿ］，如事、絲、師、四SÏ［sɿ］等；在翹舌音聲母後代表舌尖後元音［ʅ］，如時、十、柿、石SHÏ［ʂʅ］等。IH和Ï也有類似用法：在平舌音聲母後代表舌尖前元音［ɿ］，如四SIH［sɿ］；在翹舌音聲母後代表舌尖後元音［ʅ］，如使、時SHIH［ʂʅ］等。還有部分字記音為DZ，無元音，其國際音標轉寫可以為［tsɿ］，如字、子、自DZ［tsɿ］。

（2）《教科書》關於合口韻［u］的注音。多數情況下，在零聲母音節或聲母為軟齶音時，用W代表合口韻［u］，如或HWE［xue］；其餘時候用U代表代表合口韻［u］，如錘CHUE［tʂʰue］。WEI或UI代表三元音［uei］，其中，在零聲母音節或聲母為軟齶音時用WEI，如櫃、歸、規GWEI［kuei］，幃、位、為WEI［uei］；其餘時候用UI，如對DUI［tuei］，水SHUI［ʂuei］，雷LUI［luei］，隨SUI［suei］等；也有個別例外，如順SHWEN［ʂuen］，其聲母既非零聲母又非軟齶音。

（3）Ü代表［y］，如現、鮮SÜEN［syɛn］，圈GÜEN［tɕyɛn］；在零聲母音節中記作YU，如願、原、遠、元YUEN［yɛn］。個別字記音有誤，如：掀SUEN應為SÜEN［syɛn］，圈、全CHUEN應為CHÜEN［tɕʰyɛn］。

（4）ER或IR都代表兒化央元音［ɚ］，如兒ER［ɚ］，桃TER［tʰɚ］，錘CHWER［tʂʰuɚ］，二IR［ɚ］。關於“二、兒”等字實際音值的討論，參見甄尚靈（1988）。

（5）IU代表［iəu］，如九、久GIU［tɕiəu］，就DZIU［tsiəu］，牛NIU［ȵiəu］等；單獨做零聲母音節時記作YIU，如有、又、油、右YIU［iəu］等。

（6）元音＋H，表示元音略開，多數為入聲字。四川南路話中，保持有入聲韻，較湖廣話相對應的韻，其元音略開、偏央一些。《教科書》也有類似的特點，如裡LI［li］，吃CHIH［tʂʰe］；麼MO［mo］，學HSIOH［ɕiɵ］；這DJE［tʂe］，得DEH［tɛ］；書SHU［ʂu］，沒MUH［mɵ］；大DA［ta］，法FAH［fɛ］。

根據上述分析，對《教科書》韻母系統總結整理如表2（根據《教科書》的羅馬字記音推測出其所記的大致音值，用國際音標表示）：

表 2　《教科書》韻母表（羅馬字記音，國際音標及例字）

	開口呼	齊齒呼	合口呼	撮口呼
無韻尾	Ï[ɿ]、[ʅ]絲、時	I、Y [i] 地、的；IH [e]吃	U[u]五；UH[ɵ]沒	Ü[y]句
	E[e]這；EH[ɛ]得	IE[ie]歇；IEH[iɛ]鐵	UE、WE[ue]錘、或；WEH[uɛ]國	UEH[yɛ]月
	ER、IR[ɚ]兒，二			
	O[o]過	IO[io]學；IOH[iɵ]學		
	A[a]啥；AH[ɛ]法	IA[ia]下	WA[ua]話	
元音尾	AI[ai]來		WAI[uai]快	
	AO[au]早	IAO[iau]教		
	OU[əu]候	IU[iəu]牛		
	EI[ei]每		WEI、UI[uei]灰，對	
鼻音韻尾	AN[an]慢	IEN[iɛn]先	WAN[uan]川	ÜEN、UEN[yɛn]圈，元
	ANG[aŋ]張	IANG[iaŋ]兩	WANG[uaŋ]床	
	EN[en]生		WEN[uen]順	
	UNG[oŋ]同	IUNG[ioŋ]凶		
		IN[in]名		UIN[yn]勻

和聲母系統類似，《教科書》羅馬字注音與其韻母音標也不是一一對應關係，在有些情況下呈現出一對多或多對一的關係。其中有些是有條件的，如 Ï、IH 在不同條件下可分別代表［ɿ］和［ʅ］，具體條件見上述（1）；有些則是無條件的，如 I、Y 都可代表［i］，EH、AH 都可代表［ɛ］，ER、IR 都可代表［ɚ］等。除了 ER、IR 單獨作零聲母音節外，《教科書》還有其他幾處地方也出現過兒化韻，如前文提到的"這（兒）DJER""那（兒）LER"，此外還有"錘 CHWER""桃 TER"等，本文對其音值一律描寫為［ɚ］。

此外，前文（6）已提到，在《教科書》的韻母系統中，有不少以 H 結尾的情況，多為古入聲字，如"吃 CHIH""學 HSIOH""國 GWEH"等。袁雪梅等（2014：142）曾指出，"H 兼作入聲字韻尾"，但入聲字在當時已入歸陽平或接近于陽平，聲調都消失了，是無韻尾的。因此，元音＋H 的情況只表示韻母的區別：即聲調難於分辨，但入聲韻母還有區別。參照當代四川地區保留入聲地區方言（南路話）的音值，本文的處理方式是：將這些韻母的音值較原韻母（無 H 時）構擬得略開（低）、略央一些：如 E＝[e]，EH＝[ɛ]；O＝[o]，OH＝[ɵ]；I＝[ɪ]，IH＝[e]；U＝[u]，UH＝[ɵ]；A＝[a]，AH＝[ɛ]。至於《教科書》的聲調體系中是否存在入聲，將在下文作具體討論。

（三）《教科書》的聲調系統

根據《教科書》正文部分的記錄，當時成都話有四個聲調，分別在羅馬字母記音旁邊用阿拉伯數字“1、2、3、4”表示。舉例如下：

第一調：教 $GIAO^1$，書 SHU^1，先 $SIEN^1$，生 SEN^1，等等；

第二調：同 $TUNG^2$，説 SHO^2，來 LAI^2，不 BU^2，等等；

第三調：請 $TSIN^3$，麼 MO^3，早 $DZAO^3$，李 LI^3，等等；

第四調：話 HWA^4，進 $DZIN^4$，坐 DZO^4，這 DJE^4，等等。

《教科書》對當時的聲調只記錄了調類，不能體現具體調值。根據當代成都話音系，大致可以推斷當時所記的1、2、3、4調相當於今成都話陰平、陽平、上聲以及去聲。

然而，同時期的《西蜀方言》所記錄當時成都話有5個聲調，似乎與《教科書》相矛盾。鍾秀芝在《西蜀方言》前言部分有這樣一段描述：

> The 5th tone is sometimes difficult to distinguish from the 2nd, being less abrupt than the 5th tone in Southern Mandarin. Still, it is a distinct tone and is not confounded with the other four tones as in Northern Mandarin. (Grainger1900: Introductionii)
>
> （第五聲有時難於與第二聲分辨，它不像“南方官話”第五聲那樣短促，但畢竟自成一個聲調，不像“北方官話”已混入另外四個聲調之中。）

在《教科書》的前言部分，啟爾德也有這樣一段論述：

> West China is supposed to have five tones; and for many parts this is quite true. Other places—including Chengtu and Chungking have only four, for the second and fifth are synonymous. A Chengtu man finds great difficulty in distinguishing a fifth tone. I have therefore ventured to follow the language of Chengtu and Chungking by indicating four tones only, doing away with the fifth, and placing all these under the second. (Kilborn1917: IntroductionVI)
>
> （中國的西部方言應該有五個聲調；很多地方的情況確實也是如此。其他地方，包括成都和重慶，只有四個聲調：因為第二調和第五調非常相似。成都人很難分辨出第五調。因此我們姑且認為成都話和重慶話只有四個聲調：忽略第五調，將其全部列入第二調。）

由此可見，兩本書對當時成都話的聲調描述並不矛盾。二者都認為第五調與第二調很難分辨，只是處理方式有所不同：《西蜀方言》將入聲處理為獨立聲調，《教科書》將入聲聲調全部列入陽平。值得一提的是，《西蜀方言》出版於1900年，

《教科書》出版於 1917 年，比《西蜀方言》晚十多年。這兩種對入聲調不同的處理方式恰好說明近代成都話入歸陽平的過程和大致時期。前文在討論《教科書》韻母系統時已經提到，在《教科書》的部分字記音中，也能找到入聲的痕跡，舉例如下（表 3）：

表 3 《教科書》記音帶 H 入聲字與非入聲字統計

帶 H 入聲字（古入聲韻）	帶 H 非入聲字（古陰聲韻）
國 GWEH^{2}[kwɛ]（德韻）；得 DEH^{2}[tɛ]（德韻）	
月 YUEH^{2}[yɛ]（月韻）；鐵 TIEH^{2}[tiɛ]（屑韻）	四 SIH^{4}[sɿ]（脂韻）
學 HSIOH^{2}[ɕiɵ]（覺韻）；腳 GIOH^{2}[tɕiɵ]（藥韻）	使 SHIH^{3}[ʂʅ]（之韻）
沒 MUH^{2}[mɵ]（沒韻）；法 FAH^{2}[fɛ]（乏韻）	時 SHIH^{2}（SHÏ^{2}）[ʂʅ]（之韻）
吃 CHIH^{2}（CHÏ^{2}）[tʂʰe] [tʂʰʅ]（錫韻）	

通過表 3 的統計可知，《教科書》中絕大部分“元音＋H”記音形式都和入聲字有關；表 3 右列的三個帶 H 的非入聲字都是 IH 形式。前文（1）中已討論，IH 可以和 Ï 一起表示舌尖元音［ɿ］［ʅ］。關於 19 世紀末 20 世紀初成都話聲調是否存在入聲的問題，亦可參考 Edkins（1864）。雖然從調值來看，當時成都話的入聲調已與陽平調很難分辨，但是從《教科書》的記音來看，相當部分入聲字仍保留有入聲韻，這與當代成都話相區別。關於《教科書》語音系統的具體特點及其與當代成都話語音系統的異同，下文將作具體討論。

三、《教科書》語音系統特點

前文對《教科書》的語音系統分別作了聲、韻、調方面的描述，下文將通過對比當代成都話音系，分析《教科書》語音系統的大致特點。

（一）聲母方面

前文已經分析，將零聲母計算在內，《教科書》的語音系統共包含聲母 23 組，當代成都話音系共包含聲母 20 組（參見甄尚靈 1958，郝錫炯等 1960，楊時逢 1984）①。通過對比不難發現，《教科書》的語音系統正好比當代成都話語音系統多了［tʂ］［tʂʰ］［ʂ］三組舌尖後（翹舌）聲母，與舌尖前［ts］［tsʰ］［s］三組聲母相區別，這不同于當代成都話。其中，《教課書》用 DZ、TS、S 記錄舌尖前音［ts］［tsʰ］［s］；用 DJ、CH、SH 記錄舌尖後音［tʂ］［tʂʰ］［ʂ］。結合《教科書》中的具體例字和這些例字的中古音（《切韻》音系）聲母，列表如下（表 4）：

① 何婉等（2014）認為當代成都話音系有聲母 21 組，增加了濁擦音聲母［v］。

表4 《教科書》舌尖前後聲母例字及其中古聲母對照

《教科書》聲母 / 中古聲母	DZ[ts]	TS[tsʰ]	S[s]	DJ[tʂ]	CH[tʂʰ]	SH[ʂ]
精組	進作左早灶再做足宗棕總趲髒則走嘴坐昨在；近淨盡僅睛就酒揭煎剪賤籍擠將漿節	錯撮搓菜蔥餐此次粗催擦層祠；請芹青情清錢千前鉗牽齊切	四絲掃嫂鱢訴碎三傘算索鎖送灑歲隨松；先姓心星新信西洗細些熄小消掀箱相鄉謝鮮袖現			
知組		撐橙		張賬傳轉豬竹罩桌站展振趙陣枕重撞	抽塵陳長場傳茶廚除朝沖重錘紬纏	
莊組	爭側縐助	窗楚摻	事生師數梳色瘦	找招裝妝抓	插叉炒鏟床柴	柿紗煞稍使山曬栓刷
章組				者折鐘煮主照真整掌帚氈準	稱秤廠川處杵出扯車吹乘船伸成城	順繩實食書說聲聖升水手收少燒濕式試陝什晨是時睡上裳十石拾市

觀察表4可知，《教科書》中的三組舌尖後聲母與三組舌尖前聲母對立，而當代成都話只有舌尖前聲母，表4中舌尖後聲母的例字全部混入舌尖前聲母。《教科書》中的舌尖前聲母字幾乎全部來自于中古音系統的精組字，而舌尖後聲母字幾乎全部來自于中古音系統的知、莊、章三組，這與現代漢語普通話舌尖前後聲母的分佈基本一致。由此可見，舌尖前和舌尖後兩組聲母的對立是那一時期成都話語音系統的典型特點。關於這一問題的論述還可參見甄尚靈（1988）、千葉謙悟（2008）、袁雪梅等（2014）、袁雪梅（2016）。此外，“師、生、事”等莊組字讀平舌，是當代四川地區分平翹舌音方言一個特點（周及徐2013），這區別于普通話的平翹舌音分佈。《教科書》所記與這個特點有一致性。

（二）韻母方面

前文整理《教科書》語音系統共有韻母41個，甄尚靈（1958）、郝錫炯等（1960）、楊時逢（1984）、何婉等（2014）整理當代成都話音系共有韻母36個。對比《教科書》語音系統中的韻母和當代成都話語音系統的韻母，有如下區別：

（1）《教科書》語音系統中有舌尖前元音［ɿ］和舌尖後後元音［ʅ］，而當代成都話音系只有舌尖前元音［ɿ］。因為《教科書》的聲母系統中分舌尖前後舌尖後兩組塞擦音，而當代成都話只有舌尖前聲母，前文已對比分析。

（2）與當代成都話的韻母系統相比，《教科書》語音系統中的韻母多了［ɵ］［ɛ］［iɛ］［uɛ］［yɛ］［iɵ］等6個韻母，這些韻母均與入聲韻有關，前文已詳細分析。

（3）與當代成都話的韻母系統相比，《教科書》語音系統中的韻母少了［ye］［iai］兩組。《教科書》中用DJUE記錄"決"字。如果根據前文分析的《教科書》聲母韻母的羅馬字注音與國際音標對應關係來看，"決"應當讀作［tʂue］。但是，［tʂue］這樣的音節既不符合《教科書》的語音系統的聲韻配合關係，也不符合當代成都話音系的聲韻配合關係。此外，甄尚靈（1988）整理的《西蜀方言》音系中也有［ye］韻母的存在。因此，本文推斷在《教科書》的語音系統中一定存在韻母［ye］，"決"在《教科書》中的記音應為誤記，其讀音應當是［tɕye］，與當代成都話相同。

無論是《西蜀方言》的韻母系統還是當代成都話的韻母系統均存在［iai］韻。《西蜀方言》中記音為［iai］韻的字有"皆、解、戒、界、疥、芥、械"等七個字。《教科書》中僅出現"解"一字，記音為GAI［kai］。"解"無論在《西蜀方言》還是在當代成都話音系中均有兩讀：［kai］、［tɕiai］。因此，本認為《教科書》中無［iai］韻是由於其所收注音字不完整所致。

（三）聲韻配合方面

《教科書》的語音系統在聲韻配合方面與當代成都話語音系統的聲韻配合關係基本一致，不過也存在著一定的差異。

《教課書》中所記成都話能區分尖音和團音。其中，聲母［ts-］［tsʰ-］［s-］不僅能和開口呼和合口呼相拼，還能和齊齒呼和撮口呼相拼，這與《西蜀方言》所記的語音系統一致，而區別于當代成都話語音。具體可參見表4中精組中分號以後所列的例字。從《教科書》記音來看，這些例字的讀音均為尖音。結合中古音聲母，將這些精組例字和《教科書》中的見系例字對照如表5所示：

表5 《教科書》分尖團音例字及其中古聲母對照

《教科書》聲母 / 中古聲母	DZ＋I ［tsʲ］	TS＋I ［tsʰʲ-］	S＋I ［sʲ-］	G＋ I/Ü ［tɕʲ-］	CH＋ I/Ü ［tɕʰʲ-］	HS＋ I/Ü ［ɕʲ-］
精組	進睛酒煎剪擠將漿節淨盡就賤籍	請青清千切情錢前齊	先姓心星新信西洗細些熄小消箱相鮮謝袖	椒揪尖漿薦	取全	些捎徐序

續表 5

見系	揭僅	牽芹鉗	掀鄉現	教叫交攪今緊斤巾鏡景經勁九久糾己雞幾記機箕句舉橘矩腳揀撿間肩堿架家挾價加夾較講結頸轎舊具件	茄去氣起撬輕圈期	歇興曉稀向凶下篁行現限嫌學

觀察表 5 發現，《教科書》中的尖音［ts^{j}-］［ts^{hj}-］［s^{j}］主要來源於中古音精組字，而《教科書》中的團音［tɕ^{j}-］［tɕ^{hj}-］［ɕ^{j}-］主要來源於中古音的見系字，這種分佈與當代四川分尖團音方言地區的情況完全一致。有部分精組字已經齶化，與見系字混讀，如精母字“椒”讀作［tɕiau］，“尖”讀作［tɕiɛn］，“漿”讀作［tɕiaŋ］等。其中根據《教科書》的記音，“漿”有 DZIANG［tsiaŋ］、GIANG［tɕiaŋ］兩讀。由此可見，《教科書》音系所記當時的成都話見系字已經被完全齶化，而精組字還保留了很大一部分尖音，僅有部分精組字尖音被齶化而與見系字混濆。也有少數字團音混入尖音，如曉母字“掀”讀作［syɛn］，“鄉”讀作［siaŋ］，匣母字“現”讀作［syɛn］等。

四、結　論

本文通過分析《教科書》的羅馬字記音，總結出了《教科書》語音系統的聲韻系統以及聲調系統；並結合當代成都話音系的語音特點以及其他一些前人分析 19 世紀末 20 世紀初成都話語音特點的資料，分析了《教科書》語音系統的主要特點。總結如下：

（1）在聲母系統方面，《教科書》語音系統塞擦音聲母分舌尖前［ts-］［ts^{h}-］［s-］和舌尖後［tʂ-］［tʂ-^{h}］［ʂ-］兩組，這區別于當代成都話音系。參考前人的分析，甄尚靈（1988）、千葉謙悟（2008）在分析《西蜀方言》的語音系統時也發現當時的成都話有類似特徵。

（2）在韻母系統方面多了［ɵ］［ɛ］［iɛ］［uɛ］［yɛ］［iɵ］等 6 個入聲韻，這與當代成都話相區別。

（3）在聲調系統方面，儘管從《教科書》的羅馬字記音來看，只有四個聲調，然而，無論是從啟爾德在前言部分的說明還是從實際記音中對入聲韻的區別來看，《教科書》的聲調系統中應該還保留著部分讀入聲調的字，這與《西蜀方言》中的聲調情況一致，與當代成都話聲調系統相區別。

（4）在聲韻配合方面來看，《教科書》所記音系分尖音和團音，不少中古精組字還未被齶化，保留了大量的尖音，和見系字相區別。甄尚靈（1988）在分析《西蜀方言》音系時也有相同結論。當代成都話中精組字和見系字在和齊齒呼和撮口呼相拼時均被齶化，混為一組，不分尖團。

《教科書》語音系統正處於向當代成都話演變的階段。比如：

第一，儘管《教科書》塞擦音分舌尖前後兩組，但是部分知系字已經混入精組字，讀為舌尖前音，如表 4 中“橙”“撐”等字。

第二，前文分析《教科書》語音體系中仍存在入聲，保留有大量入聲韻，但部分入聲韻的讀法已經兩可。如“學”“腳”“吃”，《教科書》對其注音出現了 HSIO［ɕio］、GIO［tɕio］、CHÏ［tʂʰʅ］和 HSIOH［ɕiɵ］、GIOH［tɕiɵ］、CHIH［tʂʰe］兩套，反映了當時入聲韻和非入聲韻兩讀的情況。還有一些古入聲字在《教科書》中的記音，如踢 TI、敝 BI、不 BU、讀 DU、北 BE、麥 ME、歇 HSIE、結 GIE、撇 PIE 等字，已無入聲韻，混入陰聲韻。

第三，前文分析《教科書》所記語音系統在聲韻配合方面分尖團，大量精組字還未被齶化，保留了尖音；但部分精組字已經開始被齶化，其讀音與見系字相混，具體例字參見表 5；還有部分精組字在《教科書》中出現兩種記音，如“漿”有 DZIANG［tsıaŋ］、GIANG［tɕiaŋ］兩讀。

綜上所述，塞擦音聲母分舌尖前後兩套，聲調保留入聲痕跡，聲韻配合分尖音和團音，這三點是《教科書》的語音系統區別于當代成都話語音系統的主要特徵。近年來，越來越多的田野調查資料以及古方言文獻等證據表明，四川地區分平翹、分尖團以及保留入聲的方言是明末以前古代四川方言的原有特徵（參見周及徐 2012a、b，周及徐等 2016，周岷等 2016）。《教科書》所記音系在不同程度上還保留著這三大特點，這在明末清初的“湖廣填四川”移民帶來的湖廣話中是沒有的。20 世紀初成都話的語音特點與古代四川方言留下的底層形式一致，說明了四川地區方言的演變過程。

參考文獻

郝錫炯，甄尚靈，陳紹齡. 四川方言音系. 四川大學學報，1960（3）.

何婉，饒冬梅. 四川成都話音系詞彙調查研究. 成都：四川大學出版社，2014.

啟爾德. 民國四川話英語教科書. 成都：四川人民出版社，2015.

千葉謙悟.《西蜀方言》與一百年前的四川方言音系∥姚小平. 海外漢語探索四百年管窺. 北京：外語教學與研究出版社，2008.

楊時逢. 四川方言調查報告. 臺北：“中央研究院”歷史語言研究所，1984.

袁雪梅. 近代成都話舌尖前音和舌尖後音聲母分佈研究∥周及徐. 語言歷史論叢：第九輯.

成都：巴蜀書社，2016.

袁雪梅，周泳伶.《漢語教材》與成都話聲母系統比較//周及徐. 語言歷史論叢：第七輯. 成都：巴蜀書社，2014.

甄尚靈. 成都語音的初步研究. 四川大學學報，1958（1）.

甄尚靈. 西蜀方言與成都語音. 方言，1988（3）.

周及徐. 南路話和湖廣話的語音特點：兼論四川兩大方言的歷史關係. 語言研究，2012a（3）.

周及徐. 從語音特徵看四川重慶"湖廣話"的來源：成渝方言與湖北官話代表點音系特點比較. 四川師範大學學報（哲學社會科學版），2012b（3）.

周及徐. 四川自貢、西昌話的平翹舌聲母分佈. 四川師範大學學報（哲學社會科學版），2013（5）.

周及徐，周岷.《蜀語》與今四川南路話音系：古方言文獻與當代田野調查的對應. 語言研究，2016.

周岷，周及徐. 從明代《蜀語》詞彙看四川方言的變遷. 語文研究，2016（3）.

Edkins, Joseph. *A Grammar of the Chinese Colloquial Language Commonly Called the Mandarin Dialect*. Shanghai: Presbyterian Mission Press, 1864.

Grainger, Adam. *Western Mandarin, or, The Spoken Language of Western China*. Shanghai: American Presbyterian Mission Press, 1900.

Kilborn, Omar L. *Chinese Lessons for First Year Students in West China*. Chengdu: West China Union University, 1917.

Chengdu Phonology in the Early 20th Century Taken by a Westerner

—Analysis on *Chinese Lessons for First Year Students in West China*

Zhou Min

Abstract: This paper analyzes the phonological system of *Chinese Lessons for First Year Students in West China*. By referring some related studies on contemporary Chengdu dialect as well as the studies on Chengdu dialect in the late 1800s and the early 1900s, this paper summarizes its main features from the aspects of initials, rhymes, tones and collocations. What's more, this paper provides new materials for the studies on Chengdu dialect a century ago as well as on its phonological evolvement rules.

Keywords: Chinese lessons; the early 20th century; Chengdu dialect; phonology

（周岷，四川大學文學與新聞學院）

甲骨文時代前的“有＋部族”考*

蕭婭曼

提　要：上古早期文獻中的“有夏”之類“有”，原本作“㞢”，這個㞢並非所謂詞頭。甲骨文㞢是殷商時代以至遠古時代生殖崇拜的偶像之符。楷書“有”來自㞢甲→又甲→有金→有隶的最後楷化。㞢是生殖崇拜、向祖妣祈祐、祖妣保佑子孫後代等語意的渾然一體，又將祖妣保佑意從㞢中分化凸顯出來，“有”則進一步將保佑子孫意分化凸顯出來。上古早期的㞢只出現在血親社會集團前，周代後的社會集團已非血親集團，故部族前表示血親佑的“有”逐漸消失。“有一”這種暗含詞綴意的錯誤表述方式，應該還原為“㞢＋部族”或“有＋部族”。

關鍵詞：有；㞢；又；生殖崇拜；血親佑；渾沌一分化

根據筆者2年前對《尚書》中所謂“有”頭的研究，發現不是所有朝代、部落名前面都有“有一”，而是有著這樣的规律：越是遠古的部落、朝代名，前面出現“有一”的比率越高，例如，“有扈氏”“有夏”“有殷”。從語音角度看，前面出現“有一”的部落、朝代名的聲母往往是喉音或牙音（由喉音發展而來），例如“有扈氏”“有夏”“有殷”的“扈”“夏”“殷”都是喉音，而“有”的聲母也正是喉音（匣母）。《尚書》中，“有一”的出現率，根據部落、朝代出現的時代從100%，隨時代往下而遞降，到周朝，單稱“周”和復稱“有周”的比率是，“周”為91.07%，“有周”為8.93%（蕭婭曼2015：349－360）。周代後，這個所謂“有一”頭逐漸消失。這就是說，“有一”是殷商時代甚至遠古的用法。殷商時代還處於象形文字階段，語言學撇開對“有”字初形、初義的研究，直接把它視作沒了實義已經虛化的詞綴（故名“有”頭），依據何在？象形文字往往體現出造字時代人們對此字語意的領悟，甲骨卜辭如有此字，是不能繞開來進行所謂“有”頭研究

* 該文為2016年四川大學中央高校基金科研業務費研究專項項目（skzx2016－sb99）。

的。而甲骨卜辭不僅有此字，而且它還是甲骨卜辭中出現率最高的字。甲骨卜辭“有”寫作“㞢”，也就是“有扈氏”“有夏”“有殷”原本寫作“㞢扈氏”“㞢夏”“㞢殷”，而這個㞢透露着“有”最初語意的重要信息：本是生殖崇拜之偶像。

“有”非常神秘，《爾雅》《釋名》不見對“有”的訓釋①，《説文》曰：“有，從月，又聲。”清末民初的古籀文學者林義光在《文源》中説：有“古從又持肉，不從月。”許慎的“從月”説與“有”義毫無關係，林義光的“從又持肉”説顯然比“從月”説合理，但“又持肉”與“有”語義關係上仍然很難説通。林義光（？—1932）之後，經胡光煒、郭沫若、胡厚宣等考證，確定甲骨文“㞢”為“有”字的初形。金文中，㞢寫作𠂇，這個𠂇就是林義光“古從又持肉”的依據，𠂇後來楷化為“有”。

要弄清“㞢夏”之㞢究竟是怎麼回事，需要首先弄清甲骨卜辭這個㞢是怎麼回事，它又和後來的“𠂇（有）”是什麼關係。

一

㞢在甲骨卜辭一期中，其用法首先是表示侑祭，其次是表示有無之有，僅個别表示再又之“又”。

關於㞢字形體與語義的關係，黄錫全（1981）提出，㞢字為牛頭的象形，牛頭表示富有，因此以㞢為“有”字的初文。黄錫全之後，就㞢字形體結構的來源，唐鈺明（1992）進一步認為，㞢字的本義是侑祭，上部的“ψ”是作為貢品的牛頭，下面的“一”為盛放貢品（牛頭）的盛器。兩位先生都沒有論及，甲骨文的㞢為何在金文中寫作了“有”，這兩個字在形體、語義上有什麼聯繫。

我們認為，關於㞢的形體，黄錫全的“牛頭説”、唐鈺明“牛頭盛器説”，與後來出現的“有”字形體毫無關係，語義上也看不出聯繫，很難解釋“㞢一有”的關係。但“㞢、有”二字卻均與林義光所説“又持肉”之“又”關係密切，這個“又”甲骨文作“ㄡ”（手形）。

關於㞢與ㄡ的關係，不少古文字學家都注意到：甲骨卜辭㞢、ㄡ關係很是蹊蹺，古音二字同音，字形看上去卻毫無關係；用法上，㞢表示“有”“侑”“又”，ㄡ除了表示“佑”外，也表示“又”“侑”“有”。而且二者還有著這樣的奇怪關係：㞢出現頻率極高時，ㄡ不多見，並且在卜辭一期中半數以㞢ㄡ形式相攜出現；附一期㞢ㄡ僅見2例；後來㞢ㄡ不僅分離開，而且㞢、ㄡ二者此消彼長，以致㞢後來完

① 但《爾雅》有用“有”訓釋他詞之例：“幠、厖，有也。”郝懿行義疏引《易·雜卦》：“大有眾也。有與大皆豐厚之意。”

全被又取代。唐鈺明（1992）認真討論了㞢又二者的關係，他的結論是：“‘㞢’‘又’屬於不同源流的兩個字”，“又”通過“依聲托事”的方式“臨時性的假借”，“逐步取代‘㞢’”，以至於最後完全“吞沒”了“㞢”（唐鈺明 2002：73—75）。我們認為，“㞢、又無源流關係說”很難使人信服，因為它不能解釋：

第一，甲骨文一期㞢出現率驚人地高（筆者統計為 4186 個，遠超其他祭祀動詞）；又的出現率不高（筆者統計為 507 個），其中幾乎半數為㞢又（共 252 例）形式；以後㞢的各義項都交給了又。如果㞢、又不同源，語義怎麼會出現交接？

第二，語音關係是音韻學鑒定同源關係的重要依據，如果“㞢、又”沒有同源關係，為什麼二者在語義如此高度一致的情況下古音完全相同？

第三，甲骨卜辭後期消失的㞢為什麼後來在金文中以“有”形重新出現，而且語義不僅與又相關，更與㞢有著密切的內在聯繫？

我們認為，“㞢—又—有”三字同源，㞢是源，又、有是流，確切地說，又、有是㞢的分化。

二

唐鈺明之所以認為㞢、又不同源，是因他認為又的初義應該是“右手”，“右手”與“有”義當然沒有關係。但他自己提供的數據卻恰好證明又的初義絕非“右手”。因為在又字初起的甲骨文第一期，不見 1 例“右手”用例。

據唐鈺明研究，卜辭一期中，又共 223 例[①]，表示佑、右、侑、有、又等五義，具體數據、百分比如表 1：

表 1　甲骨卜辭第一期“又”表義表

義 字	語　義				
又 223	侑 2　0.9%	有 1　0.5%	又 1　0.5%	佑 213　95.5%	右 3　1.4%

說明：唐鈺明（1992）統計，甲骨卜辭第一期全部 223 例“又”中，有 3 例因上下文缺失或模糊不清，語義不明（占 1.4%）（唐鈺明 2002：70—71[②]）

從表 1 可以看到，唐鈺明自己的研究中，一期 223 例又中，無 1 例用作“右手”。雖然語料、數據明明白白，但唐鈺明認為，又的初義應該是右手，只是“這種初義在卜辭中已找不到例證了”（唐鈺明 2002：70）。唐鈺明還認為，“右”是又

---

① 筆者統計，一期“又”為 507 個。

② 以下所引唐鈺明內容均為此版。表格為筆者所作。

右手本義最早的引申義，這個看法也與他調查統計的數據不符（“右”義僅 3 例，占 1.4%）。也就是說，無論甲骨卜辭又的實際面貌如何，唐鈺明都認為，又是一個古老得本義早已消失的字。

為什麼唐鈺明會得出與語言實際相反的看法呢？其實，如果換一位學者，恐怕還會得出與他相同的意見。因為不管是谁，無論他能否意识到，都必然受制於深層的語源觀，這個語源觀就是：每個詞產生之初都是單義（語義）單性（語法）的。在沒有語料支持的情況下，只有據此推理，才能推出：象形字又（手形）的初意是名詞右手，右手義引申發展出表示方位的右，作為動詞的“佑”是更後引申出來的。但筆者提出的渾沌語言學理論（蕭婭曼 2014a）認為，越是古老的語言，語意越是豐富渾沌，越是單性單義的詞，抽象程度越高，剛剛產生之初的語言，不可能是抽象程度極高的單性單義的概念。

古文字家知道，甲骨文一個字往往在後世分化為多個字形，我們舉過的典型例子甲骨文“亯”後世分化為享（xiǎng）、亨（hēng）、烹（pēng）（蕭婭曼 2014b：341－356）。古漢語學者深知上古漢語詞類不分明，例如金文中始出現的“是”，上古有所謂代詞、形容詞、副詞甚至名詞（共商國是）等用法（蕭婭曼 2006：303－351）。不僅古漢語是這樣，今天地球上的原始部落語和美洲的印第安土著語都有這個特點。我們也曾举過印第安語一個湖泊名 haroggagoggmanchauggagoggchaubunagun gamaugg，它不僅指稱一片水域，它還包含“你在你那邊捕魚，我在我这邊捕魚，中間沒有人捕魚”的意思（王后 1991：112）。這個湖泊名簡直包含一個生動的故事場景：一片水域、這片水域的景象、湖泊周圍生活的人們、湖里的魚、人的生存活動——打魚、人的活動范围——湖泊兩側、人的活動不能達到的地方——湖泊的中央。這麼豐富的細節都體現在一個湖泊名里，並且它們渾然一體，不可分割。印第安土著語沒有詞句之分，它最基本的語言單位就是如此，並非由什麼語素、詞素構成的。甲骨卜辭有不少象形文字，當時的文明程度未必比今天美洲印第安土著人高，又即為一個象形文字，它的語意會是單性單義的概念？

就又在甲骨卜辭中的情況看，它應該是卜辭一期新出現的，因為它在卜辭一期第 32 條即以㞢又形式相伴出現，㞢又結伴不僅出現早，而且占全部一期又的 49.7%，到附一期僅占 0.6%[①]。我們認為，這個數據反映出，㞢又是又出現的最初形式，到附一期，它已經成熟到不需要㞢的協助而獨立了。這個判斷的依據來自筆者對遠古語言發展形式的研究。

根據對《詩經》聯綿詞（遠古流傳）前後字聲母結構的研究，筆者發現，最古

① 據筆者統計，一期、附一期“又”共 861 個（一期 507 個、附一期 354 個），其中“㞢又”共 254 個（一期 252 個、附一期 2 個）

老的“聲母”（影母）只居前字，新產生的聲母是藉助先與古老“聲母”共用（複輔音）一個韻母，待與這個韻母的聯繫穩定後，藉助這個韻母搭橋，與古老“聲母”分化開的（叠韻聯綿詞、單輔音）（蕭婭曼 2014c：151—171）。我們認為，聯綿詞這種新音依附古音成長的方式，與甲骨文㞢又正好是又（新字）依附在古字㞢之後成長的方式恰好吻合，絕不是偶然的。甲骨卜辭一期、附一期有 254 個㞢又，而一期至五期沒有 1 例又㞢也絕非偶然。雖然後來又具有了㞢的所有表義功能，但只要與㞢緊鄰同現，它只能居後，原因是它們的發生學關係（譜系）是不可以顛倒的。

三

說㞢、又二者有發生學即同源關係，當然必須拿出音義兩方面的證據。語音上二者同音，現在關鍵是證明二者的語義關係。從字形上，㞢、又的確看不出關係，只能從它們的用法上認識二者的語義關係。請看甲骨卜辭一期㞢、又表義的主要情況（表 2）：

表 2　甲骨卜辭第一期“㞢、又”表義簡表①

義／字	語義			
㞢 2438 個	侑 1202　49.3%	有 994　40.8%	又 82　3.4%	
又 223 個	佑 213　95.5%			右 3　1.4%

說明：（1）唐鈺明統計甲骨卜辭第一期全部 2438 例“㞢”中，有 160 個語義不明（占 6.6%）。

（2）據筆者統計，一期“㞢”共 4186 個，“又”共 507 個。

從上表可以清楚看到，㞢的主要用法是表示“侑”，又的主要用法是表示“佑”。㞢的“侑”義，與又的“佑”義有無密切關係呢？

“侑”作為一種專門的祭祀，目的不就是祈求佑護嗎？從語義上說，“侑—佑”是一件事情的兩個方面，“侑”是手段，目的就是為求“佑”。這樣，㞢、又不僅語音相同，語義也密切相關，完全符合音韻學上同源關係的音義兩個條件。因此，可以肯定，㞢、又為同源關係。那麼，它們是什麼同源關係？是母子關係、兄弟關係，還是別的什麼關係？

我們再來看甲骨卜辭一期的㞢、又語義表，這次列出全部數據（表 3）：

① 表中數據參見唐鈺明 2002：69—71。

表3　甲骨卜辭第一期“㞢、𠂇”表義詳表

義 / 字	語　義				
㞢	侑 1202　49.3%	有 994　40.8%	又 82　3.4%		
𠂇	侑 2　0.9%	有 1　0.5%	又 1　0.5%	佑 213　95.5%	右 3　1.4%

說明：仍採用唐鈺明數據。

從上表看，㞢、𠂇應該是母子關係，理由是：（1）在甲骨卜辭一期中，“侑”是㞢最主要的用法（幾乎占3種用法的50%），而這個用法的𠂇還不足1%，顯然是纔初起的用法。就此而言，㞢應該早於𠂇。（2）就㞢的“侑”義和𠂇的“佑”義之間的關係而言，“侑”意包含“佑”義，因為商王侑祭的目的就是祈佑；而“佑”義卻不一定包含“侑”意，因為“佑”作為鬼神之力，不一定與“侑”祭關聯。甲骨卜辭的祭祀動詞非常多（鄭繼娥2007：36－37），侑是眾多祭祀動詞之一，雖然是出現率最高、最重要的一種。根據這兩點，我們認為㞢是𠂇之母，按渾沌語言學理論的渾沌一分化觀，准確的表述是：𠂇是從㞢分化出來的。

四

過去一直以為卜辭是用於同鬼神溝通的，但考察甲骨卜辭一期的㞢、𠂇時，發現了三點過去從不知道的情況：

第一，甲骨卜辭一期、附一期全部4484例㞢（筆者統計：一期4186例；附一期298例）基本與自然現象無關。例如卜辭中出現最多的自然現象“雨”，卜辭中常見的形式為“其雨”“其不雨”，基本不和㞢發生關係。全部4484例㞢中，確也有60例“㞢雨”，但僅占全部㞢的1.3%，並且主要集中在《甲骨文合集》編号為10136—10138（5例）、12649—12704（17例）、12818—12872（15例）的卜辭中，明顯是從無到有新產生的用法。也就是說，原本祈雨不用㞢。

第二，一期、附一期卜辭中，㞢與神無關，它主要只用於向祖先祈佑。沒有發現1例㞢祭與神有關。

第三，一期、附一期卜辭中，㞢所祈祖先男女都有，亦即是向祖、妣祈佑，而且往往是向多父、多母、多祖、多妣祈福。所謂多父、多母、多祖等並非指不同輩分的祖先，而是搞不清輩分的許多祖先。例如①：

① 編號均爲《甲骨文合集釋文》（胡厚宣1999）編號。

02133

(1)癸卯卜，亘，貞㞢于父(甲)犬。

(2)貞㞢于父庚犬。 一

02341

(5)貞勿㞢犬于多介父。

(6)貞㞢犬于多介父。

02219 正

(貞)福于父乙新(青)㞢羊。

01630

(1)(乙)丑卜，于祖乙㞢。一月。

02974

貞(子)漁㞢于祖丁。 二

01680

(1)㞢于祖辛一宰。

(2)㞢于祖辛二宰。

02164

(1)貞夕㞢于妣甲。

02407

(1)㞢妣己。

(2)㞢妣庚。

02407

(1)㞢妣己。

(2)㞢妣庚。

02352

貞勿㞢于高妣己、高妣庚。

這些卜辭貞問讓我們看到一個奇怪的現象：殷商時代一個王怎麼有如此多的父、如此多的祖、如此多的妣，以至於需要用甲乙丙丁戊己庚辛……來命名？郭沫若為我們解了這個惑：這是原始部族羣婚之跡象。而這個原始羣婚的跡象與㞢緊緊聯繫在一起。

“祖”在甲骨卜辭中寫作且，“妣”寫作匕。上世紀二三十年代，郭沫若有著名的《釋祖妣》（按：實應作《釋且匕》）一文，該文論證了甲骨文且、匕二字為象形字，且即“且”字，亦即“祖”的初字；匕即“匕”字，亦即“妣”的初字，而“祖妣者牡牝之初字也”，一言以蔽之曰：且即男根，匕即女陰。就祖妣的初字且、匕，郭沫若指出，它們“在初意本尊嚴，並無絲毫猥褻之義。入後文物漸進則字涉於嫌，遂多方變形以為文飾”（郭沫若 1952：17）。且（且）在甲骨文中的變形最簡者為丄，而“卜辭牡字皆從丄”，例如（牛）、（羊）、（豕）、（鹿）等字，這些動物名字都帶有雄性丄標誌。雌性動物的甲骨文也帶有雌性標誌匕，例如：（牛）、（羊）、（豕）、（馬）、（犬）（郭沫若 1952：10）。3000 多年前，我們的先祖為什麼要在表示動物的文字上帶上牡牝標記？顯然，這對於他們有重要意義，這個重要意義就是繁殖、繁衍，而繁殖、繁衍事關部族的存亡、興衰（范文瀾 1978：35）。

殷商時代原始部族羣婚之跡象，以及重視動物的牝牡，與㞢關係非常密切。前文已述，黃錫全“牛頭說”、唐鈺明“牛頭盛器說”不具解釋力。我們認為，㞢的結構是丄與凵的組合，丄即上文所討論的且之簡形。丄的形體沒問題，困難的是凵形的含義。

我們先來看甲骨卜辭與㞢有著相同構件的𠄟或丅（示）字。郭沫若認為“示”字就是且，他說：“古文祖不從示，妣不從女……卜辭示字多作丅形……由字形而言，丅實丄之倒懸。”（郭沫若 1952：12）這也就是說，丅（示）原本其實與丄一樣，也是“且”的另一種形體。但為什麼要另立別形呢？郭沫若通過考證所有從“示”之字（社、宗、祀、祝、祭等）認為：“卜辭於天神、地祇、人鬼何以皆稱示，蓋示之初意本即生殖神之偶像也。”（郭沫若 1952：12）也就是說，郭沫若認為，且是象形，丅或丄則是且的偶像化。

作為人的祖、妣為什麼會以人的器官且、匕代表，一般會認為男女祖先無法用象形字表示，郭沫若卻有更深入的解釋，他說：“上古之人本知母而不知其父，則無論其父之母與父之父。然則有此物焉可知其為人世之初祖者，則牝牡二器是也。”（郭沫若 1952）於是，且、匕（牝牡）就成為生殖崇拜的對象。

生殖事關原始部族的存亡、興衰，是遠古人類最嚴峻、最重大的生存問題之一。因而“生殖神之崇拜，其事幾與人類而俱來”（郭沫若 1952：11）。從殷商卜辭一王的祖妣多得須稱之以甲乙丙丁戊己庚辛，以致“多至不可勝數”看，那個時代還處於羣婚時代，郭沫若稱之為“亚血族結婚制”。如果“示”代表部族羣婚時代生殖崇拜的偶像，那麼與“示”有著同一構件丄的㞢，是否也與生殖崇拜有關呢？

五

甲骨文中有一個字形體非常接近㞢，這個字是“㞢”，此即“生”字，它是“姓”的初文。“姓”，《說文》：“人所生也。”徐灝《說文解字注箋》：“姓之本義謂生，故古通作生，其後因生以賜姓，遂為姓氏字耳。”卜辭中，⊻字常與𠦪字連文，郭沫若說：“𠦪⊻者當是求生育之事。”這個看法被其他學者肯定，李孝定進一步指出，卜辭中𠦪⊻“求生之對象皆為先妣”。陈梦家也說，卜辭“‘多子’與‘多生’為對”（于省吾 1996：1309，1310）。甲骨文⊻字與生育、氏族繁衍的關係很清楚。

甲骨文中還有一個⿰⊻女字（也作⿰女⊻），此即“姓”字。這個字由⊻和女（女）構成。斯維至說：“就字形看來，它象女子向生之神做禱告之形。”並認為“這可能是古人的生殖崇拜的禮俗。”（于省吾 1996：508）這里，斯維至視⊻為“生之神”。如果⊻為“生之神”，而生育有兩個必有要素——祖、妣，⊥是生育的“祖”這個要素，那另一個要素∨就應該是“妣”這個要素了，祖妣相配才是生殖神的完整要素。“妣”甲骨文作𠤎（匕），似乎與∨相去甚遠，不過“妣”的字形特點是曲，會不會也因為偶像化而簡化為∨，或者“因文物漸進則字涉於嫌，遂多方變形以為文飾”呢？很有可能。

“生”字甲骨文實際寫作⊻或㞢（古文字詁林編撰委員會 1999：274），即有的寫得棱角比較分明，也有寫得比較圓曲的，字形比較接近㞢。⊻像生殖神，㞢是否也與生殖有關係？還真有。

《甲骨文合集釋文》13924 至 13952 條，是關於生育、分娩的卜辭，㞢與“生”和“子”的密切關係，在這里集中體現了出來，例如：

13925 正

(1)丁酉卜，穷，貞帚好㞢受生。

13925 反

(1)王固曰：吉。其㞢受生。

13926

(1)庚子卜，㱿，貞帚好㞢子。

13931

(1)癸未卜，㱿，貞帚姘㞢子。二月。

(2)貞帚姘毋其㞢子。 二

13933 正

貞帚婐㞢子。

13934 正

(1)貞帚[illegible]㞢子。 一 二

13935

□卯卜，帚肯㞢子。

13936 正

(1)壬辰卜，㱿，貞帚良[其]㞢子。

總之，各種情況表明，㞢的確與生殖關係密切。如前所述，生殖必定有祖妣兩個要素，㞢的丄部件為“祖”要素，∨部件應該是“妣”要素，同理，㞢的丄部件為“祖”要素，凵部件也就是“妣”要素。∨、凵應該都是匕的變形。

我們認為，㞢語意的最底層是生殖崇拜，又的出現，應該是將原本隱含於㞢中的先祖保佑之意凸顯出來，因此這個又是祖妣之佑，不是神佑。事實上，甲骨卜辭中就有所謂的合體字㞢又（卜辭原作㞢又，見《甲骨文合集釋文》第13362條），正因如此，這個祖妣之又（祐、佑）後來在金文中寫作[金文“有”字]，今天寫作“有”。

六

《漢語大字典》(2010)“有”條，按字形源流順次列出的字形，為㞢甲→又甲→[金文“有”字]金→有隶，“有”字與又的關係可從中清楚地看出。“有”上部楷化的“𠂇”即又，而又的實際含義是祖妣（㞢）之佑。現在的問題是，又（𠂇）的下部多出了個“冃”是怎麼回事？

對這個“冃”，今天普遍認為《說文》的“從月”說是錯誤的，而一致贊同林義光的“從肉”說。我們認為，把“有”與“月”或與“肉”聯繫都是錯誤的，因為這完全割斷了生殖崇拜㞢與“有”的歷史聯繫。有一個字語意與㞢有歷史聯繫，並且與“有”都有“冃”這個部件，這個字就是“育”。“育”字的初文是“毓”，就甲骨字形，王國維說：“此字變體甚多，從女從𠫓（倒子形，即說文之𠫓字），或從母從𠫓，象產子之形。”（于省吾 1996：479）甲骨卜辭該字形體如[甲骨字形]。“育”字與[甲骨字形]字的聯繫不難辨別，甲骨文的“母”寫作了“育”字的上部，下部的“冃”即是那“倒子形”的變化字形，而這“倒子形”的變化形體“冃”，使“有”正好在字形上和語意上與甲骨卜辭㞢的生殖崇拜初意完全吻合上了。“有”字的初意應該為：先祖保佑子孫後代。“有”的血親佑這個語意，把㞢的生殖崇拜語意中的血親、又的祖妣之佑二者的語意完整體現了出來。

現在終於可以回到所謂“有”頭的問題上了。上古漢語“有＋部族”之“有”究竟是怎麼回事這宗疑案一直沒有令人信服的解釋。

對這種“有一”大致有兩類看法，第一類認為這類“有一”沒有詞彙意義，第二類認為有詞彙意義。“無詞彙意義觀”又分為兩種看法：其一，認為“以‘周’文單，故言‘有’以助之”（孔穎達語，轉引自向熹 2013），“一字不成詞，則加‘有’字以配之”（王引之 1982：63），“‘有’僅為一個附加音节”（錢宗武 1995：100）；其二，認為“有一”起語法作用（助詞、介詞、詞綴）。“無詞彙意義觀”的這兩種看法是語言學界的主流觀點。

“有詞彙意義觀”也分兩種看法，一種認為“有夏”之類“有一”是動詞（黃奇逸 1981：54—56），另一種認為此“有一”即“國”之意，即“有一”為名詞（秦建明，張懋熔 1985：286—287）。我們認為，“無詞彙意義觀”和“有詞彙意義觀”的两类观点中，“有詞彙意義觀”勝過“無詞彙意義觀”，正如黄奇逸在 35 年前所說：“在遠古時代，絕無‘有’字用為無意義的語助的。”（黄奇逸 1981：54）只是持“有詞彙意義觀”的學者，或者撇開甲骨文，或者對㞢、又、有的關係不加追究，因而最終不得要領。

前文已述，根據我們對《尚書》“有一”的研究，越是古老的部族，加“有”的比例越高，現在從血親佑的角度看，“有虞”“有夏”“有扈”“有殷”“有苗”原本正是以血緣（族姓）聯繫為基礎的社會集團。反過來說，先秦文獻中凡部族前加“有”的，一般都是血親社會集團，所以“有＋部族”後往往也跟一個“氏”字，如“有虞氏”“有扈氏”。確切地說，最初“㞢”不是加在國名前，而是加在部族前，因為部族才是血親社會集團，只是遠古時代的國往往與部族是二而一的。

過去無人注意“有周”用法在周代已經式微，當然也就無人解釋為什麼周代開始“周”要單用，“有一”要消失。現在，當我們認識了“有一”的初字是㞢，㞢是生殖崇拜的偶像，而“有一”是表示先祖保佑（血親佑），則遠古部族前為什麼要加“有一”，周代為什麼“有一”就開始消失，一切就變得容易解釋了：正因為“有”有著這種血親佑的含義，所以後來這種用法才消失了，因為隨著生產力的發展，社會集團已不再是真正的血親集團了，周王朝正是這種並非真正血親集團的社會集團，因而表示血親佑的“有一”消失了。

“㞢”的生殖崇拜底層意對有無之“有”的語義來源也具有很強的解釋力。在遠古時代，有生殖才“有”一切，沒有生殖就沒有一切，生殖是拥有一切的源泉。

“㞢—又—有”的源流關係，其本質是渾沌—分化關係，越是古老的語言，語意越豐富，並且越是渾然一體，不可分割。由渾沌母體分化而來的子體，語意必定較母體具體、精確。㞢的生殖崇拜、向祖妣祈祐、祖妣保佑子孫後代等語意最初渾然一體，又將祖妣保佑意從㞢中分化出來或說凸顯出來，“有”則進一步將保佑子孫意分化凸顯出來。

秦始皇書同文在促進中華文化交融上功績不可磨滅，但另一方面，小篆也改變了上古傳世文獻的本來面目。就“有”字來說，它斬斷了“有”與有隶→有金→又甲→㞢甲的流一源關係，而語言學又總以今天語言的模式看待上古以至遠古漢語，於是我們被引入了迷途。現在，籠罩在遠古“有＋部族”之“有”上的疑團已經開始消散，為此，需要糾正“有一”或“有”頭這種暗含詞綴意、容易引人誤入歧途的錯誤表述形式了，我們應該將它還原為“㞢＋部族”或“有＋部族”。

參考文獻

范文瀾．中國通史：第一册．北京：人民出版社，1978.

古文字詁林編撰委員會．古文字詁林：卷六．上海：上海教育出版社，1999.

郭沫若．釋祖妣//甲骨文字研究．北京：人民出版社，1952.

漢語大字典編輯委員會．漢語大字典．2 版．成都：四川辭書出版社，2010.

胡厚宣．甲骨文合集釋文．北京：中國社會科學出版社，1999.

黄奇逸．古國、族名前的“有”字新解．中國語文，1981（1）.

黄錫全．甲骨文“㞢”字試探//古文字研究：第六輯．北京：中华書局，1981.

錢宗武．尚書“有＋S”式專論．湖南師範大學學报，1995（3）.

秦建明，張懋熔．也谈古國名前的“有”字．中國語文，1985（4）.

唐鈺明．㞢、又考辨//古文字研究：第十九輯．北京：中華書局，1992.

唐鈺明．㞢、又考辨//著名中年語言學家自選集：唐鈺明卷．合肥：安徽教育出版社，2002.

王后．詞的長短．浙江大學學報（哲學社會科學版），1991（2）.

王引之．經傳釋詞：卷三．黃侃、楊樹達批本．長沙：岳麓書社，1982.

向熹．詩經詞典．北京：商務印書館，2013.

蕭婭曼．漢語係詞“是”的來源與成因研究．成都：巴蜀書社，2006.

蕭婭曼．渾沌語言學綱要：現代語言學危機及其解決方案．社會科學，2014a（4）.

蕭婭曼．《尚書》“享”（亯）的渾沌性與分化性：渾沌語言學的一個古漢語例证//第二届國際《尚書》學學术研討會論文集．臺北：臺北市萬卷樓，2014b.

蕭婭曼．上古聯綿詞為遠古複輔音之遺存：《詩經》聯綿詞前字影母奇高的渾沌語言學解釋//漢語史研究集刊：十八．成都：巴蜀書社，2014c.

蕭婭曼．“有”頭是遠古喉音之遺跡：渾沌語言學的今文《尚書》“有”頭研究//第三届國際《尚書》學學术研討會論文集．北京：綫裝書局，2015.

于省吾．甲骨文字詁林．北京：中华書局，1996.

鄭繼娥．甲骨文祭祀卜辭語言研究．成都：巴蜀書社，2007.

The Mystery of “㞢（有）＋tribe” before the Age of Oracle Era

—Hundun Linguistics’ research on the Oracle and Chinese Bronze Inscriptions

Xiao Yaman

Abstract: In early ancient literature, the original writing of “有” in “有夏”, etc. is “㞢” which is not a prefix. The oracle “㞢” is a symbol of reproduction worship in Shang Dynasty, and even in ancient times. Then “㞢” was written into the oracle “又”, and “又” evolved to Chinese bronze inscription “有”, then the regular script "有", and finally came to "有". "㞢" has rich meanings, which is an integral whole of reproduction worship, praying to ancestors for blessings and ancestors bless the future generations. Later "又" differentiated and highlighted the meaning of ancestors' blessings from "㞢", then "有" the meaning of blessing the future generations. In ancient times, "㞢" only appeared prior to the title consanguinity society, while the meaning of consanguinity blessings in "有" disappeared because Zhou Dynasty was no longer a consanguinity society. "有-" implying the meaning of prefix is misused; it should be corrected as "㞢＋tribe" or "有＋tribe".

Keywords: 有; 㞢; 又; reproduction worship; consanguinity blessings; Hundun-division

（蕭婭曼，四川大學文學與新聞學院）

梵漢對勘四部漢譯佛經表示複數的人稱代詞*

陳秀蘭

提　要： 本文對勘梵、漢本《撰集百緣經》《維摩詰經》《金光明經》《妙法蓮華經》裏面表示複數的人稱代詞，旨在探討漢譯佛經裏面表示複數的人稱代詞與梵文原典的關係。通過逐一對勘梵、漢本《撰集百緣經》《維摩詰經》《金光明經》《妙法蓮華經》裏面表示複數的人稱代詞，我們發現：漢譯佛經中表示複數的人稱代詞的確與梵文原典有著直接的關係，是梵文原典表示複數的多種語法形式的對譯。

關鍵詞： 梵漢對勘；人稱代詞；複數

漢語的人稱代詞經歷了單、複數同形，單、複數形式混用，區分單、複數形式的過程。在上古漢語中，表示人稱的代詞是單數、複數使用同樣的形式，即“單、複數同形”，如：“我”既是第一人稱代詞的單數形式，又是第一人稱代詞的複數形式；“汝”既是第二人稱代詞的單數形式，又是第二人稱代詞的複數形式。在魏晉南北朝時期的漢譯佛經中，人稱代詞出現了單、複數不同形的現象，如：“我”主要表示第一人稱代詞的單數，“我等”“我輩”“我曹”“我等輩”表示第一人稱代詞的複數；“汝”主要表示第二人稱代詞的單數，“汝等”“汝輩”“汝曹”“汝等輩”表示第二人稱代詞的複數。在魏晉南北朝時期的中土文獻中①，“等”“輩”“曹”附於“我”“汝”“爾”之後較少見，它們的名詞性強、意義明確、形式不固定、使用頻率較低，學術界多數學者仍然不把“我等”“我輩”“我曹”“汝等”“汝輩”“汝曹”等形式看作第一、二人稱代詞的複數形式。

在漢譯佛經中出現人稱代詞的複數形式，且嚴格區分單、複數形式，原因何在？據朱慶之（1993，2013，2014）、龍國富（2008）、陳秀蘭（2012）研究，佛經翻譯對於漢語複數代詞的發展起著重要的作用。為了進一步理清其中的脈絡，我們

* 本研究得到中國國家社會科學基金（項目編號：11XYY014）的資助。

① 參看龍國富 2008：218－223。

選擇不同時期具有代表性的四部漢譯佛經《撰集百緣經》《維摩詰經》《金光明經》《妙法蓮華經》及其平行梵文本作為考察的對象，窮盡性地調查其中的表示複數的人稱代詞的使用情況。

一、漢譯本《撰集百緣經》《維摩詰經》《金光明經》《妙法蓮華经》表示複數的人稱代詞

在漢譯本《撰集百緣經》《維摩詰經》《金光明經》《妙法蓮華經》中，表示複數的人稱代詞有 14 個。①第一人稱代詞 5 個：我、我等、我等輩、吾、吾等。②第二人稱代詞 5 個：汝、汝等、汝等輩、卿、卿等。③第三人稱代詞 4 個：彼、彼等、其、之。

表 1 是漢譯本《撰集百緣經》《維摩詰經》《金光明經》《妙法蓮華經》表示複數的人稱代詞的使用頻率和語法功能：

表 1　漢譯四種佛經表示複數的人稱代詞的使用頻率和語法功能

詞語 \ 頻率 \ 語法功能		主語		賓語	定語	兼語	介詞短語
第一人稱代詞	我	74	+	+	+	+	
	我等	230	+	+	+	+	+
	我等輩	8	+			+	
	吾	9	+				
	吾等	2	+				
第二人稱代詞	汝	104	+	+	+	+	+
	汝等	203	+	+	+	+	+
	汝等輩	3	+			+	
	卿	1	+				
	卿等	7	+	+		+	
第三人稱代詞	彼	23	+	+	+	+	+
	彼等	1		+			
	其	162	+	+	+	+	+
	之	72		+			
合計	899						

從上表的統計數據來看，在這四部漢譯佛經中使用了 14 個表示複數的人稱代詞，其中：單音節形式 7 個，445 次；複音節形式 7 個，454 次（雙音節形式 5 個，443 次；三音節形式 2 個，11 次）。在使用頻率上，單音節形式占 49.5%，複音節形式占 50.5%。其中，單音節形式主要集中在第三人稱代詞上，占 28.6%（第一人稱代詞占 9.2%，第二人稱代詞占 11.7%）；複音節形式主要集中在第一、第二人稱代詞上，占 50.4%（第一人稱代詞占 26.7%，第二人稱代詞占 23.7%）。從

使用頻率來看，複音節表示複數的人稱代詞略占優勢，占比高 1 個百分點，尤其是在第一、第二人稱複數代詞方面則占有明顯優勢。這說明在這四部漢譯佛經中，表示複數的人稱代詞已經打破上古漢語單、複數同形的狀況，出現了複音節形式表示複數，但又存在著單、複數混用的現象。

二、梵、漢本《撰集百緣經》《維摩詰經》《金光明經》《妙法蓮華經》表示複數的人稱代詞的對勘情況

梵、漢本《撰集百緣經》《維摩詰經》《金光明經》《妙法蓮華經》表示複數的人稱代詞的對勘情況如表 2、表 3、表 4 所示。

表 2　表示複數的第一人稱代詞的梵漢對勘情況

漢譯本情況 / 平行梵文本對譯情況	我 (74/56)	我等 (230/179)	我等輩 (8/5)	吾 (9/9)	吾等 (2/2)
第一人稱代詞複數（雙數）	47	157	5	8	
第一人稱代詞單數		3			
動詞第一人稱複數（雙數）	9	9		1	1
動詞第一人稱單數		2			
第二人稱代詞（bhavat）複數		3			1
第二人稱代詞單數		1			
名詞複數		1			
形容詞複數		3			

表 3　表示複數的第二人稱代詞的梵漢對勘情況

漢譯本情況 / 平行梵文本對譯情況	汝 (104/44)	汝等 (203/119)	汝等輩 (3/1)	卿 (1/1)	卿等 (7/1)
第二人稱代詞（bhavat）複數（雙數）	19	66	1	1	
第二人稱代詞（bhavat）單數		3			
動詞第二人稱複數（雙數）	5	43			1
動詞第二人稱單數		1			
動詞第一人稱單數	16				
反身代詞（ātman）單數	1				
指示代詞複數		2			
名詞複數	2	1			
名詞單數	1	3			

表 4　表示複數的第三人稱代詞的梵漢對勘情況

漢譯本情況 / 平行梵文本對譯情況	彼 (23/14)	彼等 (1/0)	其 (162/37)	之 (72/39)
第三人稱代詞複數	6		20	6
動詞第三人稱複數			1	
第二人稱代詞複數	1			
第一人稱代詞雙數			1	
關係代詞複數			1	
指示代詞複數	1		2	1
名詞複數	6		12	31
形容詞複數				1

具體對勘情況如下。

1. **我**

"我"在漢譯本《撰集百緣經》《維摩詰經》《金光明經》《妙法蓮華經》中有74例用作複數，56例有相應的梵文原典。其中，47例對譯梵語第一人稱代詞的複數（雙數），9例對譯梵語動詞第一人稱的複數。如：

（1）以此作倡伎樂善根功德，使**我**來世得成正覺。（吳支謙譯《撰集百緣經》卷三，4/216b①）

它所對應的梵文原典是：

anena	**vayaṁ**	kuśalamūlena	pratyekāṁ	bodhiṁ
pron. n. sg. I.	pron. 1. pl. N.	n. sg. I.	f. sg. Ac.	f. sg. Ac.
此	我們	善根功德	獨覺	菩提

sākṣātkuryāma	iti ‖（avadānaśataka②，Ⅰ/p. 164）
sākṣāt-√kṛ, 1. pl. opt. P.	adv.
眼前證得	如是

vayaṁ（我們）是梵語第一人稱代詞的複數、體格形式，支謙譯為"我"。

漢語今譯：由此善根功德，**我們**眼前證得辟支佛。

（2）唯然世尊哀取**我**，惟世尊安立**我**。（吳支謙譯《維摩詰經》卷下，14/535a）

它所對應的梵文原典是：

---

① 阿拉伯數字及英文字母分別表示引文在《大正新修大藏經》（臺灣新文豐出版公司）中的冊數、頁數、上中下欄，下同。

② avadānaśataka［Bibliotheca Buddhica Ⅲ］：Speyer 1992，下同。

kriyāmahe[①] bhagavan **kriyāmahe**[②] sugata

√kṛ, 1. pl. pres. pass. m. sg. V. √kṛ, 1. pl. pres. pass. m. sg. V.

被帶走 世尊 被帶走 善逝

(《梵藏漢對照〈維摩經〉》[③], p. 456)

kriyamahe（我們被帶走）是梵語動詞√kṛ（做）的第一人稱、複數、現在時直陳語氣的被動語態，支謙譯為"哀取我""安立我"。

黃寶生（2011：338）譯：**我們**被帶走，世尊啊，**我們**被帶走，善逝啊。

2. **我等**

"我等"在漢譯本《撰集百緣經》《維摩詰經》《金光明經》《妙法蓮華經》中有230例用作複數，179例有相應的梵文原典。其中，157例對譯梵語第一人稱代詞的複數（雙數），3例對譯梵語第一人稱代詞的單數，9例對譯梵語動詞第一人稱的複數（雙數），2例對譯梵語動詞第一人稱的單數，3例對譯梵語第二人稱代詞（bhavat）的複數，1例對譯梵語第二人稱代詞的單數，1例對譯梵語名詞的複數，3例對譯梵語形容詞asmādṛśa、mādṛśa的複數。如：

(3) 以**我等**與此居士，樂法之樂，**我等**甚樂，非復樂欲樂也。(吳支謙譯《維摩詰經》卷上，14/524c)

它所對應的梵文原典是：

niryātitā[④] idānīṁ tvayā **vayam** asmai

ppp. f. pl. N. adv. pron. 2. sg. I. pron. 1. pl. N. pron. m. sg. D.

被給與 現在 你 我們 此

gṛhapataye dharmārāmaratiratābhir **asmābhir** idānīṁ bhavitavyaṁ

m. sg. D. f. pl. I. pron. 1. pl. I. adv. fpp. n. sg. N.

長者 喜愛、愛好法樂 我們 現在 應當有

na kāmaratiratābhiḥ | (《梵藏漢對照〈維摩經〉》, p. 164)

indec. f. pl. I.

不 愛好欲樂

vayam（我們）是梵語第一人稱代詞的複數、體格形式，支謙譯為"我等"。asmābhir（我們）是梵語第一人稱代詞的複數、具格形式，支謙也譯為"我等"。

黃寶生（2011：124）譯：如今，你已把**我們**送給這位家主。現在，**我們**應該

① 參看 *Buddhist Hybrid Sanskrit Grammar and Dictionary*, Vol.1 (Edgerton 2004，以下簡稱 BHSG) §"3.5.ā for a", p. 23。

② 參看 Edgerton 2004：23。

③ 大正大學綜合佛教研究所，梵語佛典研究會 2004，下同。

④ 參看 BHSG，§"9. 82. Nom. -acc. pl. -ā", p. 66。

喜愛法樂，而不應該喜愛欲樂。

（4）**我等**樹神能令汝等到世尊所。（吳支謙譯《撰集百緣經》卷四，4/221b）

它所對應的梵文原典是：

yadi	punar	**aham̐**	bhavantaṁ	bhagavatsakāśam	upanayeyaṁ
conj.	adv.	pron. 1. sg. N.	pron. 2. sg. Ac.	m. sg. Ac.	upa-√nī，1. sg. opt. P.
如果	又	我	你	世尊邊	帶

kiṁ	śakyam	iti ‖	（avadānaśataka，Ⅰ/p. 238）
pron. n. sg. N.	adv.	adv.	
如何	能夠	（引號）	

aha ṁ（我）是梵語第一人稱代詞的單數、體格形式，支謙譯為“我等”。

漢語今譯：如果**我**能夠帶你到達世尊身邊，怎麼樣？

（5）願母往詣雲雷音宿王華智佛所，**我等**亦當侍從親近供養禮拜。（姚秦鳩摩羅什譯《妙法蓮華經》卷七，9/59c）

它所對應的梵文原典是：

ehy	amba[①]	**gamiṣyāvas**	tasya
ā-√i，2. sg. imper. P.	f. sg. V.	√gam，1. du. fut. P.	pron. m. sg. G.
來吧	阿母	前往	那

bhagavato[②]	jaladharagarjitaghoṣasusvaranakṣatrarājasaṁkusumitābhijñasya
m. sg. G.	m. sg. G.
世尊	雲雷音宿王華智

tathāgatasya	arhataḥ	saṁyaksaṁbuddhasya	sakāśaṁ	taṁ
m. sg. G.	m. sg. G.	m. sg. G.	m. sg. Ac.	pron. m. sg. Ac.
如來	阿羅漢	等正覺	面前	那

bhagavantaṁ	jaladharagarjitaghoṣasusvaranakṣatrarājasaṁkusumitābhijñaṁ
m. sg. Ac.	m. sg. Ac.
世尊	雲雷音宿王華智

tathāgataṁ	arhantaṁ	saṁyaksaṁbuddhaṁ	darśanāya	vandanāya
m. sg. Ac.	m. sg. Ac.	m. sg. Ac.	n. sg. D.	n. sg. D.
如來	阿羅漢	等正覺	瞻視	禮拜

① 參看 BHSG，§“9. 15. Voc. sg. -a.”，p. 62。

② 參看 BHSG，§“4. 38.”，p. 34。

paryupāsanāya |（saddharmapuṇḍarīka[1]，p. 458）

n. sg. D.

親近供養

gamiṣyāvas（我們二人將去）是梵語動詞√gam 的第一人稱、雙數、將來時、主動語態，鳩摩羅什譯為“我等……當……”。

漢語今譯：阿母，你到雲雷音宿王華智世尊、如來、阿羅漢、等正覺的面前來吧！**我們二人**為了瞻視、禮拜、親近、供養**將前往**雲雷音宿王華智世尊、如來、阿羅漢、等正覺那裏。

（6）嗚呼深自責，云何而自欺？**我等**亦佛子，同入無漏法，不能於未來演說無上道。（姚秦鳩摩羅什譯《妙法蓮華經》卷二，9/10c）

它所對應的梵文原典是：

aho	**'smi**	parivañcitu[2]	pāpacittais	tulyeṣu
interj.	√as，1. sg. pres. P.	caus. ppp. m. sg. N.	adj. m. pl. I.	adj. m. pl. L.
啊	是	被欺騙	邪惡心	等同

dharmeṣu	anāsraveṣu |	yan	nāma	traidhātuki[3]
m. pl. L.	m. pl. L.	pron. m. sg. Ac.	adv.	adj. m. sg. L.
法	無漏	其	名為	三界

agradharmaṁ	na	deśayiṣyāmi	anāgate
m. sg. Ac.	indec.	√diś，caus. 1. sg. fut. P.	pt. m. sg. L.
無上法	不	演說	未來

'dhve ‖ （saddharmapuṇḍarīka，p. 61）

m. sg. L.

世

asmi（我是）是梵語動詞√as（是）的第一人稱、單數、現在時直陳語氣的主動語態，鳩摩羅什譯為“我等”。

漢語今譯：啊，**我**被邪惡心欺騙。同在無漏法裏，在未來世，我將不能演說三界無上法。

（7）如來在世利安眾生，**我等**當共一心稱南無佛陀以求救濟病苦之患。（吳支謙譯《撰集百緣經》卷二，4/209c）

---

① saddharmapuṇḍarīka［Bibliotheca Buddhica Ⅹ］：Kern，Nanjio 1992，下同。

② 參看 BHSG，§ “8. 20. Nom. sg. -u. ”，p. 49。

③ 參看 BHSG，§ “8. 59. Loc. sg. -i for -e”，p. 53。

它所對應的梵文原典是：

eta	**yūyaṁ**	buddhaṁ	śaraṇaṁ
ā-√i，2. pl. imper. P.	pron. 2. pl. N.	m. sg. Ac.	n. sg. Ac.
去	你們	佛	皈依
gacchata	tañ	ca	bhagavantaṁ
√gam，2. pl. imper. P.	pron. m. sg. Ac.	conj.	m. sg. Ac.
去	那	和	世尊

āyācadhvaṁ	iha	āgamanāya	apy	eva	bhagavatā
ā-√yāc，2. pl. imper. Ā.	adv.	n. sg. D.	adv.	adv.	m. sg. I.
請求	此處	到來	又	即	世尊

svalpakṛcchreṇa	asyā[①]	īter	vyupaśamaḥ	syād
m. sg. I.	pron. f. sg. G.	f. sg. G.	m. sg. N.	√as，3. sg. opt. P.
少量功力	此	疾病	平息	是

iti ‖（avadānaśataka，Ⅰ/p. 78）

adv.

如是

yūya ṁ（你們）是梵語第二人稱代詞的複數、體格形式，支謙譯為“我等”。

漢語今譯：去吧，**你們**皈依佛陀吧！祈請世尊來到這裏，憑藉世尊的少量功力，這種傳染病或許平息。

（8）**我等**今者咸共至心稱南無佛陀。（吴支謙譯《撰集百緣經》卷二，4/209a）

它所對應的梵文原典是：

bhavanto[②]	buddhaṁ	śaraṇaṁ	gacchantv	iti ‖
pron. 2. pl. N.	m. sg. Ac.	n. sg. Ac.	√gam，3. pl. imper. P.	adv.
你們	佛	皈依	去	如是

（avadānaśataka，Ⅰ/p. 72）

bhavantas（你們）是梵語表示敬稱的 bhavat（你）的複數、體格形式，支謙譯為“我等”。

漢語今譯：**你們**皈依佛吧！

（9）**我等**今日得未曾有，非先所望，而今自得，如彼窮子得無量寶。（姚

① 參看 BHSG，§“21.85.”，p. 118。

② 參看 BHSG，§“4.38.”，p. 34。

秦鳩摩羅什譯《妙法蓮華經》卷二，9/18c）

它所對應的梵文原典是：

āścaryaprāptā①	sahasā	sma	adya	yathā	daridro②
pt. m. pl. N.	adj. m. sg. I.	indec.	adv.	adv.	m. sg. N.
得到稀有	突然	（表示過去）	今天	如同	窮人

labhiyāna③	vittam |	（saddharmapuṇḍarīka，p. 118）
ger.	n. sg. Ac.	
得到	財物	

āścaryaprāptā 是複合詞 āścaryaprāpta（得到稀有）的複數、體格形式，鳩摩羅什譯為“我等得未曾有”。

漢語今譯：**我們**今天得到稀有之物，如同窮人突然得到財物。

（10）今此會中如**我等**比百千萬億世世已曾從佛受化。（姚秦鳩摩羅什譯《妙法蓮華經》卷一，9/6c）

它所對應的梵文原典是：

mādṛśānāṁ	bhagavann	iha	parṣadi	bahūni	prāṇiśatāni
adj. m. pl. G.	m. sg. V.	adv.	f. sg. L.	adj. n. pl. N.	n. pl. N.
如同我們	世尊	此處	眾生	許多	成百眾生

saṁvidyante（saddharmapuṇḍarīka，p. 37）

saṁ-√vid，3. pl. pres. pass.

被教化

mādṛśānāṁ（如同我們的）是梵語形容詞 mādṛśa 的複數、屬格形式，鳩摩羅什譯為“如我等比”。

漢語今譯：世尊，在大眾中，**如同我們一樣**，許多百千眾生被教化。

（11）**我等**千二百及餘求佛者。（姚秦鳩摩羅什譯《妙法蓮華經》卷一，9/7a）

它所對應的梵文原典是：

asmādṛśā④	dvādaśiye⑤	ca	tāś	'satāś	ca
adj. m. pl. N.	num. f. pl. N.	conj.	pron. f. pl. N.	f. pl. N.	conj.
如同我們	十二	和	那些	百	和

① 參看 BHSG，§“8. 78. Nom. pl. -ā.”，p. 55。
② 參看 BHSG，§“8. 18. Nom. sg. -o.”，p. 49。
③ 參看 BHSG，§“Gerunds in iyāna”，p. 175。
④ 參看 BHSG，§“8. 78. Nom. pl. -ā.”，p. 55。
⑤ 參看 BHSG，§“10. 176. Nom. -acc. pl. -iye”，p. 81。

ye	ca	api	te	prasthita[1]
pron. m. pl. N.	conj.	adv.	pron. 3. m. pl. N.	pt. m. pl. N.
那些	和	又	他們	住

agrabodhaye |	(saddharmapuṇḍarīka, p. 38)
f. sg. D.	
妙菩提	

asmādṛśā（如同我們）是梵語形容詞 asmādṛśa 的複數、體格形式，鳩摩羅什譯為“我等”。

漢語今譯：**如同我們**一樣，那些一千二百人和他們都住在妙菩提裏。

3. **我等輩**

“我等輩”在漢譯本《撰集百緣經》《維摩詰經》《金光明經》《妙法蓮華經》中有 8 例用作複數，5 例有相應的梵文原典，它們都是對譯梵語第一人稱代詞的複數。如：

（12）使**我等輩**脫餓鬼身。（吳支謙譯《撰集百緣經》卷五，4/224a）

它所對應的梵文原典是：

asmākaṁ	pretayoner	mokṣaḥ	syād	iti ||
pron. 1. pl. G.	m. sg. Ab.	m. sg. N.	√as, 3. sg. opt. P.	adv.
我們	餓鬼道	解脫	是	如是

(avadānaśataka, Ⅰ/p. 257)

asmākaṁ（我們的）是梵語第一人稱代詞的複數、屬格形式，支謙譯為“我等輩”。

漢語今譯：或許**我們**能夠從餓鬼道解脫出來。

（13）況**我等輩**今者是人，云何不修諸善法耶？（吳支謙譯《撰集百緣經》卷六，4/232b）

它所對應的梵文原典是：

kathaṁ	nāma	**vayaṁ**	manuṣyabhūtā[2]	viśeṣaṁ	na
adv.	adv.	pron. 1. pl. N.	adj. m. pl. N.	m. sg. Ac.	indec.
為什麼	已成	我們	人性具足	殊勝	不

adhigacchema	iti || (avadānaśataka, Ⅰ/p. 334)
adhi-√gam, 1. pl. opt. P.	adv.
證得	如是

① 參看 BHSG, § “8. 79. Nom. pl. -a. ”, p. 55。
② 參看 BHSG, § “8. 78. Nom. pl. -ā. ”, p. 55。

vayaṁ（我們）是梵語第一人稱代詞的複數、體格形式，支謙譯為“我等輩”。

漢語今譯：**我們**人性具足，為什麼不能證得殊勝？

4. **吾**

“吾”在漢譯本《撰集百緣經》《維摩詰經》《金光明經》《妙法蓮華經》中有 9 例用作複數，它們都有相應的梵文原典。其中，8 例對譯梵語第一人稱代詞的複數（雙數），1 例對譯梵語動詞第一人稱的複數。如：

（14）**吾**當往彼受其供養。（吳支謙譯《撰集百緣經》卷一，4/203a）

它所對應的梵文原典是：

tatra	**asmābhir**	gantavyaṁ	sajjībhavantu	bhikṣava①
adv.	pron. 1. pl. I.	fpp. n. sg. N.	sajjī-√bhū，3. pl. imper. P.	m. pl. V.
那裏	我們	應當前往	準備	比丘

iti |（avadānaśataka，Ⅰ/p. 3）	
adv.	
如是	

asmābhir（我們）是梵語第一人稱代詞的複數、具格形式，支謙譯為“吾”。

漢語今譯：**我們**應當前往那裏。“準備吧，比丘們。”

（15）**吾**為眾人作自省法，觀以除其病而不除法。（吳支謙譯《維摩詰經》卷上，14/526a）

它所對應的梵文原典是：

tathā	**kariṣyāmo**②	yathā	eṣāṁ	satvānām	evaṁ
adv.	√kṛ，1. pl. fut. P.	adv.	pron. m. pl. G.	m. pl. G.	adv.
如是	將會做	如是	這些	眾生	如是

yoniśo③	nidhyaptyā	vyādhim	apaneṣyāmaḥ（《梵藏漢對照〈維摩經〉》，p. 198）
adv.	f. sg. I.	m. sg. Ac.	apa-√nī，1. pl. fut. P.
如理	觀察	疾病	除去

kariṣyāmo（我們將會做）是梵語動詞√kṛ（做）的第一人稱、複數、將來時、主動語態，支謙譯為“吾……作”。

黃寶生（2011：153）譯：**我們**要這樣如實思考，消除眾生的病。

5. **吾等**

“吾等”在漢譯本《撰集百緣經》《維摩詰經》《金光明經》《妙法蓮華經》中有

① 參看 BHSG，§“4. 34.”，p. 34。

② 參看 BHSG，§“4. 38.”，p. 34。

③ 參看 BHSG，§“4. 38.”，p. 34。

2例用作複數，它們都有相應的梵文原典。其中，1例對譯梵語動詞第一人稱的複數，1例對譯梵語第二人稱代詞的複數。如：

（16）於此，賢者，**吾等**何為？永絕其根，於此大乘已如敗種。（吳支謙譯《維摩詰經》卷上，14/527c）

它所對應的梵文原典是：

tat	kim	nu	bhūyaḥ	**kariṣyāma**[1]
pron. 3. n. sg. Ac.	pron. n. sg. Ac.	indec.	adv.	√kṛ，1. pl. fut. P.
其	什麼	現在	又	將會做

'tyantopahatendriyā[2]	dagdhavinaṣṭāni	iva	bījāny	abhājanībhūtā[3]
m. pl. N.	ppp. n. pl. N.	adv.	n. pl. N.	adj. m. pl. N.
永遠損毀諸根	焚燒敗壞	如同	種子	不堪承受

iha	mahāyāne |	（《梵藏漢對照〈維摩經〉》，p. 244）
adv.	n. sg. L.	
此處	大乘	

kariṣyāma（我們將會做）是梵語動詞√kṛ（做）的第一人稱、複數、將來時、主動語態，支謙譯為"吾等……為"。

黃寶生（2011：187）譯：而**我們**還能做什麼？我們的根器已滅絕，猶如燒焦的種子，不堪承受大乘。

（17）諸仁者，此可患厭，當發清淨不婬之行，如佛法身，**吾等**當學。（吳支謙譯《維摩詰經》卷上，14/521b）

它所對應的梵文原典是：

tatra	**yuṣmābhir**	evaṁ	rūpe	kāye	nirvidvirāga[4]
adv.	pron. 2. pl. I.	adv.	n. sg. L.	m. sg. L.	m. sg. N.
因此	你們	如是	色相	身體	遠離欲望

utpādayitavyas	tathāgatakāye	ca	spṛhotpādayitavyā[5] |
fpp. m. sg. N.	m. sg. L.	conj.	fpp. m. sg. N.
應當產生	如來身體	和	產生貪念

（《梵藏漢對照〈維摩經〉》，p. 68）

---

[1] 參看BHSG，§"4.34."，p.34。
[2] 參看BHSG，§"8.78. Nom. pl. -ā."，p.55。
[3] 參看BHSG，§"8.78. Nom. pl. -ā."，p.55。
[4] 參看BHSG，§"8.22. Nom. sg. -a."，p.50。
[5] 參看BHSG，§"8.24. Nom. sg. -ā."，p.50。

yuṣmābhir 是梵語第二人稱代詞的複數、具格形式，支謙譯為“吾等”。

黃寶生（2011：56）譯：因此，你們應該厭棄這樣的身體，而向往如來的身體。

6. **汝**

“汝”在漢譯本《撰集百緣經》《維摩詰經》《金光明經》《妙法蓮華經》中有 104 例用作複數，44 例有相應的梵文原典。其中，19 例對譯梵語第二人稱代詞（bhavat）的複數（雙數），1 例對譯梵語反身代詞 ātman 的單數，5 例對譯梵語動詞第二人稱的複數（雙數），16 例對譯梵語動詞第一人稱的單數，2 例對譯梵語名詞的複數，1 例對譯梵語名詞的單數。如：

（18）魔以女與我，今汝當發無上正真道意。（吳支謙譯《維摩詰經》卷上，14/524c）

它所對應的梵文原典是：

niryātitā[1]	**yūyaṁ**	mahyaṁ	māreṇa	pāpīyasā
ppp. f. pl. N.	pron. 2. pl. N.	pron. 1. sg. D.	m. sg. I.	m. sg. I.
給予	你們	我	摩羅	波旬

utpādayata	idānīm	anuttarāyāṁ
ut-√pad, caus. 2. pl. imper. P.	adv.	adj. f. sg. L.
產生	現在	無上

saṁyaksaṁbodhau	cittaṁ |（《梵藏漢對照〈維摩經〉》，p. 160）
f. sg. L.	n. sg. Ac.
等正覺	心

yūyaṁ（你們）是梵語第二人稱代詞的複數、體格形式，支謙譯為“汝”。

黃寶生（2011：122）譯：惡摩羅將你們交給了我。現在**你們**發起無上正等菩提心吧！

（19）**汝**可詣彼。（姚秦鳩摩羅什譯《妙法蓮華經》卷二，9/17a）

它所對應的梵文原典是：

gacchatāṁ	**bhavantau**（saddharmapuṇḍarīka，p. 105）
√gam，3. du. imper. P.	pron. 2. du. N.
去吧	你們二人

bhavantau（你們二人）是梵語第二人稱代詞敬稱 bhavat 的雙數、體格形式，鳩摩羅什譯為“汝”。

---

① 參看 BHSG，§“9. 82. Nom. -acc. pl. -ā.”，p. 66。

漢語今譯：**你們二人**去吧。

（20）作是教已，復至他國，遣使還告：“**汝**父已死。”（姚秦鳩摩羅什譯《妙法蓮華經》卷五，9/43a）

它所對應的梵文原典是：

sa	evaṁ	tān	putrān	upāyakauśalyena
pron. 3. m. sg. N.	adv.	pron. m. pl. Ac.	m. pl. Ac.	n. sg. I.
他	如是	那些	兒子們	善巧方便

anuśiṣya	anyataraṁ	janapadapradeśaṁ	prakrāntaḥ |	tatra	gatvā
ger.	m. sg. Ac.	m. sg. Ac.	ppp. m. sg. N.	adv.	ger.
教導	別的	國土	前往	那裏	到達

kālagataṁ	**ātmānaṁ**	teṣāṁ	glānānāṁ	putrāṇām
adj. m. sg. Ac.	m. sg. A.	pron. m. pl. G.	n. pl. G.	m. pl. G.
死亡	自己	那些	生病	兒子們

ārocayet |（saddharmapuṇḍarīka，p. 322）
ā-√ruc, caus. 3. sg. opt. P.
告訴

kālagataṁ ātmānaṁ義為“自己死了”，鳩摩羅什轉譯為“汝父已死”。

漢語今譯：他用善巧方便教導了那些兒子之後就前往別的國土。到達那裏之後，他告訴那些生病的兒子們，**自己死了**。

（21）是時諸佛即授其記：“**汝**於來世當得作佛。”（姚秦鳩摩羅什譯《妙法蓮華經》卷二，9/18b）

它所對應的梵文原典是：

te	vyākriyante	ca	kṣaṇasmi[1]	tasmin
pron. 3. m. pl. N.	vi-ā-√kṛ, 3. pl. pres. pass.	conj.	m. sg. L.	pron. m. sg. L.
他們	被授記	和	須臾	那

bhaviṣyathā[2]	buddha[3]	imasmi[4]	loke ‖（saddharmapuṇḍarīka，p. 116）
√bhū, 2. pl. fut. P.	m. pl. N.	pron. m. sg. L.	m. sg. L.
將會成為	佛	此	世界

bhaviṣyatha（你們將會成為）是梵語動詞√bhū（成為）的第二人稱、複數、

① 參看 BHSG，§“8. 63. Loc. sg. -asmin，-asmim，-asmi.”，p. 54。
② 參看 BHSG，§“3. 5. ā for a”，p. 23。
③ 參看 BHSG，§“8. 79. Nom. pl. -a”，p. 55。
④ 參看 BHSG，§“21. 85.”，p. 118。

將來時、主動語態，鳩摩羅什譯為“汝……當……作”。

漢語今譯：他們被授記：“在這個世界，**你們將會瞬間成為**佛。”

在漢譯本《撰集百緣經》裏，“汝”用作複數有 60 例。其中，16 例有相應的梵文原典，它們都是對譯梵語動詞√bhāṣ（講述）的第一人稱、單數、將來時、中間語態，義為“我將講述”。因為前面的動詞皆用第二人稱複數命令語氣，因此，√bhāṣ 所要面對的就是第二人稱複數所指代的對象，可以意譯為“我將為你們講述”。如：

(22) 汝等諦聽，吾當為**汝**分別解說。(吳支謙譯《撰集百緣經》卷二，4/208b)

它所對應的梵文原典是：

tena	hi	bhikṣavaḥ	śṛṇuta	sādhu	ca
pron. n. sg. I.	indec.	m. pl. V.	√śru, 2. pl. imper. P.	adv.	conj.
那	故	比丘們	聽	好	和

suṣṭhu	ca	manasi	kuruta	**bhāṣiṣye** ‖
adv.	conj.	n. sg. L.	√kṛ, 2. pl. imper. P.	√bhāṣ, 1. sg. fut. Ā.
好	和	思想	做	講述

(avadānaśataka, Ⅰ/p. 65)

śṛṇuta（你們聽著）是梵語動詞√śru（聽）的第二人稱、複數、現在時命令語氣的主動語態，kuruta（你們做）是梵語動詞√kṛ（做）的第二人稱、複數、命令語氣，suṣṭhu ca manasi kuruta 義為“好好思考”，bhāṣiṣye（我將講述）是梵語動詞√bhāṣ（講述）的第一人稱、單數、將來時中間語態，支謙譯為“吾當為汝分別解說”。

漢語今譯：因此，比丘們，你們好好聽，好好思考，**我將為你們講述**。

(23) **汝**今雖以此義問我，我要當為一切眾生敷揚宣暢第一勝論。(北涼曇無讖譯《金光明經》卷三，16/347a)

它所對應的梵文原典是：

yad	iha	**lokapālebhir**①	etarhi	mama	pṛcchitaḥ |
pron. n. sg. N.	adv.	m. pl. I.	adv.	pron. 1. sg. G.	ppp. m. sg. N.
其	此處	世界主	現在	我	被詢問

sarvasattvahitārthāya	vakṣye	'haṁ	śāstraṁ
adj. m. sg. D.	√vac, 1. sg. fut. Ā.	pron. 1. sg. N.	n. sg. Ac.
為了所有眾生的利益	解說	我	經論

① 參看 BHSG，§ “8. 110. Inst. pl. -ebhis”，p. 59。

uttamaṁ ‖ （suvarṇaprabhāsasūtram[①]，p. 71）

adj. n. sg. Ac.

殊勝

lokapālebhir（世界主們）是梵語名詞 lokapāla（世界主）的複數、具格形式，曇無讖轉譯為“汝”。

漢語今譯：現在，**世界主們**詢問我，為了所有眾生的利益，我將會解說殊勝經論。

（24）汝等當憂念**汝**父，為現神變。（姚秦鳩摩羅什譯《妙法蓮華經》卷七，9/60a）

它所對應的梵文原典是：

sādhu	sādhu	kulaputrau	yuvāṁ	tasya	**svapitū**[②]
interj.	interj.	m. du. V.	pron. 2. du. N.	pron. m. sg. G.	m. sg. G.
好啊	好啊	族姓子	你們二人	那	自己的父親
rājñaḥ	śubhavyūhasya	anukampāyai	kiṁcid	eva	prātihāryaṁ
m. sg. G.	m. sg. G.	f. sg. D.	pron. n. sg. Ac.	adv.	n. sg. Ac.
國王	妙莊嚴	憫愍	什麼	即	神通

saṁdarśayatam ｜ （saddharmapuṇḍarīka，p. 459）

saṁ-√ dṛś caus. 2. du. imper. P.

呈現

svapitū（自己的父親的）是梵語名詞 svapitṛ（自己的父親）的單數、屬格形式，鳩摩羅什轉譯為“汝父”。

漢語今譯：好啊，好啊，族姓子，為了憫愍**自己的父親**妙莊嚴王，你們二人顯示神通吧。

7．**汝等**

“汝等”在漢譯本《撰集百緣經》《維摩詰經》《金光明經》《妙法蓮華經》中有 203 例用作複數，119 例有相應的梵文原典。其中，66 例對譯梵語第二人稱代詞（bhavat）的複數（雙數），3 例對譯梵語第二人稱代詞（bhavat）的單數，43 例對譯梵語動詞第二人稱的複數（雙數），1 例對譯梵語動詞第二人稱的單數，2 例對譯梵語指示代詞的複數，1 例對譯梵語名詞的複數，3 例對譯梵語名詞的單數。如：

（25）諸善男子，今當分明宣語**汝等**。（姚秦鳩摩羅什譯《妙法蓮華經》卷五，9/42b）

---

① suvaṃaprabhāsasūtram［Buddhist Sanskrit Texts No. 8］：Bagchi 1967，下同。

② 參看 BHSG，§“3. 20. ū for u.”，p. 24；§“13. 39. Gen. sg. -u.”，p. 92。

它所對應的梵文原典是：

ārocayāmi	**vaḥ**	kulaputrāḥ（saddharmapuṇḍarīka，p. 317）
ā-√ruc，caus. 1. sg. pres. P.	pron. 2. pl. Ac.	m. pl. V.
告訴	你們	族姓子

vaḥ（你們）是梵語第二人稱代詞的複數、業格形式，鳩摩羅什譯為“汝等”。

漢語今譯：族姓子，我告訴你們。

（26）睪帝，**汝等**及眷屬應當擁護如是法師。（姚秦鳩摩羅什譯《妙法蓮華經》卷七，9/59b）

它所對應的梵文原典是：

te	**tvayā**	kunti	saparivārayā	rakṣitavyāḥ ||
pron. 3. m. pl. N.	pron. 2. sg. I.	f. sg. V.	adj. f. sg. I.	fpp. m. pl. N.
他們	你	睪帝	與眷屬	應當被保護

（saddharmapuṇḍarīka，p. 403）

tvayā（你）是梵語第二人稱代詞的單數、具格形式，鳩摩羅什譯為“汝等”。

漢語今譯：睪帝，他們應當被你和眷屬們保護。

（27）**汝等**觀是妙樂世界阿閦如來。其土嚴好，菩薩行淨，弟子清白。（吳支謙譯《維摩詰經》卷下，14/535a）

它所對應的梵文原典是：

paśyata	mārṣā[①]	abhiratiṁ	lokadhātum	akṣobhyaṁ
√dṛś，2. pl. imper. P.	m. pl. V.	f. sg. Ac.	m. sg. Ac.	m. sg. Ac.
看見	朋友們	妙樂	世界	阿閦

ca	tathāgataṁ	etāṁś	ca	kṣetravyūhān	śrāvakāvyūhānn
conj.	m. sg. Ac.	pron. m. pl. Ac.	conj.	m. pl. Ac.	m. pl. Ac.
和	如來	這些	和	莊嚴國土	莊嚴聲聞

bodhisatvavyūhāṁś |（《梵藏漢對照〈維摩經〉》，p. 458）
m. pl. Ac.
莊嚴菩薩

paśyata（你們看見）是梵語動詞√dṛś（看見）的第二人稱、複數、現在時命令語氣的主動語態，支謙譯為“汝等觀”。

黄寶生（2011：339）譯：諸位賢士啊，請看妙喜世界，阿閦如來，莊嚴美妙的佛土以及那些聲聞和菩薩。

① 參看 BHSG，§“8. 87. Voc. pl. -ā，-a”，p. 56。

（28）**汝等**勿有疑，我為諸法王。（姚秦鳩摩羅什譯《妙法蓮華經》卷一，9/10b）

它所對應的梵文原典是：

vyapanehi	kāṅkṣām	iha	saṁśayaṁ	ca
vi-apa-√nī, 2. sg. imper. P.	f. sg. Ac.	adv.	m. sg. Ac.	conj.
除去	疑惑	此處	疑惑	和

ārocayāmi	ahu[①]	dharmarājā |
ā-√ruc, caus. 1. sg. pres. P.	pron. 1. sg. N.	m. sg. N.
告訴	我	法王

（saddharmapuṇḍarīka，p. 58）

vyapanehi（你除去）是梵語動詞 vi-apa-√nī（除去）的第二人稱、單數、現在時命令語氣的主動語態，鳩摩羅什譯為“汝等勿有”。

漢語今譯：我說：“**你**除去疑惑吧！我是法王。”

（29）**汝等**所行，是菩薩道，漸漸修學，悉當成佛。（姚秦鳩摩羅什譯《妙法蓮華經》卷三，9/20b）

它所對應的梵文原典是：

caranti	**ete**	varabodhicārikāṁ	buddhā[②]
√car, 3. pl. pres. P.	pron. m. pl. N.	adj. f. sg. Ac.	m. pl. N.
修習	這些	最勝菩提行	佛陀
bhaviṣyanti	mi[③]	sarvaśrāvakāḥ ‖（saddharmapuṇḍarīka，p. 131）	
√bhū, 3. pl. fut. P.	pron. 1. sg. G.	adj. m. pl. N.	
將會成為	我	所有聲聞	

ete（這些）是梵語指示代詞 etad 的複數、體格形式，鳩摩羅什譯為“汝等”。

漢語今譯：**這些**修習最勝菩提行，我的所有聲聞將會成為佛陀。

（30）**汝等**四王及餘眷屬、無量百千那由他鬼神，是諸人王若能至心聽是經典，供養、恭敬、尊重、讚歎，**汝等**四王正應擁護，滅其衰患，而與安樂。（北涼曇無讖譯《金光明經》卷二，16/344a）

它所對應的梵文原典是：

---

① 參看 BHSG，§“20.63.”，p. 113。
② 參看 BHSG，§“8.78. Nom. pl. -ā”，p. 55。
③ 參看 BHSG，§“20.63.”，p. 113。

tena	hi	**catvāro**[1] **mahārājānaḥ**		sabalaparivārā[2]		avaśyaṁ
pron. n. sg. I.	indec.	num. m. pl. N.	m. pl. N.	pref.	m. pl. N.	adv.
那	故	四	大王	和	大力眷屬	必定

teṣāṁ	manuṣyarājānām	asya	suvarṇaprabhāsottamasya
pron. 3. m. pl. G.	m. pl. G.	pron. m. sg. G.	adj. m. sg. G.
那些	人王	此	最勝金光明

sūtrendrarājasya	śrotṝṇāṁ	pūjayitṝṇāṁ	mahāntam[3]	autsukyaṁ
m. sg. G.	m. pl. G.	m. pl. G.	adj. n. sg. Ac.	n. sg. Ac.
經中因陀羅王	聽聞者	供　養者	大	歡喜

kariṣyanti	rakṣārtham (suvarṇaprabhāsasūtram, p. 50)
√kṛ, 3. pl. fut. P.	m. sg. Ac.
將會產生	保護

catvāro mahārājānaḥ（四大王）是梵語 catur mahārājan（四大王）的複數、體格形式，曇無讖譯為“汝等四王”。

漢語今譯：因此，**四大王**和大力眷屬必定將會保護那些聽聞、供養最勝金光明經王的人王，給予快樂。

(31) **汝等**四天王，如是人王見如是等種種無量功德利益，是故此王應當躬出奉迎法師，若一由旬至百千由旬。（北涼曇無讖譯《金光明經》卷二，16/342b）

它所對應的梵文原典是：

imāny	evaṁ	rūpāṇi	**mahārāja**	guṇānuśaṁsāni
pron. n. pl. Ac.	adv.	n. pl. Ac.	m. sg. V.	n. pl. Ac.
這些	如是	種類	大王	功德利益

saṁpaśyama[4]	anena	tena	rājñā
saṁ-√dṛś, 1. pl. pres. P.	pron. m. sg. I.	pron. m. sg. I.	m. sg. I.
看見	此	那	國王

dharmabhāṇako[5]	yojanāt	pratyutthātavyaḥ | (suvarṇaprabhāsasūtram, p. 42)
m. sg. N.	n. sg. Ab.	fpp. m. sg. N.
說法師	由旬	應當被迎接

① 參看 BHSG, §“4. 38.”, p. 34。
② 參看 BHSG, §“8. 78. Nom. pl. -ā”, p. 55。
③ 參看 BHSG, §“18. 12. Nom.-acc. sg. nt. -ntam”, p. 102。
④ 參看 BHSG, §“26. 6.”, p. 131。
⑤ 參看 BHSG, §“8. 18. Nom. sg. -o.”, p. 49。

mahārāja（大王）是梵語名詞 mahārāja（大王）的單數、呼格形式，曇無讖譯為“汝等四天王”。

漢語今譯：**大王**，我們看見種種功德利益。因此，那國王應當到三十里之外迎接說法師。

8. **汝等輩**

“汝等輩”在漢譯本《撰集百緣經》《維摩詰經》《金光明經》《妙法蓮華經》中有 3 例用作複數，1 例有相應的梵文原典，對譯梵語第二人稱代詞的複數。如：

（32）并相營佐，共設大會，時**汝等輩**咸皆自來，至於會所。（吳支謙譯《撰集百緣經》卷五，4/224b）

它所對應的梵文原典是：

śvo①	bhagavān	sa-	bhikṣusaṁgho②	bhaktena	upanimantritaḥ	tatra
adv.	m. sg. N.	pref.	m. sg. N.	n. sg. I.	ppp. m. sg. N.	adv.
明天	世尊	和	比丘眾	食物	被邀請	那裏

yuṣmābhir	āgantavyam	iti |（avadānaśataka，Ⅰ/p. 257）
pron. 2. pl. I.	fpp. n. sg. N.	adv.
你們	應當到來	如是

yuṣmābhir（你們）是梵語第二人稱代詞的複數、具格形式，支謙譯為“汝等輩”。

漢語今譯：明天用食物邀請世尊和比丘眾，**你們**都應當到來。

9. **卿**

“卿”在漢譯本《撰集百緣經》《維摩詰經》《金光明經》《妙法蓮華經》中有 1 例用作複數，它有相應的梵文原典，對譯梵語第二人稱代詞敬稱 bhavat 的複數。如：

（33）**卿**可往至彼長者家，善言誘喻，喚令使來。（北涼曇無讖譯《金光明經》卷四，16/353c）

它所對應的梵文原典是：

bhavanto③	jalavāhanaṁ	śreṣṭhinaṁ	dārakaṁ	priyavacanena
pron. 2. pl. N.	m. sg. Ac.	m. sg. Ac.	m. sg. Ac.	n. sg. I.
你們	流水	長者	子	可愛的言語

① 參看 BHSG，§“4. 38.”，p. 34。
② 參看 BHSG，§“8. 18. Nom. sg. -o.”，p. 49。
③ 參看 BHSG，§“4. 38.”，p. 34。

śabdāpayantu ‖（suvarṇaprabhāsasūtram，p. 103）	
√śabdaya，caus. 3. pl. imper. P.	
呼喚	

bhavanto（你們）是梵語第二人稱代詞敬稱 bhavat 的複數、體格形式，曇無讖譯為“卿”。

漢語今譯：**你們**用可愛的言語呼喚流水長者子。

10. **卿等**

“卿等”在漢譯本《撰集百緣經》《維摩詰經》《金光明經》《妙法蓮華經》中有 7 例用作複數，1 例有相應的梵文原典，對譯梵語動詞第二人稱的複數。如：

（34）如**卿等**言，此土菩薩……（吳支謙譯《維摩詰經》卷下，14/532c）

它所對應的梵文原典是：

evam	eva	satpuruṣās	tathā	etad	yathā	**vadatha**
adv.	adv.	m. pl. V.	adv.	adv.	adv.	√vad，2. pl. pres. P.
如是	即	賢士們	如是	如是	如是	說

ye	pi[1]	iha	bodhisatvāḥ	pratyājātāḥ	dṛḍhā[2]
pron. m. pl. N.	adv.	adv.	m. pl. N.	ppp. m. pl. N.	pt. m. pl. N.
那些	又	此處	菩薩	已經產生	堅固

teṣāṁ	mahākaruṇā[3]（《梵藏漢對照〈維摩經〉》，p. 382）
pron. 3. m. pl. G.	adj. m. pl. N.
他們	大悲

vadatha（你們說）是梵語動詞√vad（說）的第二人稱、複數、現在時直陳語氣的主動語態，支謙譯為“卿等言”。

黃寶生（2011：293）譯：諸位賢士啊，正如**你們所說**，這些菩薩出生在這裏，也具有堅定的大悲心。

11. **彼**

“彼”在漢譯本《撰集百緣經》《維摩詰經》《金光明經》《妙法蓮華經》中有 23 例用作複數，14 例有相應的梵文原典。其中，6 例對譯梵語第三人稱代詞的複數，1 例對譯梵語第二人稱代詞的複數，1 例對譯梵語指示代詞的複數，6 例對譯梵語名詞的複數。如：

---

① 參看 Buddhist Hybrid Sanskrit Grammar and Dictionary，Vol. 2（Edgerton 2004，以下簡稱 BHSD），p. 344。

② 參看 BHSG，§“8. 78. Nom. pl. -ā”，p. 55。

③ 參看 BHSG，§“8. 78. Nom. pl. -ā”，p. 55。

（35）彼餓鬼等皆為業風之所吹去。（吳支謙譯《撰集百緣經》卷五，4/224b）

它所對應的梵文原典是：

tatra	**te**	karmavāyunā	kṣiptāḥ	（avadānaśataka，Ⅰ/p. 258）
adv.	pron. 3. m. pl. N.	m. sg. I.	ppp. m. pl. N.	
那裏	他們	業風	飄墜	

te（他們）是梵語第三人稱代詞的複數、體格形式，支謙譯為“彼”。

漢語今譯：在那裏，**他們**被業風吹走。

（36）如彼所言，皆各建行，於一切法如無所取。（吳支謙譯《維摩詰經》卷下，14/531c-532a）

它所對應的梵文原典是：

subhāṣitaṁ	**yuṣmākaṁ**	satpuruṣāḥ	sarveṣām	api	tu	yāvad
n. sg. N.	pron. 2. pl. G.	m. pl. V.	adj. m. pl. G.	adv.	indec.	adv.
妙言	你們	賢士	所有	又	然而	乃至

yuṣmābhir	nirdiṣṭaṁ	sarvam	etad	dvayam ｜
pron. 2. pl. I.	ppp. n. sg. N.	adj. n. sg. N.	pron. n. sg. N.	n. sg. N.
你們	所說	所有	此	二

（《梵藏漢對照〈維摩經〉》，p. 348）

yuṣmākaṁ（你們的）是梵語第二人稱代詞的複數、屬格形式，支謙譯為“彼”。

黃寶生（2011：272）譯：諸位賢士啊，**你們**說得都很妙。但你們所說的一切都是二。

（37）是為十德，而以發意取彼。（吳支謙譯《維摩詰經》卷下，14/533a）

它所對應的梵文原典是：

imān	daśa	kuśaloccayān	dharmān
pron. m. pl. Ac.	num. m. pl. Ac.	m. pl. Ac.	m. pl. Ac.
這些	十	積善	法

pratigṛhṇanti	ye	tad	anyeṣu
prati-√grah，3. pl. pres. P.	pron. m. pl. N.	pron. n. sg. N.	adj. n. pl. L.
攝取	那些	那	別的

buddhakṣetreṣu	na	saṁvidyante ｜	（《梵藏漢對照〈維摩經〉》，p. 384）
n. pl. L.	indec.	saṁ-√vid，3. pl. pres. pass.	
佛土	沒有	被感知	

imān（這些）是梵語指示代詞 idam 的複數、業格形式，支謙譯為“彼”。

黃寶生（2011：294）譯：這些是他們執行的其他佛土沒有的十種積善法。

（38）彼必來者，為斷其勞；以合道意，為彼大悲。（吳支謙譯《維摩詰經》卷上，14/526b）

它所對應的梵文原典是：

anyatra	āgantukakleśaprahāṇābhiyuktyā	**satveṣu**	mahākaruṇā
adv.	f. sg. I.	m. pl. L.	f. sg. N.
別處	修習斷除煩惱客塵	眾生	大悲

utpadyate |	（《梵藏漢對照〈維摩經〉》，p. 202）
ut-√pad，3. sg. pres. Ā.	
產生	

satveṣu（眾生們）是梵語名詞 satva（眾生）的複數、依格形式，支謙譯為“彼”。黃寶生（2011：155）譯：努力消除客塵煩惱而對眾生發起大悲心。

12. **其**

“其”在漢譯本《撰集百緣經》《維摩詰經》《金光明經》《妙法蓮華經》中有162例用作複數，37例有相應的梵文原典。其中，20例對譯梵語第三人稱代詞的複數，1例對譯梵語動詞第三人稱的複數，1例對譯梵語第一人稱代詞的雙數，1例對譯梵語關係代詞的複數，2例對譯梵語指示代詞的複數，12例對譯梵語名詞的複數。如：

（39）比丘比丘尼，其數如恒沙，倍復加精進，以求無上道。（姚秦鳩摩羅什譯《妙法蓮華經》卷一，9/5a）

它所對應的梵文原典是：

bhikṣū①	bahū②	tatha③	pi④	ca	bhikṣuṇīyo⑤	ye
m. pl. N.	adj. m. pl. N.	adv.	adv.	conj.	f. pl. N.	pron. m. pl. N.
比丘	無數	如是	也	和	比丘尼	那些

prasthitā⑥	uttamaṁ⑦	agrabodhiṁ |	analpakās	**te**
pt. m. pl. N.	adj. f. sg. Ac.	f. sg. Ac.	adj. m. pl. N.	pron. 3. m. pl. N.
安住	無上	妙菩提	眾多	他們

① 參看 BHSG，§“12. 59. Nom. -acc. pl. -ū and -u”，p. 88。

② 參看 BHSG，§“12. 59. Nom. -acc. pl. -ū and -u”，p. 88。

③ 參看 BHSG，§“3. 27. a for ā.”，p. 24。

④ 參看 BHSD，p. 344。

⑤ 參看 BHSG，§“10. 172. Nom. -acc. pl. -īyo”，p. 80。

⑥ 參看 BHSG，§“8. 78. Nom. pl. -ā”，p. 55。

⑦ 參看 BHSG，§“3. 27. a for ā.”，p. 24。

yatha[①]	gaṇgavālikā[②]	abhiyukta[③]	tasya	sugatasya
adv.	f. pl. N.	pt. m. pl. N.	pron. m. sg. G.	m. sg. G.
如是	恒河沙	精進	那	善逝

śāsane ‖ （saddharmapuṇḍarīka，p. 26）
n. sg. L.
教化

te（他們）是梵語第三人稱代詞的複數、體格形式，鳩摩羅什譯為“其”。

漢語今譯：無數比丘、比丘尼安住無上妙菩提，**他們**眾多，如同恒河沙一樣，在善逝的教化裏精進。

（40）令**其**生渴仰，因其心戀慕，乃出為說法。（姚秦鳩摩羅什譯《妙法蓮華經》卷五，9/43c）

它所對應的梵文原典是：

spṛhentu[④]	tāvan	mama	darśanasya	tṛṣitāna[⑤]
√ spṛh，3. pl. imper. P.	adv.	pron. 1. sg. G.	n. sg. G.	pt. m. pl. Ac.
產生戀慕	那時	我	示現	渴望

saddharmu[⑥]	prakāśayiṣye ‖（saddharmapuṇḍarīka，p. 324）
m. sg. Ac.	pra-√ kāś，caus. 1. sg. fut. Ā.
妙法	開示

spṛhentu（他們產生戀慕吧）是梵語動詞√ spṛh（渴望）的第三人稱、複數、命令語氣的主動語態，鳩摩羅什譯為“令其生渴仰”。

漢語今譯：當**他們**對於我的示現**產生戀慕**、渴望時，我將會宣說妙法。

（41）願賢者解**其**意。（吴支謙譯《維摩詰經》卷上，14/523a）

它所對應的梵文原典是：

āyuṣmann	upāle[⑦]	vinodayasva	**āvayoḥ**
adj. m. sg. V.	m. sg. V.	vi-√ nud，caus. 2. sg. imper. Ā.	pron. 1. du. G.
尊者	優波離	解除	我們二人

---

① 參看 BHSG，§ “3. 27. a for ā.”，p. 24。
② 參看 BHSG，§ “9. 82. Nom. -acc. pl. -ā”，p. 66。
③ 參看 BHSG，§ “8. 79. Nom. pl. -a”，p. 55。
④ 參看 BHSG，§ “24. 10. Stems in -e-.”，p. 128。
⑤ 參看 BHSG，§ “8. 99. Acc. pl. -āna?”，p. 58。
⑥ 參看 BHSG，§ “8. 30. The ending -u”，p. 51。
⑦ 參看 BHSG，§ “8. 28. Voc. sg. -o，-u，-e.”，p. 51。

kaukṛtyaṁ	vyutthāpasva	āvām	āpatteḥ
n. sg. Ac.	vi-ut-√ sthā, caus. 2. sg. imper. Ā.	pron. 1. du. Ac.	f. sg. Ab.
懊悔	拔濟	我們二人	過失

(《梵藏漢對照〈維摩經〉》, p. 116)

āvayoḥ（我們二人的）是梵語第一人稱代詞的雙數、屬格形式，支謙譯為“其”。

黃寶生（2011：89）譯：尊者優波離啊，請你給予勉勵，消除**我倆的**懊惱，讓我倆擺脫過失。

（42）未來諸世尊，**其**數無有量。（姚秦鳩摩羅什譯《妙法蓮華經》卷一，9/9a）

它所對應的梵文原典是：

anāgatā	pi①	bahubuddhakoṭyo②	acintiyā	**yeṣu**
pt. f. sg. N.	adv.	f. pl. G.	f. sg. N.	pron. m. pl. L.
未來	也	無數億佛陀	不可思議	那些

pramāṇu③	na	asti ∣ (saddharmapuṇḍarīka, p. 52)
n. sg. N.	indec.	√ as, 3. sg. pres. P.
數量	不	是

yeṣu（那些）是梵語關係代詞的複數、依格形式，鳩摩羅什譯為“其”。

漢語今譯：未來無數億佛陀，**他們的**數量是不可思議的。

（43）吾為眾人作自省法，觀以除**其**病而不除法。（吳支謙譯《維摩詰經》卷上，14/526a）

它所對應的梵文原典是：

tathā	kariṣyāmo④	yathā	**eṣāṁ**	**satvānāṁ**	evaṁ	yoniśo⑤
adv.	√ kṛ, 1. pl. fut. P.	adv.	pron. m. pl. G.	m. pl. G.	adv.	adv.
如是	將會做	她是	這些	眾生	如是	如理

nidhyaptyā	vyādhiṁ	apaneṣyāmaḥ (《梵藏漢對照〈維摩經〉》, p. 198)
f. sg. I.	m. sg. Ac.	apa-√ nī, 1. pl. fut. P.
觀察	疾病	除去

① 參看 BHSD, p. 344。

② 參看 BHSG, § “10. 138. Gen. -yas, -yo”, p. 77。

③ 參看 BHSG, § “10. 138. Gen. -yas, -yo”, p. 77。

④ 參看 BHSG, § “4. 38.”, p. 34。

⑤ 參看 BHSG, § “4. 38.”, p. 34。

eṣāṁ satvānām（這些眾生）是梵語idaṁ satva 的複數、屬格形式，支謙譯為“其”。黄寶生（2011：153）譯：我們要這樣如實思考，消除**眾生的**病。

（44）我必定知是十千魚**其**命已終。（北涼曇無讖譯《金光明經》卷四，16/353c）

它所對應的梵文原典是：

jānāmi	deva	niyataṁ	**daśamatsyasahasrāṇi**	kālagatāni |
√jñā, 1. sg. pres. P.	m. sg. V.	adv.	n. pl. Ac.	adj. n. pl. Ac.
知道	陛下	必定	十千魚	命終

（suvarṇaprabhāsasūtram，p. 104）

“其命已終”的“其”指“十千魚”，對譯原文 daśamatsyasahasrāṇi。

漢語今譯：陛下，我知道，**十千魚**必定死了。

13. **之**

“之”在漢譯本《撰集百緣經》《維摩詰經》《金光明經》《妙法蓮華經》中有72 例用作複數，39 例有相應的梵文原典。其中，6 例對譯梵語第三人稱代詞的複數，1 例對譯梵語指示代詞的複數，31 例對譯梵語名詞的複數，1 例對譯梵語形容詞的複數。如.

（45）我已救**之**。（姚秦鳩摩羅什譯《妙法蓮華經》卷二，9/14c）

它所對應的梵文原典是：

mayā	ca	**te**	mocita①	adya
pron. 1. sg. I.	conj.	pron. 3. m. pl. N.	ppp. m. pl. N.	adv.
我	和	他們	被解救	今天

（saddharmapuṇḍarīka，p. 88）

te（他們）是梵語第三人稱代詞的複數、體格形式，鳩摩羅什譯為“之”。

漢語今譯：今天，**他們**所有人已經被我解救。

（46）阿閦佛以方便受眾人而解**之**曰……（吴支謙譯《維摩詰經》卷下，14/535a）

它所對應的梵文原典是：

tān	bhagavān	vinayanārtham	evam	āha |
pron. 3. m. pl. Ac.	m. sg. N.	adv.	adv.	ah, 3. sg. perf. P.
他們	佛	為了調伏	如是	說

① 参看 BHSG，§“8. 79. Nom. pl. -a.”，p. 55。

(《梵藏漢對照〈維摩經〉》，p. 456)

tān（他們）是梵語第三人稱代詞的複數、業格形式，支謙譯為“之”。

黃寶生（2011：338）譯：為了調伏**他們**，世尊說道。

（47）我當以佛法而訓導之。（姚秦鳩摩羅什譯《妙法蓮華經》卷五，9/46c）

它所對應的梵文原典是：

yan	nv	aham	**etāṁs**	tathāgatapravedite
pron. n. sg. N.	indec.	pron. 1. sg. N.	pron. m. pl. Ac.	ppp. m. sg. L.
其	現在	我	這些	如來所證

dharmavinaye	'vatārayeyam	anuśāsayeyam |
m. sg. L.	ava-√tṛ, caus. 1. sg. opt. P.	anu-√śās, caus. 1. sg. opt. P.
戒法	使悟解	教化

(saddharmapuṇḍarīka，p. 347)

etāṁ（這些）是梵語指示代詞 etad（此）的複數、業格形式，鳩摩羅什譯為“之”。

漢語今譯：現在，我教化**他們**，使他們悟解如來所證的戒法。

（48）劫中若兵起，己為作慈利，化之以不諍，兆民得休濟。（吳支謙譯《維摩詰經》卷下，14/530b）

它所對應的梵文原典是：

śastra-antarakalpeṣu	maitryādhyāyī[1]	bhavanti	te |
m. pl. L.	m. pl. N.	√bhū, 3. pl. pres. P.	pron. 3. m. pl. N.
刀兵劫	修習慈定	是	他們

avyāpāde	niyojenti[2]	**satvakoṭīśatān**	bahūn ||
m. sg. L.	ni-√yuj, caus. 3. pl. pres. P.	m. pl. Ac.	adj. m. pl. Ac.
不嗔	安住	百千萬億眾生	無數

(《梵藏漢對照〈維摩經〉》，p. 316)

satvakoṭīśatān（百千萬億眾生）是梵語名詞 satvakoṭīśata 的複數、業格形式，支謙譯為“之”。

黃寶生（2011：244）譯：遇到刀兵劫，他們滿懷慈悲，讓數**百億眾生**擺脫仇恨憤怒。

---

① 參看 BHSG，§“10. 177. Nom. -acc. pl. -ī”，p. 81。

② 參看 BHSG，§“24. 10. Stems in -e-.”，p. 128。

（49）我於伽耶城菩提樹下坐，得成最正覺，轉無上法輪，爾乃教化之，令初發道心。（姚秦鳩摩羅什譯《妙法蓮華經》卷五，9/41b）

它所對應的梵文原典是：

mayā	ca	prāpya	imam[1]	agrabodhiṁ	nagare	gayāyāṁ
pron. 1. sg. I.	conj.	ger.	pron. f. sg. Ac.	f. sg. Ac.	n. sg. L.	f. sg. L.
我	和	得到	此	妙菩提	城	伽葉

drumamūli[2]	tatra|	anuttaraṁ	vartiya[3]	dharmacakraṁ	paripācitāḥ
n. sg. L.	adv.	adj. n. sg. Ac.	ger.	n. sg. Ac.	ppp. m. pl. N.
樹下	那裏	無上	轉動	法輪	被教化

sarvi[4]	iha	agrabodhau||	（saddharmapuṇḍarīka，p. 310）
adj. m. pl. N.	adv.	f. sg. L.	
所有	此處	妙菩提	

sarvi（所有）是梵語形容詞 sarva 的複數、體格形式，鳩摩羅什譯為“之”。

漢語今譯：我在伽葉城樹下得到妙菩提之後，轉動無上法輪，用妙菩提教化所有人。

三、梵漢對勘的結論

漢譯本《撰集百緣經》《維摩詰經》《金光明經》《妙法蓮華經》有表示複數的人稱代詞 14 個，使用了 899 次。其中，第一人稱複數代詞有 5 個，使用了 323 次；第二人稱複數代詞有 5 個，使用了 318 次；第三人稱複數代詞有 4 個，使用了 258 次。在第一人稱複數代詞裏面，單音節形式 2 個，使用了 83 次；複音節形式 3 個，使用了 240 次。在第二人稱複數代詞裏面，單音節形式 2 個，使用了 105 次；複音節形式 3 個，使用了 213 次。在第三人稱複數代詞裏面，單音節形式 3 個，使用了 257 次；複音節形式 1 個，使用了 1 次。在 14 個表示複數的人稱代詞中，單音節形式 7 個，445 次；複音節形式 7 個，454 次（雙音節形式 5 個，443 次；三音節形式 2 個，11 次）。在使用頻率上，單音節形式占 49.5%，複音節形式占 50.5%。其中，單音節形式主要集中在第三人稱代詞上，占 28.6%（第一人稱代詞占 9.2%，第二人稱代詞占 11.7%）；複音節形式主要集中在第一、第二人稱代詞上，占 50.4%（第一人稱代詞占 26.7%，第二人稱代詞占 23.7%）。從使用頻率來看，

① 参看 BHSG，§ “21.85.”，p. 118。
② 参看 BHSG，§ “8.59. Loc. sg. -i”，p. 53。
③ 参看 BHSG，§ “Gerunds in iya (iyā，ia)”，p. 175。
④ 参看 BHSG，§ “8.81. Nom. pl. -i”，p. 56。

複音節表示複數的人稱代詞略占優勢，占比高 1 個百分點，尤其是在第一、第二人稱複數代詞方面則占有明顯優勢。這說明在這四部漢譯佛經中，表示複數的人稱代詞已經打破上古漢語單、複數同形的狀況，出現了複音節形式表示複數，但又存在著單、複數混用的現象。

從梵漢對勘《撰集百緣經》《維摩詰經》《金光明經》《妙法蓮華經》表示複數的人稱代詞來看，表示複數的第一人稱代詞主要對譯梵語的第一人稱代詞的複數（雙數），占 86.5%；對譯動詞的第一人稱複數（雙數），占 8%。表示複數的第二人稱代詞主要對譯梵語的第二人稱代詞的複數（雙數），占 52.4%；對譯動詞的第二人稱複數（雙數），占 29.5%。表示複數的第三人稱代詞主要對譯梵語的第三人稱代詞的複數，占 35.6%；對譯名詞的複數，占 54.4%。也有少數情況例外。比如：表示複數的“其”“之”“彼”，它們有對譯梵語第一人稱代詞的雙數，對譯梵語第二人稱代詞的複數，對譯梵語指示代詞的複數、單數，對譯梵語關係代詞複數的情況；表示第一人稱複數的“我等”有對譯梵語第一人稱代詞單數，對譯第二人稱代詞單數，對譯動詞第一人稱單數，對譯形容詞asmādṛśa、mādṛśa的複數；表示第二人稱複數的“汝”有對譯梵語動詞第一人稱單數，對譯梵語名詞單數、複數的情況；表示第二人稱複數的“汝等”有對譯梵語第二人稱代詞的單數，對譯動詞第二人稱的單數，對譯名詞單數、複數的情況。這些例外是可以分析的。除了文本的原因之外，譯者在處理梵文原典上下文的關係時，出現了一些漢譯與原典不相符合的情況。如“汝”表示複數，在《撰集百緣經》裏對譯的是梵語動詞√bhāṣ的第一人稱、單數、將來時、中間語態，義為“我將講說”，支謙譯為“吾當為汝分別解說”，這是由於原典上文提到講述的對象是複數。因此，“汝”就表示複數。又如，“我等”“汝等”對譯梵語人稱代詞的單數、對譯梵語動詞的單數，這只出現在鳩摩羅什、曇無讖的譯經中，用例很少，沒有出現在支謙的譯經中，這或許與譯者的漢語水準有關。鳩摩羅什、曇無讖都是來自異域的譯者，支謙是生長在漢地的譯者。

從《撰集百緣經》《維摩詰經》《金光明經》《妙法蓮華經》這四部漢譯佛經的梵漢對勘來看，漢譯佛經中表示複數的人稱代詞的確與梵文原典有著直接的關係，是梵文原典表示複數的多種語法形式的對譯。

文中所用縮略符號說明

Ā. ātmanepada, middle-voice 為己，中間語態；Ab. ablative 從格；Ac. accusative 業格；adj. adjective 形容詞；adv. adverb 副詞；caus. causative 使役形式；conj. conjunction 連詞；D. dative 為格；du. dual 雙數；f. feminine 陰性；fut. future 將來時；fpp. future-passive-participle 未來被動分詞，必要分詞；G. genitive 屬格；ger. gerund 絕對分詞；I. instrumental 具格；imper. imperative 命令語氣；indec. indeclinable 不變詞；interj. interjection 感歎詞；L. locative 依

格；m. masculine 陽性；N. nominative 體格；n. neuter 中性；num. numeral 數詞；opt. optative 祈願語氣；P. parasmaipada，active-voice 為他，主動語態；pass. passive 被動語態；perf. perfect 完成時；pl. plural 複數；ppp. past-passive-participle 過去被動分詞；pref. prefix 接頭詞；pres. present 現在時；pron. pronoun 代名詞；pt. past participle 過去分詞；sg. singular 單數；V. vocative 呼格；1. first -personal 第一人稱代名詞；2. second-personal 第二人稱代名詞；3. third-personal 第三人稱代名詞。

参考文獻

陳秀蘭．梵漢對勘《撰集百緣經》表示複數的第一、二人稱代詞：兼論漢譯本《撰集百緣經》的翻譯年代//圓融內外 綜貫梵唐：第五屆漢文佛典語言國際學術研討會論文集．臺北：花木蘭文化出版社，2012.

大正大學綜合佛教研究所，梵語佛典研究會．梵藏漢對照《維摩經》．東京：大正大學出版會，2004.

荻原雲來，辻直四郎．漢譯對照梵和大辭典．影印本．臺北：新文豐出版公司，1979.

黃寶生．梵語文學讀本．北京：中國社會科學出版社，2010.

黃寶生．梵漢對勘《維摩詰所說經》．北京：中國社會科學出版社，2011.

黃寶生．梵語佛經讀本．北京：中國社會科學出版社，2014.

季羨林．原始佛教的語言問題//印度古代語言論集．北京：中國社會科學出版社，1982.

龍國富．從梵漢對勘看早期翻譯對譯經人稱代詞數的影響．外語教學與研究，2008（5）.

呂澂．新編漢文大藏經目錄．濟南：齊魯書社，1981.

斯坦茨勒．梵文基礎讀本．季羨林，譯．段晴，錢文忠，續補．北京：北京大學出版社，1996.

王力．漢語史稿．北京：中華書局，1980.

向熹．簡明漢語史．北京：高等教育出版社，1993.

張永言．詞彙學簡論．武漢：華中工學院出版社，1982.

朱慶之．佛典與中古漢語詞彙研究．臺北：文津出版社，1992.

朱慶之．漢譯佛典語文中的原典影響初探．中國語文，1993（6）.

朱慶之．佛教混合漢語初論//語言學論叢：第二十四輯．北京：商務印書館，2001.

朱慶之．漢語名詞與人稱代詞複數標記的產生與粵方言人稱代詞複數標記“哋”的來源．貴陽：第七屆漢文佛典語言學國際學術研討會，2013.

朱慶之．漢語名詞和人稱代詞複數標記的產生與佛經翻譯之關係//中國語言學報：十六期．北京：商務印書館，2014.

Bagchi S. *Suvamaprabhāsasūtram: Buddhist Sanskrit Text No. 8*. Darbhanga: Mithila Institute of Post Graduate Studies and Research in Sanskrit Learning, 1967.

Edgerton, Franklin. *Buddhist Hybrid Sanskrit Grammar and Dictionary*, 2 volumes. New Haven: Yale University Press, 1953/2004.

Heine, B, T. Kuteva. *Language Contact and Grammatical Change*. Cambridge: Cambridge University Press, 2005.

J. S. *Sanskrit Syntax*. Leiden: Motilal Banarsidass, 1886.

Kern, H, B. Nanjio. *Saddharmapuṇḍarīka: Bibliotheca Buddhica X*. Delhi: Motilal Banarsidass Publishers Private Limited, 1992.

Prin. Vaman Shivaram Apte. *The Practical Sanskrit-English Dictionary*, Revised & Enlarged Edition. Kyoto: Rinsen Book Company, 1890/1992.

Speyer, J. S. *avadānaśataka: Bibliotheca Buddhica III*. Delhi: Motilal Banarsidass Publishers Private Limited, 1992.

The Sanskrit-Chinese Collated Study of the Plural Pronoun in *Zhuanjibaiyuan Jing*, *Weimojie Jing*, *Jinguangming Jing* and *Miaofalianhua Jing*

Chen Xiulan

Abstract: This article collates the plural pronoun in *Zhuanjibaiyuan Jing*, *Weimojie Jing*, *Jinguangming Jing* and *Miaofalianhua Jing*, and aims to investigate the relationship of the plural pronoun between those Chinese translated version of the Buddhist scriptures. Regarding the plural pronoun, we found that there is a direct relationship between the original Sanskrit and the Chinese-translated version and the correlation is that those in the Chinese version are directly translated from various grammatical forms which mean plural in the original Sanskrit.

Keywords: collation of the Sanskrit and the Chinese; pronoun; plural

（陳秀蘭，上海師範大學中文系）

量詞“條”源流演變*

王彤偉

提　要：“條”在東漢前中期才出現了量詞用法，首先稱量的是“法律條文”和“道路”，稱量樹木枝條的例子要晚至南北朝時的宋代才出現。量詞“條”的稱量對象在唐代有比較大的發展。這些稱量對象，不論抽象與具體，都符合［＋長條形］的心理圖式；同時，現代漢語中“（一）條條”這樣的重疊形式在唐代也已發展成熟。

關鍵詞：漢語史；量詞；條

呂叔湘在《現代漢語八百詞》（1999）中把量詞“條”在現代漢語中的用法總結爲：

1. 用於長條形的東西。一～街（路、公路、鐵路），一～河（江、溝、渠、小溪）｜一～山脈｜一～褲子（裙子）｜兩～繩子（帶子、鞭子、電線）｜在紙上劃了三～綫｜幾～口袋（麻袋）｜一～床單（毯子、被子、被面、被裏）｜一～毛巾（圍巾、頭巾）｜一～槍｜一～魚（蛇、龍、毛毛蟲、蠶）｜一～牛（狗、毛驢）｜一～黄瓜（絲瓜）｜一～尾巴｜兩～腿（胳膊）｜一～鎖鏈｜一～板凳｜一～好漢（漢子）｜一～肥皂｜紙上劃滿了一～一～的綫

引申用於人體。一～人命｜一～好嗓子｜要跟群衆一～心，不要兩～心

2. 用於某些抽象事物。一～計策（妙計）｜一～正確路綫｜兩～意見（建議）｜十～罪狀｜只有一～出路｜這一版共有九～新聞（消息）｜操作規程一共有五～｜對群衆所提出的意見應該～～有交代｜措施要一～一～落實

對於現代漢語中這些用法的起源和發展，我們似乎並不是很清楚，因此有必要

* 本文得到了“四川大學中央高校基本科研業務費項目”（項目號：skqx201606）的資助。

清理一下它的歷史發展脈絡。

一、量詞“條”的起源

“條”的本義是小樹枝。《說文·木部》：“條，小枝也。”段注：“毛傳曰‘枝曰條’，渾言之也。條爲枝之小者，析言之也。”

漢代以前的文獻中，還沒有發現“條”的量詞用法，《史記》中的“條”也沒有用為量詞的例子。

直到《漢書》中“條”才出現了量詞的用法[①]，不過基本都用來稱量法律條文：

> 律令凡三百五十九章，大辟四百九條，千八百八十二事，死罪決事比萬三千四百七十二事。（《漢書·刑法志》）

> 至成帝河平中，復下詔曰：“……今大辟之刑千有餘條，律令煩多，百有餘萬言，奇請它比，日以益滋，自明習者不知所由，欲以曉喻衆庶，不亦難乎！”（《漢書·刑法志》）

> 樂浪朝鮮民犯禁八條：相殺以當時償殺；相傷以穀償；相盜者男沒入為其家奴，女子為婢，欲自贖者，人五十萬。……今於犯禁浸多，至六十餘條。（《漢書·地理志》）

> 又增法五十條，犯者徙之西海。（《漢書·王莽傳》）

> 策命統睦侯陳崇曰：“……凡此六條，國之綱紀。”（《漢書·王莽傳》）

“條”由“樹枝”引申出“律條、條目”之義，符合詞義引申的規律。法律條文寫出來是一長溜，在視覺和心理上，都是長條形，所以名詞“科條”和稱量文書法律的量詞“條”之間的關係很明顯：放大了是文書，縮小了是條目，虛化後就是量詞。

隨後就發展出了稱量“事項”之類[②]：

> 千般疢難，不越三條：一者，經絡受邪，入臟腑，為內所因也；二者，四肢九竅，血脈相傳，壅塞不通，為外皮膚所中也；三者，房室、金刃、蟲獸所傷。（東漢張仲景《金匱要略方論》）

---

① 《論衡·自紀》有一例：“韓非之書，一條無異，篇以十第，文以萬數。”《漢語大詞典》引以為“條”作量詞的首例，我們認為恐不妥當。首先，從量詞“條”之稱量對象的發展規律看，是從稱量法律到稱量一般的文書，再到稱量事項。其次，《論衡》中僅此一個孤例，沒有旁證。第三，將此“一條”看作“一貫”全句的意思更爲通順，即“韓非的書，其中心一貫（所表達的中心沒有什麽變化），篇數卻要以十來排列，文字卻要以万來計算”，王充通過這樣的對比來駁斥那些認爲他的著作篇長字多的説法。

② 劉世儒《魏晉南北朝量詞研究》（1965：103）認爲這樣的用法要到南北朝才出現，時代嫌晚。

不過，在漢末魏晉時期確實以稱量律條爲常，然後也逐步用於稱量一般的文書條目：

疇乃為約束相殺、傷、犯盜、諍訟之法，法重者至死，其次抵罪，二十餘條。（《三國志·魏志·田疇傳》）

入為尚書令，奏正分職，料簡名實，出事使斷官府者百五十餘條。（《三國志·魏志·裴潛傳》）

臣奉恩曠然，得以啟矇，輒作《都官考課》七十二條，又作《說略》一篇。（《三國志·魏志·劉劭傳》）

昔箕子既適朝鮮，作八條之教以教之，無門戶之閉而民不爲盜。（《三國志·魏志·东夷傳·濊》）

"夫事君之義犯而勿欺，人臣之節匪躬是殉，謹陳時宜十七條如左。"十七條失本，故不載。（《三國志·吴書·陸遜傳附子陸抗傳·抗聞都下政令多闕所上疏》）

時魏降人或云魏都督河北振威將軍吴質，頗見猜疑，綜乃偽爲質作降文三條。（《三國志·吴書·胡綜傳》）

雖言服藥，而服藥之方，略有千條焉。（《抱樸子內篇·釋滯》）

班固《兩都賦》中出現了用"條"稱量道路的情況，這應該來源於"枝條"義，但同時代的例子還不多：

建金城其萬雉，呀周池而成淵；披三條之廣路，立十二之通門。[①]（班固《兩都賦》，《後漢書·班彪列傳附班固傳》）

二、南北朝至隋

南北朝時期量詞"條"用以稱量"法律條文、文書條目"的例子就更多了，略舉數例：

至初元、建平，所減刑罰百有餘條，而盜賊浸多，歲以萬數。（《後漢書·梁統列傳》）

及援還，從公府求得前奏，難十餘條，乃隨牒解釋，更具表言。（《後漢書·馬援列傳》）

---

① 李賢注："《周禮》：'國方九里，旁三門。'每門有大路，故曰三條。鄭玄注《周禮》云'天子城十二門，通十二子'也。"

忠略依寵意，奏上二十三條，為《決事比》，以省請讞之敝。（《後漢書·郭陳列傳附郭忠傳》）

明於政體，吏才有餘，論當世便事數十條，名曰政論。（《後漢書·崔駰列傳》）

又以春秋駁漢事六百餘條，妙得公羊本意。（《後漢書·儒林列傳·何休》）

八月辛卯，太尉齊王表斷奇飾麗服，凡十有四條。（《宋書·順帝本紀》）

節閏既移，則應改法，曆紀屢遷，實由此條。今改章法，三百九十一年有一百四十四閏。（《宋書·律曆志下》，律曆志中這樣的用例不少）

晉陵顧悅之難王弼易義四十餘條，康之申王難顧，遠有情理。（《宋書·隱逸列傳·關康之》）

又制有無故自殘傷者補冶士，實由政刑煩苛，民不堪命，可除此條。（《宋書·武帝本紀》）

今訓諸學者，略示十條。（《全隋文》卷三十二）

尋法興所議六條，並不造理難之關楗。謹陳其目：……沖之曰：此條所嫌，前牒已詳。……又以全為率，當互因其分，法興所列二數皆誤，或以八十為七十九，當縮反盈，應損更益，此條之謂矣。（《宋書·律曆志下》）

這個時代開始出現“指示代詞＋條”的形式。指示性詞語後面的“條”具有量詞性質。這裏可以看作省略了數詞“一”，因爲共時文獻中還有指示性詞和“條”組合，中間為其他數詞的用例。如：

至於詐列父母死，誣罔父母淫亂，破義反逆，此四條，實窮亂抵逆，人理必盡，雖復殊刑過制，猶不足以塞莫大之罪。（《宋書·王韶之列傳》）

由來有此數條，二三諸賢，因復架累，致之高塵，詠之清鑿。（《宋書·王微列傳》）

凡新置不見此諸條者，隨秩位所視，蓋□□①右所定也。（《宋書·百官志下》）

舉此一條，餘事皆爾。（《全隋文》卷三十二）

因爲“條目”是排列出來的，所以可以在“條”前加“前、後、上、下”等方位詞：

永寧元年五月，太白晝見。占同前條。……是謂當見不見，占同上條。（《宋書·天文志二》）

---

① 原文缺字。

取張注七百三十一條，杜注七百九十一條。或二家兩釋，於義乃備者，又取一百七條。（《南齊書·孔稚珪列傳》）

上書陳便宜二十條，其一條言宜毀廢塔寺。（《南齊書·張欣泰列傳》）

竊謂前二條有益於議，仰見議中不錄，謹以寫呈。（《全隋文》卷十八）

也有用來稱量“事項”的，這和現代漢語中“妙計一條”已經基本一致了：

阮思曠慨然曰：“次道自不至此。但布衣超居宰相之位，可恨！唯此一條而已。”（《世说新语·品藻》）

太史令駱達陳天文符瑞數十條，群臣又固請，王乃從之。（《宋書·武帝本紀》）

晉康帝世，何充讓錄表曰：“咸康中，分置三錄，王導錄其一，荀崧、陸曄各錄六條事。”然則似有二十四條，若止有十二條，則荀、陸各錄六條，導又何所司乎？若導總錄，荀、陸分掌，則不得復云導錄其一也。其後每置二錄，輒云各掌六條事，又是止有十二條也。十二條者，不知悉何條。（《宋書·百官志上》）

上姓名骨體及期運曆數，並遠應圖讖數十百條，歷代所未有，臣下撰錄，上抑而不宣，盛矣。（《南齊書·高帝本紀下》）

愚謂塘丁一條，宜還復舊，在所逋恤，優量原除。（《南齊書·王敬則列傳》，塘丁一條，即塘丁這件事）

此諸瑞相非一條，仁今作佛大尊極。（隋代闍那崛多《佛本行集經》卷第三十）

稱量“道路”的例子也多了起來。如①：

萬邑王畿曠，三條綺陌平。（梁簡文帝《登烽火樓》）

采桑三市路，賣酒七條衢。（北周王褒《日出東南隅行》）

爾乃警六御，案三條，擊灶鼓，吟鳳簫。（《全隋文》卷十六）

子之所惑，吾當為辨。試舉其要，總有七條。（《全隋文》卷三十三）

“三條綺陌、七條衢”都是“數＋量＋名”結構，這也是這個時代新出現的情況。

在這個時代出現了用“條”來稱量樹木枝條的例子。這是我們發現的“條”用

① 以下前兩例引自劉世儒 1965：102。

以稱量樹木枝條類最早的用例：

皇后東面躬桑，采三條；諸妃公主各采五條；縣鄉君以下各采九條。悉以桑授蠶母。（《宋書·禮志一》）

也可用以稱量細長的“絲弦、布條①”等，但直到隋代以前，量词“條”還沒有用於稱量衣物的情況：

義恭答曰：“受任戎行，不齎樂具。在此燕會，政使鎮府命妓，有弦百條，是江南之美，今以相致。”（《宋書·張暢列傳》）

這裏用來稱量琵琶的弦。

三、唐宋时期

我們對《全唐詩》《入唐求法巡禮行記》《祖堂集》進行了窮盡性檢索，發現量詞“條”在唐代有比較明顯的發展，主要表現爲三大特點：

其一，形式上以“數＋量＋名”爲主。

其二，可以重疊爲“條條、一條條”，表示“逐一、每一”“言其多”等義。如：

堤上千年柳，條條掛我心。（戎昱《送陸秀才歸覲省》）

銅街陌柳條條翠，金轂園花片片燃。（張野人逸詩殘句）

寒風又變為春柳，條條看即煙濛濛。（李賀《野歌》）

瓊窗時聽語鶯嬌，柳絲牽恨一條條。（李珣《望遠行》）

自此改名為折柳，任他離恨一條條。（雍陶《題情盡橋》）

其三，稱量對象明顯變多。稱量對象包括：樹枝、竹子、杖、椽柱、筷子、鞭子；葛藤、繩索、絲綫、蛛絲；路、堤壩、車轍；江河、水流、雨絲、淚痕；煙霧、風、彩虹、閃電、月光；紅燭、火把；蛇；衣服、手巾；眉毛、脊梁骨；戒律、事情；恨、夢想、膽氣。這些稱量對象有一個共同的特點，就是［＋長條形］。各舉一例如下：

---

① 我們沒有找到直接稱量“布條”的例子，但此時佛教用語中有“七條衣、七條袈裟”等説法，丁福保《佛學大辭典》曰：“七條衣，郁多羅僧衣以有橫割截之條數七，故云七條衣。”《英漢、漢英、英英佛學辭典》解釋説：“A jacket that is made out of a patchwork of seven pieces of cloth.”可知，這裏的“條”並非用來稱量“袈裟”這種“衣服”，應當是用來稱量此種衣服之來源，即“布條”的。由此可知劉世儒所引《高僧傳》（“捨其七條袈裟，助費開頂”）一例，認爲用以稱量衣服，是有問題的，“七條袈裟”即“七條之袈裟”。其後孟繁杰在《量詞“條”的產生及其歷史演變》（2009：35－40）中照搬此説，實爲失察。

千條弱柳垂青瑣，百囀流鶯繞建章。（賈至《早朝大明宫》）

百勞不識對月郎，湘竹千條為一束。（李商隱《河陽詩》）

兩卷道經三尺劍，一條藜杖七弦琴。（呂岩《七言》）

天柱幾條支白日，天門幾扇鎖明時。（高蟾《春》）

川，有似三條椽。（薛濤騈對）

兩條玉箸為君垂，此宵情，誰共說。（馮延巳《醉花間》）

亭亭筆直無皴節，磨捋形相一條鐵。（顧況《露青竹杖歌》）

數條藤束木皮棺，草殯荒山白骨寒。（韓愈《悼女留題驛梁詩》）

山東一條葛，無事莫撩撥。（《河北諺》）

一條麻索挽，天樞絕去也。（《天樞謠》）

洞山不語，師曰："一條繩子自系。"（《祖堂集》卷六）

計合一條絲線挽，何勞兩縣索人夫。（李休烈《詠銅柱》）

長河拔作數條絲，太華磨成一拳石。（馬異《答盧仝結交詩》）

回看官路三條線，卻望都城一片塵。（白居易《春日題乾元寺上方最高峰亭》）

斜漢沒時人不寐，幾條蛛網下風庭。（竇常《七夕》）

一條藤徑綠，萬點雪峰晴。（李白《冬日歸舊山》）

下有一條路，通達楚與秦。（白居易《登商山最高頂》）

山勢欲相抱，一條微徑盤。（竇參《登潛山觀》）

連雲草映一條陂，鸂鶒雙雙帶水飛。（李群玉《南莊春晚》）

門前兩條轍，何處去不得。（聶夷中《行路難》）

千條水入黃河去，萬點山從紫塞來。（歐陽詹《和太原鄭中丞登龍興寺閣》）

無端千樹柳，更拂一條溪。（杜牧《不飲贈官妓》）

一條雪浪吼巫峽，千里火雲燒益州。（李商隱《送崔珏往西川》）

別有一條投澗水，竹筒斜引入茶鐺。（馬戴《題廬山寺》）

數片石從青嶂得，一條泉自白雲來。（楊夔《題鄭山人郊居》）

詩封兩條淚，露折一枝蘭。（李賀《潞州張大宅病酒，遇江使，寄上十四兄》）

東風吹雨入西園，銀線千條度虛閣。（韓偓《意緒》）

頭冠兩片月，肩披一條雲。(孟郊《送李尊師玄》)

日暮野人耕種罷，烽樓原上一條煙。(朱慶餘《都門晚望》)

一條紫氣隨高步，九色仙花落古臺。(貫休《蜀王入大慈寺聽講》)

影疏千點月，聲細萬條風。(孟郊《井上枸杞架》)

日影化為虹，彎彎出浦東。一條微雨後，五色片雲中。(陳潤《賦得浦外虹送人》)

兩三條電欲為雨，七八個星猶在天。(盧延讓《松寺》)

半夜覺來新酒醒，一條斜月到床頭。(雍陶《初醒》)

一片彩霞迎曙日，萬條紅燭動春天。(楊巨源《元日呈李逢吉舍人》)

玉皇夜入未央宮，長火千條照棲鳥。(溫庭筠《走馬樓三更曲》)

手中氣概冰三尺，石上精神蛇一條。(呂岩《化江南簡寂觀道士侯用晦磨劍》)

雪峰養得一條蛇，寄著南山意若何?(《祖堂集》卷七)

著破三條裾，卻還雙股釵。(施肩吾《定情樂》)

不學白雲岩下客，一條寒衲是生涯。(寒山《世間何事最堪嗟》)

作大衣廿五條，用一貫錢。(圓仁《入唐求法巡禮行記》卷一)

細帔五百領、綿五百屯、袈裟布一千端青色染之、香一千兩、茶一千斤、手巾一千條，兼敕供巡十二大寺設齋。(圓仁《入唐求法巡禮行記》卷三)

嫩紅雙臉似花明，兩條眉黛遠山橫。(顧敻《遐方怨》)

師聞舉云:“德山老漢一條脊樑骨拗不折。雖然如此，於唱教中猶較些子。”(《祖堂集》卷七)①

雲鬟早歲斷金刀，戒律曾持五百條。(李洞《題尼大德院》)

還有一條遺恨事，高家門館未酬恩。(白居易《重題》)

欲識千條恨，和煙折一枝。(雍裕之《折柳贈行人》)

一條歸夢朱弦直，一片離心白羽輕。(高蟾《灞陵亭》)

我有愛弟都九江，一條直氣今無雙。(李涉《與弟渤新羅劍歌》)

---

① 《五燈會元》中引用了此句，孟繁杰 (2009: 35－40) 據《五燈會元》例認爲“宋代表示‘人體類’屬性處於起始階段，名詞只出現了一例‘脊梁骨’”，並不妥當。

通過檢索十二部[①]宋代文獻，我們發現量詞“條”在這個時代並沒有内涵上的發展，僅僅是在原來的基礎上增加一些同類事物而已。比如增加了“邊界、作為武器的棍棒、尾巴、鞋帶、鉄鈎、繒、竹篾、龍”等，都是符合［+長條狀］特點之事物：

令僧出問：“如何是開先境。”師曰：“最好是一條界破青山色。”（《景德傳燈録》卷二一“開先圓智”）

腰垂八棱棍棒一條，或刀一口。（《三朝北盟會編》卷第九十九靖康中帙七十四）

其後得異龜於城隍廟中，大若車輪，高及三尺，蓋穹龜也。有骨尾九條，甲色正黄如蜜蠟。（《三朝北盟會編》卷第二百十三炎興下帙一百十三》）

止鞋帶四百條，水銀鵬砂十許斤。（《三朝北盟會編》卷第二百十五炎興下帙一百十五）

鐵鈎五十條。（《武林舊事》卷第八）

以至頑徒如攔街虎、九條龍之徒，尤為市井之害。（《武林舊事》卷第六）

脯臘一條。（《武林舊事》卷第九）

初于水面見蒼龍一條，良久即沒。（《夷堅甲志》卷第一）

架上掛雜色繒十數條。（《夷堅乙志》卷第十五）

即取青竹篾一條密寘後畚。（《夷堅丁志》卷第七）

在宋代量詞“條”還是可以用來稱量“衣物”，但用例已經較少，因爲已經有了稱量“衣物”的專門量詞“領”。如：

問：“如何是六通家風?”師曰：“一條布衲一斤有餘。”（《景德傳燈録》卷十九）

今降賜金一千兩，金束帶五條，戰花袍三十領。（《三朝北盟會編》卷第四十八靖康中帙二十三）

四、元明清时期

元代量詞“條”的情況包括：一方面繼續增加符合［+長條狀］的稱量對象，比如“牛、玉蟒、火焰、霞光、妙計、長矛、鉄槍、棗槊、金鐧、秤、扁擔、板

① 這些文獻包括《碧雞漫志》《鶴林玉露》《雞肋編》《揮塵錄》《建炎以來朝野雜記》《景德傳燈錄》《郡齋讀書志》《全宋詩》《全宋詞》《三朝北盟會編》《武林舊事》《夷堅志》。

凳、河港、血路、（樹）根[1]”；另一方面，個別稱量對象的内涵有所變化，比如“衣物”類中，“條”常稱量“裙子”。另外，跟人體有關的稱量對象增加較多。例如：

我說的是孫半州，前門進去一百條水牛，有老許大。（柯丹邱《荊釵記》[2]）

俺家裏別無甚值錢物件，止有媳婦穿的一條裙子，我當一瓶兒酒，去那朝門外等著，與他慶賀去者。（鄭廷玉《宋上皇御斷金鳳釵》）

若有人問我要一貫鈔呵，哎呀，就如同挑我一條筋相似。（鄭廷玉《看錢奴買冤家債主》）

血髒牽車兒，扯斷這條腸子罷。（無名氏《施仁義劉弘嫁婢》）

狀元若到紅羅帳，扯住新人一條腿。（關漢卿《山神廟裴度還帶》）

不是這條腿，是那一條腿。（孫仲章《河南府張鼎勘頭巾》）

則我這兩條臂攔關扶碑，則我這兩隻手可敢便直釣缺丁。（高文秀《黑旋風雙獻功》）

是一條大漢，拽起衣服，扯出刀來殺了你父親，丟在井裏。（鄭廷玉《包待制智勘後庭花》）

兀的不送了我也這條老命！（無名氏《包待制陳州糶米》）

不是下官搭救時節，險些送了一條性命。（高明《琵琶記・杏園春宴》）

幾番要自縊投河，不要了這條性命。（高明《琵琶記・義倉賑濟》）

在稱量與人體有關的對象時，稱量對象有一個由實變虛的過程，即由稱量具體的人體部位發展到稱量人的時間長度，即“性命”，這已經和現代漢語的用法基本一致了。

明代文獻中出現了“條”稱量“心（心思）”的用例，這是因爲“想法、心思”也符合［＋長條形］的心理圖式：

卻又一條心兒想著，若死住法兒不開口，怕他心狠，頃刻間就害了性命。（《西遊記》第八十二回）

誰知倪善繼與做爹的不是一條心腸。（《喻世明言・滕大尹鬼斷家私》）

---

① “你若是救出親生子，便是俺趙家留得這條根”（《趙氏孤兒》第一折），這是“根”的比喻用法，相當於“血脈”。

② 也有人認為作者為明初人。從《漢籍》檢索共時材料的結果看，元代用“條”量“牛”的除了此書，其他文獻中確實少見。爲了敍述方便，暫且列置此處。

俗語有云："家欲興，十個兒子一樣心；家欲傾，一個兒子十條心。"（《鼓掌絕塵》第十一回》）

清代晚期的文獻中才出現了"條"稱量"嗓子"的用例，這是因爲嗓子或嗓子發出的聲音（"條"稱量的嗓子往往是發音洪亮的好嗓子）符合［＋長條形］的心理圖式。至此，量詞"條"完全擁有了和現代漢語一致的稱量對象。

及至搜完的，又不容人收拾妥當，他就提著那條賣估衣般的嗓子，高喊一聲"搜過"，便催快走。（《兒女英雄傳》第三十四回）

便聽老爺拿著條沉顛顛的正宫調嗓子，叫了聲："長姐兒呢？"（《兒女英雄傳》第四十回）

那酒保見說，手向桌角上一捺，偏了頭向著外面扯開一條吊桶粗的嗓子，一溜煙喊了一串。（《續濟公傳》第一百八十七回）

五、小　結

"條"的本義是小樹枝，直到東漢前中期的《漢書》中才出現了量詞用法。按一般的引申規律，"條"虛化爲量詞後稱量對象首先應是具體事物中的"樹枝"之類[①]。然而事實並非如此，量詞"條"首先稱量的是較爲抽象的"法律條文"和較爲具體的"道路"[②]，隨後發展出了稱量更爲抽象的"事項"之類。實際上，稱量樹木枝條的例子要晚至南朝宋才出現。量詞"條"的稱量對象在唐代有比較大的發展，這些稱量對象，不論抽象與具體，都符合［＋長條形］的心理圖式；同時，現代漢語中"（一）條條"這樣的重疊形式在唐代也已發展成熟。隨後的時代中，主要是稱量對象在外延上的變化：以擴大爲主，也有一些小的調整。比如元代時，"衣物"類中，"條"常稱量"裙子"，"袍子"改而多用"領"稱量。元代"條"由稱量具體的人體部位發展到稱量人的時間長度，即"性命"；明代文獻可稱量"心（心思）"；清代晚期才可用於稱量"嗓子"。至此，量詞"條"基本[③]擁有了和現代漢語一致的稱量對象。

至於"條"的量詞化機制，主要在於心理認知圖式的相似性。也就是說，只要對象符合［＋長條形］的心理特徵，就可以成爲量詞"條"的稱量對象。

---

① 王力、劉世儒等先生就受了這種思維的誤導，認爲量詞"條"稱量"樹枝"理所當然是很早的事。如王力在《漢語史稿》中說："'條'在最初也是普通名詞。後來發展為單位詞，也可能先用於樹木方面。"（王力 2004：278）劉世儒在《魏晉南北朝量詞研究》"條"下第一句話中就說："'條'的本義是'樹枝'，但它作爲量詞早已不以稱量'樹枝'爲限了。"（劉世儒 1965：101）

② 或因"樹枝"由另外的量詞（如"枝"）來稱量。

③ 個別稱量對象是現代才出現的，如"電線、槍、路綫、新聞"，在内涵、性質上並沒有什麽不同。

参考文獻

北京語言學院語言教學研究所．現代漢語頻率詞典．北京：北京語言學院出版社，1986．

劉世儒．魏晉南北朝量詞研究．北京：中華書局，1965．

孟繁杰．量詞“條”的産生及其歷史演變．寧夏大學學報（人文社科版），2009（1）．

吕叔湘．現代漢語八百詞：增訂本．北京：商務印書館，1999．

洪藝芳．敦煌吐魯番文書中之量詞研究．臺北：文津出版社，2000．

殷焕先，何傑．現代漢語常用量詞詞典．濟南：山東大學出版社，1991．

王力．漢語史稿．2版．北京：中華書局，2004．

The Diachronic Change of the Quantifier Tiao（條）

Wang Tongwei

Abstract：The Tiao（條）means small branch. As a quantifier，we can find it in the Eastern Han Dynasty documents used for the legal provisions and road. We cannot find the example on trees and branches before the Song Dynasty of the North and South Dynasties. The object of quantifier Tiao（條）has relatively great development in the Tang Dynasty. These objects，regardless of the abstract and the concrete，conform to the mental schema [+ strip]. At the same time，the form of “（一）條條” in the modern Chinese，began developing in the Tang dynasty.

Keywords：the history of Chinese；quantifier；Tiao（條）

（王彤偉，四川大學文學與新聞學院）

名單與單位*

徐時儀　劉靜靜

提　要：“掛單”的“單”似指寫有僧人姓名的紙，與“籌”相似，用作憑證。僧人把衣缽掛在紙上寫有相應姓名的鉤子上，“名單”一詞似源於此。僧人坐禪、禮佛、食臥的座床所占長六尺、寬三尺的空間位置為一個規定的量，“單位”一詞似由此義演變而用來指計算事物數量的標準，即將一定數量物質的集合規定為一個標準量。後又作為一個表空間範圍的抽象概念，用來稱某一工作部門。

關鍵詞：名單；單位

佛教作為一種意識形態和文化現象是人類歷史發展長河中極為重要的一部分。佛教自西漢末年隨著絲綢之路上的駱駝商隊緩緩地踏上古老的華夏大地以後，經過魏晉南北朝至隋唐而達到其全盛時期。隨著佛教逐漸中國化，有相當一部分佛教詞語在實際運用中已成為漢語詞彙的有機組成部分。現代漢語中有許多詞語與佛教相關，如“智慧”是梵語“般若”的意譯①，“平等”是梵語“無差別”義的意譯，“過去”源自佛教所說的“前生”，“宗旨”原指佛教的教義。現代漢語中的常用詞“名單”“單位”的成詞似也與佛教有關，下文擬就此略作探討。

一、“單”與“名單”“單子”

考“單”見於甲金文，《說文》：“單，大也。”其詞義各家說法不一。據現存文獻用例，其初義似為與眾不同而“獨自形成的一個整體”②，引申而有“單獨、一

---

* 國家社會科學基金項目“古白話詞彙研究”（13BYY107）、上海高校高峰學科建設項目（中國語言文學）階段性成果。本文曾於 2016 年 12 月 24 日在“第五屆漢語史暨張永言、趙振鐸、向熹教授學術思想研討會”上宣讀，承董志翹、王紹峰和黃尚軍等先生賜教，謹此致謝。

① 佛教謂超越世俗虛幻的認識，達到把握真理的能力。《大智度論》卷四三：“般若者，一切諸智慧中最為第一，無上無比無等，更無勝者，窮盡到邊。”

② 姜亮夫《釋單》（1948）：“單作陳兵器，兵亦以典刑，故得引申為別。”

個”義。如《荀子·正名》：“單足以喻則單，單不足以喻則兼。”進而可指單層的衣物。因僧衣只是一塊長方形的布，故又可用以稱單幅的僧衣。檢《辭源》釋“單”的“用一層布帛所製的衣物”義時說：“單幅的僧衣也稱單。”引例為宋董嗣杲《廬山集》卷四《送矩上人》：“單懸淮楚寺，裓染歲時塵。”檢丁福保《佛學大辭典》釋“掛搭”稱，或作掛褡，“禪僧止住，云掛搭。懸衣缽袋於僧堂之鉤也。因之住持許行腳人依住，謂為許掛搭，與掛錫掛缽等亦同”①。又釋“掛單”稱：“與掛搭同。僧人投宿寺院也。”“掛搭”“掛單”指行腳僧人到雲遊地佛寺中借宿。掛單細分則有趕齋、一宿兩夕、三天單、水火單與海單等。

“單”又可指僧人坐禪、禮佛的座席。如宋李昴英《送鑒師往靈洲寺》：“孤島一燈開佛屋，長身七尺占僧單。”② 清杜綱《娛目醒心編》第一回：“等了一回，不見有人來，走到佛前拜單上呆呆坐著。”考《敕修百丈清規》卷八楊億之《古清規序》云：“學眾無多少、無高下，盡入僧堂依夏次安排，設長連床，施椸架掛搭道具。”所謂“連床”就是連在一起供僧人坐臥、飲食的座床，標有各自的姓名，每人占長六尺、寬三尺的空間位置。“單”似由指僧人坐禪、禮佛的座席引申而有“位置”義，用來指住處，還可喻指人。丁福保《佛學大辭典》除收錄“掛單”外，還收錄有“鄰單”“看單”“遷單”“起單”“抽單”“止單”“安單”等。如與自己左右兩鄰的僧人座席稱為“鄰單”；拜訪他人的座席或住處稱為“看單”；辭別寺院稱為“起單”“抽單”；若犯戒被擯出門稱為“遷單”；寺院住宿的床位已額滿而不接受雲水僧掛單稱為“止單”；僧眾掛單後，日久知其行履確可共住者，即送入禪堂，稱為“安單”。“安單”有“在寺廟中做僧人”義。如《濟顛禪師語錄》：“濟公曰：‘難得你這片好心，我看你巴巴碌碌，何時是了，不如隨我吃碗安單飯也罷。’”引申又有“安頓住宿”義。如《後西遊記》第二五回：“唐長老就起身致謝道：‘多蒙佈施，但不知貧僧在何處安單？’”

“單”還可指寫有僧人姓名的紙片，或貼在僧堂內，或貼在各人的座位上。《漢語大詞典》釋“單”有“記載事、物的紙片或票證”義③。釋“掛單”為：“謂行腳僧就寺院投宿。單，指僧堂裡的名單。游方僧投宿寺院把衣缽掛在名單下，故稱。”據《漢語大詞典》所釋，“掛單”的“單”似指寫有僧人姓名的紙，僧人把衣缽掛在紙上寫有相應姓名的鉤子上，“名單”一詞似源於此。檢黃河清《近現代詞源》釋“名單”為“記錄人名的單子”，首見書證為1624年馮夢龍《警世通言》第

---

① “單”可指單層的布或衣物，如被單、床單、褥單。據丁福保所釋“懸衣缽袋於僧堂之鉤”，“掛單”的“單”似可指僧衣。

② 《辭源》釋“僧單”為“僧堂的禪床”，引宋李昴英《送鑒師住靈洲寺》例。《漢語大詞典》釋“單”有“僧人坐禪、禮佛之具”，亦引宋李昴英《送鑒師住靈洲寺》為證。

③ 如名單、帳單、稅單、傳單。

十五卷："話休煩絮，到拈鬮這日，劉雲將應鬮各吏名字，開列一單，呈與知縣相公看了。喚裡書房一樣寫下條子，又呈上看罷，命門子亂亂的總做一堆，然後唱名取鬮。那卷鬮傳遞的門子，便是王文英，已作下弊，金滿一手拈起，扯開，恰好正是。你道當堂拈鬮，怎麼作得弊？原來劉雲開上去的名單，卻從吏、戶、禮、兵、刑、工，挨次寫的。"（黄河清 2010：530）考"名單"一詞明代已常用。如馮夢龍《甲申紀事》卷一："諸紳一愚於自便之言，再怵于長班之脅，於是具腳色呈身者紛紛。名單一入，而此身已隸賊籍。"《辭源》未收。《漢語大詞典》釋"名單"為"記錄人名的單子。如：運動員名單；得獎名單"，未引書證，可據補。

"單子"一詞有"記載著事、物的紙條"義。如陳襄《州縣提綱》卷四《搜求滲漏》："似此之類不一而足，故收支須月終磨核，解錢必持單子。"又如《朱子語類》卷九十八："往年貴賤通差，縣吏呈單子。"《漢語大詞典》釋此詞引《紅樓夢》為首見書證，偏晚。《近代漢語詞典》釋為"記載事物名目和數量的紙條"，引明《檮杌閒評》為首見書證（白維國 2015：339），亦偏晚。

二、"單"與"籌"

佛經中與"單"指寫有僧人姓名義相似的還有"籌"，寺院中用以計算僧侶人數。檢丁福保《佛學大辭典》釋"籌"云："梵語舍羅Śalākā，算人數之器，以竹木作之。於投票等用之。"據佛經記載，Śalākā 本為草名，漢譯為"籌"，似早於紙片而用作憑證。如東晉僧伽提婆譯《增壹阿含經》卷三《弟子品第四》："我聲聞中第一比丘，堪任受籌，不違禁法，所謂軍頭波漢比丘是。"例中"受籌"意謂接受憑證。又如東晉僧伽提婆譯《增壹阿含經》卷二十二《須陀品第三十》："汝今呼諸比丘！盡集一處而行籌，作是告勅。"例中"行籌"意謂使各人用籌來投票。再如西晉竺法護譯《生經》卷五《佛說驢駝經第五十》："爾時有一比丘新學，遠來客至此國，諸比丘欲求猗籌。諸比丘聞，不與猗籌。……爾時新學不得猗籌，復詣餘處，求索猗籌。彼諸比丘，不問本末，速授猗籌。前比丘聞，即往問言：'卿何以故，不問本末便與猗籌？'比丘答曰：'吾授猗籌，有固不妄，當奉事我，供養以時。'……諸比丘答曰：'吾等語卿，莫得妄信，勿與猗籌，將無見枉，自在放恣，不用吾語，所可作者，今可自省。'"據經意，例中"猗籌"似用作准許依住掛搭的憑證，與"掛單""安單"相似。檢東晉佛陀跋陀羅共法顯譯《摩訶僧祇律》卷二十六《明雜誦跋渠法之四》："若不樂修梵行者，可還俗。我當與汝婦，供給所須。若故不止者，應拔舍羅籌驅出。"據經意，例中"拔舍羅籌"與"遷單"相似。

佛教傳入中土，取竹木替代Śalākā，以之為籌。據道宣《四分律刪繁補闕行事鈔》載："籌極短並五指，極長拳一肘，極麁不過小指，極細不得減箸。"後隨著東漢時蔡倫的造紙和紙的普及，又出現了用片紙記物或書姓名的"單"。由此可知

“舍羅”是梵語，“籌”是譯語，“單”則已純是漢語，從中可見中外文化交流中語言的演變。

三、“單”與“單位”

紙片、坐禪的座位皆源于“單”的獨個、自個義，在“掛單”“安單”等詞中“單”具有獨個、自個的範圍義①，而“位”指佛教禪林僧堂中名單下僧人坐禪的座位，“單”與“位”構成“單位”一詞。如宋張鎡《以道次韻因再和二首》之二：“南湖又共詩翁住，東寺須連單位排。”元釋德輝《敕修百丈清規·日用軌範》：“昏鐘鳴，須先歸單位坐禪。”又《游方參請》：“古規首到客司相看，次往堂司掛搭，送單位經案定。然後到侍司通覆，詣方丈禮拜。”又如《牧雲和尚七會余錄》卷二《答語》：“山僧吹滅燈歸方丈，教諸人暗中摸取單位。”②

“單位”一詞亦用於道教的修道場所。如元俞希魯《至順鎮江志》卷二十《洞賓足跡》：“郡城中有真武道院，全真道人處之。至元十九年仲冬大雪，有道人迫暮叩門求宿，衣服繿縷。時羽眾雲集，單位已滿，無可容者。道人不肯他去，因宿於庖舍。”

僧人坐禪、禮佛、食臥的座床所占長六尺、寬三尺的空間位置為一個規定的量，“單位”一詞似由此義演變而用來指計算事物數量的標準，即將一定數量物質的集合規定為一個標準量。後又作為一個表空間範圍的抽象概念，用來稱某一工作部門。檢《現代漢語詞典》第7版釋“單位”有“計量事物的標準量的名稱”和“指機關、團體等或屬於一個機關、團體等的各個部門”二義。《辭源》未收“單位”。《漢語大詞典》釋“單位”有二義，一為“計算事物數量的標準”，未引書證。一為“機關、團體或其所屬的某一部門”，引柳青《銅牆鐵壁》為首見書證。又檢黃河清《近現代詞源》（2010：135－136）釋“單位”亦有二義，一為“計量事物的標準量的名稱”，一為“機關、團體或屬於一個機關、團體的各個部門”。其所釋“計量事物的標準量的名稱”義引1822年馬禮遜《華英字典》為首見書證，偏晚。此義還可溯至清中期李潢所撰《緝古算經考注》卷上：“命尺為單位。”卷下：“寸

① 承黃尚軍先生惠告，四川成都郫縣團結鎮一帶“單”指“位置”，如稱請神位、親友送禮位為“挂單”，稱治喪活動中管各項事務人員位為“執事單”等。詳參黃尚軍2014；黃尚軍等2015；黃尚軍，王振，游黎等2017。

② 檢丁福保《佛學大辭典》釋“單位”為“禪堂貼己名單之座位”，引《勅修清規日用軌範》《大慧普覺禪師宗門武庫》和《入眾須知·求掛搭見侍司》為例。又檢袁賓《禪宗詞典》（1994：378）釋“單位”為“禪堂內僧人參禪之座位。因座上貼著各位僧人的名單，故稱‘單位’”，引《宗門武庫》為證。袁賓、康健《禪宗大詞典》（2010：84）改為“禪堂內坐禪參習之座位。因座上寫著僧人的名單，故稱‘單位’”，亦引《大慧宗門武庫》為證。

為單位。”[①]《漢語大詞典》與《近現代詞源》釋“單位”一詞皆未溯及其“僧人坐禪、禮佛、食臥的座位”義。

關於現代漢語中“單位”一詞的來源，學界有認為源於日語者，也有認為源於英語者。如《漢語外來詞詞典》釋“單位”有“計算事物多少的標準量”義，指出此義源於日語的“单位”（劉正埮等 1984：74）[②]。又如《近現代漢語新詞詞源詞典》釋“單位”有“計量事物的標準量的名稱”義，認為此義源於英語的“unit”（黃河清等 2001：42）。崔崟、丁文博《日源外來詞探源》一書（2013：144）指出“单位/單位”表示數量的基准義時日中相同，不同的是日語還有“學分”義[③]，漢語還有“指機關團體等”義[④]。據高名凱和劉正埮《現代漢語外來詞研究》（1958：88），“單位”一詞屬於“先由日本人以漢字的配合去‘意譯’（或部分的‘音譯’）歐美語言的詞，再由漢族人民搬進現代漢語裏面來，加以改造而成的現代漢語外來詞”。考慮到此詞已見於清中期李潢所撰《緝古算經考注》，馬禮遜《華英字典》也收釋了此詞[⑤]，我們推測日語“单位”所表“計算事物多少的標準量”義的來源似與明末清初西方來華傳教士的翻譯有關[⑥]，很可能歐美來華的傳教士已用“單位”來對譯“unit”[⑦]，而其遠源則可溯及“僧人坐禪、禮佛、食臥的座位”義。

單位又分政府單位、事業單位、企業單位三類。企業單位又分國有、民營、私營、股份制、外資、合資等。通過工商登記獲得法人資格是所有單位的共同特徵和必備條件。按國家統計局的解釋規定：“單位是指能以自己的名義擁有資產、發生負債、從事經濟活動並與其他實體進行交易的經濟實體。”因而除政府單位外，在沒有工商登記並獲得法人資格的地方工作，就不算有工作單位，即有工作的人不一定有單位。現代漢語中“單位”由“指機關、團體等或屬於一個機關、團體等的各

---

① 李潢生於清乾隆十一年（1746）。《緝古算經》是現存最早解三次方程的著作，王孝通撰于唐武德八年（625）。

② 馮天瑜《新語探源》（2004：494）指出：“被《詞典》列為‘日源外來詞’的‘信徒、鉛筆、批評、消化、交換、傳染、審判、法律、水準、自然、必要、風琴、演習、半徑、單位’等，其實皆是在中國產生的新語，後傳入幕末、明治間的日本，19 世紀末、20 世紀初又隨漢譯日籍逆輸入中國。”

③ 檢大連外國語學院《新日漢辭典》編寫組編《新日漢辭典》（1981：1317），“单位”還有“基層組織”義。

④ 日語表“工作單位”的詞是“勤（め）先”（大連外國語學院《新日漢辭典》編寫組 1981：1416）。

⑤ 馬禮遜《華英字典》“單”下收列有“報單、會單、帳目單、貨物單、欠單、開紙帳目單、開單、發單、收單、憑單、議單”等；釋“unit”為“單位”，“凡度量衡自單位以上則曰十百千云云。命位之奇零，單為一位，十為二位，百為三位，千為四位”（馬禮遜 2008：415，449）。

⑥ “單位”一詞在汪榮寶、葉瀾編《新爾雅》中也有用例。如《釋格致》：“由熱量之單位而測算之者謂之熱度。”（沈國威 2011：184）

⑦ 參拙著《漢語語文辭書發展史》（徐時儀 2016：38—40）。史有為《漢語外來詞》（2000：168—169）指出：“還有許多原先以為是日語來源的外來詞實際上也是先由中國人或這些傳教士創造的，而後影響了日本，並吸收到日本辭書中，得到鞏固和推廣。”“很多譯詞在早期反而是中國境內的辭書率先創造，日本明顯地是受到了這些傳教士辭書的影響，然後才有現今使用的譯詞。”

個部門”義引申還有“工薪階層上班的地方”義[1]。

現代漢語中有些新詞新義“是由漢語古典詞衍生而成的，歷經了從古典義向現代義的轉換，而外來概念對固有語的意義滲透和改鑄，是導致這種轉換的重要助力”[2]。現代漢語中“單位”一詞由“僧人坐禪、禮佛、食臥的座位”義衍生演變為“計量事物的標準量的名稱”和“指機關、團體等或屬於一個機關、團體等的各個部門”義亦或多或少受到外來概念的滲透和影響。

參考文獻

白維國．近代漢語詞典．上海：上海教育出版社，2015.

崔崟，丁文博．日源外來詞探源．廣州：世界圖書出版廣東有限公司，2013.

大連外國語學院《新日漢辭典》編寫組．新日漢辭典．瀋陽：遼寧人民出版社，1981.

丁福保．佛學大辭典．上海：上海醫學書局，1922.

馮天瑜．新語探源．北京：中華書局，2004.

高名凱，劉正埮．現代漢語外來詞研究．北京：文字改革出版社，1958.

漢語大詞典編輯委員會．漢語大詞典．上海：漢語大詞典出版社，1989.

何九盈，王寧，董琨．辭源．3 版．北京：商務印書館，2015.

黃河清．近現代詞源．上海：上海辭書出版社，2010.

黃河清，等．近現代漢語新詞詞源詞典．上海：漢語大詞典出版社，2001.

黃尚軍．四川方言與民俗．成都：四川民族出版社，2014.

黃尚軍，等．巴蜀牌坊集成．成都：四川民族出版社，2015.

黃尚軍，王振，游黎，等．巴蜀漢族喪葬習俗．成都：四川民族出版社，2017.

姜亮夫．釋單//學藝雜誌：第十八卷九、十一號．上海：中華學藝社，1948.

劉正埮，等．漢語外來詞詞典．上海：上海辭書出版社，1984.

馬禮遜．華英字典．影印本．鄭州：大象出版社，2008.

沈國威．新爾雅．上海：上海辭書出版社，2011.

史有為．漢語外來詞．北京：商務印書館，2000.

蕭鎮國，等．電子版大正藏．臺北：“中華電子佛典協會”（CBETA），2014.

徐時儀．漢語語文辭書發展史．上海：上海辭書出版社，2016.

袁賓．禪宗詞典．武漢：湖北人民出版社，1994.

袁賓，康健．禪宗大詞典．武漢：崇文書局，2010.

---

① 如“書放在單位了”“今天在單位吃的午餐”。

② 馮天瑜《新語探源》（2004：525－526）指出在漢語原有詞基礎上產生的這些古典翻新詞大致有五種詞義變化現象：一、詞義由原義變為新義，新義無歧義；二、詞義由原義變為新義，新義本身有歧義；三、詞義由原義變為新義，原義與新義大體相近；四、詞義由原義變為新義，原義對新義的理解有影響；五、詞義上原義對應的是新義的引申改造義。

Origin of "Mingdan" (名單) and "Danwei" (單位)

Xu Shiyi, Liu Jingjing

Abstract: "Dan" (單) in "Guadan" (掛單) seems to refer to the paper with the name of monks, and it is similar to the "Chou" (籌) used as a voucher. Monks hang their cassocks and alms bowls on the hooks marked with their names on the paper. The word "Mingdan" (名單) probably originates from it. Each bed used by monks for meditation, zazen, sleeping and eating is restricted to the size of two meters long and one meter wide or so. The word "Danwei" (單位) is gradually used to refer to the standard for calculating the number of things, that is to say, the collection of a certain number of things is prescribed as a standard. Then, as an abstract concept of the space extent, it is used to refer to a work department.

Keywords: Mingdan (名單); Danwei (單位)

（徐時儀、劉靜靜，上海師範大學人文與傳播學院）

"相親"考辨

盧烈紅

提　要：義為"見面考察以確定婚戀對象"的"相親"一詞近十幾年來使用頻率頗高，大陸一般民眾和《現代漢語詞典》（第 6 版）都讀為"xiāngqīn"。本文指出，"相親"這一組合實際上可分為"相親$_1$"和"相親$_2$"，前者"相"義為"互相"，後者"相"義為"察看"，見面考察以確定婚戀對象的"相親"是"相親$_2$"。文章考察了"相親"組合的歷史發展過程，歸納了歷代學者對"察看"義"相"及"相親$_2$"之"相"讀音的意見，提出了今天科學確定"相親$_2$"讀音的歷史主義、表義明確、內部一致三個原則，認為"相親$_2$"應該讀"xiàngqīn"。

關鍵詞："相親"；發展歷程；歷代音注情況；確定現代讀音的原則

引　言

近十幾年來，"相親"一詞頻見使用。時下不少電視臺都有相親節目，影響最大的是江蘇衛視的《非誠勿擾》。《非誠勿擾》的主持人和特邀嘉賓知名度都很高。在節目進行過程中，無論是主持人、特邀嘉賓還是來相親的男女當事人，都把"相親"說成"xiāngqīn"。

詞典方面，現代漢語詞典中影響最大、具有權威地位的中國社會科學院語言研究所詞典編輯室編《現代漢語詞典》（第 6 版）於"相親"條下注音為"xiāng//qīn"（雙短線"//"表示中間可以插入其他成分），釋義為："[動]①定親前家長或本人到對方家相看。②為尋找結婚對象，男女雙方經人介紹見面：相了幾次親，都不滿意。"（2012：1420）於"相^2"下注音為"xiāng"，釋曰："[動]親自觀看（是不是合心意）：～親｜～中。"（2012：1419）相對於 2005 年的第 5 版，第 6 版"相親""相^2"兩處只"相親"下增加了義項②。

可是，我們注意到，港澳臺口語中把"相親"說成"xiàngqīn"。古漢語詞典方面最權威的《辭源》分列"相親""相$_2$親"兩個詞條。"相親"之"相"讀

“xiāng”，此詞條釋義與書證為：“互相親近。《韓非子・初見秦》：‘當是時也，趙氏上下不相親也，貴賤不相信也。’”“相₂親”之“相”讀“xiàng”，此詞條下釋曰：“舊時議婚的一種俗禮。舊婚禮，兒女婚嫁，男家擇日，備酒禮詣女家，兩親相見，稱為相親。參閱宋吳自牧《夢粱錄》二十《嫁娶》。”（商務印書館編輯部 2010：2405）

義為尋找婚配對象的“相親”到底是該讀“xiāngqīn”還是該讀“xiàngqīn”，本文就此問題溯源討流，尋找科學的答案。

一、“相親”組合的發展歷程

漢語史上，直接組合的“相親”有兩種形態。一是狀中結構。“相”為副詞，或意為“互相”，“相親”是互相親愛、互相親近之意；或表示由一方發出動作行為，涉及另一方，有替代“你、我、他”的作用，“相親”是“親近你/我/他”之意。一是動賓結構。“相”為動詞，意為“察看”，“相親”指為尋找婚配對象，由婚姻相關人員（男女雙方家長、男女本人）參加的初次見面活動。為便於論說，此處將狀中結構的稱為“相親₁”，把動賓結構的稱為“相親₂”。

“相親₁”先秦即已出現，例如：

（1）子然、子孔，宋子之子也。士子孔，圭嬀之子也。圭嬀之班，亞宋子而相親也。二子孔亦相親也。（《左傳・襄公十九年》，杜預，孔穎達 1980：1969）

（2）古者人寡而相親，物多而輕利易讓，故有揖讓而傳天下者。（《韓非子・八說》，王先慎 1954：327）

（3）晏子對曰：“……今君稅斂重，故民心離；市買悖，故商旅絕；玩好充，故家貨殫。積邪在於上，蓄怨藏於民，嗜欲備於側，毀非滿於國，而公不圖。”公曰：“善。”於是令玩好不御，公市不豫，宮室不飾，業土不成，止役輕稅，上下行之，而百姓相親。（《晏子春秋》內篇問上第三，張純一 1954：82）

例（1）中的宋子、圭嬀皆鄭穆公之妾，“亞宋子”是說圭嬀的地位次於宋子，例（1）、例（2）“相親”謂互相親近、互相親愛；例（3）據晏子所說的“民心離”“蓄怨藏於民”，可知“百姓相親”不是指百姓互相親近，而是指百姓親近君主。

秦漢以後，直到現代，“相親₁”一直在使用。

“相親₂”的出現時代比較晚。我們檢索陝西師範大學歷史文化學院研製的“漢籍全文檢索系統”，至明代為止未見“相親$_2$”用例①。不過，檢索《四庫全書》電子版，我們獲得兩例，一例出南宋末錢塘（今杭州）人吳自牧所撰《夢粱錄》，一例出清代汪森《粵西叢載》。後例實際上出自汪森所采明代何偉然編《廣快書》，而《廣快書》所采皆取明人說部，故該例宜視作明代用例。前例頗珍貴，是目前所見最早“相親$_2$”用例：

> (4) 其伐柯人兩家通報，擇日過帖，各以色彩襯盤、安定帖送過，方為定論。然後男家擇日備酒禮詣女家，或借園圃，或湖舫內，兩親相見，謂之“相親”。(《夢粱錄》卷二十《嫁娶》)

《夢粱錄》記南宋都城臨安（今杭州）的風俗、藝文、建置、山川、市鎮、物產等，所記多作者耳聞目見，故此例表明，至遲在南宋，“相親”已有尋找婚配對象的意義，換句話說，“相親$_2$”已經產生。這裏需要注意的是，“兩親相見”之“親”何所指，還有，男女當事人是否參加見面活動。“親”可指父母或偏指父母一方，可指“親人，親戚”，可指“結親，婚配”，可指兩家兒女相婚配的親戚關係“親家”(《廣韻·震韻》：“親，親家。”)。這裏的“兩親”之“親”因這一環節還只是考察適合的婚配對象的階段，合意不合意要“相見”之後才定，故不宜理解為“親家”，只宜理解為雙方父母。那麼，是否男女當事人不參加“相見”呢？如果僅據上引一段，可以認為只雙方家長見面，可是，緊接“謂之‘相親’”後的一段我們不能忽視：

> 男以酒四杯，女則添備雙杯，此禮取男強女弱之意。如新人中意，即以金釵插於冠髻中，名曰“插釵”；若不如意，則送彩段二疋謂之“壓驚”，則姻事不諧矣。(《夢粱錄》卷二十《嫁娶》)

這裏的“新人”，《嫁娶》篇後面又出現8次。這8次，其中3次為“兩新人”，顯指新郎新娘；5次單謂“新人”，如“前往女家迎取新人”“催請新人出閣登車”“方請新人下車”，則專指新娘。據此，又據以金釵插冠髻，“新人中意”之“新人”當指女方當事人。“新人中意”可以有兩種理解，一理解為主謂結構，“新人”是主語；一理解為偏正結構，意為“對新人中意”。先說第一種理解。女方中意不中意，發生在什麼環節、什麼場合？是“相親”之外的環節嗎？此段緊接“謂之‘相親’”之後，似乎不是另一環節，應是“相親”環節的一個組成部分。女方憑什麼中意或不中意？應該不僅是男方父母，男方本人應在場。按這種理解，宋代“相親”活

---

① “漢籍全文檢索系統”明代部分可見1例“相親$_2$”，出自《今古奇觀》第四十八卷“元公子淫人反自淫”。但這1例不可靠，理由是：學界公認，《今古奇觀》共四十卷（四十篇），二十九篇選自“三言”，十一篇選自“二拍”，只選録明人之作；可是“漢籍全文檢索系統”中的《今古奇觀》却有八十卷，且這1例“相親$_2$”在“三言”“二拍”中均不見，反見於清代佚名的《人中畫》。

動，應有雙方家長和男女雙方當事人參加。再說第二種理解。南宋孟元老《東京夢華錄·娶婦》曰："若相媳婦，即男家親人或婆往女家，看中即以釵子插冠中，謂之'插釵子'。或不入意，即留一兩端彩段，與之壓驚，則此親不諧矣。"孟氏此書記的是北宋汴京情況。比照此書，《夢粱錄》"新人中意"可理解為男方家長對女方滿意，於是就送一枚釵子插在女孩頭上。按這種理解，宋代"相親"活動也至少有女方本人參加。不管哪種理解，宋代"相親"活動都沒有完全撇開男女當事人。而從《夢粱錄》看"相親"一詞，據"兩親相見，謂之'相親'"，又據這一環節還只是考察，存在中意不中意兩種可能，故"相"應是動詞，義為"看，觀察"，"親"應指"結親，婚配"，"相親"說的是：見面考察，以確定婚配對象。

接下來，元代目前未見用例，明代有《粵西叢載》所采明代何偉然編《廣快書》中1例，如下：

(5) 其女（多為養女，偶有親生女——引者注）當可嫁時，則媒嫗盈門。不時有富貴人與一二依附之輩，車馬雜遝，僕從喧囂，入女家高坐。茶畢，女之父母命女理妝出見，或較色，或較藝，詳審閱視，當意則議聘，不當意則出青蚨少許以償茶資。是時，女父母與女無愧怍容，習慣故也。俗謂之"相親"。（《粵西叢載》卷十七《桂枝女子》，汪森2012：113）

例（5）談到揚州有一種壞風俗：喜買女養大，嫁富貴人為妾，以圖財利。因此孤兒何桂枝被養父母嫁給六十老翁為妾。從例中敘述可見，相親活動的參與者有男方本人及朋友僕從、女方父母及女方本人、媒人。

清代，粗略檢索"漢籍全文檢索系統"，得"相親$_2$"20例（檢索不是十分細緻、準確，實際上應多於20例）。例如：

(6)（曹婉淑）對媒婆道："既然如此，這頭親事不是上門去說得的了，須要在別處候他。……一有應承之意，就領他來相親，無論成不成，都有媒錢謝你。"（《連城璧》第九回，李漁1992：653—654）

(7) 院子道："相公雖然量大，小人卻氣他不過，待小人到城裏城外去緝訪，伴雲跟了相公去相親。"（《蝴蝶媒》第八回，南岳道人1992：148）

(8)（蘇有德）因斷了弦，正在城中四下裏相親回來，恰好與蘇友白相遇，邀了來家。（《玉嬌梨》第十回，天花藏主人1992：359）

(9) 只見有兩個宮人打扮的，見了巧姐便渾身上下一看，更又起身來拉著巧姐的手又瞧了一遍，略坐了一坐就走了。倒把巧姐看得羞臊，回到房中納悶，想來沒有這門親戚，便問平兒。平兒先看見來頭，卻也猜著八九必是相親的。（《紅樓夢》第一一八回，曹雪芹，高鶚1982：1609—1610）

(10) 卻說田北平自在菩提寺相親回來，選了吉期，送聘迎親。（《癡人福》

第三回，[著作責任者不詳] 1992：107)

(11) 林太太見兒子年近弱冠，便托忠甫與他結頭高親。忠甫留意了兩年，恰好趙侍郎要相親，忠甫和趙家本係世交，從中給夢花做媒。(《熙朝快史》第二回，飲霞居士，西泠散人 1998：9)

例 (6) 的故事說的是：寡婦曹婉淑想再嫁，喪妻的才子呂哉生想續妻，兩人見面，看中了。例 (7) 的故事說的是：蔣青岩帶著院子和伴雲二人到蘇州，訪尋美貌女子，以充岳父之女，送給權臣楊素為妾，救岳父之難。例 (10) 的故事說的是：何夫人帶著女兒何小姐由媒婆張一媽陪同到菩提寺，名為進香，實為相女婿；長相醜陋的田北平找俊俏的正生陪著，由正生作替身，冒充自己，結果母女相中，被田北平騙著成了親。例 (11) 說的是：趙侍郎為女兒選婿，王忠甫為外甥夢花做媒。

清代“相親$_2$”的 20 例，相親活動的參加者基本上都有媒人，13 次有男女當事人，7 次有女或男一方當事人，有父或母參與的僅 7 次，可見，相親活動的主角主要是男女當事人。

二、歷代音注情況

考察“相親”的音注情況，實際上是考察“相”的音注情況，因此必須從單音詞“相”談起。

“相”字，甲骨文由“木”“目”組合而成，《說文解字》曰：“相，省視也。從目從木。《易》曰：‘地可觀者莫可觀於木。’《詩》曰：‘相鼠有皮。’”“相”的本義就是“仔細看，審察”。為什麼“木”“目”組合可以表示這個意義呢？南宋戴侗《六書故》卷十曰：“相，息亮切，度才也。工師用木，必相眡其長短、曲直、陰陽、剛柔之所宜也。相之取義始於此。”“相”還有“互相”的意義，“相親$_1$”絕大多數“相”表“互相”。“省視”何以能引申出“互相”？段玉裁《說文解字注》有說明：“按目接物曰相，故凡彼此交接皆曰相。”在相當長的時間內，“察看”“互相”是“相”兩個常用義項，關於“相”的注音也主要圍繞這兩個義項展開。

隋以前字詞典，《說文解字》本身無反切，“相”字下又無讀若之類描寫讀音之語；《爾雅》《廣雅》本身亦無注音；《玉篇》雖有反切，但今本《大廣益會玉篇》是宋陳彭年等重修，已遠非梁顧野王《玉篇》之舊，《原本玉篇殘卷》已無“相”字。隋以前的韻書今已不傳，亦無法從隋以前韻書中得知“相”的讀音。“相”的讀音，得主要從隋唐以後的文獻中探尋。

隋唐以後，關於“相”字的讀音，以“察看”義項為觀察點，大致可分為三派。

一派認為“察看”義兼平去兩讀。

《廣韻》之前，現存有多種《切韻》系韻書殘卷，其中有唐王仁昫《刊謬補缺切韻》一（簡稱“王一”）、王仁昫《刊謬補缺切韻》二（簡稱“王二”）、唐孫愐《唐韻》。據周祖謨編《唐五代韻書集成》，“相”字“王二”見於陽韻和漾韻；“王一”僅見於陽韻，漾韻殘；《唐韻殘卷》僅見於漾韻，陽韻殘。“王二”陽韻“相”讀“息良反”，釋曰“視”；漾韻曰：“相，息亮反。視其好惡。又息良反。”《唐韻殘卷》漾韻標注“相”字反切曰：“息亮反，又息良反。”（周祖謨 1983：461，505，674）《唐韻殘卷》無法得知其平、去兩音對應的義項；“王二”之“息良”“息亮”二切皆對應“視”義，可見是認為“察看”義讀平聲去聲皆可。

唐陸德明《爾雅音義》有 5 處為“相”注音，於“視也”義的“相”下曰：“施息亮反，又息良反。”（1983：409 下）

《廣韻》“相”字兩收。一是平聲陽韻，息良切，義為：“共供也，瞻視也。崔豹《古今注》云：相風烏，夏禹作。亦相思木名。又姓，出《姓苑》。”二是去聲漾韻，息亮切，義為：“視也，助也，扶也。仲虺為湯左相，《漢書》曰：相國、丞相，皆秦官，金印紫綬。掌丞天子，助理萬物。亦州名。……又姓。……又漢複姓，三氏。”兩音皆對應“視”義。

《集韻》“相”字亦兩收。一是陽韻，思將切。“相，《說文》‘省視也’，引《易》‘地可觀者莫可觀於木’，引《詩》‘相鼠有皮’。”二是漾韻：“相，息將切。視也，助也。”平、去兩音下亦皆有“視”。

宋陳彭年等重修的《大廣益會玉篇》曰：“相，先羊切，又先亮切。《詩》云：‘相彼鳥矣。’相，視也。”平、去兩讀皆領“視”義。

《康熙字典》“相”收有多音，“息良切”對應《說文》“省視也”、《廣韻》“共也”、《正韻》“交相也”；“息亮切”對應《爾雅・釋詁》“視也”、《集韻》“助也”等：與《廣韻》的音義處理同。

一派認為“察看”義讀平聲。

北宋徐鉉在《說文解字》“相，省視也”下加注的《唐韻》反切是“息良切”。他沒有用《唐韻》的“息亮切”，可見，至少他認為“察看”義的讀音首選平聲。段玉裁《說文解字注》也在“省視”義的“相”下曰：“息良切。十部。按目接物曰相，故凡彼此交接皆曰相。其交接而扶助者，則為相瞽之相。古無平去之別也。”不過，這裏要注意，段玉裁與徐鉉的意見並不完全一樣，段認為，“相”之“察看”義（“目接物”）、“互相”義（“彼此交接”）、扶助義皆讀平聲“息良切”，是因為“古無平去之別”。這並沒有否定它們後來可有平去的分化。在“胥”字下，段氏就說：“今音‘相’分平去二音為二義，古不分。《公羊傳》曰：‘胥命者，相命也。’《穀梁傳》曰：‘胥之為言猶相也。’《毛傳》於‘聿來胥宇’‘於胥斯原’皆曰：

‘胥，相也。’此可證‘相與’‘相視’古同音同義也。”

一派認為，“察看”義讀去聲，“互相”義讀平聲。

北宋賈昌朝《群經音辨》卷第六曰：“相，共也，息良切。共助曰相，息亮切。”賈昌朝以平聲“息良切”對應“共也”義，是認為副詞用法讀平聲，“共”意即“互相”；以去聲“息亮切”對應“共助”義，是認為動詞用法讀去聲，“共助”即幫助、輔助，與“察看”同屬動詞用法。

南宋戴侗《六書故》卷十曰：“相，息亮切，度才也。工師用木，必相眂其長短、曲直、陰陽、剛柔之所宜也。相之取義始於此。假借之用二：為詔相輔相，又為交相之相，平聲。”戴侗明確將“相”之本義“度”（“察看”）定為“息亮切”，認為“交相”（即“互相”）之“相”讀平聲。

南宋胡三省《通鑒釋文辨誤》卷一“通鑒七”曰：“相音息亮切者，贊相之相、相視之相也。若相灌輸之相，讀當從平聲。”胡三省也十分明確地區別“察看”義和“互相”義的讀音。

明張自烈《正字通》卷七：“相，息匡切，音廂。交也，共也。《莊子》：‘和與恬交相養。’漢《劉向傳》：‘更相汲引。’‘相’與‘胥’音別義通。又質也。……又送杵聲。……又漾韻，廂去聲。省視也，佐助也。……又月名。……”張自烈以“交也，共也”義屬平聲“廂”，以“省視”義屬“廂去聲”，分界清晰。在卷七，他還就《說文》“相”字下引書證《詩經》“相鼠有皮”發表意見說：“《詩》‘相鼠’與‘相其陰陽’之‘相’音義同，朱《傳》並去聲。引《詩》讀若廂，亦非。”他的意思是：《詩經》“相鼠有皮”“相其陰陽”之“相”意義並為“察看”，應像朱熹那樣讀去聲，讀平聲“廂”是錯誤的。

馬建忠《馬氏文通·實字》卷之五：“‘相’字，平讀代字，所指不一也。《孟·滕下》：‘出入相友。’又名字，質也。《詩·大雅·棫樸》：‘金玉其相。’去讀外動字，視也。《左·隱十一》：‘相時而動。’又助也。《易·泰》：‘輔相天地之宜。’”（1983：200）馬氏認為，“相”之“代字”（今謂稱代性副詞，即“互相”義）用法平讀，外動字“視”義用法去讀。

周祖謨《四聲別義釋例》一文認為“相”字發生了變調構詞，屬於“意義別有引申變轉，而異其讀”的一類，他說：“相，共也，息良切。平聲。共助曰相，息亮切。去聲。案相者兩相之辭。共助曰相者，如《易·泰卦》‘輔相天地之宜’，《書·盤庚下》‘予其懋簡相爾’，相皆相助之義也。釋文並音息亮反。”（1966：108）

關於雙音的“相親$_2$”的讀音，有兩派觀點。

一派觀點認為“相親$_2$”之“相”讀“xiāng”。

持此觀點的有上述中國社會科學院語言研究所詞典編輯室所編《現代漢語詞

典》（第 6 版，2012）。

另高文達主編《近代漢語詞典》“相親”條亦置於“相”“xiāng”一讀下，釋曰：“議親時，雙方家長在過帖後安排的一次見面。”（1992：864）

一派觀點認為“相親₂”之“相”讀“xiàng”。

持這種觀點的較早的就是上舉《辭源》。

《辭海》“相親”下列兩個義項。義項①“相”讀“xiāng”，釋義為“彼此親愛和好”，列有兩條書證：“《呂氏春秋·慎行》：‘始而相與，久而相信，卒而相親。’杜甫《江村》詩：‘自去自來堂上燕，相親相近水中鷗。’”義項②曰：“（xiàng—）舊時家長在子女議婚前，安排雙方見面，稱‘相親’。”（1979：1285）

《漢語大詞典》也分列“相親”“相₂親”兩個詞條。“相親”之“相”讀“xiāng”，釋義為“互相親愛；相親近”。“相₂親”之“相”讀“xiàng”，釋義為“男女雙方親人在議婚時安排的一次會面。”（1997：4559）

三、現代讀音的科學選擇

確定“相親₂”的合理讀音，有一個基點，這就是：必須認識到這裏的“相”是動詞，義為“察看”，不是“互相”義的副詞。這一點，連把“相親₂”讀為“xiāng//qīn”的《現代漢語詞典》（第 6 版）也承認，該詞典於“相²”下注音為“xiāng”，釋曰：“動親自觀看（是不是合心意）：～親｜～中。”（2012：1419）

我們認為，科學選擇“相親₂”今天的讀音，應綜合採取以下三個原則。

（一）歷史主義原則

所謂歷史主義原則，是說今天確定下來的讀音，應有歷史依據。從這個角度講，《現代漢語詞典》（第 6 版）和高文達主編《近代漢語詞典》將“相親₂”讀為“xiāngqīn”也是可以的，理由有二：其一，徐鉉於“省視”義僅注“息良切”一音，至少表明平聲可作首選；其二，歷史上有不少學者認為平去兩可，那麼今天定為平聲只是作出了一種選擇，於史亦非無據。但是，我們也可以有另外一種思路：既然歷史上不少學者主張“察看”義讀去聲，“互相”義讀平聲，二者嚴格區分，既然不少學者認為“察看”義平去兩可，這派學者如陸德明還將去聲“息亮反”置於“息良反”之前，既然把《說文》“省視”義定為“息良切。十部”的段玉裁也承認“相”“古無平去之別”而“今音‘相’分平去二音為二義”，那麼，把今天“相親₂”之“相”的讀音定為去聲“xiàng”，不是也符合歷史主義原則，且更合理一些嗎？

（二）表義明確原則

周祖謨認為“相”字平去兩讀是變調構詞的產物，“意義別有引申變轉，而異其讀”，這實際上說明平去異讀有從形式上標誌意義“引申變轉”的作用。確實，

"察看"義讀去聲，"互相"義讀平聲，兩者區分，大大有助於表義的明確。特別是對於雙音詞"相親"來說，先秦就有"相親$_1$"，宋代產生"相親$_2$"，此後二者一直並存。在"相親$_1$"和"相親$_2$"並存的情況下，如果將"互相親愛、互相親近"與"為尋找婚配對象而見面考察"兩義在讀音上加以區別，讓"相親$_1$"讀"xiāngqīn"、"相親$_2$"讀"xiàng qīn"，突出"相親$_2$"之"相"的動詞義，強調"相親$_2$"所代表的還只是"察看""考察"環節，提高其與"相親$_1$"的區別度，這無疑是一種科學的選擇。

（三）內部一致原則

這一原則說的是，在由一個單音詞和以之為詞素構成的多音詞構成的系列內部，音和義應該對應，且這種對應在內部範圍內應該一致。具體到"相"，含"相"的多音詞，"互相"義的"相"讀音應都相同，"察看"義的"相"讀音也應該都相同。可是，我們看到，中國社會科學院語言研究所詞典編輯室所編《現代漢語詞典》（第6版）"相""xiāng"音下84個多音詞條（2012：1419－1421），"xiàng"音下15個多音詞條（2012：1425－1426），凡"互相"義的都歸在"xiāng"音下；但於"察看"義，"相機"（義為"察看機會"）、"相面"、"相書"（義為"看相之書"）、"相術"之"相"都讀"xiàng"，而義為尋找結婚對象的"相親"，卻讀其中的"相"為"xiāng"。該詞典是承認尋找結婚對象的"相親"之"相"義為"察看"的："動 親自觀看（是不是合心意）：～親｜～中。"（2012：1419）這樣看來，該詞典對"察看"義"相"的讀音做了不一致的處理，這不符合內部一致原則，屬於自亂其例。該詞典未收的"相馬""麻衣相法""相體裁衣"等"相"當"察看"講的，都讀"xiàng"。因此，從內部一致的角度看，義為尋找結婚對象的"相親"之"相"應讀"xiàng"。

總之，我們認為，今天"相親$_2$"之"相"的讀音宜定為"xiàng"，不宜定為"xiāng"。

順便說一句，多部詞典關於"相親$_2$"的釋義也有不盡完善的地方。據《夢粱錄》的表述和明清用例可知，相親活動基本上都有男女當事人雙方或一方參與，可是關於"相親$_2$"的釋語，《辭源》為"舊時議婚的一種俗禮。舊婚禮，兒女婚嫁，男家擇日，備酒禮詣女家，兩親相見，稱為相親"，《漢語大詞典》為"男女雙方親人在議婚時安排的一次會面"，高文達主編《近代漢語詞典》為"議親時，雙方家長在過帖後安排的一次見面"，似乎相親活動的參與者都只是雙方家長，這是不準確的。

參考文獻

曹雪芹，高鶚．紅樓夢．北京：人民文學出版社，1982.

杜預，孔穎達．春秋左傳正義//阮元．十三經注疏．影印本．北京：中華書局，1980.

高文達．近代漢語詞典．北京：知識出版社，1992.

漢語大詞典編輯委員會．漢語大詞典．上海：漢語大詞典出版社，1997.

李漁．連城璧//古本小說集成．上海：上海古籍出版社，1992.

陸德明．經典釋文．北京：中華書局，1983.

馬建忠．馬氏文通．新1版．北京：商務印書館，1983.

南岳道人．蝴蝶媒//古本小說集成．上海：上海古籍出版社，1992.

商務印書館編輯部．辭源：修訂本重排版．北京：商務印書館，2010.

上海辭書出版社編輯部．辭海．上海：上海辭書出版社，1979.

天花藏主人．玉嬌梨//古本小說集成．上海：上海古籍出版社，1992.

汪森．粵西叢載//粵西通載：第十二冊．桂林：廣西師範大學出版社，2012.

王先慎．韓非子集解//國學整理社．諸子集成：第五冊．北京：中華書局，1954.

飲霞居士，西泠散人．熙朝快史．呼和浩特：內蒙古人民出版社，1998.

張純一．晏子春秋校注//國學整理社．諸子集成：第四冊．北京：中華書局，1954.

中國社會科學院語言研究所詞典編輯室．現代漢語詞典．6版．北京：商務印書館，2012.

周祖謨．四聲別義釋例//問學集．北京：中華書局，1966.

周祖謨．唐五代韻書集成．北京：中華書局，1983.

[著作責任者不詳]．癡人福//古本小說集成．上海：上海古籍出版社，1992.

Discussing *Xiangqin*（相親）

Lu Liehong

Abstract: *Xiangqin*（相親）, frequently used in recent years, means "meeting to investigate and determine the object of marriage". Chinese Mainland and its *Modern Chinese Dictionary*（《現代漢語詞典》）(Sixth Edition) read *xiangqin*（相親）as "xiāngqīn". This paper points out that, the combination *xiangqin*（相親）in fact can be divided into "$xiangqin_1$"（$相親_1$）and "$xiangqin_2$"（$相親_2$）. *Xiang*（相）in the former means "each other"; *xiang*（相）in the latter means "observation". *Xiangqin*（相親）which means "meeting to investigate and determine the object of marriage" is "$xiangqin_2$"（$相親_2$）. This paper invesgates the history of the development of the combination *xiangqin*（相親）, sums up ancient scholars' ideas about the pronunciations of *xiang*（相）meaning "observation" and *xiang*（相）in "$xiangqin_2$"（$相親_2$）, and puts forward the three principles determining present scientific pronunciation of "$xiangqin_2$"（$相親_2$）:

historicism, meaning clearly, and being internally consistent. This paper holds that “*xiangqin*$_2$”（相親$_2$）should be read as “xiàng qīn”.

Keywords: *xiangqin*（相親）; the history of the development; the ideas of ancient scholars about the pronunciations; the principles determining present scientific pronunciation

（盧烈紅，武漢大學文學院）

說“斬”的副詞義及其相關問題*

儲泰松　郭常艷

提　要：“斬”的核心義素是“斷”，結果是被“斬”的物件不再相連，使之而斷的動作可以是“砍”，可以是“割”。開始施行的對象往往是人，後來擴展到布匹、山石等，相對於被斬物體的原有外表而言，被斬後的橫切面是新的，所以“斬”可以引申出“斬之使新、使齊”的意思，並進而引申出副詞義。根據考察，與“斬”同義的詞族，也具有與“斬”相同的詞義引申模式；以“斬”為偏旁的字大多包含有“斬”的某一部分意義。

關鍵詞：副詞；詞義引申；斬；嶄

在現代漢語裏，“嶄”是一個非常用詞，《現代漢語詞典》（第 7 版）僅給出了兩個義項：“①〈書〉高峻；高出。②〈方〉優異；好。”兩義均是形容詞。但包含“嶄”的複合詞“嶄新”卻是一個常用詞，《現代漢語詞典》標注為“狀態詞”，通用範圍很廣，這是一個偏正結構的複合詞，“嶄”當為副詞。但“嶄”何以有副詞義，通行的工具書大都語焉不詳。

其實，“嶄”作副詞，字本作“斬”，亦即“嶄”為“斬”的後起分化字。由於“斬”的基本意義為“砍、殺”，人們出於避諱心理，副詞義項的“斬”往往加形符“山”作“嶄”。

一、“斬”的組合功能及其意義變化

斬，《說文》：“截也，從車從斤。”段玉裁注：“截者，斷也。首部䨥，截也。《周禮·（秋官）掌戮》注曰：斬以鈇鉞，若今腰斬也。殺以刀刃，若今棄市也。本謂斬人。引申為凡絕之稱。”可見，“斬”是會意字，本義為“砍，砍斷”，引申

* 本文為国家社科基金重大项目“中国语言学史（分类多卷本）”（16ZDA206）的階段性成果。

為“殺”“斷絕”。《廣雅・釋詁一》：“斬，斷也。”“斬，裂也。”“斬，裁也。”

“斬”的核心義素是“斷”，結果是被“斬”的物件不再相連，使之而斷的動作可以是“砍”，可以是“割”。開始施行的對象往往是人：

(1) 桓公乃北伐令支，下梟之山，斬孤竹，遇山戎。(《管子・大匡》)

也可以是人體的某一部分：

(2) 三軍之士止之如斬足，行之如流水，三軍之士無敢犯禁者。(《商君書・賞刑》)

(3) 有人從圓乞頭，將斬與之，止而不取；轉復乞眼，方欲剜施，又復止之；便從之索手，遂系腕著樹，齊肘斬而與之，心悶委地。(唐法藏《華嚴傳・諷誦・釋普圓》)

也可以是動物：

(4) 焚魚斬蛇，異功同符，豈非精靈之感哉！(荀悅《漢紀・高祖紀贊》)

進而推廣到植物：

(5) 禁民斬木，所以愛草木也。(《管子・五行》)

(6) 景公樹竹，令吏謹守之。公出過之，有斬竹者焉。(《晏子春秋・內篇・諫下第二》)

可用于成條狀、塊狀的物體：

(7) 群臣、大夫、諸公子入朝，馬蹄踐霤者，廷理斬其輈，戮其御。(《韓非子・外儲說右上》)

(8) 正歲十有二月，令斬冰，三其凌。(《周禮・天官・淩人》)

(9) 臧紇斬鹿門之關以出，奔邾。(《左傳・襄公二十三年》)

(10) [重耳] 踰垣而走，披斬其袪。(《左傳・僖公五年》)

進一步推展到山石、土塊、道路：

(11) 伐大木，斬大山，行大火，誅大臣，收谷賦。(《管子・七臣七主》)

(12) 為鑄大鐘，方車二軌以遺之。夙繇之君將斬岸堙溪以迎鐘。(《呂氏春秋・權勳》)

(13) 舉兵而攻滎陽，則成皋之路不通；北斬太行之道，則上黨之兵不下。(《戰國策・秦策三》)

(14) 斬城為基，掘下為室。(《墨子・備蛾傳》)

(15) 然後斬華為城，因河為津。(《史記・秦始皇本紀》)

《集解》"服虔曰：斷華山為城。"還可以用於喪服：

（16）斬者何？不緝也。（《儀禮・喪服》）

（17）凡喪，為天王斬衰，為王后齊衰。（《周禮・春官・司服》）

古代的喪服稱"衰（縗）"，用麻布製成。根據與死者關係的親疏遠近，喪服分五等：斬衰、齊衰、大功、小功、緦麻。最重要的就是"斬衰"，左右和下邊不縫；其次為"齊衰"，下邊縫齊。所謂"不縫"，即麻布裁剪之後，不施針線，直接穿在身上，故名之為"斬"①。

可以看出，"斬"的對象範圍在不斷擴大，由人及物，但基本是條狀、塊狀物體，在句中做賓語。物體被"斬"，相對于原物體的參差不齊、凹凸不平，切面是"齊的"或者是"平的"，被"斬"物體的原有表面可能是陳舊的，切面則是"全新"的，"斬"的詞義產生了微妙變化，強調"斬"的結果，往往帶補語"齊、平、新"，構成短語"斬齊""斬平""斬新"：

（18）斬而齊，枉而順，不同而一。（《荀子・榮辱》）

此言亦見於《臣道》篇。楊倞注："斬而齊，謂強斬之使齊，若《漢書》之'一切'者。"②《臣道》楊注："所以斬之，取其齊也。"《說文》："斬，截也。"《詩經・商頌・長發》"相土烈烈，海外有截"鄭箋："截，整齊也。"

（19）一扼隨以茅結之，四扼為一頭，當日則斬齊。（《齊民要術・種紫草》）

繆啟愉（1998：378）注："斬：斷絕，完盡；齊：整齊，引申為乾淨，完畢。斬齊：就是說紫草根的整理工作當天要做完畢。"石聲漢（2009：483）《釋文》："當天，把（紮好的"把"和"頭"）斬齊。"王念孫《廣雅疏證》卷四上云："今人狀物之齊曰斬齊。"③

（20）"方百里者為田九十億畝。山陵、林麓、川澤、溝瀆、城郭、宮室、塗巷三分去一，其餘六十億畝"黃氏云："此又以諸侯百里之地而計之，然地勢不齊，未必如是之斬斬也。亦言算法云耳。"（黃震《黃氏日鈔》卷十六《讀禮記》）

可見，斬就是"使整齊"，意義指向從原來的"斷"轉化為"齊"與"平"，物

① 《釋名・釋喪制》云："三年之縗曰斬，不緝其末，直翦斬而已。"畢沅《疏證》："《喪服傳》云：斬者何？不緝也。謂不緶緝之。不言裁割而言斬者，取痛甚之意。《雜記》縣子曰：三年之喪如斬。是斬爲痛深之誼。"

② 《漢書・平帝紀》"吏在位二百石以上一切滿秩如真"顏師古注："一切者，權時之事，非經常也。猶如以刀切物，苟取整齊，不顧長短縱橫，故言一切。"

③ 《齊民要術・醴酪第八五》："治令不渝法：以繩急束蒿，斬兩頭令齊。""斬"的結果是"令齊"。

件若為立體如“山、石”，“斬”的結果“平”，往往造成視覺上的高峻、險峭。也就是說，縱向急速短暫的行為以及行為後果，造成了“高峻、突兀”的效果。“斬”由此引申出形容詞意義“高峻，突兀”：

（21）院外西側有思遠靈圖，圖之西有齋堂，南門表二石闕，闕下斬石，累結御路，下望靈泉宮池，皎若圓鏡矣。（《水經注·㶟水·羊水》）

斬石，或作“斬山”，指突兀的石塊。

大致而言，行為可以是“斬”，行為的效果也可以是“斬”，前者動詞，後者形容詞。為了區別動詞和形容詞，另造了一個“嶃”，亦寫作“嶄”：

（22）崩壁迭枕卧，嶃石屢盤迴。（江淹《渡泉嶠出諸山之頂》）

（23）不為翕翕熱，亦不為崖岸斬絶之行。（韩愈《唐故朝散大夫尚書庫部郎中鄭君墓誌銘》）

斬，一本作嶄。斬絶，險峻陡峭貌。

（24）嶄絶類虎牙，巑岏象熊耳。（鮑照《登廬山》詩之二）

（25）僰道有故蜀主兵闌，亦有神作大灘江中，其崕嶃峻不可鑿。（常璩《華陽國志》卷三）

二、“斬”的副詞義來源

“斬”的詞義發展，可以從兩個方面來觀察。

一是從“斬”這一動作的時間來看。施行“斬”這一動作的時間一般很短，《釋名·釋喪制》云：“斫頭曰斬，斬腰曰腰斬。斬，暫也，暫加兵即斷也。”“暫也”，是強調斬這一動作是瞬間完成的，時間短，所以“斬”有“須臾、突然”義：

（26）他是箇殺人不斬眼魔君，你如何能勾得他回心轉意？（《水滸傳》第五回）

（27）鱗甲生輝，斬眼著江翻海沸；錦鱗隨浪，湧身發忿跳龍門。（朱凱《黃鶴樓》第三折）

“斬眼”即“眨眼”，眨眼用“斬”來形容，即是取象於“斬”的動作快速完成，進而形容時間極短[①]。

---

① 眨，最早見於《通俗文》《字苑》（《玄應音義》卷一“睞眼”、卷十一“常眨”條引），後收入《說文·新附》：“眨，動目也，從目乏聲。”最早使用的文獻是天息災譯《佛說大摩里支菩薩經》卷四：“是諸龍眾不敢顧視，若見顰眉眨眼驚怖倒地，眾皆仆面若吐水降雨。”（T21：273a）《玄應音義》卷十二釋“翕眼”為“眨眼”。又作“劄眼”。《朱子全书》卷四三：“且說世間甚物事似人心危，且如一日之間内，而思慮外，而應接千變萬化，劄眼中便走失了，劄眼中便有千里萬里之遠。”

（28）昔寶志公借武帝道眼，見地獄苦相，乃問曰："何以止之？"公曰："唯聞鐘磬聲，其苦斬息。"遂敕天下寺院擊鐘，須徐舒其聲。（明末弘赞《木人剩稿》卷二，J35：487b）

斬息，即"突然停止"。

二是從"斬"的結果來看。上文說到，相對於被斬物體的原有形狀，被斬之後的切面是"齊、平"的，"斬"遂可表達"整齊、平整"之義；而相對於被斬物體的原表面，切面是"全新"的，唐代以後，常與"新"連用，"斬新"凝固成詞：

（29）楸樹馨香倚釣磯，斬新花蕊未應飛。（杜甫《三絶句》）

（30）何言禹跡無人繼，萬頃湖田又斬新。（章孝標《上浙東元相》）

（31）昔時丈人鬢髮白，千年松下鋤茯苓。今來見此松樹死，丈人斬新鬢髮青。（徐凝《東白丈人》）

（32）今此相會而酬宿因，非是今生斬新造得。（《寶林傳》卷五《師子弟子章橫師統引品》）

（33）已被月知處，斬新風到來。（熊孺登《新成小亭月夜》）

（34）蘇公手書字，刻石新斬斬。（清祝德麟《雷峰邀同幕中諸友遊法華寺》）

（35）女解衣，内外皆斬然新製，乃與之合，猶處子爾。（馮夢龍《情史·桃园女鬼》）

（36）會芳園臨街大門洞開，旋在兩邊起了鼓樂廳，兩班青衣按時奏樂，一對對執事擺的刀斬斧齊。（《紅樓夢》第十三回）[①]

"斬新"義為"全新、簇新"，已暗含著範圍與時間，"斬"遂引申為副詞，既可表示時間，也可以表程度[②]。表時間，指"剛剛、剛才"（江藍生，曹廣順 1997）：

（37）傾人城，傾人國，斬新剃頭青且黑。（王昌齡《題淨眼師房》）

（38）已憐根損斬新栽，還喜花開依舊數。（白居易《喜山石榴花開》）

（39）驚人旅鬢斬新白，無事海門依舊青。（吴融《題揚子津亭》）

唐代以後，"斬"的搭配範圍擴大，由"斬新"擴散至"斬＋形容詞"這一格式之中，"斬"表程度，指"很，特別"，清末民初開始字又寫作"嶄"：

（40）是日晝，余觀大船之矴索，其外似已舊爛，其中一截斬新。（宋王明

---

① 刀斬斧齊，各本同，唯程甲本和程乙本作"刀斬斧截"。

② "斬新"做副詞，還可以從"新"的本義來看。新，《説文》"取木也。從斤亲聲。"段注："取木者，新之本義。引申之為凡始基之偁。當作從斤木，辛聲。非從亲聲也。"《爾雅·釋言》"新，初也。""初始"之狀與物體被"斬"之狀類似，所以"斬新"也可看做是同義連用。但施行"斬"這一動作的時間比較短，所以"斬新"往往被視為偏正式副詞，"斬"進而引申出"很""特別"義。

清《玉照新志》卷三）

(41) 頭髮掠的絹光，檻髮抿的斬齊，濃濃的眉兒，白膩膩的一張鵝蛋臉。(《淚珠緣》第三十一回）

(42) 兩歲芙蓉無一枝，今年萬朵壓枝低。半紅半白花都間，非短非長樹斬齊。(楊萬里《曉看芙蓉》)

(43) 小甕婦開醅斬綠，矮窗人坐燭初紅。(馬中錫《雪夜》)

(44) 這洞不過有兩間房大，朝外半截窗臺，上面安著窗戶，其餘三面俱斬平雪白，頂是圓的，像城門洞的樣子。(《老殘遊記》第十回）

可以重疊做形容詞：

(45) 身穿蜀錦采繡袈裟，足穿僧鞋，率領寺中眾多和尚，排列得斬斬齊齊。(《禪真逸史》第九回）

(46) 兩腳一月不蹋地，好山過眼青嶄嶄。(朱昆田《登石鐘山》)

三、“斬”與“嶄”的分化

上文說到，“斬”的“峻峭、險峻”義，後來寫作“巉”或“嶄”。嶄，不見於《說文》。字又作“巉”，最早見於《釋名·釋山》“巉，巉然也”[①]。《廣雅·釋訓》：“嶄嶄，高也。”三國以前文獻中出現的頻率不高，據統計僅 11 次，“嶄”單用僅 1 次，見於揚雄《蜀都賦》：

(47) 爾乃蒼山隱天，岑崟回叢。增巉重崒，𡶇石𡾰崔。

“增巉重崒”，增、重分別修飾巉、崒，兩個形容詞＋名詞偏正結構並列。“巉”指高出周邊所有事物，增巉、重崒均指層疊的高山。增，通“曾”。

其餘 10 次均與“巖”“嵒”“礹”等連用構成雙音詞“嶄岩”“巉岩”“嶄嵒”“嶄喦”。《廣韻》銜韻鋤銜切：“巉：巉嵒，山貌。”咸韻五咸切：“嵒：岩也。又巉嵒，山高貌。”可見，“巉岩”是形容（山或石）高峻的樣子。《集韻》銜韻鋤銜切：“巉，巉巖，高也。或作巉，亦書作嶄。”“巉巖”成詞[②]，字本作“斬”，因意義演變而形體分化為“嶄（巉）”。

嶄，本當作“斬”，前人已發之。明何楷《詩經世本古義》卷十六“漸漸之石，維其高矣”條云：

首二句以遠言。漸漸於石，義難通。《釋文》作巉巉，然考《說文》無

---

① 畢沅《釋名疏證》：“巉，俗字也，當作漸。《詩·小雅》云：‘漸漸之石。’毛傳云：漸漸，山石高峻。《釋文》云：漸，士銜反。然則古通借漸字爲之。”

② “巉巖”似可視為連綿詞。存疑。

> “嶄”字，疑但通作“斬”，言石之森立，其狀如斬截然也。劉彝云“漸漸之石維其高矣”者，謂所歷之路石皆廉利傷人之足，割馬之蹄，不可以踐履也，不獨漸漸而已。其高峻峭拔，非攀緣則不可以登也。錢澄之《田間詩學》卷八：漸漸，釋文作嶄嶄，嶄通作斬。言石之森立，狀如斬截然也。《釋文》：“漸，士銜反，沈時銜反。山石高峻也。亦作嶄嶄。”

“斬”作副詞，後來也寫作“嶄”。根據我們的調查，“嶄新”最早見於清末民初的文獻，到了現代漢語裏，“斬”的副詞義、形容詞義全部寫作“嶄”。大概是因為“斬”的本義比較血腥，出於避諱心理，改“斬”為“嶄”吧？

後來為示區別，在讀音上作出分化：“嶄岩”之“嶄”，讀銜韻鋤銜切，今讀 chán；“險峻”之“嶄（斬）”，讀豏韻士減切，今讀 zhǎn①。

在現代漢語裏，作副詞義的“斬”已全部被“嶄”所替代。根據李榮主編《現代漢語方言大詞典》（2002：5148－5149）記載，在濟南、成都、貴陽、柳州、杭州、金華（吳語）、長沙（湘語）、黎川（贛語）等方言裏，“嶄”在某些單音節形容詞前表示程度深；在揚州、崇明、上海、蘇州、杭州、金華方言裏表示“了不起。好，美”。哈爾濱方言有“嶄亮”（極亮）、“嶄晴”（非常晴朗）的說法；福州方言有“嶄嶄新”（極新、非常新）；萬榮、武漢、崇明、婁底、南昌、萍鄉、建甌等方言有“嶄新”（極新，簇新）；績溪方言有“嶄齊”（很整齊），揚州方言也記作“斬齊”（很整齊）（李榮 2002：3367）。

四、“斬”的同義詞

“斬”的基本意義為“截，殺”，在這一意義上與“斬”構成同義詞的，漢語裏為數不少，如“斷、絕、切、殊、殺（煞）、決、裁、了、盡、賊、截、克”等，據觀察，這些詞亦可以引申出副詞用法。

斷，《說文》：“截也。”《廣雅·釋詁四》：“斷，齊也。”《助字辨略》卷三：“斷，決辭。《易·系辭》：介如石焉，寧用終日，斷可識矣。李義山詩：斷無消息石榴紅。”“斷”亦有“陡峭、險峻”義，如“斷崖、斷壁”等；作副詞，可表“決然；一定；絕對”。

絕，《說文》：“斷絲也。”段注：“斷之則為二，是曰絕。引申之，凡橫越之曰絕。如絕河而渡是也。又絕則窮，故引申為極，如言絕美，絕妙是也。”作副詞，可表程度，義為“極，最”；可表情態，義為“全然，絕對”。

切，《說文》：“刌也。”即切斷，段注：“引申為迫切，又為一切，俗讀七計切。

① 《廣韻》銜韻鋤銜切：“嶄喦，山皃。”豏韻士減切：“嶄，高峻。”斬，《廣韻》唯側減切一音。依據古音演變規律，士減切今當讀 zhàn。讀上聲，當是受“斬”影響所致。

師古曰：一切者，權時之事，如以刀切物，苟取整齊，不顧長短縱橫，故言一切。”今有“切實、務必”義，副詞；可以重疊為“切切”，副詞。

殊，《說文》：“死也，一曰斷也。”段注：“凡漢詔云‘殊死’者，皆謂死罪也。死罪者，首身分離，故曰殊死，引伸為殊異。”《廣雅》：“斷也。”《助字辨略》卷一：“《漢書·韓信傳》‘軍皆殊死戰’師古曰：‘殊，絕也。謂決意必死也。’愚按：殊云絕者，極辭也，今云絕如此、絕不如此，猶云‘了如此、了不如此也’，非特為決意之辭而已。”

煞，《廣韻》黠韻所八切云為“殺”俗字[①]。鄭注《周官·掌戮》云：“斬以鈇鉞，若今要斬也；殺以刀刃，若今棄市也。”可見，“斬、殺”同義。《助字辨略》：“方言極也，太甚之辭。程子《經解》云：‘煞害義理。’朱子《答陸子論無極書》云：‘太煞分明。’”今有“極，很”義，副詞，表程度。

決，《說文》：“下流也。”段注：“決水之義，引申為決斷。”即衝破堤岸或堤岸潰破，進而指截斷、斷絕，判決、處決；再引申為副詞。《資治通鑒·漢紀八》“不肯予決”胡三省注引顏師古曰：“決，絕也。”《戰國策·秦策四》“寡人決講矣”高誘注：“決，必。”鮑彪注：“決，斷也，猶必。”《助字辨略》卷五：“必辭也。《漢書·趙充國傳》：兵決可期月而望。”作副詞，義為“必然；一定”。

裁，《說文》：“製衣也。”《廣雅·釋詁二》：“裁，裂也。”《漢書·賈誼傳》“跪而自裁”顏師古注：“裁，謂自刑殺也。”《助字辨略》：“裁，略也，少也。”作副詞，表“稍微；略微”。

了，《說文》：“尥也，從子，無臂。”段注：“尥，行脛相交也。牛行腳相交為尥。凡物二股或一股結糾紾縛不直伸者曰了戾。”有“完畢，結束”義，引申為副詞，指極其、非常。《助字辨略》卷三：“了，絶也，殊也。”韓偓《宮柳》：“幸當玉輦經過處，了怕金風浩蕩時。”亦可表時間，指“終究；究竟”。《廣雅·釋詁四》“訖也。”《集韻·篠韻》：“了，決也。”可表範圍，與否定詞連用，指“完全；皆”。

盡，《說文》：“器中空也。”引申為死。《莊子·齊物論》：“一受其成形，不亡以待盡。”郭象注：“言物各有分，故知者守知以待終，而愚者抱愚以至死。”《史記·扁鵲倉公列傳》：“後五日死者，肝與心相去五分，故曰五日盡，盡即死矣。”引申為副詞，表範圍。《助字辨略》卷三：“皆也，悉也。”《左傳·昭公二年》：“周禮盡在魯矣。”

賊，《說文》：“敗也。”引申為殺戮、殺害。《書·舜典》：“寇賊姦宄。”孔傳：“殺人曰賊。”《國語·晉語五》：“公患之，使鉏麑賊之。”韋昭注：“賊，殺也。”後

① 希麟《續一切經音義》卷八“搠殺”條云：“下所八反。《爾雅》云：斬，刺殺也。作煞，俗字也。”(T54：968c)

引申表示程度相當高，義為“很，十分”，多用於貶義。據《現代漢語方言大詞典》（李榮 2002：4794）的記錄，哈爾濱、徐州、寧波、上海方言裏還保留了這一用法，不同的是有的方言已不表貶義了。

截，《說文》：“斷也。”通語裏不見副詞用法，但在山東牟平方言可以見到：“截”用在某些單音節形容詞前，表示程度加重，如“截細”（形容條狀物横剖面很小，或長條形兩邊的距離很近）、“截密”（形容很密，可重疊為“截密截密”）。（李榮 2002：5063－5064）

可以看出，包含“截斷、殺死”這一義項的詞，均可以發展出副詞義，表示程度、情態，亦可表示範圍。

五、“斬”族詞

“斬”的核心義素是使之斷，不相連屬，實際上包含了（情況、事物）突變或變化，與原來不同。根據觀察，凡是從斬的詞的意義均與“斬”的行為及其結果有關。

（一）與“斬”的行為有關

摲，《說文》：“暫也。”段注：“斬取也。”《玉篇》《廣韻》同。《通訓定聲·謙部》：“拍取也。”摲：《禮記·禮器》“有摲而播也”鄭玄注：“摲之言芟也。”《集韻》琰韻、豏韻：“除也。”

鏨，《說文》：“小鑿也，從金從斬，斬亦聲。”《集韻》談韻：“鑿也。”《廣韻》闞韻：“鐫石。”鏩，《集韻》咸韻鋤咸切：“鏩鏩，鋭進皃。”

鷲，《廣雅·釋鳥》：“雕也。”《廣韻》鑒韻：“《音譜》似雕而斑白。”《集韻》財甘切：“鷲鸐：鳥名。《博雅》：鷲，鷲鵰也。或從隹。”雕常棲息於懸崖峭壁間，發現獵物即從高空閃電般俯衝而下。

暫，《說文》：“不久也。”段注：“今俗語云霎時間，即此字也。”《義證》：“不久也者，《類篇》暫，須臾也。《書·盤庚》：‘暫遇姦宄。’僖三十三年《左傳》‘婦人暫而免諸國’注云：暫猶卒也。”《說文句讀》：“鼆之不久，乃由後溯前之詞。暫之不久，乃即時即事之詞，故暫下不云鼆也。”《集韻》談韻：“須臾也。”《慧琳音義》卷二十（T54：430b）“暫瞚”條云：“賈逵注《國語》云：暫，卒也。”《玉篇》“暫”：“才濫切，不久也。或作蹔。”

䁪，《龍龕手鏡》：“音斬，俗。”常倫《清江引》：“三月正當三十日，䁪眼春歸去，有恨嘆春疾，無計留春住。”此即“眨”之或體字。

槧，《說文》：“牘樸也。”段注：“樸，素也，猶壞也。牘，書版也。槧謂書版之素，未書者也。《論衡》曰：‘斷木爲槧。’《釋名》曰：‘槧版之長三尺者也。槧，漸也，言漸漸然長也。’”

䟅，《集韻》子敢切：“䟅，繒未緶。”即未用針縫。與“斬衰”之“斬”義近。

蔪，《說文》：“艸相蔪苞也。《書》曰：艸木蔪苞。或從槧。”段注：“蔪苞，即今《禹貢》之漸包。《釋文》曰：漸本又作蔪。《字林》才冉反，草之相包裹也。”《集韻》將廉切：“蔪，蔪蔪，麥秀。”鋤咸切：“蔪，麥秀。”師銜切：“芟蔪，《說文》刈草也。或作蔪。”阻減切：“蔪：刈也。”

（二）與“斬”的結果有關

物體被斬以後，與原來不同，因而包含“斬”的字則具有“突變，與原來不同”的意義。

慙，《說文》：“媿也。”《慧琳音義》“阿難慙”條云：“下雜甘反。賈逵注《國語》慙，色在顏也。經作慚，俗字，通用。”（T54：670a13）《玉篇》：“慙：昨酣切，慙媿也。慚，同上。”指人的情緒前後不同，突然產生了變化。

獑，《廣韻》咸韻：“獑，獑猢，似猿而白。”《集韻》咸韻：“獑，獸名。獑猢，類猿而白，腰以前黑。”《漢書・司馬相如傳上》顏注引張揖曰：“獑胡，似獮猴，頭上有髦，要以後黑。”䲠，《正字通》：“䲠，亦作獑。”這種動物腰前後的毛色不同，迥然有別，像被“斬”的一樣。

蟖，《說文》：“蟖離也。”段注：“蟖，《史記》《文選》同。《漢書》作漸，《上林賦》說水族曰：‘鮫龍赤螭，䱷鰽蟖離。’司馬彪曰：‘蟖離，魚名也。’張揖曰：‘其形狀未聞。’按許以此次於蠣、蟹二篆間，必介蟲之類。周人或以漸離爲名，取於物爲假也。斬䗍，字或作蟖胡，非也。”《廣韻》慈染切：“蟖，蟖離也。”鹽韻：“蟖蠊，蟲名。”《集韻》慈染切：“蟖，蟲名。《說文》蟖離也。一曰魚名。”“蠊，蟖蠊，龍無角。一曰蟲名。”《說文長箋》：“蟚，同蟖。”所謂“介蟲”，指有甲殼的蟲類，甲殼外表光滑，像“斬”的一樣。

鏨，《玉篇》初陷切：“魚也。”《正字通》：“俗字。”按，此字未詳。

漸，《說文》：“漸水，出丹陽黟南蠻中，東入海。”《廣韻》鹽韻子廉切：“漸，入也；漬也。”琰韻慈染切：“漸：漸次也，進也，稍也。事之端，先覩之始也。《地理志》有漸江，今之浙江也。”《史記・越王勾踐世家》：“禹之功大矣，漸九川，定九州，至于今諸夏艾安。”裴駰集解引徐广曰：“漸者亦引進通導之意也。”“漸”指緩進、進入，又指疏導。

趣，《說文》：“進也。”《通訓定聲》：“徐進也。”王筠《句讀》：“許蓋以為漸之分別文。”《玉篇》：“超忽而騰疾也。”“不久也。”

暫，《集韻》闞韻：“疾進也。”《慧琳音義》卷三（T54：325a）“暫捨”條云：“慙濫反，俗字也，正體從日作暫。《廣雅》猝也。《韻英》云：少選間也。《說文》不久也，從斬聲也。”《玉篇》：“暫：徂濫切，不久也。與暫同。”

𧺃，《廣韻》慈染切：“《說文》進也。”《玉篇》：“𧺃，才濫、才冉二切。不久也，超忽而騰疾也，又進也。”《集韻》疾染切：“𧺃，走進也。或書作趝。”

𡝫，《集韻》財甘切：“女名。”《集韻》七艷切：“𡝫：㜸𡝫，美皃。”《玉篇》：“𡝫：殂含切，女𡝫也。”漂亮是相比較而言的，所以字從“斬”。

塹，《說文》：“阬也。”《集韻》七艷切：“塹壍𨹧：《說文》阬也。一曰大也。或作壍、𨹧。”“塹”指溝壕，兩邊高，中間低，似刀斬一般。

𩞀，《原本玉篇殘卷》：“《埤蒼》：‘𩞀，薄味也。’”《集韻》子敢切：“𣻒𩞀，無味也。”又子冉切：“𩞀饕：甞食也。一曰𩞀䉷，味醨。或從漸。”字又作“𩟬”，見《龍龕手鏡》，為“𩞀”俗字。所謂“薄味”“無味”，均是指相對於本來的味道減低了。

𩴵，同“𩵋”。《字彙補》：“𩴵，鬼名。《字彙》作𩵋。”𩵋，《玉篇》：“鬼名。”《五音集韻》咸韻：“𩵋：人死作鬼，鬼死作𩵋。”天人相隔，如斬然，字故從斬。

𩴵，《字彙補》：“𩵋字之譌。”𩵋，《五音集韻》旨韻：“𩵋，人死作鬼，人見懼之；鬼死作𩵋，鬼見怕之。”

㶠，《改併四聲篇海·火部》引《川篇》：“㶠，火滅也。盡也。”《正字通》：“㶠，俗熸字。”

（三）與“陡峭險峻”有關

被斬的物體若是山石，則有“陡峭險峻”之義，從“斬”之字遂有此義；物體峻峭，視覺上則為“長”：

嶄，為“斬”之增旁字，上文已討論。《慧琳音義》“嶄巖”條云：“巢咸反，《毛詩》嶃嶃，山石高峻皃也。或作巉礷磛三體，並俗字，亦通用。”（卷七十六，T54：791c。《道地經》：“或時入舍，闇冥不得門出；或時上山嶄巖悲大哭。”T15：232b）又“巉絕”條云：“床銜反。《考聲》巉巖，山皃也。或作嶄，又作磛。《集》作巉，俗字也。”（卷九十九，T54：922c）《可洪音義》“嶄巖”條云：“山高皃也，正作嶃喦。（卷二十一，K35：329c）

磛，《說文》：“礹石也。”段注：“磛礹，古多用為連綿字，《上林賦》之嶃岩，《高堂賦》之巉岩，皆即此二篆也。”《類篇》：“高峻皃。”《集韻》銜韻鋤銜切：“或書作礷。”王先謙《詩三家義集疏》卷二十《小雅·漸漸之石》云：“言石之字，從水作漸，自是叚借。《釋文》作嶃嶃，《廣雅·釋訓》亦云嶄嶄高也。嶃嶄字同，是毛詩亦作，本與魯韓詩皆有作嶃嶃者。《繫傳》引《詩》‘磛磛之石’，不見於《說文》，疑出後起，今則通作巉巉矣。”錢澄之《田間詩學》卷八：“漸漸，《釋文》作嶃嶃，嶃通作斬。言石之森立，狀如斬截然也。”《釋文》“漸，士銜反，沈時銜反。山石高峻也。亦作嶃嶃。”

覽，《廣韻》鑒韻子鑒切：“**覽**，**覽**儆，高危皃。”《玉篇》側覽切：“**覽**，逞皃。”《集韻》側銜切：“**覽**，避也。”

嶄，《改併四聲篇海·人部》引《川篇》：“立侍也。”

䫲，《廣韻》魯甘切：“**䫲䫲**，長面也。”子鑒切又昨三切：“**䫲**，長面貌。”《集韻》鋤銜切：“**䫲**，面長醜貌。”

軇，《集韻》財甘切：“**軇**：身長。”鋤咸切：“**軇**：**艦軇**，身長。”

参考文獻

江藍生，曹廣順．唐五代語言詞典．上海：上海教育出版社，1997.

李榮．現代漢語方言大詞典．南京：江蘇教育出版社，2002.

繆啟愉．齊民要術校釋．2 版．北京：中國農業出版社，1998.

石聲漢．齊民要術今釋．北京：中華書局，2009.

許寶華，宮田一郎．漢語方言大詞典．北京：中華書局，1999.

（儲泰松、郭常艷，安徽師範大學文學院）

方言在佛經語言研究中的價值舉隅*

陳文杰

提　要：漢語方言是研究漢語史的重要證據之一。方言證古是我國語言學研究的一個古老傳統。本文結合實例從以下數個方面談方言在佛經詞語研究中的價值和作用：方言助印證、補充詞義；方言助觀察詞彙傳承發展；方言助辨明讀音；方言助考求詞之內部形式。

關鍵詞：佛經詞語；方言證義；方言證音；方言證詞之內部形式

方言是全民語言在不同地域的變體。今天的漢語方言都是從古代漢民族共同語分化而來的。由於語言發展的不平衡，各地方言不同程度地保存了古漢語的一些特徵。將書上的“死材料”和口頭上的“活材料”相互結合，使詞語考釋從語文學上升到語言學的高度，是深化語言史研究的重要手段。王力先生在談到研究漢語史的根據時說：“首先要說：現代活生生的口語就是漢語史的最好的根據。現代漢語的方言是複雜的；正是由於方言的複雜，更有足夠的語言事實來證明漢語發展的過程。”（1980：20）

方言證古是我國語言學研究的一個古老傳統。鄭玄注“三禮”、何休注《公羊傳》、郭璞注《爾雅》和《方言》都曾用到當時的方言。近代學者章太炎《新方言》，黃侃《蘄春語》，楊樹達《長沙方言考》《長沙方言續考》，丁惟汾《俚語證古》等也都是用方言印證古漢語詞彙的佳作。

傳統的漢語史研究模式是以歷史文獻材料爲主要依據的。王力先生在《漢語史稿》中雖然把現代漢語方言作爲漢語史研究依據的第一項材料，但就其運用材料的數量來看，方言材料還是比歷史文獻資料要少得多，甚至可以說是微乎其微。後

* 本研究係國家“雙一流”建設學科“南京大學中國語言文學藝術”資助項目、江蘇高校優勢學科建設工程“南京大學中國語言文學”資助項目、江蘇省 2011 協同創新中心“中國文學與東亞文明”資助項目。本文曾得到業師朱慶之先生，以及劉長東、朱冠明等同志的點撥，謹此致謝。

來，向熹先生撰寫《簡明漢語史》，把“現代漢語方言”放在了“歷代保存下來的書面語言”“前人的研究成果”“外語借詞和親屬語言”三類材料之後，比較客觀地反映了現代漢語方言在漢語史構建中的地位。

西方漢學家顯然更加注重方言材料的運用，這是因爲他們有悠久并且影響深遠的語言歷史比較研究的傳統。高本漢名著《中國音韻學研究》對我國語言學最大的影響就在於他把印歐比較語言學的構擬古語形式的方法運用到了漢語史的研究上，而其構擬古音的一個重要依據就是各地方音（另外還有幾種域外方音）。後來，有些西方漢學家在方言材料的運用上又往前邁出了一大步，他們甚至提出，漢語史的研究不應該把重點放在語文學文獻（主要是韻書和韻圖）的解釋上，而應該放棄、擺脱這些框架，把重點放在漢語口語的歷史比較研究上（羅杰瑞，柯蔚南 1998：676—691）。蒲立本則反駁指出，單憑現實方言不足以解決漢語史中的所有問題，《切韻》《韻鏡》仍然大有用武之地（蒲立本 2002：266）。從詞彙學的角度來說，若是拋棄漢語歷史文獻材料，單純運用方言口語材料，顯然就更不科學也不現實了。

漢語詞彙史研究在利用方言材料時必須十分注意詞的同一性問題（張永言 2016：33）。也就是説，當把方言中的某一個音義形式跟漢語史上的某一語言形式（實即表現爲“字”）相聯繫時，不能僅憑音義相近這一個條件（有時連這一個條件也執行得不嚴格），便説二者具有同一關係。王力先生曾對這種考索語源的研究方法（如舊《辭海》以爲現代漢語表示“嚇人”的“嚇”可以遠紹《莊子·秋水》“今子欲以子之梁國而嚇我也?”）提出過尖鋭的批評：“説某一個字義在先秦早已產生，而中間又隔了一二千年不出現於群書，直到現代或近代方再出現，實在是很不近情理的事。”（1990：69①）“《新方言》的方法更爲危險。現代離開先秦二千餘年，離開漢代也近二千年，這二千年來，中國的語言不知經過了多少變化。《新方言》的作者及其同派的學者懷抱著一個錯誤的觀念，以爲現代方言裏每一個字都可以從漢以前的古書尤其是《説文》裏找出來。”（1990：170②）其實王力先生的批評話語中，也暗含了這種研究方法的完善方案，即必須用語言事實（例證）補足中間的發展鏈條，注意詞語在歷史上的傳承，絕不能搞“兩點一線”。唯有如此，結論才會更可靠。蔣紹愚先生在談到近代漢語詞彙研究中需要“參證方言”時説：“印證方言也要採取慎重態度，不能隨意地説近代漢語中的某詞就是現代某方言中的某詞。”同時他還提出了如何避免主觀臆斷的辦法：“印證方言可以和上述幾種方法（引者按：指認字辨音、參照前人的詮釋、排比歸納、因聲求義）結合起來。

① 原載《國文月刊》第 33 期，1945 年 3 月。
② 原載《開明書店二十周年紀念文集》，1947 年。

……能以充分的文獻資料匯證，再加上印證方言，就比單純以方言印證要有力得多。”（2005：292）這兩位先生的意見，對漢語詞彙史研究中如何運用方言參證法是有指導意義的。

漢文佛典語言性質非常複雜。朱慶之《佛典與中古漢語詞彙研究》說它“是一種既非純粹口語又非一般文言的特殊語言變體”，可稱爲“佛教混合漢語”（1992）。我們覺得，無論漢文佛典的語言性質多麼複雜，它毋庸置疑地在某種程度上反映了當時方言的一些特點（儲泰松 2014：81，93）。並且，它其中的漢語成分也都有可能在後來的各地方言中得以不同程度地保存。所以方言證古同樣適用於佛典語言研究。

實踐證明，方言在佛經語言研究中的證古價值是多方面的。下面我們各舉一例，依次來說明現代漢語方言在印證、補充詞義，闡明詞彙的傳承關係，辨明字音以及考求詞的內部形式等方面的價值和作用。當然，這幾個方面有時也會你中有我，我中有你，不能截然分開。

一、印證詞義

李維琦先生在考證佛典詞語時經常注意聯繫湖南方言，爲同類研究提供了一個很好的範式，我們曾給予了充分的肯定（董志翹，陳文杰 1999）。這裏再舉一例。

［行嫁］

（1）譬如生女，雖爲衆多，**行嫁**適人，公嫗孤獨。（舊題吴康僧會譯《舊雜譬喻經》卷下，T04n0206_p0521a05）

（2）其婦端正殊好，見夫捨家作沙門，便復**行嫁**。（西晉竺法護譯《生經》卷一，03n0154_p0070a19）

（3）十歲時人，女生五月便**行嫁**。（後秦佛陀耶舍共竺佛念譯《長阿含經》卷六，T01n0001_p0041a12）

（4）八萬歲時人，女年五百歲始出**行嫁**。（同上，T01n0001_p0041c23）

（5）當壽十歲，是時女人生五月**行嫁**。（又卷二十二，T01n0001_p0144a25）

（6）女人年五百歲，爾乃**行嫁**。（姚秦鳩摩羅什譯《彌勒下生成佛經》，T14n0454_p0423c20）

（7）是時一切剡浮提人壽命八十千年，是時女人年五百歲爾乃**行嫁**。（南朝陳真諦譯《立世阿毘曇論》卷第十，T32n1644_p0221c10）

（8）時善覺女，年漸長成，堪欲**行嫁**。（隋闍那崛多譯《佛本行集經》卷五，T03n0190_p0676a17）

(9) 壽十歲時，女生五月即便**行嫁**；猶如今日年十五六嫁向夫家。（隋闍那崛多譯《起世經》卷九，T01n0024_p0353b27)

“行嫁”，不見於《漢語大詞典》。此當指出嫁。這可以用現代漢語方言材料來證明。《現代漢語方言大詞典》（李榮 2002：1479）說梅縣方言指“出嫁：行嫁個日子定了無?”《漢語方言大詞典》（許寶華，宮田一郎 1999：2076）引證更廣：在福建建寧（贛語），廣東梅縣、福建永定下洋（客話），福建光澤、寧化、沙縣、三明、永安（閩語）等地方言裏，“行嫁”是出嫁義；在上海（吳語）、福建連城廟前（客話）兩地方言中，“行嫁”是妝奩義，名詞。名詞義“妝奩”顯然是動詞義“出嫁”的引申。

“行嫁”的内部形式需要稍做討論。或許有的學者會認爲“行嫁”屬附加式複音詞，因爲中古產生了由“行＋動詞性成分”構成的一系列動詞性複音形式，而其中的“行”字具有一些上古漢語所不具備的新特點：“似乎具有特別強的與其他詞相結合使其由單變雙的能力”（朱慶之 1992：138），“最具有作動詞附加成分的條件，因爲它們含義不具體，動作性不強，應用十分廣泛”（王雲路 2010：300）。

雖然如此，我們覺得“行嫁”仍然應該是並列結構，而非附加式結構。原因主要有三點。第一，“行”字先秦即有“出嫁”義，而且直到中古以後仍在運用。《詩經・邶風・泉水》：“女子有行，遠父母兄弟。”《左傳・桓公九年》：“凡諸侯之女行，唯王后書。”《華陽國志・後賢志》：“（李宓）父早亡，母何更行。”北魏酈道元《水經注・江水二》：“宋玉所謂天帝之季女，名曰瑤姬，未行而亡，封於巫山之陽。”故“行”“嫁”可以組成並列式複音結構。第二，“行”字雖然虛化，具有了類前加式詞綴特點，但這并不意味著其在任何複合形式中都有如此功能。正如“子”作為名詞詞綴雖然在中古以後已經很發達，但我們仍不能說近代漢語新詞“主子”（指皇帝）中的“子”也是詞綴一樣。第三，“嫁娶”語義場中，除了“嫁”表出嫁外，同義并且自上古沿用到中古的還有“歸”“字”“適”，然而從語料調查來看，“行”字除了跟“嫁”構成“行嫁”外，尚未見它跟其他字構成表示“出嫁”義的複音形式“行歸”“行字”“行適”，這說明“行”字並非真正“自由”的詞綴。語料中也未見到“行”跟“取（娶）”複合成單純表示“娶”義的“行取（娶）”，更說明其非真正意義上的已完全虛化、不含任何實義的詞綴。朱慶之（1992：138）、王雲路（2010：304）談到相關構詞時都沒有以“行嫁”爲例，或許他們也認爲“行嫁”不屬於附加式結構。

《儀禮・喪服》“子嫁”鄭玄注謂：“凡女行於大夫以上曰嫁，行於庶人曰適人。”可見鄭玄以爲“行”是上位詞，“嫁”“適”是下位詞。如果鄭玄所說屬實，那麼“行嫁”則是一個由近義詞素構成的並列結構。至於鄭玄所謂“嫁”與“適人”的區別，中古時代可能已沒有多大區別了。例（1）“行嫁”“適人”連用，表現得最爲明顯。例（3）、例（4）等，也很難看出被嫁者的身份高低了。

二、補充詞義

詞義是非常複雜的，詞義的準確描述更是需要一代代人逐步完成的。由於受制於材料，準確描述詞語的歷時詞義發展就顯得尤爲不易。以佛經爲代表的宗教文獻語料的發掘，就大大促進了這一工作。而方言口語材料往往可以作爲有益補充，使論證增色。

［毛衣］

馬由《〈長阿含經〉釋詞》（1992）和李維琦《佛經續釋詞》（1993：102）、《佛經詞語彙釋》（2004：352）都談到了"衣毛"這個詞語，說它指"長在皮膚上的、覆蓋身體的毛"，經常用來"形容天人驚怖時的樣子"。從兩位先生著作的引例來看，它可以指鳥獸的毛，如：

（1）於是仙人臥起同處，身形轉長，衣毛鮮澤。（西晉竺法護譯《生經》卷三，T03n0154_p0093b01）

說的是小象之毛。

（2）見自園中，所有諸鳥，鸚鵡鸐鵒，孔雀鴛鴦，鴻鶴鸕鷀，及拘翅羅命命鳥等，翎羽衣毛，悉皆毻落。（隋闍那崛多譯《佛本行集經》卷二六，T03n0190_p0775b09）

指的是鳥毛。也可以指人的體毛，如：

（3）王聞大恐怖戰慄，衣毛悉豎，以車騎而出國去。（吳支謙譯《義足經》卷一，T04n0198_p0175a08）

（4）諸受罪人，各各自說："我於本時作如是惡，今受此苦。"一切衆會具悉聞見，甚懷悲惻，衣毛驚悚。（元魏慧覺等譯《賢愚經》卷二，T04n0202_p0363b27）

據筆者觀察，"毛衣"在佛經中也有同樣的用法。既可指鳥獸動物的毛，如：

（5）轉輪王明旦與左右共參議時，見有自然紺色馬在前，其馬身青，毛衣滑澤，頭黑。（西晉法炬、法立譯《大樓炭經》卷一，T01n0023_p0282a12）

（6）百千象生，白馬生駒，形色如雪，毛衣滑澤。（西晉竺法護《普曜經》卷二，T03n0186_p0494b09）

（7）轉輪聖王出現世時，是時馬寶從西方來，毛衣極青，尾毛朱光，行不移動，能飛在虛空。（東晉僧伽提婆譯《增壹阿含經》卷三三，T02n0125_p0732a29）

(8) 眾鳥念言："今此沙門，奇異喜乞。恐我不久毛衣都盡，肉段在地，不能復飛。當如之何?"（東晉求那跋陀羅共法顯譯《摩訶僧祇律》卷六，T22n1425 _ p0277a19）

(9) 又復言："正有孔雀毛衣彩飾，觀者悅目，可應爲王。"（同上，卷七，T22n1425 _ p0288c15）

(10) 爾時比丘著鷲毛衣往佛所。（姚秦佛陀耶舍共竺佛念譯《四分律》卷四十，T22n1428 _ p0858b23）

(11) 時諸比丘僧見象走趣，毛衣皆豎，棄遠如來，唯有阿難一人不去。（姚秦竺佛念等譯《鼻奈耶》卷五，T24n1464 _ p0872b03）

(12) 時驢主又作頌曰："汝婆羅門何所喜，雖有四腳毛衣好，負重遠道令汝知，錐刺火燒終不動。"（南朝梁寶唱編《經律異相》卷十九）

也可指人的毛髮。如：

(13) 指鬘（引者按：此係意譯，音譯鴦掘摩）聞之，憧惶怖懼，毛衣起豎。（西晉竺法護譯《鴦掘摩經》，T02n0118 _ p0508c01）

(14)（菩薩大士）伏諸欲垢，無所畏憚，游於眾會而不忌難，毛衣不豎。（竺法護譯《等集眾德三昧經》卷上，T12n0381 _ p0973b05）

(15) 於是諸力士，見世尊大士，心喜踴無量，舉身毛衣豎。（南朝劉宋寶雲《佛本行經》卷六，T04n0193 _ p0103b23）

(16) 年少聞已，毛衣皆豎，五體投地，求哀懺悔。（元魏慧覺等《賢愚經》卷十二，T04n0202 _ p0430b21）

可見，"衣毛"和"毛衣"沒有多大區別。上揭兩詞用例，就有均出自竺法護譯經的。甚至同一段譯經，用詞前後也不一致。如：

(10) 昔有驢一頭，其主恒令與馬相隨，飲食行來，常與馬俱。馬行百里，亦行百里；馬行千里，亦行千里。衣毛鳴呼，與馬相似。後時與驢相隨，飲食行來，與驢共侶。驢行百里，亦行百里；驢行千里，亦行千里。毛衣頭軀，悉爲似驢。（晉竺法護《生經》卷五，T03n0154 _ p0108a20，23）

也正是由於二者沒有什麼區別，所以有異文現象存在。如：

(11) 年少聞已，毛衣皆豎，五體投地，求哀懺悔。（《賢愚經》卷十二，T04n0202 _ p0430b20）

"毛衣"，宋元明本作"衣毛"。

現代漢語方言保留了具有這些用法的"毛衣"。據《漢語方言大詞典》（許寶華，宮田一郎 1999：833），現代中原官話、晉語、西南官話都用來指"鳥獸等的羽毛”。值得注意的是方言還保存了其指“人的毛髮”的用法。《現代漢語方言大詞典》（李榮 2002：644）引徐州方言：“原指禽獸身上的毛叢，指人帶貶義：人心隔肚皮，虎心隔毛衣/你看他胳肢窩的毛衣多長。”豫劇《花槍緣》（又名《對花槍》）馬金鳳唱段“老身家住南陽地”：“我長了一臉枯皺皮，又長了一頭白毛衣。”可見河南方言裏也可用來指人的毛髮。

《漢語大詞典》失收“衣毛”，收錄了“毛衣”，分“禽鳥的羽毛”“獸的皮毛”等不同義項來舉例，後者舉例爲唐朝白居易詩，稍晚；另外，根據佛典和方言材料，《詞典》可以補充的是，“毛衣”還可以指“人的體毛”。

“衣”“毛”兩個語素可以互換位置，形成“衣毛”“毛衣”兩個意思大致相同的詞語：可見該詞屬於並列結構。“衣”字單用可指鳥類的毛羽。北周庾信《鶴贊》：“籠摧月羽，弋碎霜衣。”“羽”“衣”互文。唐陸龜蒙《奉和襲美二游詩·任詩》：“魚驚尾半紅，鳥下衣全碧。”宋陸游《小園獨立》詩：“新泥添燕户，細雨濕鶯衣。”“衣毛”“毛衣”屬於近義語素並列式結構。

最後再來看一下前邊“衣毛”的解釋用語。“長在皮膚上的、覆蓋身體的”似非該詞的固有涵義，應除去，因爲這很容易被誤解爲對“衣”字的解釋。直接釋爲“動物或者人的毛髮”或許更恰當一點。

三、闡明詞的傳承關係

漢語史上不少詞語後來在通語（普通話）中消失了，卻保存在了各地方言中。不聯繫方言，就不能很好地説明其發展傳承關係。邢福義先生提出“普方古大三角”理論，主張以普爲基點，以方證普、以古證今，很好地促進了現代漢語研究。我們則在此基礎上進一步主張普方古三者互證互求，相信以古證方、以普證方，以普證古、以方證古，也會大大促進方言史和漢語史的研究。

［舒手］

(1) 假使將王至彼怨所，得獲金寶，我復何心舒手受之？（三國吴支謙譯《菩薩本緣經》卷上，T03n0153_p0056c06）

(2) 爾時，尊者賓頭盧到時著衣持缽，入羅閲城乞食。漸漸至老母難陀舍，從地中踴出，舒手持缽，從老母難陀乞食。（東晉僧伽提婆《增壹阿含經》卷二十，T02n0125_p0648c04—05）

(3) 是時流離王便舒手捉一釋女而欲弄之。（又卷二六，T02n0125_p0692a19）

(4) 正護善身口，舒手以法乞。（東晉僧伽提婆譯《中阿含經》卷四七，T01n0026_p0723a03）

(5) 如來舒手，手所及處，塵垢不著。(姚秦竺佛念譯《出曜經》卷三十，T04n0212 _ p0773b26)

(6) 若比丘尼共在村中宿，臥時使舒手相及；若舒手不相及，一一轉側，一一僧伽婆尸沙。(姚秦佛陀耶舍共竺佛念《四分律》卷二二 T22n1428 _ p0721a07)

(7) 如常威儀，相去舒手相及處立。(又卷三五 T22n1428 _ p0815a05)

(8) 小女可舒手來，我與汝相。(唐義淨譯《根本說一切有部毘奈耶雜事》卷七 T24n1451 _ p0234c04)

“舒手”，即伸手。《說文·予部》：“舒，伸也。”《廣雅·釋詁三》：“舒，展也。”“舒手”理據甚明。這個詞普通話中已不用，但在現代漢語方言中還見傳承。許寶華、宮田一郎（1999：6215）指出：屬冀魯官話區的山東壽光、膠遼官話區的山東臨朐“舒手”均指伸手。李榮（2002：4450）談到山東牟平“舒手”也有同樣的用法：“你舒手我看看。”早期白話材料的例子則有宋普濟編《五燈會元》卷七：“上堂良久，忽舒手顧眾曰：‘乞取些子，乞取些子。’”《水滸全傳》第六十七回：“韓伯龍不知是計，舒手來接。”《金瓶梅》卷十九：“不想是個女人不好，素體容妝，走在房來，舒手教他把脈。”《警世通言·萬秀娘仇報山亭兒》：“則見陶鐵僧舒手去懷裏摸一摸，喚做‘自搜腰間’。”已知的最早的例子見於《論衡·論死》：“使舒手而擊，舉足而蹶，則所擊蹶無不破折。”可見“舒手”是一個中古產生、近代沿用、直到現代還活躍在一些方言口頭的詞語，《漢語大詞典》應予以收錄。

《中阿含經》中還有一個表示大方、不小氣的“舒手”，共有 16 例。卷十六：“若有男女作惡行，不精進，事惰，懈怠，嫉妬，慳貪，不舒手，不庶幾，極著財物，彼因緣此，身壞命終，必至惡處，生地獄中。”（T01n0026 _ p0525c17）又：“若有男女妙行精進，精勤不懈；無有嫉妬，亦不慳貪，舒手，庶幾，開意放捨，給諸孤窮，常樂施與，不著財物，彼因緣此，身壞命終，必升善處。”（T01n0026 _ p0526b27）從上下文看，這裏的“舒手”跟“庶幾”同義，跟“慳貪”相反。朱慶之（1992：93）早已指出“庶幾”有不慳不貪、樂善好施義，“舒手”也有同樣的意思。憑藉朱慶之、梅維恒《荻原雲來〈漢譯對照梵和大辭典〉漢譯詞索引》（2004：1045），我們發現梵語mukta-haśtatā漢譯即爲“開手，舒手施惠”，“舒手”或當是該詞漢譯“舒手施惠”的縮略[①]。

四、辨明字音

詞是音義結合體，意義的變化常常會帶來讀音的變化，這種變化了的讀音即爲

① 感謝北京大學東語系陳明教授在梵語詞釋讀上給予的幫助。

破讀。字詞典必須根據音義相匹配的原則來正確注音。

［妨］

（1）時此城中有一長者，初始婚娶，婦即命終。第二、第三乃至第七悉皆命過。時人並皆喚爲“妨婦”，因以爲名。（唐義淨《根本說一切有部毘奈耶》卷第二，T23n1442_p0634a07）

（2）於此城內復有居士，於同望族娶女爲妻。未經多時，妻遂身死。更娶第二，亦復身亡。如是乃至第七娶妻，悉皆身死。時人並皆喚爲“妨婦”，即因此事以立其名。時妨婦長者更欲娶妻，人皆不與。（又卷三十五，T23n1442_p0820a16—17）

（3）彼有惡相，勿令至舍，妨我知識。（同上，T23n1442_p0820b08）

（4）時此城中有長者，娶妻不久便即身死。如是乃至第七娶妻，悉皆身亡。時人並皆喚爲“妨婦”。更欲娶妻，人皆不與。（義淨《根本說一切有部苾芻尼毘奈耶》卷第十三，T23n1443_p0978c01）

周一良先生最先談到例（1）中的這個“妨”字，他說：“還有一類是現代口語裏的語彙能在佛典中找出同樣的用法，證明它有很久遠的歷史。如現在俗語指丈夫‘命硬’尅死妻子，或妻子尅死丈夫，谓之为‘妨’（读阴平）。”（1998：216[①]）甚是。現代漢語中不少方言材料均可印證之。哈爾濱、濟南、忻州、萬榮等地都把命兇的人會給別人帶來災禍甚至致人死亡叫“妨”，太原把命硬尅夫的女人叫做“妨主貨”，忻州把妨尅父母的人叫做“妨祖貨”。哈爾濱把給家裏帶來災禍和不幸的人稱爲“妨家的”（李榮 2002：1969－1070）。另外，天津、筆者家鄉山東冠縣也把“尅”謂之“妨”，比如配婚要講究雙方屬相是否相合，以免相“妨”。

《說文・女部》：“妨，害也。”段注進一步解釋說：“害者，傷也。”“妨”，本義指傷害、損害。其“尅”義當是從本義引申而來的。當其表示非主觀故意卻總給他人帶來災禍甚至致人死亡時，即爲“尅”義之“妨”。

至於溯源，佛典用例還不是最早的，“妨”之“尅”義早見於漢代。應劭《風俗通義・正失》：“今俗間多有禁忌，生三子者，五月生者，以爲妨害父母，服中子犯禮傷孝，莫肯收舉。”“妨害”即“尅”。《淮南子・說山》“嫁女於病消者，夫死則後難復處也”東漢高誘注：“以女爲妨夫，後人不敢娶，故難復嫁處也。一說，女以天下人皆消，不肯復嫁之也。”唐代馬總《意林》卷四引《風俗通》：“不舉父同月子，俗云妨父。按《左傳》魯桓公子與父同月，因名子同。漢明帝亦與光武同月生。”《太平御覽》（第二冊 1663 頁）卷三六一“人事部”引《風俗通》：“生三子不舉，俗說生子至於三子，似六畜，言其妨父母，故不舉之也。”應劭，東漢汝南

① 原載《申報・文史副刊》第三一五期，1947—1948 年。

郡南頓（今河南項城市南頓镇）人，靈帝時任泰山太守，後投袁紹，卒於鄴。高誘，東漢涿郡涿（今河北涿州市）人，建安十年除東郡濮陽令，十七年遷監河東。兩人都長期生活在北方，這意味著“妨”或許最初就是北方方言。

元關漢卿《詐妮子調風月》第四折：“可使絕子嗣、妨公婆、尅丈夫。”元馬致遠《薦福碑》楔子：“自從你昨日下了書呈，將俺員外急心疼妨殺了。”明童養中《胭脂記》：“奴命裏犯人妨夫煞。”這說明“妨”是自漢以後一直活躍著的口語詞。

最後討論“妨”作“尅”義講時的讀音。《漢語大字典》《漢語大詞典》現代音均注爲陽平，不知何據。從方言材料來看，這個讀音值得商榷。哈爾濱、忻州、萬榮、天津、山東冠縣等地“妨”字在作“尅”義講時均讀陰平而非陽平（只有濟南讀上聲，需要進一步核實和研究），跟周一良先生掌握的材料一致。丁聲樹先生在《“碚”字音讀答問》（1943：465—468）中曾說：“蓋口耳相傳，易存舊讀，而望文爲音，輒致訛變，亦語文之通例然也。”因此，我們以爲“妨”作“尅”義講時字詞典應改注爲陰平。唯有如此，才符合訓詁學上音義相合的原則。

五、揭示詞的內部形式

漢語史上有不少的流俗詞源，這是由于錯誤的聯想或類推造成的。紛繁複雜的方言現象往往能給我們以啟發，從而得以袪除流俗詞源的干擾，使詞的內部形式得以正確揭示。

[户排/門排]

黄先義《佛經詞語隨劄》（1997：34）和楊黛《中古佛經詞語選釋》（1998：58）先後指出佛典中“門排”“户排”有鑰匙義。如（個別例子係轉引）：

（1）王即以女妻彼貧人，爲起舍宅，牢閉門户，令有七重。王囑女夫：“自捉户排。若欲出行，而自閉之。我女醜惡，勿令外人見其面狀，常牢閉户，幽閉在內。”……以酒勸之（引者按：指貧人），令醉臥地，解取門鉤，使令五人往至其家，開其門户。（舊題三國吳支謙譯《撰集百緣經》卷八，T04n0200_p0242c07—08）

（2）於時如來欲令眾會知作惡行必有罪報，敕一比丘：“汝持户排，往指鬘房，刺户孔中。”比丘即往，奉教爲之，排入户內。（元魏慧覺等《賢愚經》卷一，T04n0202_p0427c05）

（3）是時佛手持户排入諸比丘房，見一比丘病苦，無人瞻視，臥大小便，不能起居。（姚秦鳩摩羅什《大智度論》卷一，T25n1509_p0119c21）

（4）勸酒令醉，解取門排，開其門户。（梁釋寶唱著《經律異相》卷三四，53—184c）

(5) 迦葉佛時，是出家人當僧房敷具，閉僧房門，將僧户排，四方遊行，衆僧於後不得敷具及諸房舍。（失譯《佛說因緣僧護經》卷一，T17n0749_p0570a01）

這兩個詞緣何有此義呢？慧琳《一切經音義》卷四六說："户排，謂木鑰文杰按："木鑰"，當謂牡鑰，開户者也，如户鉤等。又諸户鑰，皆置排記，佛於食後視排案行比丘房也。"慧琳解釋"户排"即是鑰匙。至於詞的理據，他顯然以爲"排"即通"牌"，意思是說，鑰匙上都拴有題有文字的標記，佛在飯後看著標記依次巡視諸比丘的房子。唐宋人這樣理解的還真不少。後唐景霄《四分律鈔簡正記》卷第十五："户牌者，門鉤上牓子也。"宋代釋元照《四分律行事鈔資持記》卷三："户牌，標户鉤者。"不過，從例（1）來看，這種說法似有問題，因爲這裏"户排"開的並非僧人宿舍，而是普通人的房舍。

我們以爲，這是典型的流俗語源。"鑰匙"之所以能被命名爲"户排"，當跟鑰匙的功能有關。"排"，指打開。《淮南子·原道》："排閶闔，淪天門。"《史記·司馬相如列傳》："排閶闔而入帝宮。"揚雄《甘泉賦》："排玉户而颺金鋪兮，發蘭蕙與穹窮。"三國魏吴質《答東阿王書》："至乃歷玄闕，排金門，升玉堂。"開門均可以用"排"字。"户排"，就是根據其功能（"開門"）來命名的。例（2）可視爲該說法一個很好的注腳：如來令一比丘持"户排"去開門，他依令而行，"排入户内"，這個"排"字正是"打開"義，顯示了"户排"的作用。

這還可以從方言材料得到佐證。今溫州話把鑰匙稱爲"鎖匙開 $so^{45}zei^{31}k'e^{44}$"（北京大學 2005：190），把"開啟舊式鎖的鑰匙"稱爲"鎖匙劃"（游汝杰、楊乾明 1998：225）。類比可知，"劃""開"或當同義，"劃"也是打開的意思。這應是從其本義引申而來。《說文·刀部》："錐刀曰劃。"《慧琳音義》卷四三注引顧野王《玉篇》："劃，以刀頭破物也。"《文選·鮑照〈蕪城賦〉》："劃崇墉，刳濬洫。"劉良注："劃，開。"用刀具把整體的東西劃成部分叫"劃"，引申而下，把關閉的東西打開也可以叫"劃"。溫州話鎖鑰命名中的"開""劃"二字，當同爲言其功用。

參考文獻

北京大學．漢語方言詞彙．2版．北京：語文出版社，2005．

儲泰松．中古佛典翻譯中的"吴音"//佛典語言研究論集．合肥：安徽師範大學出版社，2014．

董志翹，陳文杰．讀李維琦先生《佛經續釋詞》．古漢語研究，1999（2）．

黄先義．中古佛經詞語選釋．台州師專學報，1997（4）．

蔣紹愚．近代漢語研究概要．北京：北京大學出版社，2005．

李榮．現代漢語方言大詞典．南京：江蘇教育出版社，2002．

李維琦. 佛經續釋詞. 長沙：岳麓書社，1993.

李維琦. 佛經詞語彙釋. 長沙：湖南師範大學出版社，2004.

羅杰瑞，柯蔚南. 漢語歷史語言學研究的新方法. 朱慶之，譯. 張永言，校//漢語史研究集刊：第一輯. 成都：巴蜀書社，1998.

馬由.《長阿含經》釋詞. 古漢語研究，1992 (4).

蒲立本.《切韻》和《韻鏡》：漢語歷史語言學的主要依據. 劉愛菊，譯//漢語史研究集刊：第五輯. 成都：巴蜀書社，2002.

王力. 漢語史稿. 北京：商務印書館，1980.

王力. 理想的字典//王力文集：第十九卷. 濟南：山東教育出版社，1990.

王力. 新訓詁學//王力文集：第十九卷. 濟南：山東教育出版社，1990.

王雲路. 中古漢語詞彙史. 北京：商務印書館，2010.

許寶華，宮田一郎. 漢語方言大詞典. 北京：中華書局，1999.

楊黛. 佛經詞語隨劄. 古漢語研究，1998 (2).

游汝杰，楊乾明. 溫州方言詞典. 南京：江蘇教育出版社，1998.

張永言. 詞彙學簡論. 上海：復旦大學出版社，2016.

周一良. 論佛典翻譯文學//周一良集：第三卷. 瀋陽：遼寧教育出版社，1998.

朱慶之. 佛典與中古漢語詞彙研究. 臺北：文津出版社，1992.

朱慶之，梅維恒. 荻原雲來《漢譯對照梵和大辭典》漢譯詞索引. 成都：巴蜀書社，2004.

Some Examples about Values of Dialect on Word Study of Buddhist Sutras

Chen Wenjie

Abstract: Chinese dialect is one of the best evidences to study Chinese history. Using dialect is an old tradition of linguistic research in China. Here are some examples in which dialect help us to study the Buddhist sutra words. Dialect can prove and replenish the meaning of word, reveal the heritage of word, correct the pronunciation of word, and explain the inner form of word.

Keywords: words in Buddhist sutra; dialect; meaning; pronunciation; inner form

（陳文杰，南京大學文學院）

根本說一切有部律典梵漢詞語例釋*

陳　明

提　要： 本文以梵漢對勘的方法，選擇唐代義淨翻譯的根本說一切有部律典中的“矯心”等十個詞語進行解釋，旨在加深對中古律典詞語的理解，並為編輯中古佛經詞語詞典提供實證的語料。

關鍵詞： 根本說一切有部律典；梵漢對勘；矯心

根本說一切有部系列律典出自唐代求法高僧義淨法師主持的譯場。這批律典中的《根本說一切有部毘奈耶雜事》、《根本說一切有部毘奈耶破僧事》（以下簡稱［僧］或《破僧事》）等經文可與吉爾吉特出土的梵本相對應（Sitansusekhar Bagchi 1967），其梵漢文本的語料價值已為學界所認可。有關義淨譯本的詞語研究日漸增多，對理解中古漢語詞彙提供了有益的幫助（如王紹峰 2004；譚代龍 2008，2013）。本文從梵漢本根本說一切有部系列律典中選擇十例，以梵漢對勘的方法進行分析，揭示相關詞語的涵義，為編輯中古佛經詞語詞典提供實證的語料。

一、矯心：不誠實的心、欺詐的意圖，梵語śāṭhya-samudācāra-

例 1 ［僧］後於一時，其女負酪，忽設矯心，遂報母曰：“我欲見風，願母持酪，且漸前行。”（T24/p. 162b①）

［梵］tayor duhitā śāṭhyasamudācārajātā mātāṛjukā; duhitā kathayati: amba gṛhāṇa tāvan mathitaghaṭam, prasrāvaṃkaromi iti.（Raniero Gnoli 1977—1978，Vol. ii，p. 4②）

---

* 本文為 2016 年度教育部人文社會科學重點研究基地重大項目“中國與南亞的文學與文化交流研究”(16JJD750002) 成果之一。

① T24/p. 162b，表示《大正新修大藏經》第 24 冊，第 162 頁中欄。下同，不一一出注。

② 本文所引梵本《破僧事》的例句，均出自此書，以下僅列出卷次和頁碼，不再一一出注。

例 2 《根本說一切有部毘奈耶雜事》卷三十四："時金剛手神於其頂上擬金剛杵，放大火光，流焰輝赫，告言：'摩納婆！佛三問時，汝作矯心不應答者，我即以杵碎破汝頭而為七分。'"（T24/p. 379b）

例 1 中的"忽設矯心"對應梵本中的śāṭhyasamudācārajātā，其原意為"產生了不誠實的、欺詐的意圖"。śāṭhya-的意思是"邪惡、欺騙、詭計、欺詐、不誠實"。samudācāra-的意思是"意圖、目的、設計、動機"。jātā-的意思是"產生"，相當於漢譯本中的"設"。"矯心"就是śāṭhya-samudācāra-（欺詐的意圖）的對譯。

二、能治醫王：佛教僧團醫王的名字，常譯作"耆婆"，梵名 Jīvaka

例 1 ［僧］具壽阿難陀報曰："我為聽佛法故，假令割截我身碎如油麻，都不覺痛。"是時能治醫王，見斯事已，生希有心。（T24/p. 165c）

［梵］āyuṣmān ānandaḥ kathayati：yadi mama śarīraṃtilaśaś chinnam abhaviṣyat tathāpi mayā na parijñātam abhaviṣyad bhagavato dharmaṃdeśayato dharmānvayaprasādāvarjitasantatinā；jīvakaḥ paraṃvismayam āpannaḥ.（Vol. ⅰ，p. 54）

"能治醫王"就是梵本中的 Jīvaka，他是與佛陀同時代的僧團中的著名醫生，有醫王之稱。Jīvaka 的意思是"活著的、能活的"，因此，被譯為"能治"，而該名字的音譯有多種，如耆婆、耆域、侍縛迦等①。

三、隱腹：指在腹中隱藏起來，梵語表達形式為 layaṃgataḥ

例 1 ［僧］若彼菩薩踰城出外，當爾之時，耶輸陀羅即便有娠。菩薩六年苦行，耶輸陀羅於王宮中亦修苦行。由是因緣，胎便隱腹。（T24/p. 158c）

［梵］yam eva divasaṃ bodhisatvo nirgatas tam eva divasaṃ yaśodharā āpannasatvā saṃvṛttā；yadā bodhisatvo duṣkarāṇi carati tadāntaḥpuram api duṣkaraṃ caritum ārabdhaṃ；yaśodharāyāḥ sa garbho layaṃgataḥ；（Vol. ⅱ，p. 30）

"隱腹"是義淨譯經中的獨特譯語，僅見此處。例 1 中的"胎便隱腹"對應梵本中的 sa garbho layaṃgataḥ，意即"此胎兒就（在腹中）隱藏起來了"。梵本中的 garbho 是陽性名詞 garbha-（胎藏、胎兒）的主格、單數形式。layaṃ是陽性名詞 laya-（消失、隱藏、依附）的業格、單數形式。gataḥ是動詞√gam-（走、去、位

① 有關 Jīvaka 的不同譯名，參見陳明 2016：685—698。

於、變成）的過去被動分詞的主格、單數形式。“隱腹”就是layaṃ gataḥ的意譯，相當於“隱於腹”的意思。

四、私涉：私通，梵語動詞√vi-abhi-car-，指男女方面的情事

例 1 ［僧］釋氏聞已笑而譏曰：“菩薩出家極修苦行，汝於宮內私涉餘人，致使懷娠，腹便增大。”耶輸陀羅聞而誓曰：“我無此過。”(T24/p. 158c)

［梵］ sā śākyaiḥ saparihāsam ucyate：tva ṃ bodhisatve tapovana ṃ gate vyabhicaritā iti；sā kathayati：śāntampāpaṃ，nāhaṃvyabhicarāmi；（Vol. ⅱ，p. 31）

“私涉”是義淨譯經中的獨特譯語，僅見此處。例 1 中的“私涉”對應梵本中的 vyabhicaritā，原意即“以非友好的方式行動”。vyabhicaritā 是動詞√vi-abhi-car-的過去被動分詞的陰性主格、單數形式。√vi-abhi-car-用在此處實際是指男女方面的情事，因此，義淨用“私涉”一詞來對譯。

與“私涉”一詞相近的詞是“交密/交通”（親密的關係，多指男女私情或不正當的男女關係）。其譯語如下：

例 1 《根本說一切有部毘奈耶》卷十六：“是時家主共行交密，便即有娠。時婆羅門婦既自審察，知夫與婢竊有交通，即於婢所鞭打楚毒，特異常時，弊衣麁食不充身口。”(T23/p. 708c)

例 1 中的“竊有交通”是指私下底有不正當的男女關係。

例 2 《根本說一切有部毘奈耶》卷十七：“時密護有婦名曰笈多，顏貌端嚴，人所樂見。是時鄔陀夷便與笈多共行非法。時彼密護聞婦與鄔陀夷私有交密，便作是念：‘此二惡人當斷其命。’”(T23/p. 716b)

例 2 中的“私有交密”也是指私下底有不正當的男女關係，這與該句中的“共行非法”正可印證。

例 3 《根本說一切有部毘奈耶》卷十七：“時勝光王即令使者命鄔陀夷至，便告之曰：‘鄔陀夷！我實不知卿與笈多先有交密，今以笈多與卿為婦，宅及財物亦並相供。’”(T23/p. 716c)

例 3 中的“交密”意思是感情比較密切。

例 4 《根本說一切有部毘奈耶雜事》卷二十八：“各說頌已，更復評論，得意相通，便為妻室，既為交密，情無間然。”(T24/p. 342b)

例 4 中的“交密”意思是已經做了關係密切的伴侶。

例 5 《根本說一切有部毘奈耶雜事》卷三十："時彼主人長者號曰名稱，見唱：'善來!'歡懷命坐，因即相知，共為交密。"（T24/p. 352b）（參栗學英 2015：27—29）

例 5 中的"交密"意思是成為感情比較密切的朋友。

綜合以上例句，"交通"常指不正當的男女關係；"交密"除這一含義之外，還可指一般感情密切的朋友關係。

五、床桄：床脚，梵名 aṅgaṇika

例 1 ［僧］爾時親教床上轉動，當即床桄忽折。（T24/p. 173a）

［梵］tasya saṃparivartamānasya khaṭvāyā aṅgaṇikā bhagnā；（Vol. ⅱ，p. 87）

例 1 中的"床桄忽折"對應梵本中的aṅgaṇikā bhagnā，意思是"床腳折斷了"。"床桄"就是 aṅgaṇikā 的對譯。其原意是"床腳"。

例 2 ［僧］聞床桄折聲，摩納婆自起，作如是念："親教床桄摧折，臥不安隱。我於床下脊替床桄，不令墮地。"（T24/p. 173a）

［梵］māṇavaḥ śrutvā pratibuddhaḥ；sa saṃlakṣayati：upādhyāyaḥ duḥkhaṃśayiṣyate；yannv aham aṅgaṇikāyāṃ pṛṣṭhaṃ datvā avasthitaḥ；（Vol. ⅱ，p. 87）

例 2 中的"聞床桄折聲"對應梵本中的śrutvā，śrutvā只是動詞"聽聞"的意思，可見"床桄折"是根據語意而添加的。

例 3 《十誦律》卷三十四："諸比丘取軟木作床桄、床簀，故隱身苦惱，是事白佛。佛言：'聽作褥。'"（T23/p. 243b）

希麟《續一切經音義》卷九音釋《破僧事》卷十四中的"牀橫"一詞："牀橫：上士莊反。《考聲》云：牀，榻也。又作床，俗字，通用也。《說文》云：從木，爿聲。爿音牆。下古皇反。《字書》云：牀，橫也。謂橫木也。律文作桄，謂桄榔木名也。今俗亦用為床，桄字也。"（徐時儀 2012：2324）又，可洪《新集藏經音義隨函錄》卷十六云："繩床：助疘反。正作床、牀二形。"① 值得注意的是，希麟所謂"律文作桄"，這說明他所見到的《破僧事》抄本中應是"牀桄"二字，而他將此詞條設定為"牀橫"二字，有更改原抄本的嫌疑。他將"牀橫"解釋為床之橫木，亦非確解。

---

① 有關可洪《新集藏經音義隨函錄》的研究，參見鄭賢章 2007。

六、懊聲：擬聲詞，梵語 hum

例 1 ［僧］爾時提婆達多遂出懊聲，點頭三迴，便起而去。是時阿難陀在佛左右，搖扇而立。（T24/p. 169c）

［梵］atha devadatto hum iti kṛtvā triḥ śiraḥ kampayitva bhagavato antikāt prakrāntaḥ. tena khalu samayena āyuṣmān ānando bhagavataḥ pṛṣṭhataḥ sthito 'bhūd vyajanaṃgṛhītvā ca bhagavantaṃ vījayamānaḥ；（Vol. ⅱ，p. 75）

"懊聲"是義淨譯本中的獨特譯語，僅見此處。例 1 中的"遂出懊聲"相當於梵本中的 hum iti kṛtvā，意思即"發出懊的聲音"。"懊"就是 hum 的音譯。

七、針決：用針劃開，梵語動詞√paṭ-，破碎、分裂

例 1 ［僧］佛說法已，侍縛迦白世尊曰："我於聽法坐中治阿難陀瘡，割截針決，阿難陀以聽法故，皆不覺知。"（T24/p. 165c）

［梵］tatra paryavasite dharme jīvakaḥ kathayati：bhagavan mayā aryānandasyātraiva niṣaṇṇasya piṭakaḥ pācitaḥ pāṭito rohitaś ca；（Vol. ⅱ，p. 54）

例 1 中的"割截針決"，意思是用針割截開成熟的瘡，相當於梵本中的pāṭito。pāṭito是動詞√paṭ-（破碎、分裂）的過去被動分詞的主格、單數形式。所以，"針決"就是pāṭita的對譯。又，"侍縛迦"，人名，是 jīvaka 的音譯，參見前文。

例 2 《根本薩婆多部律攝》卷三："捺未熟癰死，便麁罪；熟者，無犯。以刀以針決開非過，先不善醫不應針刺。"（T24/p. 538c）

從上引的兩個例子來看，漢譯本中均用了"針"字。雖然從漢文本的語境來推測，這與類似中醫的用針有關，但從梵本中，我們卻無法推測出這一點。湯用彤先生（2000：20—22）早在《談一點佛書的〈音義〉——讀書札記》一文中就注意到了漢譯佛經與佛經音義著作中的"針灸"之類的譯法，實際上在印度古代並無中醫那樣的針灸用法。因此，在研究中國醫學史或中印文化交流史時，需要注意到這一點，而不宜輕易憑藉漢譯佛經中的某些譯名，就去肯定其為中國文化影響印度的證據。

八、纏頭賞位：一種灌頂儀軌的名稱，梵語paṭṭabandha，"包裹頭巾"

例 1 ［僧］作是念已，占事人奏曰："明日阿難陀應合得纏頭賞位及灌頂位。"（T24/p. 166b）

［梵］sa caivaṃkarmavipākāvarjitamatis tiṣṭhati；naimittikena ca vyākṛtam āryānandasya paṭṭabandho bhaviṣyati iti；（Vol. ii，p. 38）

例 1 中的“纏頭賞位”對應梵本中的paṭṭabandha，paṭṭa是陽性名詞，“頭巾”“纏頭布”。bandha 來自動詞√bandh-（纏繞、包裹、束縛、連接、捆綁），是具有分詞意義的陽性名詞。paṭṭabandha是一個依主釋複合詞，指一種灌頂儀式，即“纏頭賞位”。例 1 中的“灌頂位”就是重複指“纏頭賞位”。二者之間的聯繫在其他佛經中也有說明。不空譯《金剛頂一切如來真實攝大乘現證大教王經》卷下《金剛界大曼荼羅廣大儀軌品》云：“從自心起金剛寶印，安於灌頂處，以勝指自灌頂，分手纏頭繫鬘。”（T18/p. 223a）北宋施護譯《佛說一切如來真實攝大乘現證三昧大教王經》卷六云：“然後從自心起結金剛寶印，安自灌頂處。以二頭指作灌頂相，分手纏頭，復作繫鬘。”（T18/p. 358c）

九、占事/占事人：占卜師、預告未來的人，梵名 naimittika

例 1 ［僧］（1）是時國王召諸占事問言：“何故天不降雨？”

（2）占事答曰：“仙人瞋故天不下雨。”

（3）王問占事：“作何方計天下甘雨百姓豐樂？”

（4）占事報言：“若也敗仙戒行修道，天即甘雨。若不敗仙令犯戒行，十二年中天終不雨。”（T24/p. 161b）

［梵］（1）rajñā naimittikā āhūya pṛṣṭāḥ：bhavantaḥ kasyānubhāvād devo na varṣati iti；

（2）te kathayanti：deva riṣiprakopād yady ayaṃriṣis tasmāt tapasaḥ cālayituṃ śakyeta，evaṃ devo varṣati，anyathā na iti；

（3）rājā cintāparo vyavasthitaḥ；antaḥpurāmātyakumārair ucyate：deva kimarthaṃ cintāparaḥ? sa kathayati：riṣiprakopād devo na varṣayati；

（4）naimittikāś caivaṃ kathayanti，yady asau riṣis tasmāt tapasaś cālyate evaṃdevo varṣayati；anyathā na；tan na vijñāyate：kas taṃśaknoti tasmāt tapaśaś cālayitum iti；（Vol. ii，p. 38）

例 1 中的“諸占事”就是梵本中 naimittikā 一詞的對譯。《梵英詞典》（*A Sanskrit-English Dictionary*）中，與 naimittikā 相關的陽性名詞 naimitta 一詞，意思為“占卜師、預言者”（Monier Monier-Williams 1988：570）。而《梵英詞典》並未列出 naimittika 的全部意思。因此，根據此例，可以將 naimittika 的另一個義項“占卜師”，補充到《梵英詞典》中。例 1 中的三處“占事”只有最後的一個在梵本中有相應的詞語naimittikāś。

例 2：［僧］作是念已，占事人奏曰：“明日阿難陀應合得纏頭賞位及灌頂

位。”（T24/p. 166b）

［梵］sa caivaṃ karmavipākāvarjitamatis tiṣṭhati；naimittikena ca vyākṛtam āryānandasya paṭṭabandho bhaviṣyati iti；（Vol. ii，p. 38）

例 2 中的“占事人”也是梵本 naimittikena 的對譯，naimittikena 是 naimittika-的具格、單數形式。

十、艷女/倡艷女/婇女/美人：漂亮的女人，梵語 strī，“女人”“女性”

例 1 ［僧］諸艷女等見斯事已，皆於佛前倒地，如斧斫樹，頂禮佛足在一面坐。（T24/p. 161a）

［梵］atha tāḥ striyo bhagavata ṛddhiprātihāryaṃ dṛṣṭvā āvarjitā mūlanikṛntā iva drumā bhagavataḥ pādayor nipatya purastān niṣaṇṇāḥ dharmaśravaṇāya；（Vol. ii，p. 37）

例 1 中的“諸艷女等”對應梵本中的tāḥ striyo，意即“那些女人們”。striyo 是梵語陰性名詞 strī-（女人）的主格、複數形式。可見，“艷女”就是 strī-（女人）的對譯。strī-僅具有性別意義，並沒有包含“艷”之類的屬性。

例 2 《根本說一切有部苾芻尼毘奈耶》卷二：“是時妙賢空中對曰：‘我非天龍神鬼等，但是大師聲聞眾中妙賢苾芻尼。’時王聞已，以頌答曰：

現無法衣并應器，容狀復不似尼形；

相貌既同倡艷女，法俗相違當為說。（T23/pp. 912c—913a）

“艷女”是義淨的獨特譯語，僅見上引兩例。

例 3 ［僧］時耶輸陀羅等三夫人，與六萬婇女，作諸音樂倡伎歌舞，整理衣服蠱媚妖艷，在世尊前止，欲令染著。（T24/p. 160c）

［梵］tato yaśodharāmṛgajāgopikāpramukhāni ṣaṣṭistrīsahasrāṇi rūpa-yauvana-vibhrama-āśā-khedā-kula-vilasita-calita-śithila-mekhalākalāpanisvanair hasita-madhura-gīta-madhu-netra-bhrū-vikāra-utkaṃpana- payodhara-udara-darśana-aṃga-vispaṣṭa-ceṣṭitair bhāvaṃ darśayām āsuḥ；（Vol. ⅱ，p. 36）

例 3 中的“六萬婇女”對應梵本中的ṣaṣṭistrīsahasrāṇi，原意為“六萬女人”。“婇女”是梵語陰性名詞 strī-（女人）的對譯，可見，作為形容詞的“婇”字，是漢譯時的添加。

例 4 ［僧］爾時耶輸陀羅作是念：“羅怙羅父若入宮時，我應設諸方便，承事供養，令不出宮。”作是念已，耶輸陀羅與喬比迦、彌離迦遮等六萬美人，各各嚴飾種種莊具，熏種種妙香，皆悉辦訖。（T24/p. 160c）

［梵］ yaśodharā saṃlakṣayati：yadi rāhulasya pitā antaḥpuraṃ praviśati tathāivānucaritavyo yathā na bhūyo nirgacchati iti；tata ātmānam ādau kṛtvā gopikāmṛgajāpramukhāni ṣaṣṭistrīsahasrāṇi nānāvidhālaṃkārair alaṃkṛtāni surabhimālyadhūpavastrair vibhūṣitāni；（Vol. ⅱ，p. 36）

例 4 中的“六萬美人”亦對應梵本中的 ṣaṣṭistrīsahasrāṇi，原意為“六萬女人”。“美人”也是梵語陰性名詞 strī-（女人）的對譯。

從上引的語料來看，“艷女”（“倡艷女”）、“婇女”、“美人”都是 strī-（女人）的對譯，這些漢語詞彙中作為形容詞的那些成分（艷、倡艷、婇、美）都是漢譯時的添加，因此，漢語詞彙中的那些表示感情色彩的語素或許並不是梵語詞語原本所具有的，往往是譯者（和譯場的參與者們）根據漢譯本的語境需要而添加的，其目的或許是為了使該詞與普通的稱呼相區隔。

又，例 3 中的“耶輸陀羅等三夫人”，所對應的梵本詞語為yaśodharā-mṛgajā-gopikā-pramukhāni，原意即“以耶輸陀羅（Yaśodharā）、彌離迦遮（Mṛgajā）、喬比迦（Gopikā）為首的”，漢譯本中以“三夫人”涵蓋了另外兩位夫人的名字。例 4中則譯出了Mṛgajā（彌離迦遮）和 Gopikā（喬比迦）兩人的名字。對於類似“等三夫人”這樣的省略譯法，如果沒有梵本的對勘，就不太容易確認，很可能會以為梵本中本就是省略的形式。因此，在有梵本語料的情況下，要儘可能加以利用，而不單單依靠漢譯佛經這一單方面的語料。當然，也不要隨便輕視漢譯佛經的語料價值。梵漢對勘也不是萬能的，對其作用不宜誇大，對梵漢語料採取二者並重的態度比較妥當。

簡言之，梵漢本根本說一切有部律典的內容非常豐富，具有重要的語料價值，在梵漢對勘的基礎上進行研究，可以加深對律典以及中古漢語詞彙的認知。

參考文獻

Bagchi，Sitansusekhar. *Mūlasarvāstivādavinayavastu: Buddhist Sanskrit Text No. 16*. 2 vols. Darbhanga：The Mithila Institute of Post-graduate Studies and Research in Sanskrit Learning，1967.

Gnoli，Raniero. *The Gilgit Manuscript of the Saṅghabhedavastu: Being the 17th and Last Section of the Vinaya of Mūlasarvāstivādin*，Part Ⅰ，Part Ⅱ，Rome：Instituto Italiano par il Medio ed Estremo Oriente，1977—1978.

Monier-Williams，Monier. *A Sanskrit-English Dictionary*. Reprint. Oxford：Oxford University Press，1988.

陳明. 臺北“故宮博物院”藏《耆婆五臟經》初探∥鄭煒明. 饒學與華學：第二屆饒宗頤與華學暨香港大學饒宗頤學術館成立十周年慶典國際學術研討會論文集：下. 上海：上海辭書

出版社，2016.

栗學英. 義淨譯經詞彙研究對辭書編撰的意義. 文教資料. 2015 (21).

譚代龍. 義淨譯經身體運動概念場詞彙系統及其演變研究. 北京：語文出版社，2008.

譚代龍. 佛教漢語詞彙系統的結構及其形成. 成都：西南交通大學出版社，2013.

湯用彤. 談一點佛書的《音義》：讀書札記//湯用彤全集：第七卷. 石家莊：河北人民出版社，2000.

王紹峰. 初唐佛典詞彙研究. 合肥：安徽教育出版社，2004.

徐時儀. 一切經音義三種校本合刊（修訂本）：第三冊. 上海：上海古籍出版社，2012.

鄭賢章.《新集藏經音義隨函錄》研究. 長沙：湖南師範大學出版社，2007.

On Some Words in the Sanskrit-Chinese Mūlasarvāstivādin Vinaya-vastus

Chen Ming

Abstract: By the use of the Sanskrit-Chinese comparative collation, the author of this article chooses and studies ten words such as *Jiao-xin* (矯心) from the Chinese version of Mūlasarvāstivādin Vinaya-vastus which was translated by Yijing in Tang Dynasty. The aim of this article is not only to help us deepen our understanding of Chinese vinaya texts, but also to collect new evidence-based language materials so as to edit a dictionary of Buddhist canon in medieval China.

Keywords: Mūlasarvāstivādin Vinaya-vastus; Sanskrit-Chinese comparative collation

（陳明，北京大學東方文學研究中心、北京大學南亞學系）

敦煌寫本《開蒙要訓》字詞補釋*

高天霞

提　要：《開蒙要訓》是發現于敦煌藏經洞的我國古代的一種蒙書。此書自發現以來，已有多位學者對其進行了研究，其中寫本校録方面高水平者當屬張涌泉、張新朋二家。然就其中“犳勬壯健”“胭脂靨黛”“曹府恐竅”“鞅鞁韝韉”諸句的校理而言，仍有進一步補充的必要。

關鍵詞：敦煌寫本；《開蒙要訓》；字詞

《開蒙要訓》是我國古代童蒙讀物之一，此書後世不傳，幸賴敦煌藏經洞為我們保存了許多唐五代的寫本，使得千載之後的我們得以一窺其全貌。自敦煌寫本《開蒙要訓》面世以來，已有諸多學者對其進行了研究。就寫卷的校録來說，發端于劉復的《敦煌掇瑣》，集大成者乃張涌泉主編審訂的《敦煌經部文獻合集》第八册《小學類字書之屬·開蒙要訓》（以下簡稱《合集》）以及張新朋的《敦煌寫本〈開蒙要訓〉研究》。此二家遍檢現已公佈的敦煌文獻，共發現《開蒙要訓》寫卷79件。他們在廣泛搜羅、細緻比勘的基礎上，以P.2578號寫本為底卷（為了表述的方便，本文亦作此稱），以其他寫卷為參校本，對《開蒙要訓》進行了詳細的校録，其中發前人所未發、正前人之疏失者不在一二，總體校録質量堪稱“集大成，高水平”。然仔細研讀，愚以為就“犳勬壯健”“胭脂靨黛”“曹府恐竅”“鞅鞁韝韉”諸句的校理而言，仍有進一步補充的必要。

一、“犳勬壯健”

“貧賤富貴，奴婢使令。犳勬壯健，運輦提擎”是《開蒙要訓》中有關使令奴婢的兩句，底卷分别於“犳、勬”二字下用直音法注音“討、巢”。張新朋（2013：

* 基金項目：本文為河西學院自列課題“敦煌蒙書語詞彙考”（編號 ZL2016001）的部分成果。

189）校記［五七］說："'牞'字戊卷（P. 3054）作'勒'，丁、壬二卷右半從'刀'，S. 5584 號作'勒'①，P. 2717A 及綴二作'物'，綴六作'助'，蓋皆形誤字；《課本》（引者注：指《敦煌古代兒童課本》）以'勒'字為是，恐不可從。……按：S. 2071 號《箋注切韻本・尤韻》居求反：'牞，大力。'又，肴韻鋤肴反：'勦，輕捷。''牞勦'、'壯健'蓋近義連文。又，'牞'字與'討'字（《廣韻・晧韻》音他浩切）讀音迥異，注音字'討'字當誤。"該校記對"牞勦壯健"諸字在各種寫卷中的形體作了細密的對比，所得結論可從；然對於底卷之"牞"字為何音"討"、"牞"字在他卷上為何寫作"勒"這兩個問題沒有深究，不免遺憾。兹略作補充。

底卷"牞"的直音字"討"蓋為"糾"字之形訛。《玉篇・牛部》："牞，居求切，牛大力。"S. 2071 號《箋注本切韻・尤韻》："牞，居求反，大力。"到《廣韻》和《集韻》中字形變成了"㔃"。《廣韻・尤韻》居求切："㔃，大力。"《集韻》居尤切："㔃，絕力。"所以胡吉宣《玉篇校釋》（1989：4519）曰："《切韻》'牞，大力'，《廣韻》《集韻》字徑作'㔃'……字變從力丩聲。"可見就字形看，"牞"本義為牛大力，泛指有力，會意字，音居求切，後來俗寫成了形聲字"㔃"，故《廣韻》《集韻》有"㔃"而無"牞"。"牞"讀"居求切"，屬見母尤韻平聲；"糾"《集韻》有"居虯切"一音，屬見母幽韻平聲，而據邵榮芬（1997：267）研究，在唐代西北語音中"尤幽肯定已經合併"。② 既然如此，那麼"牞"的直音字就有可能是"糾"。《正字通》卷六"牛部"："牞，俗字，舊注音糾，牛大力。"即是明證。"糾"又與"討"形近，故底卷訛成了以"討"注"牞"。

"牞勦壯健"的"牞"在有的卷子上寫作"勒"的原因，大約有如下兩種。

其一，"勒"是"牞"的同音誤字。據諸書記載，"牞"除"居求切"一音外，還可以讀作"勒"。清吳任臣輯《字彙補・牛部》："牞，又盧物切，音勒。《世本》：國名，商之後也。《路史》作朸。"宋羅泌《路史》卷二十七"國名紀四"："朸，漢平原有朸縣，音勒（內注：《世本》牞），劉辟疆為侯國者。"可見，"牞"古有二音二義：讀作"居求反"指"大力"，讀作"勒"指國名。S. 5464 號《開蒙要訓》的抄寫者於"牞勦"處用的是"大力"之義，但讀成了"勒"，於是寫卷上就出現了"勒勦"這種寫法。

其二，"勒"是"勦"的形訛。正如張新朋所說，底卷"牞勦壯健"在 P. 3054 中作"勦勦壯健"。"牞勦"與"勦勦"之間是近義詞替換的關係，"牞勦"指有力

① 按："S. 5584 號"當為"S. 5464 號"之誤。查相關彩色圖版，S. 5584 與底卷同，作"牞勦壯健"，而 S. 5464 作"勒勦壯健"。

② 羅常培（1961）曾對《開蒙要訓》的語音有過系統研究，但或許是因為寫卷"牞"的注音字作"討"明顯有誤，故對該條未予討論。

而輕捷，“勤勦”指勤快而輕捷，二者都可以與“壯健”搭配，共同形容奴婢。而在敦煌寫卷中“勤”又與“勒”形近，容易混淆，如S.4642《發願文範本等》“殷斯勤斯”之“勤”作“勤”；P.2717《碎金》“揎捋：音宣，勒木反”的“勒”作“勒”，二者極其相似。因此，S.5464號上的“勒勦壯健”可能是“勤勦壯健”的訛誤，它與底卷“牣勦壯健”之間的聯繫可以表示如下：牣→（同義詞替換）→勤→（形近訛誤）→勒。

此外，張新朋校記還提到：“‘牣勦’、‘壯健’蓋近義連文。”此言甚是。“牣勦”謂有力輕捷，“壯健”謂壯碩有力，文獻還有“勦健”連言者，指輕捷壯健。如後秦弗若多羅等譯《十誦律》卷四十：“是中有比丘尼，名修目佉，勦健多力，出婆羅門家。”

二、“胭脂靨黛”

“妝奩鏡匣，脂粉薰澤。𥻨（胭）粨（脂）𤸷（靨）黛，梳𨥁（枇）釵只”是《開蒙要訓》中與梳妝打扮有關的幾句，底卷於“靨”字下注音“㾜”（即“厭”的俗寫）。張新朋（2013：204）校記［一〇七］說“𤸷”字“辛卷即作‘靨’；乙、丁、庚及羽29R號作‘㾜’，厭的俗寫；‘靨’、‘厭’皆‘黶’的借字，丙卷正作‘黶’”。《合集》校記［一〇六］亦持此說（張涌泉 2008：4069）。愚以為此說不確，據上下文語境判斷，底卷之“𤸷”當校作“靨”，而不是“黶”。

“靨”與粉黛胭脂同類，皆屬婦女的妝品，或稱“靨子”。《玉台新詠序》：“南都石黛，最發雙蛾。北地燕脂，偏開兩靨。”唐孫光憲《浣溪沙》：“膩粉半粘金靨子，殘香猶暖繡熏籠。”皆是其例。孫機（2001：239）說：“漢魏以來，原有在頰上點赤點的作法，當時將這種赤點叫‘旳’。《釋名・釋首飾》：‘以丹注面曰旳；旳，灼也。’旳字後來訛作‘的’。漢繁欽《弭愁賦》：‘點圓的之熒熒，映雙輔而相望。’……是點妝靨之傳統實由來已久。”

“黶”則指的是面上或身上類似于痣的黑點。《廣韻・琰韻》：“黶，於琰切，面有黑子。”

由於“靨”與“黶”字形接近且其物皆如點狀，文獻有“靨”與“黶”相亂者。慧琳《一切經音義》卷六十一《根本說一切有部毘奈耶律》第四十卷：“靨處，上一琰反。《韻英》云‘身上黑子’，或有朱靨，赤如朱點，貴相也。”（徐時儀 2008：1592）讀作“一琰反”且詞義是“身上黑子”者乃“黶”，而非“靨”，慧琳顯然混淆了二者。不過敦煌本《俗務要名林》對此二詞分別甚明：“靨子”在P.5001號的《女服部》，音烏協反，與“妝奩、鴨黃、胭脂、胡粉”等詞語同列；“黶”在S.617號的《疾病部》，釋義為“面上有黑子”。

《開蒙要訓》底卷之“𤻮”與“脂粉、胭脂、黛”等婦女妝品列在一起，故當校作“靨”。張校之所以將底卷之“𤻮”校作“黶”，大概是受了注音字“㕒（厭）”的影響，因為據《廣韻》，“黶”和“厭”都有“於琰切”之音。現在看來，既然底卷的“𤻮”不當校作“黶”，那麼其注音字“㕒（厭）”也就屬於誤注了，這說明《開蒙要訓》的編者或底卷的抄寫者亦將“𤻮（靨）”誤讀成了“黶”。

三、“曹府恐竅”

“訴辭辯牒，曹府恐竅”是《開蒙要訓》中與官司訴訟相關的一句，底卷“竅”字下注有一直音字“墼”。張新朋（2013：221）校記［一八三］曰：“‘恐’字底卷及乙、丙、丁等八卷右上部作‘口’形，俗寫；癸卷作上‘宀’下‘躬’形，‘窮’字俗寫，庚、壬卷及羽29R號即作‘窮’；P.3102號存下端‘躬’字殘畫，則原字當亦是‘窮’字；‘恐’與‘窮’未知孰是。‘竅’字己、庚、壬、辛卷及P.3102號同，乙、丁卷‘穴’下左半作‘舟’，俗訛字；《羅書》、《匯考》校作‘覈’，據底卷之注音字‘墼’來看，二家校字近是（‘覈’、‘墼’《廣韻·錫韻》皆有古歷切一讀），然‘覈’字《廣韻》釋之為‘揚皃’，費解；丙、戊卷及綴八作‘嚇’，則當以‘恐嚇’為詞。”簡言之，張校指出底卷之“恐竅”，他卷有作“恐嚇”者，有作“窮竅”者，張校以為“窮竅”費解，當以“恐嚇”為是。

“曹府恐嚇”于文意確實通順，然“恐嚇”二字底卷何以作“恐竅”？他卷又何以有作“窮竅”者？“竅”字《廣韻》苦吊切，“墼”字《廣韻》古歷切，二字讀音各異，底卷為何以“墼”為“竅”注音？對這些問題，前校並沒有作出交代。

羅常培《唐五代西北方音》認為P.2578《開蒙要訓》“曹府恐竅”之“竅”字當校作“覈”，他（1961：90）說：“覈，原作‘竅’，今據同音互注例正之。”張金泉（1996：540）亦持此說，曰：“‘竅’同‘覈’，《廣韻·錫韻》‘覈，揚貌。古歷切。’”底卷用以給“竅”注音的直音字“墼”的《廣韻》音正乃“古曆切”，故校“竅”為“覈”後，與注音字“墼”就密合了。又《開蒙要訓》是韻文，底卷“竅”字所處的位置恰好是韻腳，與“竅”字一起押韻的其他韻腳還有“索”“責”“摑”“搦”等入聲字，而“竅”字在去聲嘯韻，顯然於韻不合。校“竅”為“覈”後，問題就解決了：“覈”在入聲錫韻，於韻正合。因此，上揭諸家校“竅”為“覈”，主要是從讀音上考慮的。不過正如張校所言，“覈”之本意為“揚貌”，與上“恐”字構成“恐覈”則不知所云。故底卷的“恐竅”不當校作“恐覈”。

底卷之“恐竅”，S.5464及S.705作“窮竅”。今遍檢諸書，並不見有“窮竅”一詞，但文獻有“窮覈”之用。如慧琳《一切經音義》卷九十一《續高僧傳》第四卷：“窮覈，下行革反，《韻詮》云：‘考求實事也，從襾（呀買反）敫（音藥）。’”

又如《北齊書·薛琡傳》："（薛琡）正光中，行洛陽令，部內肅然。有犯法者，未加拷掠，直以辭理窮覈，多得其情，於是豪猾畏威，事務簡靜。"這裏的"窮覈"皆為詳細覈驗、考求實事。《開蒙要訓》寫卷之"窮竅"與上引文獻之"窮覈"詞形極近，若將 S. 5464 及 S. 705 號《開蒙要訓》之"窮竅"校為"窮覈"，不僅字形上講得通，而且合乎韻腳、文意暢達。用韻上，"曹府窮竅"所在韻段押入聲麥、陌韻，而"覈"字恰好也是麥韻字。文意上，"覈"乃考求實事之義，"訴辭辯牒，曹府窮覈"意思是將訴訟牒狀呈送於官府後官府詳細核查實情。

若此說不誣，則《開蒙要訓》"訴辭辯牒"的下句就有可能是"曹府窮覈"。這樣，在《開蒙要訓》不同的寫本中就出現了"曹府窮覈"和"曹府恐嚇"兩種表述。我們該如何解釋這一現象？它們與底卷的"曹府恐竅"之間以及"竅"的注音字"墼"之間又是什麼關係呢？

"曹府窮覈"和"曹府恐嚇"之異可能是不同傳抄系統的反映。據張新朋（2013：62）根據寫卷特徵的研究，敦煌藏經洞發現的眾多《開蒙要訓》寫本及其殘片可分為 5 個傳抄體系，其中出現"窮竅（覈）"一詞的 S. 5464 及 S. 705 同屬於其"系統三"，它們與寫作"恐嚇"的丙卷（P. 2487）、戊卷（P. 3054）則不屬於同一系統。關於造成這種"義各有適的異文"的深層原因，黃征（2002：57）認為主要有二："一種是底本被傳抄後，有的句子被後人竄改；另一種是同一文章有兩種底本，或一本據另一本改寫而成。"假若"曹府窮覈"和"曹府恐嚇"之異的確是改詞的結果，那麼它就反映了抄手對底本所描述現象的不認同以及基於自己的重新理解而進行的詞語改換。

"曹府窮覈"和"曹府恐嚇"之異也可能是音近相混的結果。首先，"窮"與"恐"音近。"窮"《廣韻》渠弓切，群紐東韻；"恐"《廣韻》區用切，溪紐鐘韻。二者不但韻部極近，且據羅常培（1961：91）研究，《開蒙要訓》所反映的西北方音中"群""溪"不別。故"窮""恐"之間具有音近而混用的方音基礎。其次，"覈"與"嚇"音近。"覈"《廣韻》胡結切，入聲匣紐屑韻；"嚇"《廣韻》呼格切，入聲曉紐陌韻。而唐五代西北方音中"曉匣這兩母是不分的"（羅常培 1961：91）。故"覈""嚇"之間也存在音近而混用的方音基礎。兩種方音要素共同作用，"窮覈"就變成了"恐嚇"，或者說"恐嚇"就變成了"窮覈"。

至於底卷"曹府恐竅"之"恐竅"產生的原因，我們認為它是"窮覈"或"恐嚇"的形、音訛誤。假若底卷的抄寫者所依據的底本作"窮覈"，那麼從"窮覈"到"恐竅"的訛變關係是：窮覈→（"窮""恐"音近；"覈""竅"形近）→恐竅。假若底卷的抄寫者所依據的底本作"恐嚇"，那麼從"恐嚇"到"恐竅"的訛變關係是：恐嚇→（"嚇""覈"音近；"覈""竅"形近）→恐竅。

最後，底卷上為何用"墼"來給"恐竅"的"竅"注音？據我們分析，這與文字的誤書、誤讀有關。如上所論，“恐竅”的“竅”所對應的正字有可能是“覈”，於是正字“覈”首先被誤書成了“竅”。其次，“竅”與“竅”形近，於是誤書的“竅”字又被誤讀成了“竅”。再次，正如上文所引羅常培和張金泉所認為的那樣，“竅”字讀音又與“墼”同為“古歷切”，於是就用“墼”作了注音字。

綜上所述，敦煌寫本《開蒙要訓》底卷上令人費解的“曹府恐竅”，有可能如張校所言是“曹府恐嚇”的訛誤，也有可能如本文所論是“曹府窮覈”的訛誤。儘管目前我們尚無法確定哪一種表達才是其原初的樣貌，但通過論證，我們不僅依據異文提供了關於該句解讀的另一種可能，而且在辨析中理清了各種異文以及注音字與被注字之間在形音義上的關係。

四、“鞅鞃韝轓”

“釭鐗枕軸，鞅鞃韝轓”是《開蒙要訓》中關於車駕的一句，其中的“鞅鞃韝轓”，張新朋（2013：224）校記［一九二］曰：“‘鞃’字字書以為‘鞙’字或體，指‘大車縛軛’的皮帶，與‘鞅’（套在牛馬頸上的皮帶）為同類之物。……‘韝’字字書以為同‘韝’，指‘臂’衣，似與句意不合，存疑。……‘轓’當為‘楅’的換旁俗字。玄應《音義》卷二《大般涅盤經》第一卷‘轅楅’條下云：‘（楅）居責反，謂轅端頭曲木也。……經文從車作輻，傳寫誤也。’玄應所見《大般涅盤經》本的‘輻’正是‘楅’的換旁俗字，可以比勘。”張新朋對“鞅”“鞃”“轓”三字的校釋極精當，然“韝”字存疑，乃美中不足者也。

誠如張校所言，“韝”之義為臂衣。《玉篇·革部》：“韝，射韝，臂捍。”“韝”字用於《開蒙要訓》“釭鐗枕軸，鞅鞃韝轓”之語境中顯然於意不合。愚以為此處之“韝”當校作“軥”。儘管“軥”與“韝”在形體上有一定距離，然仍可溝通。

首先，“軥”與“韝”同音。《字彙·革部》曰：“韝，同韝。”《集韻》“韝”有“居候切”一讀，是“韝”字亦可音“居候切”。《集韻》“軥”字恰恰也讀“居候切”。

其次，“軥”與“韝”在形體上相關。在漢字中，義符相同而聲符分別為“句”“冓”的形聲字往往是異體關係，如“鉤—鏲”“軥—艕”等。或許正是受此因素之影響，抄寫《開蒙要訓》的書手就將“轉”當成了“軥”之異體。又因為上下文之“鞅”“鞃”“轓”諸字都從“革”，受“革”部字之干擾，“轉”又進一步變為了“韝”。

再次，“軥”字之義與文意甚合。《說文·車部》曰：“軥，軶下曲者。從車句聲。”《漢語大字典》“軥”字下進一步解釋說：“車軛兩邊下伸反曲以備繫革帶的部分。”這正與“轓（楅）”的字義相類。《說文·木部》：“楅，大車軛。”《開蒙要訓》

“韝（軥）”“槅（䡞）”連言，泛指車軛，即車上拴縛皮帶以套束牛馬之部件。

由以上幾例補校可見，在敦煌文獻的整理、校勘、注釋過程中，我們既要在同一文獻之數個寫卷的對比中以及寫卷與傳世文獻的對比中發現異文，進而充分利用異文資料實現對寫卷疑難詞語的校釋；同時，還要充分利用形音義互求的方法對各種異文現象及其成因作出合理的解釋，儘量疏通不同異文之間的關係。

參考文獻

黃征．敦煌寫本異文綜析//敦煌語言文字學研究．蘭州：甘肅教育出版社，2002.

羅常培．唐五代西北方音．北京：科學出版社，1961.

上海古籍出版社，法國國家圖書館．法藏敦煌西域文獻．上海：上海古籍出版社，1995—2005.

邵榮芬．《五經文字》的直音和反切//邵榮芬音韻學論集．北京：首都師範大學出版社，1997.

孫機．中國古輿服論叢．增訂 2 版．北京：文物出版社，2001.

徐時儀．《一切經音義》三種校本合刊．上海：上海古籍出版社，2008.

張金泉，許建平．敦煌音義彙考．杭州：杭州大學出版社，1996.

張新朋．敦煌寫本《開蒙要訓》研究．北京：中國社會科學出版社，2013.

張涌泉．敦煌經部文獻合集．北京：中華書局，2008.

中國社會科學院歷史研究所．英藏敦煌文獻：漢文佛經以外部分．成都：四川人民出版社，1990—1995.

The Supplementary Explanation of Words in Dunhuang Manuscripts *Kaimengyaoxun*（《開蒙要訓》）

Gao Tianxia

Abstract：*Kaimengyaoxun* was an enlightening textbook，and it was discovered in the Dunhuang library cave. Since then many scholars have studied it，and the synthesizers was Zhang Yongquan and Zhang Xinpeng. However，as far as NO. P2578 manuscript is concerned，some words need collating deeply. Such as *jiujiaozhuangjian*（㧅勦壯健），*yanzhiyedai*（胭脂靨黛），*caofukongqiao*（曹府恐竅），*yangxuangoue*（鞅紘韝䡞）.

Keywords：Dunhuang Manuscripts；*Kaimengyaoxun*；supplementary explanation

（高天霞，復旦大學發展研究院）

試論同義、反義關係在詞義理據探尋中的價值*

——以吐魯番出土契約文書中之“夏”爲例

王 勇

提 要：吐魯番出土契約文書中有“租借”義的“夏”一詞，對於該詞的理據，學界早有關注，但至今仍未有定論。本文將歸納與演繹相結合，在概念框架、詞化、同步引申、詞義同往往理據同等理論和規律的基礎上，充分利用同義詞和反義詞在理據探尋中的參證作用，證明“夏”借作“下”，“下”的“租借”義由其“施予”義引申而來；從而認爲，同義、反義關係在理據探尋中具有重要價值。

關鍵詞：契約文書；同義詞；反義詞；理據；夏

一、引 言

吐魯番出土的租佃類契約文書中有一個“租借”義的詞“夏”。該詞可單用，亦可與其他成分構成“夏價”“夏取”“夏人”“夏田人”等複合詞或短語，例如：

（1）延昌廿四年甲辰歲二月七日道人智賈□田阿□衆邊夏南渠常田一畝，交與銀錢五文。錢即畢，田即苻。（60TAM326：01/6《高昌延昌二十四年道人智賈夏田契》，2－250[①]）

（2）▭阿歡從同鄉人范酉□□□孔進渠常田貳畝，々□交與銀錢□文。……錢主傅阿歡，夏田人范酉隆。知見人左素胡。（64TAM10：35《唐傅阿歡夏田契》，2－208）

（3）武城鄉傅阿歡▭范酉隆邊夏孔進渠廿四年中常田貳畝。即交與夏價銀錢拾陸文，錢即日交相付了。……田主范酉隆，夏田□傅阿歡。（64TAM10：34《唐貞觀二十三年傅阿歡夏田契》，2－207）

---

* 本文得到四川師範大學科研啓動基金項目《古代榜文告示語言研究》（341437001）的資助。

① “2－250”指唐長孺《吐魯番出土文書〔貳〕》，第250頁。下同。以下“3－89”“4－526”等，分别指《吐魯番出土文書》〔叁〕〔肆〕相應頁碼。

（4）夏人張□□；知見趙士元；保人張小洛。（69TAM137：1/1，1/3《唐西州高昌縣張驢仁夏田契》，3－89）

“夏”何以有“租”義？蔣禮鴻（1994：341）云：“《釋名·釋天》：‘夏，假也。’‘夏’、‘假’二字上古通用。”王啟濤（2004：600）曾贊同蔣禮鴻的看法，但他在新近出版的著作中捨棄了前面的看法，認爲“夏”爲“下”的借字，並進一步指出，“下”的“租借”義由“播種”義引申而來。他說：

> 我們注意到：“夏田人”與“佃田人”、“租田人”往往可以互換，這在唐代契約文書中常見，而且，表示“租借”的“夏”只出現在田地、葡萄園、菜園等與土地有關的租借契約中，它應該是一個專門表示田地租賃的社會方言詞或行業語詞。我們注意到：在漢語史中，“佃”先是指耕種，後來引申爲指租佃耕種，在吐魯番文獻中這兩種意義同時存在，那麼，“夏”是不是也有同樣的詞義發展路徑呢？今考吐魯番出土的唐代契約文書中有“下子”、“下……子”，指播下種子，恰好同時又有“夏子”，也指播下種子。很明顯，“夏”通“下”。……所以，“夏”是不是與“佃”一樣，先指播種，後來引申爲租借田地播種？不敢斷言，尚需方家研究。（王啟濤2013：137－138）

我們認爲，“夏”即“下”的借字，但“下”的“租借”義並非由“播種”義引申而來，而是由其“施予”義引申所致。

二、施受同辭與“租借”概念框架

（一）施受同辭

所謂施受同辭，即“施予”義與“接受”義用同一個詞表示。楊樹達（2007）對此有精到論述，《古書疑義舉例續補·施受同辭例》云：“乃同事也，一爲主事，一爲受事，且又同時連用，詞宜有別白矣。而古人亦不加區別，讀者往往以此迷惑，則亦讀古書者所不可不知也。”現轉錄意義顯豁之例如下：

> 今表受事之義之詞，曰“被”，曰“受”。“被”本字作“貱”，本爲加於人之詞。《説文》云：“貱，迻予也。”《漢書·文帝紀》：“即被南海尉佗書”，謂與書於佗也。然則被本主事之義，而今變爲受事之義矣。受義之反爲“授”，字從受聲，則二字古本同音，與今相同。據此知初民語言，受、授本無區別，加手作“授”，乃造字者恐其溷惑而爲之別白耳。然則施、受同辭，蓋猶初民之遺習歟？
>
> 與受、授同例者，有買、賣二字。……此可知古人語言，買、賣二字本無差別。……授受，買賣，糴糶，本各兩事也，古人語言且混合不分，則無怪同

一事之主、受兩面混淆不分矣。（楊樹達 2007：214—217）[①]

施受同辭的例子在漢語詞彙中並不鮮見，楊樹達所論已較爲充分，兹再續補施受同辭的“乞”爲例。“乞”本義爲“乞求”，如《論語·公冶長》：“乞諸其鄰而與之。”由此引申有“取”義，《集韻·迄韻》：“乞，取也。”例如：

（5）乞土泥函谷，接繩縛涼州。（南朝陳徐陵《出自薊北門行》）

“乞求”義與“取”義密切相關，可概括爲“求取”義。與此相反，“乞”又有“施予”義，《集韻·未韻》：“乞，與也。”《正字通·乙部》：“乞，凡與人物亦曰乞。”例如：

（6）妻自經死，買臣乞其夫錢，令葬。（《漢書·朱買臣傳》）

（7）廄中凡有馬六十匹，悉以乞希微償責。（《宋書·蕭惠開傳》）

（8）長官頭腦冬烘甚，乞汝青錢買酒回。（宋范成大《四時田園雜興六十首》之五十八）

“租借”義之“借”亦屬施受同辭的範疇。《說文·人部》：“借，假也。”又《又部》：“叚，借也。”“假”“借”互訓，未明言“施予（借出）”抑或“接受（借入）”。如此，“借”實爲“借入”與“借出”這對反義概念的上位概念，究竟是借入還是借出須據語境加以判別。如以下兩例中，前者爲借入，後者爲借出：

（9）秦借道兩周之間。（《史記·周本紀》）

（10）有馬者借人乘之。（《論語·衛靈公》）

（二）“租借”概念框架

本文討論的“夏”義爲“租借”，亦屬於施受的範疇。施受爲何可以同辭？這與施受事件的概念框架有關。語言中的詞並不直接指稱事物，而是表示概念。“租借”概念的框架表現爲一個租借事件的結構框架。

程琪龍（2011：134）指出：“概念語義進一步系統分解出連接感知運動的概念內容（conceptual contents），和連接詞彙語法的識解語義（semantics of construal）。在認知功能模式中，概念內容表述爲概念框架（conceptual frame），識解語義表述爲語義論元結構……其中概念框架是概念的，它向外主要連接感知運動系統；論元結構是語法語義的，它向外主要連接詞彙語法。”簡而言之，語言表達的生成經歷了“運動感知→概念框架→論元結構→語言表達”的過程。語言表達與概念之間是體現與被體現的關係，說話者可以選用已有的語言材料將概念語義以

---

① 除上述例詞外，黄侃《文字聲韻訓詁筆記》“相反爲義”條（1983：227）也列舉了一些施受同辭的現象：《廣雅·釋詁》“斂”訓欲又訓與，“乞”“匄”爲求又爲與，“貸”爲借又爲與，“禀”爲受又爲與。

句子或短語的形式表達出來，也可以創造一個全新的詞或者賦予舊詞以這一概念來表達。這一創造的過程，可稱之爲“詞化”。“詞化”是指在語言系統中將概念轉化爲詞的過程，不同語言類型可能有不同的將概念轉化爲詞的方式，即不同的詞化方式。

概念框架具有一定程度的普遍性，論元結構則可以存在語言間的差異。因爲概念框架和論元結構之間的關係是體現和被體現的關係，這種關係可以詮釋爲：概念內容通過具體語言識解爲語義結構，或概念框架體現爲論元結構（程琪龍 2011：134）。所以，即便概念框架相同，不同的語言可以根據其語言的詞彙語法系統對其進行不同的識解，從而就產生了論元結構上的差異。這種差異會在句子、短語或者是詞中體現出來。

所謂識解，在認識功能模式中表述爲概念框架和論元結構之間的體現關係，並具體爲概念參與者和語義論元之間的體現關係（程琪龍 2011：160）。識解方式又可大致分爲局部識解和整體識解，局部識解指通過凸顯概念框架中的部分概念結構或部分概念參與者來識解概念內容，框架中的其他部分則處於半啟動狀態；整體識解主要指概念內容全部或部分整體識解爲一個語義框架①。

“租借”概念的概念語義框架學界討論較少，但對與之同屬施受範疇的“買賣事件”（一般稱之爲“商業事件”）概念的概念語義框架的討論則極爲充分，是概念框架的經典範例。買賣事件實際包含了購買、支付、出售、收取四個過程，亦可概括爲買賣和收支兩個施受過程。其中，出售與購買中買賣雙方和商品的關係是：

買主＋接受$_{買}$＋商品

賣主＋施予$_{賣}$＋商品

買與賣是買賣事件中的兩個過程，但卻只是對同一事件不同視角的考量，因此買賣事件的語義框架爲：[賣主] ＋ [商品] ＋ [轉移→] ＋ [買主]。買賣事件屬於施受範疇，在施受關係中，施予者往往處於心理高位，接受者則處於心理低位。據此，我們可以做出如下心理圖示：

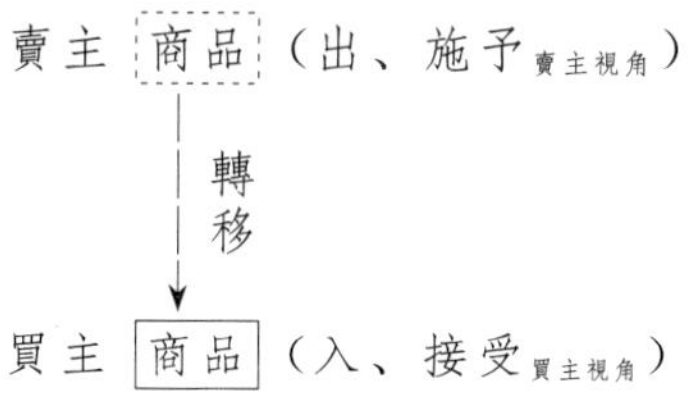

買賣事件爲施受事件的具體體現，我們可據該事件的圖示抽象出施受事件的

① 程琪龍將概念內容的識解方式細分爲六種，本文無意討論或詳細介紹該內容，因此略而言之。具體內容可參程琪龍（2011：160—168）。

圖示：

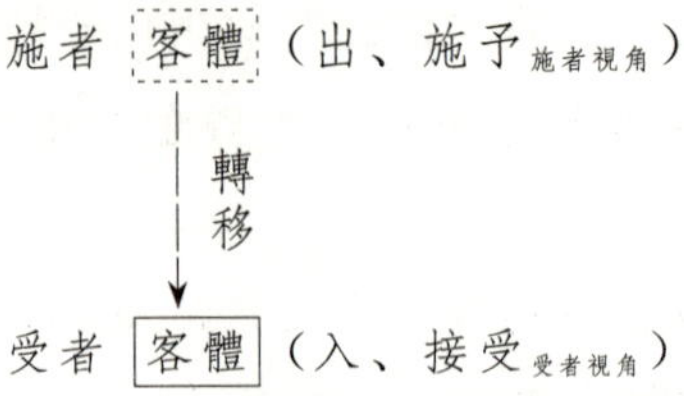

《急就章》“貰貸賣買販肆便”顏師古注：“出曰賣，入曰買。”“出”即“施予”，“入”即“接受”。從賣主的視角來看，商品從自己向買主的移動是施予；從買主的視角來看，商品從賣主向自己的移動是接受。施受同辭的“買”則是對上述包含了賣、買兩個互相重疊的子事件的施受概念框架進行了整體識解，進而將其詞化爲“買”，其具體視角則須通過語境來展現。而後世分化的“賣”和“買”則已分別從賣主和買主的視角將這一過程分化爲二，對概念框架中的部分概念結構進行局部識解，此刻是對概念框架的局部進行顯微觀察，整體識解時籠統視之的商品轉移則被區分爲“施予”與“接受”兩個相對的過程，從而將其識解爲語義要素。因此，“賣”“買”的詞化過程已納入了“施予”或“接受”的要素。試比較：

a_1. 我買書。

a_2. 我買出兩本書。

a_3. 我買入兩本書。

b. 我賣書。

c. 我買書。

假設例 a 中的“買”爲施受同辭的“買”，那麼例 a_1 就存在兩種解釋。一是我賣書，一是我買書。因此，需要語境爲其提供視角信息。a_2、a_3 中的動詞同爲“買”，但它們的意義區別極爲明瞭，就是因爲補語“出”和“入”爲讀者限定了識解施受概念框架的視角。而例句 b 和 c 則不需要更多的語境，因爲“買”和“賣”在詞化的過程中已納入了“施予”或“接受”要素。同時，“租借”義與“施予”“接受”的關係還可以通過“租借”義動詞後的補語的意義察知。近代漢語中，表“借出”的補語往往是“與”，有“施予”義；表“借入”的補語往往是“取”，有“接受”義。例如：

(11) 畦海員年卌五，海員辯：被問賃牛兩頭與䴬運貞踐麥，是何日賃與，□□得多少價格數者。謹審：但海員不是賃牛與䴬運貞□□［日］已時許，䴬運貞家內有一婢來，不得名，到海員□曹主遣賃你兩、三箇牛來，用踐麥。海員□賃與，實借牛兩頭與運貞踐麥是實。（66TAM61：20(a)《唐麟德二年畦海員辯辭》，3—237）

(12) 左憧憙於張善憙邊夏取張渠菜園壹所，在白赤舉北分牆。(64TAM4：33《唐總章三年左憧憙夏菜園契》，3—222)

施受事件圖示適用於所有施受概念的闡釋，我們可以將買賣概念框架中的要素替換成“租借”概念框架中的要素，形成整體的施受框架和“租出”與“租入”的子框架：

［出租者］＋［出租物］＋［轉移→］＋［承租者］

［出租者］＋［施予租］＋［出租物］

［承租者］＋［獲取租］＋［出租物］

詞化過程中，我們將概念要素轉化爲語義要素。語言中可用於表達概念框架中任何一個要素的語素或詞語都有可能詞化爲這一概念的表達形式。當可用於表達同一概念要素的語素或詞語不止一個時，這些同義語素或詞語均有用以表達這一概念的可能，其結果是這些同義語素或詞語在新的意義上成爲同義語素或詞語。同義詞的同步引申現象正是這一原理的具體表現。

據觀察，“租借”概念各要素中，轉移要素最容易凸顯出來，成爲“租借”概念詞化的理據。“轉移”是整體識解施受概念時的一個關鍵要素，當我們對施受概念的框架進行局部識解時，隨著目光的逼近，“轉移”要素逐漸呈現出相反的兩個方向，即“施予”與“接受”。因此，我們可以以“施予”或“接受”要素爲理據，進行施受概念的詞化。如此，則只要是能表達“施予”與“接受”這兩個要素的語素或詞語均可詞化以表達“租借”概念。以“施予”爲理據者，其詞義爲“借出”；以“接受”爲理據者，其詞義爲“借入”。

三、同義詞參證

下面，我們以“下”的同義詞“貸”爲例，說明“施予”義與“借出”義的關係，以此證明“下”表“借出”義的有理性。

(一)“貸”由“施予”義發展爲“租借”義

“貸”有“借貸”義，人所共知。該義由“施予”義引申，《說文·貝部》：“貸，施也。”段玉裁注：“謂我施人曰貸。”《廣雅·釋詁三》：“貸，予也。”該義已較爲陌生，但歷代文獻中不乏用例，如：

(13) 宋公子鮑禮於國人，宋饑，竭其粟而貸之。(《左傳·文公十六年》)

(14) 殊方咸成貸，微物預采甄。(南朝宋謝靈運《還舊園作見顏范二中書》)

(15) 人來求書者，計錢與字，一字不多貸。(明金聲《程阿白書序》)

由“施予”義引申爲“租借”義，《廣雅・釋詁二》：“貸，借也。”包括“借出”與“借入”。從理論上講，以“施予”爲理據詞化而來的詞語應表“借出”義。“貸”最先可能只表“借出”義，但“借出”與“借入”本爲對同一施受事件從不同視角觀察而做出的區分，同一租借事件，從出借者的角度看是借出，從承借者的角度看便是借入。因此，“貸”雖由“施予”義詞化而來，但可同時表示“借出”與“借入”。例如下面四例中，前兩例爲借入，後兩例爲借出：

（16）凡民之貸者，與其有司辨而授之，以國服爲之息。（《周禮・地官・泉府》）

（17）家貧，假貸無所得。（《史記・平津侯主父列傳》）

（18）以家量貸而以公量收之。（《左傳・昭公三年》）

（19）寧積粟腐倉而不忍貸人一斗。（《潛夫論・忠貴》）

（二）“下”由“施予”義發展爲“租借”義

“下”亦有“施予”義。傳世文獻與出土文獻中均有用例：

（20）臣有父，嘗餓且死，君下壺飡餌之。（《戰國策・中山策》）

（21）四月十二日，郡坊上官什件下細馬兩疋。（73TAM506：4/32－17之一《唐天寶十四載某館申十三載四至六月郡坊帖馬食踖歷牒》，4－526）

（22）八日，迎伊州使酒貳斗，下簷酒貳斗；九日，比料帖下，供伊州使酒貳斗。（P. 2629《歸義軍支出酒賬》）

以上三例的“下”均含“施予”義，例（20）爲賜予，例（21）、例（22）均爲“頒發，賜予”義。例（22）“比料帖下”即謂“依照官家頒賜的物料憑據供給”（張小豔 2013：259）。

“貸”與“下”在“施予”義上爲同義詞，而“貸”在此義的基礎上引申出“租借”義。“租借”義由“施予”義引申，這便是“貸”之“租借”義的詞義理據。

楊樹達曾撰《字義同緣於語源同例證》，以豐富的例證證明同義詞的理據往往相同。沈兼士認爲楊樹達所著的《積微居小學金石論叢》“撮其要旨，約具三綱”，其中一綱即“字義同緣於受名之故同”（沈兼士 1937），即詞義同緣於得名之由同，亦即理據同。據此規律，表“租借”義的詞，其意義可能引申自“施予”義。如此，則“夏”表“租借”義可能引申自“施予”義，而“夏”並無此義，因此當借作“下”，“下”有“施予”義。按照“同步引申”規律，表“施予”義的“下”同樣可引申出“租借”義。

據此，以同義詞“貸”爲參證，我們不妨做出推斷：表“租借”義的“夏”借作“下”，二字同音（《廣韻・禡韻》二字均胡駕切）通借；“下”的“租借”義由“施予”義引申而來。

四、反義詞參證

在探尋某一詞語的理據時，其反義詞可以提供視角，有助於確定思考問題的維度。反義詞之所以可以作爲理據探尋過程中的參證因素，是因爲“反義詞必須有相同的上位概念，其語義上的相反或相對是在同中確定的異”（董秀芳 2011：105）。例如，“長”和“短”是反義詞，二者的上位概念都是長度；“寬”和“窄”是反義詞，二者的上位概念都是寬度。相同的上位概念限定了它們在語義發展前後都須隸屬於某一上位概念，因此，根據反義詞中的一個詞的發展可以推知另一個詞可能存在的演變。例如，“上”與“下”是反義詞，二者同屬縱向空間概念，若其中的“上”映射至心理空間表示“開心”，我們可以推知，其反義詞亦有映射至心理空間表示“沮喪”的可能。

上一節我們以同義詞爲參證，證明“施予”義可發展爲“租借”概念的下位概念——“借出”。按照上述原理，“施予”義的反義詞“接受”當可從相反的方向發展出“租借”概念的下位概念——“借入”。下面來看以“施予”要素的相反要素——“接受”爲理據，將“租借”概念詞化爲“借入”的例子。

“舉”有“取”義，在此意義上與“交付”義之“下”構成反義詞。例如：

（23）錐刀之遺於道者，莫之舉也。（《呂氏春秋・下賢》）

（24）子貢好廢舉，與時轉貨貲。（《史記・仲尼弟子列傳》）

（25）部兵皆群盜，橫相侵牟，稜案罪殺之，雖親故無脱者，至道不舉遺。（《新唐書・闞稜傳》）

例（23）高誘注：“舉，猶取也。”例（24）司馬貞《索引》引劉氏云：“廢，謂物貴而賣之；舉，謂物賤而收買之。”例（25）的“舉”與例（23）完全同義。

前文已言，漢語詞彙中，施受往往同辭，因爲“施予”與“接受”是對同一事件概念框架從不同角度加以觀察的結果。“租借”概念屬於施受的範疇，因此可以將“租借”概念詞化爲一個詞，“借入”與“借出”兩個相對的具體概念則由語境來加以區分。但同時也可以分别從“借出”和“借入”的角度將“租借”概念詞化爲兩個獨立的動詞。

“下”和“舉”的意義相反，“舉”有“借入”義。例如：

（26）假舉驕奢，以作淫侈，高負千萬，不肯償債。（東漢王符《潛夫論・斷訟》）

（27）貧者舉假貸貰，貴買生口以贖其妻。（《三國志・吳志・明帝紀》注

引《魏略》）

(28) 令獻等逐急舉便，隨時供訖。今見被諸頭債主牽撮，無物填還。(73TAM506：4/32—4之一—《唐天寶十三載礌石館具七至閏十一月帖馬食歷上郡長行坊狀》，4—458）

(29) 每鄉人舉債，必收利數倍。（宋曾慥《類說》卷七）

(30) 我也再不去惹官司瞞心兒舉債。（元武漢臣《老生兒》第一折）

(31) 舉債償息什加四。（清沈瀾《田家雜謠·舉田債》）

上述六例中的“舉”均爲“借入”義。“舉”有“借入”義，其語義結構爲：[承借者] + [接受] + [出借物]。那麼，“舉”是以概念要素“接受”爲理據，將“承借者”和“出借物”結合起來詞化的結果。與此相反，還可以從其反面將概念要素“施予”作爲理據，把“出借者”和“出借物”結合起來詞化。“下”表“借出”正是這一詞化過程的結果。如此看來，“下”的“租借”義當由其“施予”義發展而來，該意義的語義結構爲：[出借者] + [施予] + [出借物]。

五、結論：諸家意見之檢討

綜上所述，我們認爲，“租借”義的“夏”是“下”的借字，“下”有“施予”義，因而可引申出“借出”義。“下”用作“借出”義，暫未見文獻用例，但《類篇·上部》云：“下，以物貸人也。”《類篇》所云必有所據。“以物貸人”即將物借給人，正爲“借出”之義。

本文所揭例證中，“下（夏）”即可表“借出”，也可表“借入”。如例（2）“錢主傅阿歡，夏田人范西隆”，表明傅阿歡是承租人，范西隆爲出租人，“夏田人”即“出租”田地之人。例（3）“田主范西隆，夏田□傅阿歡”，所指關係與例（2）相同，但此處的“夏田人”卻變成了傅阿歡，顯然，此處指“租入”土地的人。我們認爲，“下”最初當指“借出”，而後發展爲上位概念“租借”，其原理與“貸”的發展相同。

蔣禮鴻認爲“夏”爲“假”的借字，在沒有更爲充分的證據之前，尚可權且看作較爲可靠的結論，但終不如“內證”可靠。內證之所以重要，因爲它更符合語言的社會性。“夏”借作“下”，在吐魯番出土文獻中不乏用例。吐魯番租佃文書中表播種的“下子”又可作“夏子”，其例頗多（參王啟濤 2013：137—138）：

(32) 如下子之□□□田佃者，仰寺別處與上替。(73TAM506：04/15(a)《唐趙拂昏租田契》，4—582）

(33) 仍下蔥子壹㪷，其子寺家出陸勝，佃人出肆勝，人功仰佃人。(73TAM506：04/1《唐大曆三年僧法英佃菜園契》，4—576）

（34）如到夏子之日，不得□罸貳入吕。（2001SYMX1：3—7《唐垂拱元年十一月十一日酒泉城吕某租取田尾仁等常田契》，榮364[①]）

（35）如到夏子之日，不得田佃▭一日粟壹罸貳入吕。（2001SYMX1：3—3《唐垂拱三年正月十九日酒泉城吕某從焦伏護邊租田契》，榮365）

上述諸例中，“夏子”即“下子”，意爲播種。上述四例句義大致相同，意謂如果到了播種之日，田主不將契約中所載的出租田園交予承租人，則以田租的兩倍作爲處罰，罰金或物歸佃人所有。請看下例：

（36）如到種田之時，不得田佃者，所取租價麥，壹罸貳入楊。（64TAM35：20《唐垂拱三年西州高昌縣楊大智租田契》，3—493）

此外，敦煌出土文獻與吐魯番出土文獻時代相近，性質相類。王啟濤（2013：5）云：“敦煌吐魯番兩地臨近，在語言和文化上自然不能分家，所以兩地所出文獻可以互證。”因此，對於吐魯番出土文獻來説，敦煌出土文獻中的證據亦可當作“内證”來對待。敦煌出土文獻中正有“下”借作“夏”的例子。P.2578《開蒙要訓》：“夏葉舒榮。”“夏”字P.3311作“下”。“下”可借作“夏”，那麽，反過來，“夏”亦可借作“下”。

王啟濤（2013：137—138）認爲“夏”是“下”的借字，與本文結論一致。但他提出的“下”的“租借”義由“播種”義引申的猜測，則不敢苟同。

首先，“佃”之“租借”義是否由其“耕種”義引申，值得懷疑。其次，“下”並無“播種”義。“下”單用並無“播種”之義，該意義須用短語“下子”來表達。《漢語大字典》將“下子”的“下”釋爲“投入；置入其中”，與“下種”“下網”“下鍋”的“下”同，所舉用例如《論衡·物勢》：“若爍銅之下形，燔器之得火也。”《水滸傳》第二四回：“下了一箸麵，與那婦人吃了。”因此，即便“租借”義可由“耕種”義引申，“下”也不可能經由“播種”義引申出“租借”義，因爲“下”無“播種”義。

表示“租借”的“夏”只出現在田地、葡萄園、菜園等與土地有關的租借契約中，這也是王啟濤認爲“下”由“播種”義引申的另一個原因。我們認爲，“下”的使用範圍有限可能是如下幾方面的原因導致的。首先是材料的限制，目前所看到的“夏”表“租借”義的材料均爲租佃類的契約文書，且均來自吐魯番出土文書。若能擴充資料，或能發現“夏（下）”的使用範圍不限於土地的租借。其次，詞是有其生命力的，有的詞沿用久遠，有的詞則曇花一現。例如，據張小豔（2013：439—443）的研究，“備”和“立”均由“置備”義引申爲“償還，賠償”義，它

---

① “（榮364）”指榮新江、李肖、孟憲實《新獲吐魯番出土文獻》，第364頁。下同。

們的引申脈絡相同，屬於同步引申。但“立”的“償還，賠償”義只見於雇驢、雇駞、雇馬等雇賃畜力的敦煌契約文書中，並未得到廣泛運用。“夏（下）”的情形與“立”極爲相似，因此，“夏（下）”僅見於吐魯番出土的租佃土地的契約文書中，就難以作爲其意義由“播種”義引申的證據。

本文以“租借”義的概念框架爲切入點，揭示其事件框架所藴含的施受關係，觀察其詞化的可能路徑，利用與“下”在“施予”義上構成同義詞的“貸”和構成反義詞的“舉”（“接受”義）將其可能的詞化路徑顯現出來，從而證明“下”的“租借”義由其“施予”義引申。這一意義引申過程的證明，將歸納與演繹相結合，充分利用概念語義框架以及詞化理論，並充分重視詞彙的系統性，結合“同步引申”與“詞義同往往理據同”的規律，從正反兩個方面做出解釋，從而探明了“下（夏）”的“租借”義的理據，凸顯出同義、反義關係在理據探尋中的重要價值。

參考文獻

程琪龍．概念語義研究新視角．上海：上海外語教育出版社，2011.

董秀芳．詞彙化：漢語雙音詞的衍生和發展：修訂本．北京：商務印書館，2011.

黃侃．文字聲韻訓詁筆記．上海：上海古籍出版社，1983.

蔣禮鴻．敦煌文獻語言詞典．杭州：杭州大學出版社，1994.

榮新江，李肖，孟憲實．新獲吐魯番出土文獻．北京：中華書局，2008.

沈兼士．積微居小學金石論叢序 // 楊樹達．積微居小學金石論叢．上海：商務印書館，1937.

唐長孺．吐魯番出土文書〔貳〕．北京：文物出版社，1994.

唐長孺．吐魯番出土文書〔叁〕．北京：文物出版社，1996a.

唐長孺．吐魯番出土文書〔肆〕．北京：文物出版社，1996b.

王啟濤．吐魯番出土文書詞語考釋．成都：巴蜀書社，2004.

王啟濤．吐魯番出土文獻語言導論．北京：科學出版社，2013.

楊樹達．古書疑義舉例續補．上海：上海古籍出版社，2007.

張小豔．敦煌社會經濟文獻詞語論考．上海：上海人民出版社，2013.

On the Value of Synonymy and Antonymy in the Motivation Seeking of Words

—Taking *xia*（夏）in Contraction Paper of Turpan Manuscripts as an example

Wang Yong

Abstract: There's a *xia*（夏）which means “lend and lease” in contraction paper of Turpan manuscripts. Scholars have argued for its motivation for a long time, but no definition has been reached. This article proves the *xia* (夏) was from *xia* (下). The meaning of "lend and lease" was extended from "give". In order to support this inference, different approaches was used, such as the combination of induction and deduction, conceptual framework, lexicalization, and synchronous extension, etc. Therefore, it is concluded that synonymy and antonymy has great function in seeking motivation of words.

Keywords: contraction paper; synonymy; antonymy; motivation; *xia* (夏)

(王勇，四川師範大學文學院)

新世紀以來道教文獻詞彙研究述評*

劉祖國

提　要： 本文分七個方面介紹進入21世紀以來（2000—2016年）道教文獻詞彙的研究成果，指出目前研究中存在的問題與不足，並對未來的發展方向進行展望，為今後的研究提供參考。

關鍵詞： 道教文獻；詞彙研究；述評

新世紀以來，中古近代漢語詞彙研究碩果累累。在各類文獻語料中，道教文獻是獨具特色的一塊內容。道教文獻詞彙研究方興未艾，有關研究成果缺少系統總結，極有必要加以梳理，以推動其進一步發展。

一、回　顧

道教文獻詞彙研究的歷史，最早可追溯到漢代，第一部道經《太平經》就包含了原始道教的一些訓詁資料。歷代的道經注本，記錄了時人對道教語詞的訓釋，是我們研究道教文獻詞語的重要參考資料。20世紀90年代之前的道教文獻詞彙研究尚處於一種自發的狀態，主要是文獻考據式的研究，研究者並非語言學家，其詞義解釋只是為研究宗教思想服務的。20世紀90年代開始，特別是進入新世紀以來，道教文獻詞彙研究進入自覺的階段，道教文獻逐漸成為漢語史研究向縱深發展的新的學術生長點。近年來，中古近代漢語詞彙研究取得了長足進步，然而數量龐大的道教文獻尚未得到足夠的重視，較之佛經詞彙研究，還存在諸多空白。目前主要成果有以下方面。

---

* 本文為2016年山東省社科規劃項目“魏晉南北朝道教文獻詞彙研究”（16CZWJ34）成果之一，在第五屆漢語史暨張永言、趙振鐸、向熹教授學術思想研討會（四川大學，2016年12月）宣讀。感謝西南民族大學周作明先生惠賜有關資料。

（一）詞彙分類研究

1. 常用詞方面

汪維輝《〈周氏冥通記〉詞彙研究》（2000）[①] 探討了《周氏冥通記》15 組常用詞的使用情況，從中可看出此書反映當時口語的程度相當高。馮利華《六朝道經詞語研究發微》（2006）對道書中出現的常用詞“巾、建”（著、戴）作了數據統計，說明道經在常用詞研究中的價值。葉貴良《說“真”》（2008）認為春秋之前罕見“真”字，“真”的廣泛使用與秦漢方仙道大量借用該字有很大的關係，以此說明道教語言對漢語詞彙的豐富和發展所作的貢獻。方一新《從〈抱朴子〉4 組名詞看中古基本詞的更替演變》（2010）對《抱朴子》4 組單音名詞的使用情況作了初步調查，分析了《抱朴子》基本詞的使用狀況和更替演變，思致綿密，洞見幽微。

2. 複音詞與構詞法方面

董玉芝《〈抱朴子〉特指義拾零》（2004）、《〈抱朴子〉詞綴研究》（2004）等系列論文全面討論了《抱朴子》複音詞的構成問題。羅慶《〈太平經〉複式虛詞研究》（2006）對《太平經》中的 108 個複式虛詞進行了考察，分析了其逐漸由短語向詞的轉化。劉豔娟《〈真誥〉複音詞研究》（2014）採用傳統的構詞法分類對《真誥》的複音詞進行了詳細的數據統計。田啟濤《漢語詞彙複音化再認識——以魏晉時期天師道文獻為例》（2013）指出以往對複音化的判定多以單複音詞的數量為標準，這樣的判定標準值得再認識，詞語的詞次、詞頻、多義性、普遍度等語用特點也應該成為衡量複音化程度的重要指標。田啟濤、俞理明《漢語詞彙複音化的觀察視點和方法——以早期（魏晉）天師道文獻為例》（2016）指出漢語詞彙的複音化，是通過不同層面逐步擴展的。它的擴展順序，是先後從以下幾個層面依次進行的：1）新詞；2）新義；3）詞庫；4）整體覆蓋面；5）語流；6）個體覆蓋率；7）個體使用率。此文立論深刻，觀點新穎，是近年漢語詞彙複音化研究的重要進展。

3. 同義詞與反義詞方面

夏雨晴《〈太平經〉中三音節同義並列複用現象》（2003）從特點、原因、作用角度對《太平經》中大量存在的三音節同義並列複用現象進行了探討。李娜《〈抱朴子〉反義詞研究》（2003）對《抱朴子》中 338 對反義詞從詞性、概念間的關係角度進行了分類研究。張元治《〈太平經〉單音節同義詞研究》（2013）對《太平經》的單音節名詞、動詞、形容詞同義詞作了初步的辨析。另外還有王敏紅《從〈太平經〉看三字連文》（2004）、曹靜《〈太平經〉裏的三字連文》（2005）。

---

① 本文在羅列有關學者論著時，限於篇幅，只提及論文或專著的題目及發表年份，發表刊物或出版社省略。

4. **新詞新義方面**

劉祖國《〈太平經〉所見東漢時期的新詞新義》（2008）考察了《太平經》中一些東漢新出現的詞語用法。俞理明、顧滿林《東漢佛道文獻詞彙新質的表義分析》（2012）考察詞彙發展和創新的動因，發現對於新事物新概念的表達，並不是詞彙創新的全部。俞理明、顧滿林《東漢佛道文獻詞彙新質研究》（2013）首次對東漢佛道文獻中的名物詞、行為詞、性狀詞新質進行了全面系統深入的研究，勝義紛綸，多有創獲。周作明《中古上清經行為詞新質研究》（2013）從時代可靠的六朝上清經中篩選出 2901 個詞彙新質，描寫其面貌，分析其構成，探討其來源及語用地位。俞理明、田啟濤《早期天師道文獻高新生率詞彙部分考察》（2014）採用描寫詞彙學的方法，就詞彙新質與舊質之間的關係作了細緻的考察，發現詞彙新質不僅為表達新概念而產生，也為翻新舊概念的表達形式而產生。周作明、俞理明《東晉南北朝道經名物詞新質研究》（2015）以語義為紐帶，對其中的名物詞新詞和新義作了詳細描寫和訓釋，釋義舉證穩妥貼切。

5. **道教特色詞語方面**

道教創造了很多富有自身特色的語詞。葉貴良《敦煌道經寫本與詞彙研究》（2007）將敦煌道經中的道教特色語詞分爲 15 類，還指出了道教特色語詞的研究方法，認為研究道教語言必須結合社會發展的歷史來進行。劉祖國《〈太平經〉詞彙研究》（2009）對“道教詞語”的定義進行了辨析，臚列解釋了書中與道教教義或道教文化有直接或間接關係的 8 類詞語。孟燕靜《〈周氏冥通記〉道教類詞彙研究》（2015）參照以上兩部著作的界定與分類，初步描寫了 221 個道教特色詞語。另外還有周作明《東晉南朝上清經中的“兆”》（2004），周作明、俞理明《東晉南朝上清經中的動詞“宴/晏”》（2006）等。

6. **口語詞方面**

縱觀漢語詞彙發展的歷史，口語詞一直是詞彙系統中最爲生動與寶貴的組成部分。劉祖國《〈太平經〉詞彙研究》（2009）對《太平經》中的 60 條口語詞進行了較為系統的考察。周作明《中古道經中的口語成分及口語詞舉例》（2012）從道典“十二部類”入手，分析了各類道經的用語特點，舉例論述了早期道經中的口語成分和口語詞。牛尚鵬、姜雲鵬《道經白話詞語例釋》（2015）揭示了近代道經《太上洞淵神咒經》《玄天上帝啟聖錄》中 14 條口語詞的意義。

7. **其他特殊語詞方面**

俞理明《〈太平經〉中的漢代熟語》（2001）發掘了不少具有特定的意義，罕見於當時其他文獻，但在《太平經》中有很高使用率的熟語，開拓了中古漢語詞彙史研究的領域。另外還有黃建寧《〈太平經〉中的同素異序詞》（2001）、俞理明《〈太平經〉中常用的應歎提頓語》（2002）、馮利華《道書隱語芻議》（2006）等論文。

與卷帙浩繁的道教經典相比，道教文獻的詞彙分類研究還是相當薄弱的，應繼續加強對這些詞彙專題的研究。

（二）語料研究

1. 語料價值的揭示

從事中古近代漢語詞彙研究，材料的掌握是十分關鍵的一環，語料是研究的前提和基礎。道經語料數量龐大，但早期學界對道教文獻多有偏見，近些年來，道教文獻的漢語史價值逐漸引起重視，出現了不少專門揭示某種道經語料價值的文章。

東漢第一部道教文獻《太平經》是最早進入漢語史研究者視野的，論述其語料價值的有高明《簡論〈太平經〉在中古漢語詞彙研究中的價值》（2000）、劉祖國《從幾個道教術語看〈太平經〉語言研究的價值》（2007），兩篇文章從不同角度分別闡發了此書的重要價值。

《真誥》是東晉南朝時期流行的一部道書，用詞獨特，敘述平實，馮利華《陶弘景〈真誥〉的語料價值》（2003）對其詞彙、語音、俗字方面的價值進行了初步探討；王用源《中古道書〈真誥〉的介詞系統及其語料價值》（2015）獨闢蹊徑，從介詞角度討論了《真誥》的語料價值[①]；周作明《論〈真誥〉在中古漢語詞彙研究中的價值》（2016）進一步指出《真誥》中的"仙真降誥""在世記述"和"敘録"三部分內容並非同時寫成，語料價值也各有側重，其中的"在世記述"和"陶弘景語料"在詞彙研究上價值最高。

東晉葛洪《神仙傳》具有豐富的道教語詞、大量的六朝常用語詞、蕪雜的後出語詞和僅見於《神仙傳》的語詞，方一新、柴紅梅《〈神仙傳〉的詞彙特點與研究價值》（2010）揭示了其在漢語詞彙史研究中的語料價值。

除以上專論某部經典價值的系列論文之外，周作明《試論道典與中古漢語詞彙研究》（2015）分中古世俗通用語詞、東晉南朝方俗語詞、道經特殊用語以及受佛教影響的用語四方面，全面論述了道教經典在中古漢語詞彙研究中的價值。這方面的研究還有俞理明、周作明《論道教典籍語料在漢語詞彙歷史研究中的價值》（2005）、馮利華《道書音注的語料價值》（2007）、秦樺林《敦煌〈抱朴子〉殘卷的抄寫年代及文獻價值》（2013）等。

2. 語料辨僞

道教文獻常常假託神授，故作神秘，對道教文獻的斷代和辨僞就顯得十分重要。也有不少考辨道教文獻的時代及作者的成果。

學界討論最熱烈的是《列仙傳》的成書年代問題，先後有陳洪《〈列仙傳〉成

① 詞彙分為實詞和虛詞兩大類，一般而言，詞彙研究以實詞為主，但很多虛詞是由實詞虛化而來的，實詞和虛詞關係極其密切，所以，我們把個別有關虛詞的文章也收進來，以備參考。

書時代考》（2007），程亞恒《今本〈列仙傳〉成書時代問題》（2011），肖嬌嬌《〈列仙傳〉文獻形態研究》（2013），程亞恒《今本〈列仙傳〉的語言時代》（2014），夏冬梅、肖嬌嬌《〈列仙傳〉贊語成文與作者考論》（2014）。從目前最新研究成果來看，《列仙傳》一書大約在魏晉以前已經出現，今本《列仙傳》是在原本基礎上增補而成的一個本子，從文獻徵引和作品本身的語言角度綜合分析，今本《列仙傳》最終成書時間應該不早於唐代。

《神仙傳》一書的版本流傳極其複雜，裴凝撰、卞東波譯《〈神仙傳〉之作者與版本考》（2007），殷爽《〈神仙傳〉研究》（2010），盛莉《〈太平廣記〉中〈神仙傳〉考》（2010），周文晟《〈神仙傳〉版本及其流傳情況》（2012），向群《〈神仙傳〉版本考》（2014）先後進行過探討。向群《葛洪〈神仙傳〉研究》（2015）堪稱集大成者，他認爲今存《神仙傳》數十種，大致可歸為《說郛》、四庫、漢魏本三個系統，今本《神仙傳》已非葛洪一人之作，而是一個複雜的文本變遷的結果。

此外，容志毅《道藏中幾部外丹經出世朝代的考訂》（2012）、夏先忠《試論〈洞玄靈寶自然九天生神章經〉中"三寶章"非元後增補——兼談道經成書年代判定中證據的發掘與利用》（2012）、丁宏武《葛洪論稿：以文學文獻學考察為中心》（2013）亦考證了有關道經的年代及作者歸屬問題。

3. **語料校注與整理**

道教文獻的校注與整理是一個重要的基礎性工作，有了這個基礎，才能更好地發揮道教文獻在漢語史研究中的作用。

《中華道藏》是道教文獻整理方面最突出的成果。2004 年華夏出版社整理出版《中華道藏》，對明本《道藏》錯訛衍脫文字作了校補，並加以新式標點，為學界提供了一個閱讀方便的版本，但因《道藏》多有俗字、俗語詞，辨認理解不易，加之書出眾手，尚存在不少文字錯訛及句讀失誤，劉祖國《〈中華道藏〉校點商榷》（2013）、《〈中華道藏〉校點疏誤例釋》（2014）、《〈中華道藏〉訂誤》（2015）、《〈中華道藏〉指瑕》（2016）對其字詞點校問題多有闡發。

還有些單行本道經整理作品，如俞理明《〈太平經〉正讀》（2001）；（日）吉川忠夫、麥穀邦夫編，朱越利譯《〈真誥〉校注》（2006）；劉雄峰譯《〈周氏冥通記〉研究（譯注篇）》（2010）；胡守為《〈神仙傳〉校釋》（2010）；趙益點校《真誥》（2011）；葉貴良《敦煌本〈太玄真一本際經〉輯校》（2010）、《敦煌本〈太上洞玄靈寶無量度人上品妙經〉輯校》（2012）、《敦煌本〈太上洞淵神呪經〉輯校》（2013）；王家葵《〈登真隱訣〉輯校》（2011）、《〈養性延命錄〉校注》（2014）；韓吉紹《黃帝九鼎神丹經訣校釋》（2015）；周作明點校《無上秘要》（2016）等。它們為道教文獻詞彙研究提供了一個較為可靠的底本，對於道教文獻語言研究功莫大焉。

另有不少商榷補校方面的論文，其中訂補《太平經合校》的，如俞理明《〈太平經合校〉校對補說》(2002)、楊寄林《〈太平經合校〉識誤》(2003) 等。

訂補《〈周氏冥通記〉研究（譯注篇）》的主要是劉祖國的系列論文，如《〈周氏冥通記〉注釋商兌》(2011)、《〈周氏冥通記〉注譯獻疑》(2011)、《〈周氏冥通記〉研究（譯注篇）注釋拾補》(2012)、《〈周氏冥通記〉研究（譯注篇）商補》(2012)、《〈周氏冥通記〉研究（譯注篇）補苴》(2012)、《〈周氏冥通記〉注釋獻疑》(2014)、《〈周氏冥通記〉研究（譯注篇）文字校勘獻疑》(2014)、《〈周氏冥通記〉研究（譯注篇）補闕》(2014) 等。

訂補《真誥校注》的，如劉祖國《〈真誥校注〉訂補》(2013)、《〈真誥校注〉補疑》(2014)、《〈真誥校注〉考疑》(2015)、《〈真誥校注〉勘誤劄記》(2015)，再如何亮《〈真誥校注〉指瑕》(2009)，劉揚《〈真誥校注〉商補二則》(2009)，周作明、俞理明《〈真誥校注〉補闕》(2010) 等。

關於其他經典，還有周作明《點校本〈雲笈七籤〉商補三則》(2005)、胡守為《文淵閣四庫全書本〈神仙傳〉疑誤》(2009)、許蔚《〈歷世真仙體道通鑒〉所見〈真誥〉校讀記》(2011)、張雁勇《〈真靈位業圖〉校勘舉要》(2011)、秦樺林《敦煌〈抱朴子〉研究概況及校勘舉隅》(2013)、謝明《國圖敦煌道經校釋劄記》(2015)、謝明《國圖藏敦煌道經校正三則及相關問題考釋》(2016) 等，以上論文對有關經典的文字、標點、注釋等都進行了一些校勘整理，是研究有關文獻詞彙的重要參考。

（三）專書、專類詞語系統研究

專書、專類詞彙研究是漢語詞彙史研究的基石，沒有堅實的專書、專類詞彙研究成果，漢語詞彙史的書寫就無法推進，這是漢語史學界的共識。此類研究比較重要的有汪維輝、馮利華、葉貴良、周作明、劉祖國等人的論著。

1. 專書語詞研究

汪維輝《〈周氏冥通記〉詞彙研究》(2000) 從常用詞、疑難詞、新詞新義入手，系統揭示了此書對漢語史研究的價值。成妍《〈抱朴子內篇〉詞彙研究》(2005) 分析了該書詞彙的特點——專業性、隱語性、豐富性，討論了書中的新詞新義和複音詞問題。柴紅梅《〈神仙傳〉詞彙研究》(2005) 重在對其反映中古時期語言面貌的詞語進行發掘論證，同時發現了一些較晚出的與葛洪時代不符的語詞，可為文獻辨偽提供資料。

劉祖國《〈太平經〉詞彙研究》(2009) 對《太平經》中的口語詞、道教詞語、新詞新義、常用詞等問題進行了細緻的分析。馮利華《中古道書語言研究》(2010) 分析了《真誥》《周氏冥通記》中的一些詞語用法，及俗字、隱語、道經整理等相關問題。

孔珍《〈真誥〉詞彙研究》（2010）對《真誥》中的道教語詞、疊音詞、典故詞進行了初步考察。劉彩紅《敦煌本〈太上洞淵神咒經〉文字與詞彙研究》（2012）對敦煌本《神咒經》的道教詞彙、佛教詞彙、儒源詞彙、雜源詞彙進行了梳理、舉例和考證。楊靜《敦煌本〈太上業報因緣經〉文字與詞彙研究》（2012）對其中的儒源詞、佛源詞、本源詞以及雜源詞進行考釋。王佳欣《〈周氏冥通記〉虛詞研究》（2015）將書中虛詞分為副詞、連詞、介詞、助詞四類及若干小類，從詞類、用法、意義、功能等方面加以分析，力求呈現《周氏冥通記》虛詞的特點。

這些專書語詞研究的系列成果，很好地體現了中古道經詞彙研究的不斷深入與發展。

2. 專類語詞研究

葉貴良《敦煌道經寫本與詞彙研究》（2007）對敦煌道經文字與詞彙進行了開拓性的研究，深入探討了敦煌道經詞彙的研究方法，敦煌道經文字與詞彙考釋，敦煌道經詞彙對道家文化的傳承，道教義理語詞，道教特色語詞等內容，多所發明。

劉祖國《東晉南北朝古道經詞彙研究》（2011）首次對東晉南北朝古道經詞彙進行了較為全面的研究，分詞彙系統概貌、詞彙的衍生、詞義的演變、道經詞彙與中古文化等專題進行系統研究，初步描寫出東晉南北朝古道經詞彙和詞義的系統及構成。

牛秀芳《宋以前道教碑刻詞語研究》（2011）對道教碑刻中具有道教特色的神仙傳說類、眾術丹法類、齋戒科儀類詞語分別進行研究，拓寬了道教詞彙研究的語料範圍。

田啟濤《早期天師道文獻詞彙描寫研究》（2012）饒有新意，選取魏晉時期的十部天師道文獻作為研究對象，採用描寫方法對48849字的文獻材料進行窮盡性分析，切分出8619個詞語，對這些詞彙的歷史層次、新舊質比例、單複音詞使用情況、語義場分佈等展開了全面而深入的討論，取得了很多富有價值的結論。

總之，這方面的研究目前成果較少，盲點較多，是今後有待努力的方向之一。應注意加強對道經專書、專類文獻詞彙系統的描寫，在揭示語言事實的基礎上，嘗試從史的角度對詞彙發展演變加以研究，探討道教文獻詞彙發展演變的特點規律和內部機制。

（四）詞義考釋研究

道教文獻語言研究是從字詞訓詁考釋起步的，在道經詞彙研究的各項工作中，詞義考釋研究成績最為突出。

1. 以某一類文獻語料為主要對象的研究

敦煌道教文獻中有許多俗字、俗語詞，語義隱晦，不易理解，有待詮釋。葉貴良《敦煌道經詞語考釋》（2009）集中考釋了數百條道教特色詞語和疑難俗字，縝思明辨，多可信從。這方面成果還有周作明《敦煌道經語詞劄記》(2006)、田啟濤《敦煌道經詞語例釋》(2013) 等。

中古靈寶經數量繁多，年代確定，內容廣泛，其中有不少難解的方俗語詞，忻麗麗《中古靈寶經詞語考釋》(2012) 對中古靈寶經（及少數三皇經）中的 70 多條難解詞進行考釋，釋義細密精當。科儀類道經具有較高的口語性，相關文字、詞彙方面的研究至今仍多有空白，周學峰《道教科儀經籍疑難語詞考釋》(2013) 考釋辨析了一些易造成閱讀障礙的俗訛字和疑難詞，結論多可信從。

另外還有田啟濤《早期天師道文獻詞語拾詁》(2010)、田啟濤《魏晉南北朝天師道典籍中的"縣官"》(2010)、牛尚鵬《道法類經書疑難語詞考釋》(2012)。

2. **專門考釋某一時期詞彙的研究**

中古時期的道教文獻具有較高的語料價值，是中古漢語研究不可缺少的一部分，許多在六朝時期道書中出現的詞語可與同時期其他文獻相互比勘，對於詞語考釋多有啟發。馮利華《中古道書詞語輯釋》(2010) 解釋了中古道經的"陪負""陪填""劬劇""穢殗""擾競"等詞，對於辭書釋義具有很好的匡補作用。此外，劉玉紅《〈金元全真教石刻新編〉釋詞》(2008) 則對《金元全真教石刻新編》中的一些詞語進行考釋，開拓了道教文獻詞彙研究的新領域。這方面的成果目前很少，亟待加強。

3. **專門考釋某部書中詞彙的研究**

成書於東漢的《太平經》是中國道教的第一部經典。早在 1959 年，王明先生就編成《太平經合校》，被公認爲研究《太平經》的最權威、最詳備之底本，也使《太平經》成為漢語史界最早的研究對象。關於此書的詞語考釋成果頗豐。

俞理明《〈太平經〉中常用的應歎提頓語》(2002) 把《太平經》中的應歎提頓語分爲感歎、應答、提頓用語三大類，分析了各自的用法，並對相近詞語或用法進行了比較，甚爲精審。王敏紅《〈太平經〉詞語拾零》(2002) 利用多種字書辭書，發掘舊注，對《太平經》中的"腐塗"等詞語作了考證，堪為的訓。連登崗《〈太平經〉語詞再釋》(2004) 對前人無釋的"晏早""晏蚤"，"厭畏"，"根柄"等八組詞語作了詳細考釋。近年對《太平經》詞語考釋用力較多的是劉祖國，先後發表《〈太平經〉注釋商兑》(2006)、《〈太平經〉詞語拾詁》(2008)、《〈太平經〉語詞劄記》(2009)、《〈太平經〉語詞釋讀獻疑》(2010)、《〈太平經〉注釋指瑕》(2010)、《〈太平經〉注釋商兑一則》(2011)、《〈太平經〉注釋辨誤》(2011) 等系列論文。

《抱朴子內篇》也是漢語史學界比較關注的一部經典，專門對書中疑難詞語詞義進行考釋的文章，主要有王敏紅《讀〈抱朴子·內篇〉校釋劄記》(2001)，董玉芝《〈抱朴子〉特指義拾零》(2004)，曾昭聰《〈抱朴子內篇〉詞語零劄》(2005)、《〈抱朴子內篇〉詞語小劄》(2006)，成妍《〈抱朴子內篇〉語詞零劄》(2005)、

《〈抱朴子内篇〉語詞訓釋》（2007），這些文章在一定程度上解決了部分疑難詞問題。

考釋《真誥》疑難字詞的文章有馮利華《〈真誥〉詞語校釋三則》（2002）、《〈真誥〉詞語輯釋》（2002），王磊《〈真誥〉詞語拾零》（2003），雷漢卿、周作明《〈真誥〉詞語補釋》（2010）等。

北宋張君房編《雲笈七籤》是道教最大的一部類書，保存了《大宋天宮寶藏》的精華，素有"小道藏""道教小百科"之美稱，也是漢語史研究的重要資料。王敏紅著有《〈雲笈七籤〉"臨目"釋義》（2001）、《〈雲笈七籤〉"養"、"迫"釋義》（2002）、《〈雲笈七籤〉詞語零劄》（2002），結合道教煉丹文化，考釋了《雲笈七籤》中的"臨目""養""迫""不用""自搏""正爾""救理"等疑難詞語。

4. **個別詞語的考釋研究**

田啟濤先後發表《搏頰：一種已消失的道教儀式》（2011）、《也談道經中的"搏頰"》（2012）、《再談道經中的"搏頰"》（2012），指出"搏頰"是魏晉南北朝道經中的一個常見詞語，表"擊打面頰"之義，後人因不了解"搏頰"之俗，而對該詞產生諸多誤解。三篇系列論文以道經語料為依託，以佛經及傳統文獻典籍用例為參照，廓清了其意義内涵。

"乙密"一詞，學界看法不一，先後有王雲路《〈太平經〉詞語詮釋》（1995）、連登崗《釋〈太平經〉之"賢儒"、"善儒"、"乙密"》（1998）、真大成《再釋"乙密"》（2010）、史光輝《"乙密"補釋》（2011）、田啟濤《道經詞語"藹沫""乙密"語義考辨》（2015）對該詞進行考釋。

中國社科院姜守誠先生近年來致力於出土文獻與早期道教民間信仰的研究，立足於考古新材料，遵循"二重證據法"的原則和精神，發表多篇字詞考釋文章，例如《"命樹"考》（2007）、《"業秤"小考》（2008）、《"塚訟"考》（2010）、《中國古代的"家先"觀念》（2011）、《中國古代的"業鏡"觀念》（2011）、《漢晉道書中所見"玉女"考釋》（2012）等，對一些重要的道教文化詞語提出不少新見解，對道教文獻語言研究具有積極的啟發意義。

此外，比較重要的成果還有葉貴良《"殜"字考辨》（2004）、連登崗《釋〈太平經〉之"賢柔、賢渘、大柔、大渘師"》（2005）、王柯《〈太平經〉語詞選釋》（2007）、高朋《"塚訟"的内涵及其流變》（2008）、忻麗麗《道經詞語"離羅"考釋》（2011）、蘆笛《道教文獻中"芝"之涵義考論》（2015）、田啟濤《說"蘊"》（2016）等。

（五）詞彙比較研究

魏晉南北朝時期，社會動蕩，南北對峙，五胡亂華，北人大批南遷，民族大融合，造成漢民族與外族、南方與北方之間文化的交融，這對於語言發展產生了重要影響。近年來，已有學者著手對南北朝時期南北語言的差異進行研究，這是非常有意義的，有利於發現語言內部的一些深層內容。

1. 方言詞彙差異研究

汪維輝《六世紀漢語詞彙的南北差異——以〈齊民要術〉與〈周氏冥通記〉為例》(2007)以《齊民要術》和《周氏冥通記》為調查對象，結合同時期其他語料和現代方言，從"特用詞語""同義詞語"兩方面勾稽出一批具有方言色彩的詞語，揭示出南方較多地使用新詞，北方則相對保守的規律。文章視野宏闊，精見迭出，具有很強的指導意義。

蕭紅《六世紀漢語第一、第二人稱代詞的南北差異——以〈齊民要術〉和〈周氏冥通記〉為例》(2010)通過對比發現北魏漢語人稱代詞稍顯保守。蕭紅《六世紀漢語疑問詞語的時代特徵和地域分佈——以〈齊民要術〉和〈周氏冥通記〉為例》(2012)指出《齊民要術》中疑問詞語的用法相對保守，保留舊的用法更多，較新的一些詞語在《周氏冥通記》中出現了，而在《齊民要術》中沒有見到。這兩篇文章將中古漢語的內部差異問題進一步推向深化，具有較高的參考價值。

劉海平、李晶《試述〈周氏冥通記〉、〈齊民要術〉所反映的南北語言差異》(2013)研究發現：詞彙方面，《齊民要術》具有六朝北方口語特色，《周氏冥通記》具有南方口語特色；語法方面的發展，《周氏冥通記》比《齊民要術》要更快一些。

中古時期南北方言詞彙差異的研究相關論著不多，這方面的研究仍應加強。

2. 語言與文化的交互影響

語言既是歷史的積澱，又是社會的折光。道經語言與文化問題的研究，重要的有夏先忠、周作明等人的成果。

佛道二教在發展中相互鬥爭，又彼此融合，相互間的交融滲透在用語上也多有反映。劉屹、劉菊林《論〈太上妙法本相經〉的北朝特徵——以對佛教因素的吸收為中心》(2007)是一篇富有新意的文章，作者認為《本相經》對佛教概念和詞彙的借用有其特色，並將其總結為"直接移植"(直接借用不改變意義)和"偷樑換柱"(雖保持佛教的名稱，但徹底改變了原有的佛教意涵)。

夏先忠《六朝道典用語佛源考求舉例》(2008)對其中數則深受佛教影響的詞語，如"右別""形論""度""付度"等進行了考求。夏先忠、周作明《試論宗教文化對詞語意義及構造的影響——以東晉六朝上清經為例》(2008)分析了東晉六朝上清經中受道家"虛靜"思想影響引起的詞義變化、上清派的修道思想及觀念對詞義的影響，角度新穎。周作明、夏先忠《從六朝上清經看佛教對道教用語的影響》(2008)以六朝上清經為考察對象，發掘出一批深受佛教影響的用語，並從源頭上對其加以分析。夏先忠、周作明《從六朝上清經看文化對文獻用語的影響》(2009)考察了道家思想及道派文化對上清經用語構造及意義的影響，分析透徹。

另外，楊靜《敦煌本〈太上業報因緣經〉佛源詞例釋》（2011）、杜曉莉《道教“古靈寶經”中的佛教詞語》（2013）、唐武嘉《敦煌道經佛源詞研究》（2014）也都談到了道經中吸收的佛教語詞。

作為一種宗教文獻，道書保存了大量具有特殊的道教文化蘊涵的語詞，是道經詞彙研究的重要內容。田啟濤《道教文化影響下的道經用語》（2014）指出道教所關注的熱點問題和當時的社會風尚必然會以詞彙形式反映在其文獻中，形成不同的語義群，從七個方面探討了道教文化影響下的50條道經用語。牛尚鵬《道經文化詞語分類解詁》（2014）分類考釋了“擢質”“基考”“齋直”“都章”“天民”等文化詞語，並闡釋了其產生和存在的文化背景。周作明《早期道教日月崇拜的用語表達》（2016）詳細梳理並解釋這些表示日月的用語，對道經文獻的解讀和研究有所裨益。

3. **語言比較研究**

隨著中古近代漢語詞彙研究的逐漸深入，不同文獻語言之間的對比研究日益受到學者們的關注，比較重要的有俞理明、顧滿林、蕭紅等人的論著。

四川大學俞理明教授是國內較早專門從事道教文獻語言研究的學者，鑒於《太平經》與東漢佛典在語言上的諸多相似，他提出了《東漢佛道文獻詞彙研究的構想》（2005），這是一個獨具價值的創新性題目，把東漢佛道文獻語言放在一起進行對比考察，堪為首創。顧滿林、俞理明《東漢佛道文獻詞彙新質的概貌》（2011）發現在4757條東漢詞彙新質中，佛經的詞彙創新量明顯高於道經。佛經中的新詞不僅數量高於道經，與中土非宗教文獻用詞的密切程度也略高於道經。俞理明、顧滿林《東漢佛道文獻詞彙新質研究》（2013）第一次全面地比較了佛道二教的文獻用語，解釋了佛經與道經在詞彙詞義方面的諸多細微差異，提供了一種全新的研究思路，開闢了一個新的研究領域，填補了相關研究空白。

蕭紅《南北朝佛典、道書複音詞語比較》（2014）從宗教、時代、地域、個人風格等方面歸納了《雜寶藏經》《百喻經》《老君音誦誡經》《周氏冥通記》四部經典在複音詞方面的差異，視角新穎。李振東、張麗梅《東漢佛教譯經語言及文獻比較研究述論》（2014）也談到了可將《太平經》與東漢佛典或《論衡》進行比較。

比較是學術研究的一種基本方法，語言方面的比較可以發現語言現象的同中之異和異中之同。比較是語言研究的一種有效手段，但現階段道教文獻詞彙比較研究方面的論著尚不多見，這一研究領域應大力加強。

（六）詞彙研究與辭書編纂

《漢語大詞典》（下文省稱《大詞典》）、《漢語大字典》等大型語文辭書當初編纂時很少利用道教文獻，道教文獻詞彙研究可為相關字頭詞條的立目、釋義、書證等提供參考，對辭書的修訂和完善具有重要的意義。

劉祖國《〈太平經〉複音詞研究與〈漢語大詞典〉》（2006）通過對《太平經》複音詞窮盡性調查，發現並糾正《大詞典》在收列詞條、解釋意義、列舉書證等方面的問題。俞理明《〈玄都律文〉的用詞和〈漢語大詞典〉的釋義》（2010）考察《大詞典》解釋的詞語中與道經《玄都律文》用例釋義不合的情況，藉以說明道教文獻語料對漢語歷史研究的作用。牛尚鵬《從道經語料看〈漢語大詞典訂補〉仍存在的問題》（2015）指出《大詞典》在編纂時對道經語料措意不多，新出的《漢語大詞典訂補》仍存在釋義不確、義項缺失、音項缺失、詞條失收等問題，需要在《大詞典》第二版全面修訂時引起注意。

周作明先生近年致力於道教文獻的整理，有多篇文章論及道經詞彙與辭書編纂的問題。《論早期道經與大型辭書編纂》（2013）指出辭書對道經的零星利用中，尚存立目時採用詞形有誤、釋義欠妥、引例可商等未善之處。《中古道經與近代漢語語詞溯源》（2013）認為中古道經在一般語詞溯源上作用巨大，而在專門語詞研究上，則應當成為主要的依託材料。《論〈真誥〉在中古漢語詞彙研究中的價值》（2016）詳舉《真誥》中的信劄等材料，用實例論述了其在大型辭書編纂中的價值。

另外，還有賀志偉《李白詩歌道教語言文化研究》（2014）、張琨《〈雲笈七籤〉詞彙研究和〈漢語大詞典〉的修訂》（2012）、張琨《〈漢語大詞典〉書證滯後補遺——以〈雲笈七籤〉為例》（2012）等。

（七）詞彙研究述評

1. **書評**

周作明先生對近年出版的多種道經點校本有系列評論文章，《他山之石，可以攻玉——評吉川忠夫、麥穀邦夫編，朱越利譯〈真誥〉校注》（2013）從四個方面肯定了該書在六朝道典校勘方面的開創之功，同時，指出其中個別語詞出注時，所引文獻與該詞在原句中的本意不符，在異文出校上還可再下功夫等。《"道教典籍選刊"之〈真誥〉與〈登真隱訣輯校〉》（2015）評介了兩書的整理得失，並就道教古籍的整理談了幾點看法，如建立分類合理、方便可靠的電子語料庫，儘最大可能參照同期道經；在缺少他校材料的情況下，對文字的改動一定要謹慎從事。周氏的書評文章還有《點校本〈雲笈七籤〉商補續——兼論道教典籍的整理》（2007）、《〈真誥校注〉補闕》（2010）、《"道教典籍選刊"與道教古籍整理》（2012）、《點校本〈真誥〉述評——兼論魏晉南北朝道經的整理》（2012）、《點校本〈真誥〉商補》（2012）、《〈登真隱訣輯校〉商補》（2013）、《〈登真隱訣輯校〉與早期道經整理》（2014）等。

劉祖國對道教文獻語言研究論著也多有評論，《〈養性延命錄校注〉評介》（2015）從版本選擇、標點注釋等方面充分肯定了《養性延命錄校注》，也指出了個別語詞釋讀問題。《〈東晉南北朝道經名物詞新質研究〉評介》（2015）認為此書首次對東晉南北朝時期道經名物詞新質作了較為全面的整理和研究，是近年道教文獻詞彙研究的一項可喜收穫。《道教文獻語言研究的探索之作——〈中古上清經行為詞新質研究〉評介》（2016）認為此書角度新穎，在中古道經詞彙研究方面作出了可貴的探索。《中古宗教文獻語言比較研究的力作——〈東漢佛道文獻詞彙新質研究〉評介》（2016）認為此書第一次對東漢佛道文獻詞彙新質進行了全面的、系統的、深入的描寫，具有開創意義，具有很高的學術價值。《道教文獻整理與科技史研究之完美結合——韓吉紹〈黃帝九鼎神丹經訣校釋〉讀後》（2016）認為此書是一部高質量的道教文獻整理作品，亦舉例指出書中一些標點注釋還可再斟酌。

2. **研究綜述**

新世紀以來，道經語言研究成果如雨後春筍般不斷湧現，尤以中古道經詞彙研究方面的成果最為豐碩，近年也出現了幾篇對研究現狀加以總結的論文。

張婷、曾昭聰、曹小雲《十年來道教典籍詞彙研究綜述》（2005）對近十年來的道教典籍詞彙研究進行了簡要的回顧，同時對道教詞彙研究的將來也作了展望，作者對道經詞彙研究的現狀總結比較到位。此文距今雖已有十年，但仍有重要價值。

羅業愷《近二十年道教語言研究綜述（1988—2008）》（2009）從道經語音、詞彙、文字、傳播及影響等方面，對近二十年道教語言的研究作簡要綜述。竊以為，此文尚存在一些不足，一方面，文中所論對象有些並非嚴格意義上的道教文獻，如《老子》《莊子》，範圍過寬；另一方面，有不少本應收錄的重要成果卻未提及，王雲路、周作明、連登崗、赤松佑子等先生的多篇重要文章皆漏收。

蕭紅、袁媛《百年中國道教文獻語言研究綜述》（2013）指出百年來中國道教文獻語言研究從前期以考據為主的文獻語言研究發展到後期以語言本體研究為主，由強調經驗研究到開始注重理論的系統性，逐步成為一門交叉學科。與佛經語言研究相比，道教文獻語言研究存在著起步晚、數量少、根基淺等明顯差距，但未來在學科發展、材料利用、研究方法改進等方面有十分廣闊的空間。這篇文章具有較高的理論水準，反映了作者對這一問題的探索與思考。

劉祖國《漢語學界道經語言研究的回顧與展望》（2013）以時間為線，將漢語學界百年來的相關成果分三個時期進行了梳理，並指出了今後努力的七個方向，如要注意研究道經語言對全民語言的影響，要研究道經語言對儒家文化以及佛教文化的吸收與借鑒，有步驟、有計劃地展開道經語言的專題研究、專書研究、專類體裁研究、斷代研究、通代研究等。作者十多年來都在從事道經語言研究，對這一領域比較熟悉，成果總結全面細緻，具有較高的參考價值。

近二十年來，《太平經》一直是學界關注的熱點，成果眾多。劉祖國《〈太平經〉研究述評》（2005）、劉曉然《〈太平經〉的詞彙研究》（2006）、李振東《八十年來道教典籍〈太平經〉研究的歷史與現狀》（2012）從校勘、訓詁、語法、詞彙等方面，對《太平經》語言的研究情況進行了簡要的介紹，對其中的某些問題做了必要的補充。

此外，還有幾篇對道教文獻語言研究進行全面辨析與理論闡述的重要文章，對這一研究領域的發展進行了深入思考。

劉祖國《試論道經語言學》（2010）認為在道教文獻日益受到重視的今天，有必要建立一門專門研究道教文獻語言的學科，即道經語言學。文章首次提出"道經語言學"的概念，論述了建立道經語言學的可能性與必要性，道經語言學的研究內容、研究方法等問題。劉祖國《道教文獻語言研究的困境與出路》（2012）分析了道教文獻語言研究的困難所在，並結合各方面實際，認為可以從幾方面尋求突破，如做好道教經典的校勘整理，下大力氣加強道經的辨偽研究等。周作明《利用早期道經從事漢語史研究的問題及對策》（2013）客觀分析了道經語言研究現狀和使用中存在的問題，指出這些困難可通過以下途徑來克服：利用國內外早期道經文獻學的考訂成果，確定出時代總體可靠的核心材料；結合道經衍生中互相抄截或纂集的特點，加強文獻整理；客觀謹慎處理道經傳承中的文字變動問題，以保證研究材料的可靠性。

以上回顧了新世紀以來的道教文獻詞彙研究的大致情況，筆者所見有限，遺漏之處一定不少，請達者正之。

二、總結與展望

（一）對過去研究成果的總結

近年來，道教文獻語言研究正逐漸成為漢語史學界一個新的學術生長點。縱觀新世紀以來的道教文獻詞彙研究，研究的對象和範圍日益擴大，研究成果也較為豐碩，尤其是中古道經詞彙的研究成果最為突出，其特點主要表現在以下方面。

1. 研究內容

本時期的研究雖仍有不少字詞考釋類的成果，但從整體上看，其內容又有一些新的拓展：

一是研究廣度不斷拓寬，對漢語詞彙研究的各個方面均有涉及，無論是新詞新義、複音詞、構詞法，還是常用詞、同義詞、反義詞等，都有相關論著。雖說各個方面的成果還不均衡，但這足以說明新世紀以來道教文獻詞彙研究取得了相當的發展。

二是出現了幾部扎實厚重的成果，對中古道教文獻詞彙進行系統描寫，總結道教文獻詞彙的特點與規律。最突出的代表就是俞理明、顧滿林《東漢佛道文獻詞彙新質研究》（2013），此書第五章“東漢佛道文獻詞彙新質分析”是對描寫結果的縱深分析，包括詞彙新質的總貌、表義情況、意譯詞，從社會文化背景角度考察東漢佛道文獻詞彙的社團特點，發現了一系列蘊含在材料深處的規律，令人耳目一新。全書既有詳細的共時描寫，又有深入的理論分析，貫徹了描寫與解釋相結合的原則，為此項研究樹立了典範。周作明《中古上清經行為詞新質研究》（2013）專門研究中古上清經的行為詞，周作明、俞理明《東晉南北朝道經名物詞新質研究》（2015）則重點討論東晉南北朝道經名物詞，可以說，兩部著作珠聯璧合，相映生輝，成為研究中古道教文獻詞彙研究的代表性成果。

三是出現了幾篇對道教文獻語言研究進行宏觀思考的理論性文章，立足高遠，視野閎通，對學科的發展具有一定的指導意義。如俞理明《東漢佛道文獻詞彙研究的構想》（2005）、劉祖國《試論道經語言學》（2010）、周作明《利用早期道經從事漢語史研究的問題及對策》（2013）等。

2. 研究方法

本時期的研究在方法上有所改進，主要表現為兩個方面：

一是嘗試運用詞彙化、概念場、現代語義學、描寫詞彙學等對中古道教文獻詞彙作系統的研究，取得突破性進展。如劉曉然《雙音短語的詞彙化：以〈太平經〉為例》（2007），周作明《從概念場看文獻中新舊詞語的語用地位》（2009），俞理明、顧滿林《東漢佛道文獻詞彙新質研究》（2013），田啟濤、俞理明《漢語詞彙複音化的觀察視點和方法——以早期（魏晉）天師道文獻為例》（2016）。

二是重視道教文獻與不同材料之間的相互印證，研究方法趨於多樣化。如周建姣《東漢買地券鎮墓文與〈太平經〉釋文互證》（2008）取地下文獻與《太平經》相互印證，張文冠《〈太平經〉字詞校釋四則》（2015）以魏晉碑刻及敦煌文獻校訂辨析《太平經》的字詞錯訛，李振東《〈太平經〉與東漢佛典複音詞比較研究》（2016）選取《太平經》和東漢佛典中的複音詞進行對比研究。

（二）對未來發展方向的展望

總的來說，道教文獻詞彙研究雖已取得一定成績，但與佛經語言研究相比，尚處於起步階段，在以下方面還需加強。

（1）從研究範圍來看，儘管道教文獻詞彙研究已走過二十年歷程，但目前研究仍多圍繞《太平經》、《抱朴子內篇》、《真誥》、《周氏冥通記》、《雲笈七籤》、東晉南朝上清經、敦煌道經等展開，其他眾多經典無人問津，今後應特別注意擴大研究範圍。另外，目前的研究對象主要集中於中古道教文獻，其實，近代漢語階段的一些重要道經，如《續仙傳》《江淮異人錄》《神仙感遇傳》《錄異記》《歷世真仙體道通鑒》等也都有較高的研究價值。

（2）從研究角度來看，相當多的成果集中於疑難詞語考釋，這種零碎的原子式研究有待改變，應著眼於詞彙的系統性研究，大力加強道教文獻的專書、專題語詞研究，逐步開展道經斷代詞彙研究乃至通代研究。目前的專書、專題詞彙研究成果以碩士論文居多，在研究的深廣度上尚有待提高。以道經斷代詞彙為對象的成果非常稀少，空白點還有許多，這項工作任重道遠而又意義重大。

（3）從研究基礎來看，要大力加強道教文獻的辨偽工作，同時繼續做好道經的校勘整理。道教文獻常托之神授，其編著者姓名和編著年代大多不詳，要綜合利用語音、詞彙、語法等手段，加強道經辨偽。對那些在道教史或漢語史上研究價值較大的道經進行標點、注釋（或校注、校釋、訓詁）、翻譯（或譯注），可為道教文獻詞彙研究提供可靠的文本依據。

（4）從研究方法來看，要加強相關比較研究，如不同道經、不同道派詞彙之間的比較，道經與佛典或其他同時代文獻詞彙的比較等。目前的研究多以某部經典為對象，考察面過於單一，缺乏必要的比較。很多時候，通過比較才能發現其深層特點與規律。

（5）從研究目標來看，要提高理論素養，挖掘道教文獻詞彙的發展演變規律。目前的研究還多屬傳統訓詁學的研究，今後需注意利用語義學、認知語言學、詞彙化、語法化等語言學理論進行研究，嘗試對發掘到的語言事實予以解釋和理論概括，探尋道教文獻的語言風格、道教文獻詞彙發展演變的規律與機制。

（6）從研究梯隊來看，應創造條件，吸引更多的學者加入，共同推動道教文獻語言研究。目前國內專門致力於道教文獻語言研究的學者僅有十多位，面對浩如煙海的道經，這是遠遠不夠的。不過，近年出現了一個可喜的現象，一些年輕的碩士、博士生開始自覺地把道教文獻語言作為自己的學位論文選題，畢業後如能繼續從事有關研究，必將成為推動道教文獻語言研究發展的有生力量。

（7）從研究視野來看，要放寬眼界，注意吸收各相關學科的最新研究成果。道教文獻語言研究涉及多個學科，最基本的就是漢語史、宗教學，另外，文獻學、歷史學、古代文學的成果我們也要關注。因為學科分類的問題，目前從事道教文獻整理及語言研究的學者，在不同的高校可能會分屬不同的學院或專業，因為來源比較複雜，所以不能閉門造車，而要眼觀六路，善於及時掌握各相關學科的最新動態。

（8）從研究前景來看，要順應當今交叉研究、跨學科研究的大勢，逐步建立一門能把道教學與語言學真正融合起來的新興學科——道經語言學。道經文獻叢脞繁雜，可多角度進行研究，語言研究當然是其中一個重要的方面。道教文獻語言是漢語史研究的薄弱環節，少有學者把道教文獻作為斷代語言研究的對象。佛經語言研究早已碩果累累，然而道經語言研究一直進展緩慢，這與其在中國傳統文化中的地位極不相稱。可以說建立道經語言學也是學科佈局平衡發展的需要。道經語言學是未來道教學研究及中國語言學研究的新趨勢，具有廣闊的發展前景。

An Overview of Taoist Scriptural Vocabulary Studies in the New Century（2000－2016）

Liu Zuguo

Abstract：This article summarizes the results of Taoist scriptural vocabulary studies in 2000－2016. The article also points out the questions and deficiencies in these studies with the hope that the researches in the future will be improved.

Keywords：Taoist scriptures；vocabulary study；overview

（劉祖國，山東大學文學院）

說“悳”和“惠”*

惠紅軍

提　要：文章對《現代漢語詞典》中新增的“悳”字進行了考證。通過文字演變、姓氏流變、語音演變的綜合分析，文章認爲，“悳”是“惠”的一個異體字，“悳”作爲姓氏實際上是“惠”姓的不同寫法，二者的讀音差異在明代中葉就已經發生。作爲姓氏用字，對“悳”的注音應標爲去聲 Xì，而不是現在《現代漢語詞典》的陽平 Xí；同時，還應在“惠”的 Huì 音之後再標注“一音 Xì，名姓，字亦作‘悳’”，以明源流。

關鍵詞：《現代漢語詞典》；悳；惠；異體字；文白異讀

一、問題的提出

《現代漢語詞典》（以下簡稱《現漢》）第七版（2016）第 1404 頁有一個“悳”字，陽平音 Xí，是一個姓氏用字。該字在《現漢》第六版（2012）第 1396 頁已見，但在《現漢》以前的各個版本中均未出現，當是這兩版中的新增漢字。關於“悳”姓，在今陝西境内流傳著這樣一句俗話——“悳惠不分”①，即“悳”姓和“惠”姓實際上是一個姓，不作區別。“惠”作爲一種姓氏，《現漢》第七版第 586 頁注音爲 Huì，以前各版本亦是如此。那麼，“悳”和“惠”到底是什麼關係？本文嘗試對此做一解釋。

＊　本文在寫作過程中，曾得到胡安順教授、邢向東教授、周北南副教授的大力幫助，謹致謝忱。文中如有謬誤，均爲本文作者之責。

①　在説起或聽到這句俗語時，一般人很可能把其中的“悳”字替換成了“惠”字。因爲“悳”作爲一個姓氏用字較爲生僻，因而曾有因“悳”姓生僻而改姓爲“惠”的事情，徐鐵生（2014：224）就記載了兩例改“悳”姓爲“惠”姓的事例。本文作者所生長的村莊原名“大户悳”，現已改爲“大户惠”；作者小學時姓氏即寫作“悳”，後因“悳”字生僻，在當地老師的教導下，亦改寫爲同音字“惠”（音 xì），同村孩子莫不如是。

二、"⿱亠⿱田心"和"惠"的文字關係

"⿱亠⿱田心"字爲罕見漢字，而"惠"字則爲常見漢字。據大徐本《說文解字·叀部》："惠，仁也。從心從叀。"徐鉉注曰："徐鍇曰：'爲惠者必專也。'胡桂切。"段玉裁注本《說文解字·叀部》："惠，仁也。從心叀。"段注曰："爲惠者必謹也。胡桂切。"據黃征（2005：259），"惠"在敦煌變文中有一個俗體字"恵"。又據歐昌俊、李海霞（2004：94），在六朝到五代的大量石刻文字中，"惠"也往往被俗寫爲"恵"，其上半部"叀"上已經省去了兩畫。

實際上，"惠"省寫爲"恵"在東漢時期已可見到，如東漢時期的碑刻《西狹頌》和《曹全碑》上已有"恵"字；略有不同的是，《西狹頌》上的"惠"爲恵（何海林 2013：42）[①]，而《曹全碑》上的"惠"爲"恵"（何海林 2010：14）。後世"惠"寫作"恵"的情況也很常見，如明代著名書法家文徵明的很多書法作品中，"惠"常寫作"恵"（文徵明 1994：1），以"惠"爲構字部件的"蕙"也寫作"⿱艹恵"（曹惠民，寇建軍 2006：247）。"惠"寫作"恵"，是把上半部分的"叀"省作"𤰔"。類似的省寫現象在魏晉南北朝時期也很常見，如"傳"在北魏壽昌二年《元朗墓誌》中省寫作"⿰亻⿱𤰔寸"（毛遠明 2014：116）；"搏"在北魏永安二年《元繼墓誌》中省寫作"⿰扌⿱𤰔寸"（毛遠明 2014：898）；"團"在北魏永安二年《元繼墓誌》中省寫作"⿴囗⿱𤰔寸"（毛遠明 2014：898）。

"⿱亠⿱田心"與"恵"字形非常相近，實際上也是"惠"的異體字，因爲在漢字書寫的過程中，由構形部件"十"和"亠"之間的變化而形成的異體字並非個例。如"曹"字在北魏時期就已經出現了異體字"曺"（李域錚，陝西省博物館 1997：21）[②]；而變體"⿱亠曺"更早在晉代的碑刻中就能見到[③]，且該變體在後世亦有繼承[④]。又如"德"隸書作"徳"，此種寫法于東漢時期的《曹全碑》中已可見到（李域錚，陝西省博物館 1997：135）；該變體在後世亦有繼承，如明代文徵明的書法作品中"不明道德"的"德"就寫作"⿰彳⿱亠⿱罒心"（曹惠民，寇建軍 2006：181）。因此，"惠"的字形變爲"⿱亠⿱田心"也是漢字寫法變化的一種常見體式。"惠"寫爲"⿱亠⿱田心"早在東漢時期就已發生，如東漢碑刻《劉熊碑》有"德惠潛流"之語，其中的"惠"字就寫作隸體的"⿱亠⿱田心"，其字作""（陝西師範大學 2016：580）；在清人趙

① 《漢語大字典》"惠"字條亦將此字列爲"惠"的一種古文字形體。

② 北魏《穆亮墓誌》"蕭曹之資"作"蕭曺之資"（李域錚，陝西省博物館 1997：21）。

③ 該字出現于晉代《張纂墓誌》（毛遠明 2014：68）。

④ 清代書畫家曹貞秀於 1792 年在《前赤壁賦》和《後赤壁賦》合卷上所用印鑒"曹貞秀"中，"曹"即寫作"⿱亠曺"（上海博物館 1987：878）。又，今陝西蒲城境內的"曹"姓在日常生活中也多寫作"⿱亠曺"。

之謙[①]所臨寫的《劉熊碑》中，該字被臨寫爲“㥦”（沈鵬，李呈修 2006：258），亦即今之楷書“㥦”。

三、“㥦”和“惠”作爲姓氏的關係

作爲姓氏，“㥦”姓已經受到當代學者的關注。據袁義達（1996：636）：“㥦，音 Xì，作爲姓氏源出不詳，甘肅民樂、永昌，陝西西安、長安、安康、渭南、臨潼，寧夏，北京，河南等地均有此姓。”“惠，音 Huì，今陝西華縣一帶惠姓亦音 Xì。”據袁義達、邱家儒（2010：1099，1197－1198）：“㥦（音 Xì）爲惠姓所改；甘肅酒泉、臨夏、景泰、民樂、永昌、蘭州、西峰、慶陽、會寧、古浪，陝西西安、長安、安康、渭南、臨潼，寧夏西吉，北京，河南，貴州習水等地均有此姓。”“惠，音 Xì，源出不詳；今陝西華縣、蒲城一帶惠姓讀此音。”

據竇學田（1997：672，267）：“㥦，音 Xì，現行罕見姓氏，今甘肅之蘭州、西峰、慶陽、臨夏，陝西臨潼等地有分佈。”“惠，音 Huì，現行較常見姓氏，今北京，天津之武清，河北之尚義、黃驊，山東之魚台、昌樂、平度、平邑、龍口，山西之太原，雲南之隴川、河口，四川之合江、南江等均有分佈。”

據徐鐵生（2014：593，224－225），㥦，音 Xì，西北地方惠姓音讀如系（Xì），其一支以“惠”字別體“恵”變形書作“㥦”；北京市，遼寧大連，江蘇南通，廣州東莞，貴州習水，陝西西安、安康、岐山、渭南、臨潼、勉縣，甘肅蘭州、永登、景泰、榆中、白銀、靖遠、定西、臨洮、永靖、廣河、和政、康樂、山丹、天祝、武威、古浪、會寧、平涼、酒泉、慶城、隴南、臨夏、金昌、永昌、民樂東鄉族自治縣，寧夏西吉，青海西寧，新疆和靜等地有分佈；明正德中有山東夏津主簿㥦鳳，陝西岐山人（《山東通志・職官》）。惠（音 Xì）姓主要分佈在陝西境內西安、藍田、咸陽、涇陽、禮泉、乾縣、涇陽、三原、永壽、白河、旬陽、商洛、丹鳳、山陽、商南、柞水、延安、富縣、志丹、延川、榆林、米脂、清澗、寶雞、麟遊、隴縣、渭南、華縣、華陰、澄城、大荔、富平、蒲城、潼關等地，甘肅境內蘭州、正寧、華池、合水、鎮原、平涼、靈台等地也有分佈。以惠（音 Huì）爲姓的情況除沿襲古代的謚號爲姓外，還有金代女真族吾魯氏漢姓、彝族漢姓、滿族漢姓、回族漢姓；西北地方惠姓變讀音“系”；惠，一音 Xì，亦姓。

根據上述有關姓氏的研究，以及今陝西省境內所流傳的俗話“㥦惠不分”，我們認爲，“㥦”“惠”這兩個姓氏之間存在同源關係。

---

① 趙之謙（1829—1884），清代著名的書畫家、篆刻家。

四、"恵"和"惠"的語音關係

"恵"作爲姓氏用字，在今陝西當地讀音爲［ɕi^{44}］，次高平調；"惠"作爲姓氏用字時，在今陝西當地有兩讀，一音［xuəi^{44}］，一音［ɕi^{44}］，均爲次高平調。從語音演變的角度看，"惠"作爲姓氏的兩種讀音差異實際上是一種較爲普遍的音變現象。據《宋本廣韻》，"惠"爲胡桂切，霽韻（陳彭年等 2002：107）。今天一般認爲，"惠"爲古匣母字，蟹攝合口四等去聲。古匣母字中有很多在今陝西方言中均有文白兩讀，如陝西合陽方言（邢向東，蔡文婷 2010：28－34）、富平方言（徐鵬彪 2008：100－102）、潼關方言（姚亦登 2015：36－38）等。陝西蒲城方言的古匣母字也有類似的文白異讀情況（"//"前爲普通話讀音，"/"前爲方言文讀音，"/"後爲方言白讀音）：

蟹開二：

鞋（［ɕiɛ^{35}］//［ɕiɛ^{24}］/［xæ^{24}］）　蟹（［ɕiɛ^{51}］//［ɕiɛ^{42}］/［xæ^{42}］）

假開二：

下（［ɕiA^{51}］//［ɕiA^{44}］/［xA^{44}］底下）

咸開二：

鹹（［ɕian^{35}］//［ɕiã^{24}］鹹菜/［xã^{24}］鹹菜）　陷（［ɕian^{51}］//［ɕian^{51}］把人陷住了/［xã^{44}］把人陷住了）　餡（［ɕian^{51}］//［ɕyã^{44}］肉餡子/［xã^{44}］豆餡包子）　匣（［ɕiA^{35}］//［ɕiA^{24}］/［xA^{24}］）

山開二：

閑（［ɕian^{35}］//［ɕiã^{24}］/［xã^{24}］）　瞎（［ɕiA^{55}］//［ɕiA^{42}］/［xA^{42}］）

江開二：

項（［ɕiaŋ^{51}］//［ɕiaŋ^{44}］第一項/［xaŋ^{42}］脖項）　巷（［ɕiaŋ^{51}］//［ɕiaŋ^{44}］/［xaŋ^{44}］）

梗開二：

杏（［ɕiŋ^{51}］//［ɕiŋ^{44}］/［xəŋ^{44}］）

蒲城方言中還有一些古匣母字只有白讀音，而沒有文讀音，如（"//"之前爲普通話讀音，之後爲白讀音）：

蟹合四：

畦（［tɕʻi^{35}］//［ɕi44］菜畦子）

山開二：

莧（［ɕian^{51}］//［xã^{42}］人莧菜，即普通話中的莧菜）

山開三：

涎（［ɕian^{35}］//［xã^{44}］涎水）

可見蒲城方言中，古匣母字的文白異讀現象比較普遍。文白異讀是漢語語音發展中的不規則變化，普通話影響方言的情況多數是文白異讀，而文言音則是受普通話的影響（王力 1985：634）。也就是説，文白異讀反映的是共存於一個方言或語言中的同源成分的不同的語音形式；而這種不同形式折射了歷史上的標準語和方言的關係（劉勳寧 2003：2—8）；因此，可以從現在的共時平面離析出屬於不同時期、不同來源的語音層次來（邢向東，蔡文婷 2010：28—34）。具體到“惠”的兩種讀音來看，因爲與“惠”的音韻地位相同的“菜畦”的“畦”今普通話讀［tɕ′i^{35}］，而陝西方言白讀音爲［ɕi^{44}］；故“惠”作爲姓氏時讀［ɕi^{44}］當是一種白讀音，保留了較早的語音現象，而讀［xuəi^{44}］當是文讀音。因此，根據蒲城方言古匣母字的文白異讀情況，“惠”“畦”的文白異讀與蒲城方言古匣母字的文白異讀規律恰好相反，是整個匣母字文白異讀中的特殊現象。但如果和漢語其他方言區相比較，那麼類似“惠”“畦”這樣的文白異讀並不特殊，如江西婺源“惠”“慧”均有［xuɤ^{51}］和［ɕy^{51}］兩讀，而其中的［ɕy^{51}］則爲白讀音（陳瑤 2009：203）。

據朱正義（2004：254—255），蟹攝合口四等韻（即［uəi］）在今天的渭南話中有些變爲單元音［i］，如“邽、惠姓氏”，今渭南話讀爲“邽［tɕi^{21}］、惠［ɕi^{44}］”。這一點，渭南話和蒲城話相同。除此之外，我們還發現個别蟹攝合口四等韻的字在今蒲城方言中也變爲單元音［i］，如“提攜”的“攜”在老派讀音中依然讀作輕聲的［ɕi］。蟹攝合口四等韻也有變爲單元音［y］的情況，如江西婺源方言白讀音中，“惠”“慧”均讀作［ɕy^{51}］，“圭”“閨”均讀作［tɕy^{44}］，“桂”讀作［tɕy^{35}］（陳瑤 2009：203）；安徽祁門方言白讀音中，“桂花”的“桂”讀爲［tɕy^{213}］（陳瑤 2009：203）；福建松溪話中，“桂”讀爲［ky^{5}］，“惠”“慧”讀爲［hy^{5}］鄭偉 2008：91，95）；山西清徐方言中的“桂”讀爲［ky^{5}］，“閨”讀爲［ky^{1}］（鄭偉 2008：91）。陝西方言中也有類似現象。如“麥穗”的“穗”在今陝西方言讀［ɕy^{44}］。“穗”字見於《説文解字·禾部》：“采，禾成秀也。人所以收。從爪、禾。穗，俗從禾，惠聲。”雖然“穗”是止攝合口三等字，其聲韻地位和“惠”有一些差異，但“穗”從“惠”得聲，在一定程度上能夠反映出“惠”語音變化的歷史軌跡，即“惠”在［ɕi^{44}］音之前很可能經歷了［ɕy^{44}］音這一階段。同時，今陝西話的部分匣母字的韻母中還保留著［y］音的痕跡，如“新鮮”的“鮮”讀［ɕyã^{42}］，“餡子”的“餡”讀［ɕyã^{44}］，“現炒現賣”的“現”讀［ɕyã^{44}］，“弓弦”的“弦”

讀爲［ɕyā^{24}］。可見，陝西境内“惠”讀［ɕi^{44}］既反映了蟹攝合口四等字一種比較普遍的音變現象，也反映了關中方言音變的地域特徵，是關中方言音變的一種重要歷時遺存。

目前能見到的有關“惠”姓讀 Xì 的較早記載爲清人張澍的《姓氏尋源》。據該書（1992：421）卷三十三：“今陝西惠姓讀爲細。”張澍（1776—1847）乃清中葉涼州府武威縣（今甘肅省武威市）人，這説明“惠”姓讀爲“細”的情況在清代中葉就已經存在了。而據姓氏研究的相關資料以及方志中與恵姓有關的人物的記載（徐鐵生 2014：593），“惠”姓讀爲“恵”應該在明中葉就已經發生了。

在現代漢語層面，今陝西話的次高平調一般對應普通話的去聲，陝西話［ɕi^{44}］、［xuəi^{44}］對應的普通話讀音爲［ɕi^{51}］、［xuəi^{51}］，因此“恵”姓在普通話中當讀 Xì［ɕi^{51}］，與“惠”作爲姓氏時讀 Xì［ɕi^{51}］爲同音關係。

五、結　論

從文字演變、姓氏流變、語音演變的角度綜合分析，我們可以得出這樣的結論：“恵”是“惠”的異體字，“恵”作爲姓氏用字實際上是“惠”姓的不同寫法，而讀音的差異則是語音地域音變的結果，這種音變應該在明中葉就已經發生。從方言語音與普通話語音對應的角度看，對“恵”姓的注音應爲去聲 Xì，而不是現在《現漢》的陽平 Xí。同時，作爲姓氏用字，還應在“惠”姓的讀音 Huì 之後再標注“一音 Xì；名姓，字亦作‘恵’”，以明源流。

參考文獻

曹惠民，寇建軍．文徵明詩文書畫全集．北京：中國言實出版社，2006.

陳彭年，等．宋本廣韻；永祿本韻鏡．南京：江蘇教育出版社，2002.

陳瑤．徽州方言音韻研究．福州：福建師範大學，2009.

竇學田．中華古今姓氏大全．北京：警官教育出版社，1997.

何海林．歷代拓本精華：一．上海：上海辭書出版社，2010.

何海林．歷代拓本精華：十九．上海：上海辭書出版社，2013.

黄征．敦煌俗字典．上海：上海教育出版社，2005.

李域錚，陝西省博物館．西安碑林名碑：四．西安：陝西人民美術出版社，1997.

劉勳寧．文白異讀與語音層次．語言教學與研究，2003（4）.

毛遠明．漢魏六朝碑刻異體字典：全二冊．北京：中華書局，2014.

歐昌俊，李海霞．六朝唐五代石刻俗字研究．成都：巴蜀書社，2004.

陝西師範大學．《劉熊碑》拓本//中文古籍數字圖書館．西安：陝西師範大學，［出版時間不詳］．［2016－05－06］．http://219.244.185.40/ListDitail.aspx? ID=102121.

上海博物館. 中國書畫家印鑒款識. 北京：文物出版社，1987.
沈鵬，李呈修. 中國隸書大字典. 北京：人民美術出版社，2006.
王力. 漢語語音史. 北京：中國社會科學出版社，1985.
文徵明. 文徵明書法全集. 北京：群言出版社，1994.
邢向東，蔡文婷. 合陽方言音系與文白異讀. 咸陽師範學院學報，2010（3）.
徐鵬彪. 富平方言的文白異讀. 咸陽師範學院學報. 2008（3）.
徐鐵生. 中華姓氏源流大辭典. 北京：中華書局，2014.
姚亦登. 潼關方言的文白異讀. 咸陽師範學院學報，2015（3）.
袁義達. 中華姓氏大辭典. 北京：教育科學出版社，1996.
袁義達，邱家儒. 中國姓氏大辭典. 南昌：江西人民出版社，2010.
張澍. 姓氏尋源. 趙振興，校點. 長沙：岳麓書社，1992.
鄭偉. 太湖片吳語音韻演變研究. 上海：上海師範大學，2008.
中國社會科學院語言研究所詞典編輯室. 現代漢語詞典. 6 版. 北京：商務印書館，2012.
中國社會科學院語言研究所詞典編輯室. 現代漢語詞典. 7 版. 北京：商務印書館，2016.
朱正義. 關中方言古詞論稿. 上海：上海古籍出版社，2004.

The Relationship of *Xi*（悳）and *Hui*（惠）

Xi Hongjun

Abstract: This article researches a new Chinese character *Xi*（悳）which has been added to *Modern Chinese Language Dictionary*（*Xiandai Hanyu Cidian*）since its sixth edition. After the analysis of phonetic evolution, Chinese characters evolution and surname evolution, this article argues that *Xi*（悳）is a variety of *Hui*（惠）. As a surname, *Xi*（悳）is a different writing of *Hui*（惠）. The differences between *Xi*（悳）and *Hui*（惠）came into being from Chinese dialects literary and colloquial pronunciation in the Middle Ming Dynasty. In *Modern Chinese Language Dictionary*（*Xiandai Hanyu Cidian*）, as a surname, the phonetic notation of *Xi*（悳）should be *Xì* instead of *Xí*; at the same time, after the phonetic notation of *Hui*（惠）, there should be the note that the other phonetic notation is *Xi*, and *Xi*（悳）is a variation of *Hui*（惠）.

Keywords: *Modern Chinese Language Dictionary*（*Xiandai Hanyu Cidian*）; *Xi*（悳）; *Hui*（惠）; variant character; literary and colloquial pronunciation

（惠紅軍，陝西師範大學文學院）

《風俗通義》校釋補正

游　黎

提　要： 近代學者已對《風俗通義》一書進行了較為詳細、準確的校釋與翻譯。然而由於本書內容豐富、年代久遠，今人對其中部分語詞的理解存在問題，造成對本書的部分注釋、譯文仍有不夠準確之處，影響了讀者和研究者對本書原意的正確理解。本文對其中三處問題進行了補正。

關鍵詞：《風俗通義》；詞語校釋；極運；震電；論正；彈繩；不撓

漢代應劭《風俗通義》是記錄歷代名物制度、人物故事、神鬼傳說等的重要民俗著作，不但具有很高的歷史和文學研究價值，也有很高的語言研究價值，一直以來備受研究者重視。今人在總結歷代研究成果的基礎上，對此書已有較為完備的注解和研究。其中重要的著作主要有吳樹平《風俗通義校釋》和王利器《風俗通義校注》。二書校勘細緻，考釋準確，具有很高的學術價值。趙鴻在參考二書的基礎上著有《風俗通義全譯》，更加方便了現代讀者的閱讀①。

然而，由於《風俗通義》著作時代久遠，內容宏富，因此對原著的校釋難免掛萬漏一。我們在參讀以上三種著作時，發現其中仍然存在當注而未注，或者注釋不夠完備、影響了讀者對原著本意的理解等問題。本文試就這些問題進行補充和說明。

一、及至始皇，承六世之遺烈，抗長策而御宇內，吞二周而叱諸侯，履至尊而制六合，兼帝皇而威四海。於時議者恨楚之疏遠屈原，魏不用公子無忌，故國削以至於亡。秦因愚弱之極運，震電之蕭條，混壹海內，為漢驅除。蓋乘天之所壞，誰能枝之？（卷一“皇霸”）

對於本段中“秦因愚弱之極運，震電之蕭條，混壹海內，為漢驅除”一句，各

① 以上著作後文分別簡稱為《校釋》《校注》《全譯》。

家注本一直存在分歧。《校釋》及《漢語大詞典》"愚弱"條下引此句，皆斷作"秦因愚弱之極，運震電之蕭條"。而《校注》則將此句斷作"秦因愚弱之極運，震電之蕭條"。同時，可能是出於對本句意義的不確定，以上注本均未對本句文意做出任何注解。《全譯》依《校注》斷句，將此句譯為："秦國承繼的是愚弱不堪的天運，衰微的國力，卻能統一海內，替漢興起排除了障礙。"

我們認為，各家注本都未能準確地說明本句的意義，問題主要出在對本句詞語的理解上。

首先，無論是《校釋》《漢語大詞典》的"愚弱之極"，還是《全譯》所謂"秦國愚弱不堪的天運"，似乎都將句中的"愚弱"看作了形容詞。事實上，"愚弱"雖本為形容詞，而在實際運用中常常用作名詞。茲略舉二例：

(1) 居官而掩蔽眾目，盜財入己；居鄉而欺淩愚弱，奪其所有，私販官中所禁茶、鹽、酒、酤之屬，皆竊盜之流也。(宋袁采《世範》卷中)

(2) 雖練習律令，而不為峭刻。斷獄必求厭人心，摧抑強猾，扶衛愚弱。(宋司馬光《傳家集》卷七十七)

以上二例中的"愚弱"均為名詞，指"愚弱者"或"愚弱之人"。實際上，"愚弱之極運"之"愚弱"也是名詞，指"愚弱之國"，也就是上文所說的楚、魏等六國。作者正是由於六國"疏遠屈原""不用公子無忌"，"故國削以至於亡"，故將其稱為"愚弱"。

其次，《校釋》與《漢語大詞典》將本句中"極""運"二字斷開，主要原因是未能理解"極運"一詞的含義。《漢語大詞典》"極運"條引《楚辭·王褒〈九懷·匡機〉》"極運兮不中，來將屈兮困窮"王逸注："周轉求君，道不合也。"並據此將"極運"釋為"反復盡力規勸"。以此解詮釋本句，自然扞格難通。今按："極"本有"極限、盡頭"之義，故本句中的"極運"，實為"已達極限、盡頭的命運"，在本句中指六國的國運已經到頭。此義在其他文獻中亦可找到佐證，如：

(3) 而文正以樸拙之姿，起家寒素，飽經患難。丁人心陷溺之極運，終其生於挫折讒妒之林，惟恃一己之心力，不吐不茹，不靡不回。卒乃變舉世之風氣，而挽一時之浩劫。(梁啟超《曾文正公嘉言鈔·序》)

上例所謂"丁人心陷溺之極運"，即謂曾文正遭逢亂世，人心陷溺，而國運已至盡頭。此外，古籍中常見"極運"的同素異序詞"運極"，義為"命運終結"，可作為"極運"詞義的有力旁證：

(4) 既而晉陽傾覆，運極途窮。還鄴則義隔德昌，死事則情乖舊主。雖復全生握節，豈比背叛之流歟？(《北史·孫搴傳》)

（5）自比定冀水潦，無歲不饑；幽瀛川河，頻年泛溢。豈是陽九厄會，百六鍾期，故以人事而然，非為運極。（《魏書·崔辯傳》）

“極運”與“運極”一為偏正結構，一為主謂結構，但其成詞的理據顯然是相似的。

第三，根據以上分析，《校注》與《全譯》的斷句是正確的。然而，《校注》惜未對本句做任何解釋，而《全譯》將本句譯為“秦國承繼衰弱不堪的天運、衰微的國力”，則完全背離了作者原意，明顯與前文“及至始皇，承六世之遺烈，抗長策而御宇內”相矛盾。這主要是因為譯者將句中的“因”誤解為“承繼”義。我們認為，這裹的“因”實際是“憑藉、利用”的意思①。“秦因愚弱之極運”，即“秦國利用六國已到盡頭的國運（這樣的時機）”。

最後，《漢語大詞典》將“震電”一詞釋為“電閃雷鳴”“盛怒”“隆隆的車聲”等，但將此三義置於句中，都不能很好地解釋本句的含義。我們認為，本句中的“震電”實際是“軍威、軍力”的意思。“震電”本為“電閃雷鳴”，在古籍中常引申用以比擬殺伐之威：

（6）雷震電曜，天之威也。聖人作刑戮以象類之。（《左傳·昭公二十五年》）

（7）是以殺伐擬於震電，推恩象於雲雨。（《晉書·虞預傳》）

進而常常用以比擬軍隊的威勢：

（8）陷泉之捷，震電燁燁。符離之克，我勢攸赫。（《金史·夾谷查剌傳》）

（9）誓師仗鉞大王雄，虐使連聲詈宋聾。萬國談瀛驚創見，八方震電怒環攻。（《人境廬詩草》卷十）

可見，“震電之蕭條”是指六國軍力蕭條，與上文“愚弱之極運”形成並列結構。

綜上，我們將本句解釋為“秦國利用六國已經走到盡頭的國運和極為蕭條的軍力，統一了海內，為漢朝的興起掃清了障礙”。如此不但語義通順，而且與上下文更加契合。

二、安定太守汝南胡伊伯、建平長樊紹孟建，俱為司空虞放掾屬。放遜位，自劾還家。郡以伊為主簿，迎新大守，曰：“我是宰士，何可委質於二朝乎！”因出門名戶，占系陳國。紹曰：“柳下惠不去父母之國，君子不辭下位。”獨行服事。後公黃瓊大以為恨，移書汝南，論正主者吏，絕紹文書，而更辟伊。（卷五“十反”）

上文最末一句中的“論正”一詞令人費解。該詞既不見於辭書，《校釋》《校

① “因”的“憑藉、利用”義在漢語中極為常見，“因人成事”“因公假私”“因依”等詞皆出於此義。

注》亦均未出注。而《全譯》的譯文也完全回避了這個詞，僅將本句譯為："接任司空的黄瓊大為不滿，寫信給汝南郡主辦的官吏，斷絕樊紹的文書，而重新徵召胡伊。"

我們認為，"論正"一詞的含義對我們正確理解本句的意義至關重要，有必要進行探究。

經查證，"論正"當為"判罪、治罪"之義，古籍中習見，如：

（1）靈運率部眾反叛，論正斬刑。上愛其才，欲免官而已。(《宋書·謝靈運傳》)

（2）石崇與愷將為鴆毒之事，司隸校尉傅祗劾之。有司皆論正重罪，詔特原之。(《晉書·王愷傳》)

（3）伏望論正頤罪，倘未誅戮，且當放還田里，以示典刑。(《續資治通鑒長編》卷四百四)

（4）令已論正豪罪，未即決，豪死牢戶中。(《隨園詩話》卷七)

可見，所謂"移書汝南，論正主者吏"，並不是說"黄瓊寫信給汝南主辦的官吏"，而是指黄瓊致書汝南郡，要求治主辦官吏之罪。那麼，胡伊本是安定太守，黄瓊為什麼要致書汝南治主辦官員之罪？而所謂主辦官員，到底是主辦什麼事務的官員？所犯的又是何罪呢？仔細研讀本段文字，我們可以發現，原來胡伊在舊日上司虞放遜位後，為了保持忠於舊上司的氣節，不惜遠離其家鄉汝南而落籍陳國（"出門名戶，占系陳國"）。接任司空的黄瓊因此才會"大以為恨"。此處的"大以為恨"，也不是譯文所謂的"大為不滿"，而是"大為遺憾"[①]。這樣，文義就很清晰了：黄瓊是為胡伊落戶他鄉而感到非常遺憾，因此才發文至胡伊的老家汝南，對主辦此事（遷籍）的官員治罪。

可見，對"論正"詞義的不解導致了對文義理解的錯誤。在此也不妨附帶談一下"論正"一詞"治罪"義的來源。"論正"一詞為並列結構。"正"字本有"治罪"之義，今猶言"正法"。而"論"字的"判罪、治罪"之義由其"衡量、評判"之義發展而來。《洪武正韻·真韻》："決罪曰論。"《風俗通義》卷五又有"民不見德，唯戮是聞，論輸左校"之說，《漢語大詞典》釋"論輸"為"定罪而罰作勞役"，"論"亦"定罪"之義。從我們的調查來看，"論正"在古籍中使用普遍，《漢語大詞典》等辭書當據補。

三、汝南陳茂君因為荊州刺史，時南陽太守灌恂本名清能。茂不入宛城，引車

① "恨"之"遺憾"義亦較為常見，如"引以為恨""恨悵""悔恨"等詞皆出於此義，

到城東，為友人衛修母拜，到州。修先是茂客，仕蒼梧還。到修家，見修母婦，說修坐事系獄當死。因詣府門，移辭乞恩，隨輩露首入坊中，容止嚴恪，鬚眉甚偉。太守大驚，不覺自起立，賜中延請，甚嘉敬之，即焉出修，南陽士大夫謂茂能救解修。茂彈繩不撓，修竟極罪，恂亦以它事去。南陽疾惡殺修，為之語曰："修衛有事，陳茂活之；衛修無事，陳茂殺之。"（卷四"過譽"）

上引"彈繩不撓"一句，《校注》《校釋》皆未出注，《全譯》注為："彈繩：糾舉。不撓：不彎曲。此謂不留情面。"全句譯為："陳茂糾舉人不留情面，衛修最後又抵死罪。"《漢語大詞典》失收"彈繩"，但收錄"繩彈"一詞，釋為"彈劾"。釋"不撓"為"不彎曲。形容剛正不屈"，《全譯》的注釋當即本此。

細細體會文意，以上譯文並不符合情理：衛修在獄中，陳茂作為其好友專程前往探望。面對已經被判死罪的舊友，陳茂有何必要還要不留情面地糾舉彈劾他？

我們認為，這裏的"彈繩"不同於"繩彈"，而"不撓"也並非"不留情面"。

"繩"本義為木工所用墨繩，引申可指"準則、法律"。《韓非子·孤憤》："故智術能法之士用，則貴重之臣必在繩之外矣。"《後漢書·寇榮傳》："尚書背繩墨，案空劾，不復質確其過，寘於嚴棘之下，便奏正臣罪。"李賢注："繩墨，謂法律也。"與"彈繩"結構、意義相近的詞是"引繩"，初指木工拉墨線，後即引申為"援引、遵守法律、準則"。唐生周等《成語"引繩批根"音義試析》一文對"引繩"一詞釋之甚詳。而"彈繩"一詞在古籍中雖不多見，亦可找到用例，義為"援引、遵守法律"：

(1) 州郡更請，屈己匡君，為主簿、督郵、五官掾功曹、上計掾、守令冀州從事，所在執憲，彈繩糾枉，忠潔清肅，進退以禮，允道篤愛，先人後己，克讓有終。(《全後漢文·淳于長夏承碑》)

(2) 若令下官事無大小，咨而後行，則非上司彈繩之意；若咨而不從，又非上下相順之宜。(《三國志·魏書·任蘇杜鄭倉傳》)

例(1)中"彈繩糾枉"即"遵照法律、糾正冤案"；例(2)"則非上司彈繩之意"，意謂如若官員事無大小都要先諮詢上司然後才實行，就違背了上司制訂法律的本意(即凡事可按法律行事，無需事事諮詢上司)。可見，"彈繩"為述賓結構的合成詞，"彈"指"制訂、援引或遵循"，"繩"指法律。而"繩彈"為偏正結構，"彈"指"彈劾"，"繩彈"即"依照法律彈劾"之義。二者並不相同，不能混為一談。

另外，本句中之"不撓"，"撓"即"撓法"，乃"徇私枉法"之義：

(3) 然由居二千石中，最為暴酷驕恣。所愛者，撓法活之；所憎者，曲法誅滅之。(《史記·酷吏列傳》)

(4) 夫賢者之為人臣，不損君以奉佞，不阿眾以取容，不墮公以聽私，不

撓法以吐剛，其明能照奸，而義不比黨。(《潛夫論・明闇》)

(5) 進大雅於樞近，退小子於閑僻，政令惟一，威恩以信，私不害公，情不撓法，則天下幸甚。(《舊唐書・蕭至忠傳》)

(6) 罷遷轉，務擇人，使鄉里公共推擇，俸足以養廉公平，歲久則得入流品，庶幾簡易而得人，不撓法，不害民，不誤事。(《雜著》卷三)

例 (5)、(6) 中之"不撓法"即"不貪贓枉法"，亦常常省作"不撓"：

(7) 教在百姓，論在不撓，賞在信誠，體之以君臣，其誠也以守戰。(《管子・君臣上》)

(8) 刑徒前廷尉馮緄、大司農劉祐、河南尹李膺等，執法不撓，誅舉邪臣，肆之以法，眾庶稱宜。(《後漢書・黨錮列傳》)

例 (7)"論在不撓"指論罪時不應枉法徇私。而例 (8) 中的"執法不撓"與我們討論的"彈繩不撓"無論從結構還是意義上都已非常接近了。

由此可見，"彈繩不撓"是指"遵循法律而不枉法徇私"。陳茂去探望被判罪的舊友衛修，南陽士大夫都認為他能解救衛修，但陳茂並未枉法徇私，衛修最後仍然被處死。從上下文義來看，這樣的解釋也是更為恰當的。《漢語大詞典》失收"彈繩"一詞，"不撓"釋義不全，而《校注》《校釋》未對此出注，皆當據補。

參考文獻

陳壽. 三國志. 北京：中華書局，2012.

范曄. 後漢書. 北京：中華書局，2007.

房玄齡. 晉書. 北京：中華書局，2015.

黃遵憲，錢仲聯. 人境廬詩草箋注. 上海：上海古籍出版社，1981.

李燾. 續資治通鑒長編. 北京：中華書局，2004.

李延壽. 北史. 北京：中華書局，2013.

劉向. 管子. 北京：海潮出版社，2012.

劉昫. 舊唐書. 北京：中華書局，1975.

沈約. 宋書. 北京：中華書局，2015.

司馬光. 傳家集. 影印本. 長春：吉林出版集團，2005.

司馬遷. 史記. 北京：中華書局，2014.

唐生周，劉雪潔. 成語"引繩批根"音義試析. 古漢語研究. 2015 (1).

脫脫. 金史. 北京：中華書局，2016.

王符，彭鐸. 潛夫論箋校正. 北京：中華書局，1985.

王利器. 風俗通義校注. 北京：中華書局，2010.

魏收. 魏書. 北京：中華書局，2017.

吴樹平. 風俗通義校釋. 天津：天津人民出版社，1980.

嚴可均. 全後漢文. 北京：商務印書館，1999.

袁采. 袁氏世範. 上海：上海人民出版社，2017.

袁枚. 隨園詩話. 北京：綫裝書局，2010.

曾國藩，梁啟超. 曾文正公嘉言鈔. 北京：中國書店出版社，2012.

趙鴻. 風俗通義全譯. 貴陽：貴州人民出版社，1998.

左丘明. 左傳. 杜預，注. 上海：上海古籍出版社，2016.

The Explanation of Some Words of *Fengsutongyi*

You Li

Abstract: The essay examines the meaning of the words "極運" "震電" "論正" and "彈繩不撓" as used in *The Folk Legend* (*Fengsutongyi*). It studies and analyses the misunderstandings and misconceptions of these words by previous researchers and offers a correct explanation.

Keywords: *The Folk Legend* (*Fengsutongyi*); words and phrases; complementary interpretation and explanation

（游黎，四川大學海外教育學院）

"吉嘹舌頭"辨補*

李家傲

提 要： 禪宗文獻中，"吉嘹舌頭"指舌頭彎曲卷翹的狀態或動作，含有"多言""喋喋不休"之義。"吉嘹"的語源義是"彎曲"。

關鍵詞： 禪宗文獻；吉嘹舌頭；彎曲

禪宗文獻中，"吉嘹舌頭"多见，又作"狤獠舌頭""吉了舌頭""咭嘹舌頭""吃嘹舌頭"等，但對於"吉嘹"的詞義和語源，學界的看法頗不一致。何小宛（2009）認為："'吃嘹'實為一種能模仿人語的鳥，一般稱之'吉了'。""'吉了'的顯著特徵是模仿人言，'吃嘹（吉了）舌頭，正是取此為喻，用來譏刺不明心地、只知背誦經文或公案機語的問法僧人。"雷漢卿（2010：284）說："吃嘹舌頭，比喻學舌喋喋不休而言不及義。""'吃嘹''咭嘹''狤獠'同詞異寫，得名于'吉了'。這種鳥似鸚鵡，善效人言。"張文冠（2013：366）同意雷文釋義，並對"吃嘹"的語源作進一步的探尋，認為"譑"是"吉了""吃嘹""蜘蟟"等的合音字。王閏吉（2011；2013：257）則認為"吉嘹""狤獠""吃嘹"等是"繳"的分音字，"舌頭狤獠"類似於"舌頭打結"，"吉嘹舌頭"就是"繳其舌"，也即"縮卻舌頭"的意思[①]。四家觀點不盡相同，大致上何、雷、張的釋義相近，認為"吉嘹舌頭"是"多言""學舌""喋喋不休"等義；惟王文以"吉嘹舌頭"為"縮卻舌頭"。而對"吉嘹"語源的探討上，四家觀點亦不相同：何、雷認為其得名於"吉了鳥"；張、王分別謂"吉嘹"為"譑""繳"的分音字。諸家觀點分歧，對"吉嘹"的釋義和探源尚有繼續討論的必要。文章擬在各家的基礎上，稍作辨補。

---

* 本文爲國家社科基金項目"日僧無著道忠中國禪籍語言研究論考"（項目編號：17BYY023）階段性成果之一。

① 王文謂"吉嘹"為"繳"的分音字、舌頭打結，又謂"吉嘹舌頭"為"縮卻舌頭""併卻咽喉唇吻"。"繳"乃纏繞之義，"繳其舌"與"縮卻舌頭""併卻咽喉唇吻"似有所不同，然王文似皆以為"縮舌不言"之義。筆者愚鈍，未能讀出王文以二義為同，抑或為別。為免臆測，此特拈出。

首先，王文謂“吉嘹舌頭”為“縮卻舌頭”“併卻咽喉唇吻”等，難賅眾例，如：

（1）舉僧問玄沙：“如何是無縫塔?”沙云：“只者一縫大小。”師云：“只者一縫大小，飽叢林漢分曉。點頭言語丁寧，擺手舌頭狤獠。不狤獠，人人脚下如長安道。”（《宏智禪師廣錄》卷四，《大正新脩大藏經》48 冊，50 頁）

（2）築築磕磕兮鼻孔纍垂，哆哆和和兮舌頭狤獠。（《宏智禪師廣錄》卷七，《大正新脩大藏經》48 冊，81 頁）

例（1）“舌頭狤獠”與“言語丁寧”對文，義為多言、喋喋不休。“不狤獠”即“不多言”“不說話”，故而“人人脚下如長安道”。正如雷漢卿所釋：“‘不狤獠人人脚下如長安道’——如果不用學舌，你的脚下就有一條通向佛法的康莊大道。”這與禪宗超離語言文字，直指人心的宗教觀念一致。若是“縮卻舌頭”“併卻咽喉唇吻”，則“不狤獠”豈非搖唇鼓舌，大說特說？如此，焉能“人人脚下如長安道”？又，“哆哆和和”為“多言”“咿呀出聲”等義（雷漢卿 2006；袁賓，康健 2010：114），“哆哆和和兮舌頭狤獠”顯然指“多言”“說話不止”而不是“縮卻舌頭”或“併卻咽喉唇吻”云云。

禪籍中，“吉嘹舌頭”有“多言”“喋喋不休”義，何、雷、張論之甚是。但這只是“吉嘹舌頭”的語境義，並非“吉嘹”本身的詞義。如同“掉舌”“掉嘴”“搖唇鼓舌”等詞均有“多言”“喋喋不休”義，而“掉”“搖”“鼓”本身並無此義，“吉嘹”亦當如是。不妨看下面的例子：

（3）咭嘹舌頭，話盡平生心事。纍垂鼻孔，何妨摩觸家風。（《宏智禪師廣錄》卷五，《大正新脩大藏經》48 冊，71 頁）

（4）喫茶去語落諸方，聚首商量柄把長。相席是渠能打令，同塵輸爾解和光。舌頭狤獠明無骨，鼻孔纍垂暗有香。盞槖成來圓此話，儂家受用恰平常。（《宏智禪師廣錄》卷八，《大正新脩大藏經》48 冊，92 頁）

加上例（2），此三例中“吉嘹舌頭”與“纍垂鼻孔”、“舌頭吉嘹”與“鼻孔纍垂”相互對文，“纍垂”寫鼻孔之形，“吉嘹”畫舌頭之狀。“纍垂”指鼻孔下垂的一般形態，“吉嘹”亦當為“舌頭”的典型形狀。此處只能看出“吉嘹”為形容“舌頭”狀態之詞，無從得出“吉嘹”有“多言”“喋喋不休”之義。

“吉嘹”之義不明，則對其語源的探求不免有誤。王文引宋人睦庵善卿《祖庭事苑》的說法，以“吉嘹”為“繳”的分音字，並認為《壇經》中“獦獠”乃形容六祖慧能言語不清，類似於“舌頭打結”、結結巴巴等，頗顯迂曲。繳，《說文・糸部》釋為“生絲縷也”，引申有“纏繞”“糾戾”等義。“繳舌”即糾戾、纏繳舌頭，義同“結舌”。而“繳舌”或“結舌”即不能言，顯與禪籍用例不符，具如上論。

又，舌頭是最重要的發音器官，如果卷曲太快，過於靈活，亦可造成語流快速，音節、詞語之間間隔極小，語音模糊，聽起來“嘰裡呱啦”，類似“結巴”。如“繞口令”，聽者有時就聽不清，不知所云，而說者只是舌頭彎卷靈活而已，并沒有“打結”。

何、雷、張以“吉嘹舌頭”的語境義探求“吉嘹”的語源，勢必有所未安。何、雷兩文，以“吉嘹”得名於“吉了鳥”，張文以“譑”為“吉嘹”的分音字①，顯係誤解“吉嘹”為“多言”之義，不免有誤。

由前文可知，“吉嘹舌頭”乃描寫舌頭的形狀，而舌頭的特點不外是無骨、柔軟、捲曲自如等，據此推測“吉嘹”應有“彎曲”之義。無獨有偶，禪宗文獻中恰有“吉撩棒”一詞，可證“吉嘹”之義。例如：

（5）肩擔一條吉撩棒，棒頭掛雙破木履。盡力撮却布袋口，不知裏許有甚底。（《大慧普覺禪師語錄》卷十二《布袋和尚》，《大正新脩大藏經》47 冊，859 頁）

（6）明眼人前三尺暗，賓中無主主中賓。夜叉拈起吉撩棒，打落松梢月一輪。（《宗監法林》卷二，《續藏經》116 冊，42 頁）

又作“吉獠棒”“桔撩棒”“拮撩棒”。如：

（7）趙州訪師。師乃著豹皮裩，執吉獠棒，在三門下，翹一足等候。（《五燈會元》卷四《襄州關南道吾和尚》，《續藏經》138 冊，158 頁）

（8）拈拄杖曰：“新年華新氣象，頭戴寶華冠，手執吉獠棒。趁雲嵒獅子，跨嘉州大象。”（《別牧純禪師語錄》，《嘉興藏》40 冊，58 頁）

（9）桔撩棒挑破席，倒街臥路求乞。（《普覺宗杲禪師語錄》卷下《布袋和尚》之三，《續藏經》121 冊，98 頁）

（10）被巡海夜叉聞得，高聲喝云：“你者老子得恁麼頑賴？”拈起手中拮撩棒，驀頭一下，走入禪堂東單打坐。（《天岸昇禪師語錄》卷八，《嘉興藏》26 冊，696 頁）

“吉撩棒”指的是禪僧所用之拄杖。《禪宗大詞典》釋“吉撩棒”：僧人所用之拄仗，行腳時可用作扁擔（袁賓，康健 2010：194）。然“吉撩”之義闕如，得名之由不得其解。今案：“吉撩棒”所指為彎曲、不平直之棒。不妨來看如下幾例：

---

① 張文謂“吃”“吉”“唧”在近代漢語中已讀同舌面前音，故而“吉了”“唧嘹”“吉嘹”等為同源詞。實際上，“唧”精組字，“吉”“吃”見組字，精見兩組舌面化的時間較晚，且不同步。大約到 17 世紀時見組已分化出舌面音，而精組的分化更在其後。如謂禪籍中（主要為中晚唐至兩宋時期）“吉了”與“唧嘹”音同，似值得商榷。參見王力 2004：146；唐作藩 2011：162－164。

(11) 八節九曲，山水具足。頭脚分明，開人眼目。(《汾陽無德禪師語錄》卷三《拄杖歌》，《大正新脩大藏經》47 冊，622 頁)

(12) 勢吒呀節難比，曲似獰龍爭出水。拈來手上弄乾坤，逆順縱橫倒復起。(《石霜楚圓禪師語錄》卷一《拄杖歌》，《續藏經》120 冊，185 頁)

(13) 老龍蛻骨空山，樵人惠我作杖。靠在繩床角頭，團團圍繞萬象。(《橫川行珙禪師語錄》卷二《拄杖歌》，《續藏經》123 冊，405 頁)

(14) 千峰間出虬形樣，碧眼胡僧恁生向。(《天聖廣燈錄》卷十八《普照禪師修戒》，《續藏經》135 冊，780 頁)

這幾個例子均是詠贊"拄杖"的"拄杖歌"。"八節九曲""曲似獰龍""老龍蛻骨""虬形樣"形象地描繪出"拄杖"的"彎曲""不平直"的具體形態。而"吉撩"亦是描摹"拄杖"之形態者，為"彎曲"之義，想必較為允當。又如：

(15) 拈起拄杖曰："孤根自有擎天勢，不比尋常曲彔枝。"卓拄杖，下座。(《五燈會元》卷十七《上封慧和禪師》，《續藏經》138 冊，682 頁)

(16) 我有一條曲䚀杖，節鬪螺紋山勢樣。橫擔天下撥虛空，邪魅見之皆膽喪。(《汾陽無德禪師語錄》卷三《又拄杖歌》，《大正新脩大藏經》47 冊，622 頁)

"曲彔"與"曲䚀"同，義為"屈曲貌"（雷漢卿 2010a：535；袁賓，康健 2010：341），亦是描繪"拄杖"形狀之詞。"吉撩棒"與"曲彔枝""曲䚀杖"應是同義短語，"吉撩"顯是"彎曲"之義。

禪僧常在叢林山間，任運自然，所用之"拄杖"多不修治，不免"彎曲""不平直"。正如勝因戲魚靜禪師所詠：

(17) 誰人無一條拄杖，我家收底醜模樣。徹頭徹尾節目深，從生至老筋骸壯。不須修，何須漆。體段自然成個格。(《嘉泰普燈錄》卷三十《勝因戲魚靜禪師》，《續藏經》137 冊，429 頁)

"不須修""不須漆"，只是自然狀態下的樹枝、木條等，故而"彎曲"如"龍"似"虬"。

"吉嘹"與"吉撩"等均為形容彎曲事物之詞，語音相同或相近，當為同詞異寫。"吉撩"是"彎曲"的意思，"吉嘹"之義便不難理解。

另外，由"吉撩棒"之義亦可證明"吉嘹"為"繳"分音字的說法不確。前文指出，王文謂"繳舌"為"縮卻舌頭"有誤，然實際上"繳舌"或可理解為舌頭彎曲卷翹過快，將要纏繞打結，"吉嘹舌頭"即有多言、喋喋不休義，則"吉嘹"為"繳"之分音字，似言之成理。然而，若作此解，"吉撩棒"當為"繳棒"。繳為纏繳義，而“纏繳棒”顯然不詞。可見，“繳舌”無論作“縮卻舌頭”或“舌頭彎曲過快，將要纏繳打結”理解，均未能協通諸例，“吉嘹”為“繳”分音字的說法難以成立。

“吉嘹舌頭”為描繪舌頭彎曲卷翹之形態，“吉嘹”是“彎曲”之義。既明乎此，則“吉嘹”的語源亦可明瞭。王文指出，“吉嘹”與“圪料”音義密切相關，我們讚同這一看法。請看下列詞語的釋義：

圪了　〈形〉彎曲。晉語。(《漢語方言大詞典》第 1574 頁，下同)

圪老　〈名〉墻壁的內角。冀魯官話。(第 1575 頁)

圪柳　〈形〉彎曲不直。晉語。(第 1579 頁)

圪塄　〈名〉山窩；角落。北京官話、冀魯官話、中原官話、晉語、江淮官話。(第 1580 頁)

圪料　❷〈動〉蹺起。晉語。❹〈形〉彎曲；不平直。晉語。(第 1582 頁)

圪溜　〈形〉彎曲。冀魯官話、晉語。(第 1587 頁)

上列數詞語音、語義相同或相近，或為同詞異寫，或為同源詞族，其共同的語源義即是“彎曲”。如“圪老”“圪塄”指彎曲的角落、空間；“圪料”“圪溜”指彎曲的狀態或彎起的動作等。“圪料”等與“吉嘹”“吉撩”等音義亦相同或相近[①]，為同源詞殆無疑義。然而，王文必謂“吉嘹”為“繳”的分音字，進而認為《壇經》中“獦獠”乃形容六祖慧能言語不清，恐屬臆測，實難信從。

“吉嘹”義為“彎曲不直”；“吉嘹舌頭”“舌頭吉嘹”指“舌頭”彎曲卷翹的狀態或動作。舌頭是重要的發音器官，以舌頭彎曲卷翹之動作進而代指多言、喋喋不休，較為常見。如“掉舌”“搖唇鼓舌”等為描繪舌頭之動作狀態而皆有“多言”“喋喋不休”之義，“吉嘹舌頭”亦當如是。禪宗文獻中，“吉嘹舌頭”多用來諷刺學人不識自性，只知言語葛藤，與佛法相去甚遠，何、雷二文釋之已詳，此不再重複。

參考文獻

何小宛．禪錄詞語釋義商補．中國語文，2009 (3).

雷漢卿．禪籍詞語選釋．語言科學，2006 (4).

雷漢卿．禪籍方俗詞研究．成都：巴蜀書社，2010a.

---

① 《廣韻》：圪，疑母質韻或迄韻；吃，見母迄韻；吉，見母質韻。均為舌根音、入聲字，讀音相似。留、柳、溜等來母流攝尤韻（舉平以賅上去）；了、塄、老、料、撩、嘹等來母效攝豪、蕭韻。流、效二攝多有相通。

雷漢卿．語文辭書詞語釋義商補//漢語史研究集刊：第十三輯．成都：巴蜀書社，2010b.

唐作藩．漢語語音史教程．2 版．北京：北京大學出版社，2011.

王力．漢語史稿：重排版．2 版．北京：中華書局，2004.

王閏吉．《禪錄詞語釋義商補》商補．中國語文，2011（5）.

王閏吉．"獦獠"的詞義及其宗教學意義//漢語史學報：第十三輯．上海：上海教育出版社，2013.

許寶華，宮田一郎．漢語方言大詞典．北京：中華書局，1999.

袁賓，康健．禪宗大詞典．武漢：崇文書局，2010.

張文冠．"吃嘹"補釋//漢語史研究集刊：第十六輯．成都：巴蜀書社，2013.

Supplementary Explanation of "*Ji Liao She Tou*"（吉嘹舌頭）

Li Jiaao

Abstract：In Zen documents，"*Ji Liao She Tou*"（吉嘹舌頭）refers to the state or movement of the curved tongue and has the meaning of "too much words" and "chatter". The etymological meaning of "*Ji Liao*"（吉嘹）is "curve".

Keywords：Zen documents；"*Ji Liao She Tou*"（吉嘹古頭）；curve

（李家傲，四川大學文學與新聞學院）

《五分律》疑難字詞考辨四則*

丁慶剛

提　要： 漢文佛典是漢語史研究的重要語料，然而在歷代傳抄和刊刻過程中出現不少文字訛誤，給佛經文獻的校理和語言研究造成很大的障礙。文章主要利用字形考辨、異文比勘、辭例歸納等方法對《五分律》中"貪餘""釜燋""批箭""捲"等四則疑難字詞進行考辨，以辨正訛誤，疏解文意。

關鍵詞：《五分律》；疑難字詞；考辨

《五分律》是佛經律藏代表作之一，由劉宋佛陀什和竺道生等共同譯出，全名為《彌沙塞部和醯五分律》，又稱《彌沙塞部五分律》《彌沙塞律》等，與《四分律》《十誦律》《摩訶僧祇律》合稱為"四部廣律"，其內容主要是為修行的僧侶制定的日常生活和精神修養等方面的行為準則，但並不是只有枯燥的戒律條文，在記錄戒律的同時也"記述了當年制定有關戒條的緣由和經過，從僧尼的衣食住行以至七情六欲，涉及了生活的各個角落"（俞理明 1993：6）。因此，律部漢譯佛經在漢語史研究中有著重要的價值。然而漢文佛典在歷代傳抄和刊刻的過程中出現了不少的文字訛誤，給佛典語言研究和佛經文獻校理都造成很大的障礙。文章主要利用字形考辨、異文比勘、辭例歸納等方法對《五分律》中的"貪餘""釜燋""批箭""捲"等四則疑难字詞進行考辨，以辨正訛誤，疏解文意。不當之處，祈請方家指正。

一、貪　餘

爾時長老迦留陀夷以不憙見惡比丘故，亦不憙見烏。諸白衣捉彈來看，時有群烏集於屋上，語言："此烏成就弊惡比丘十法：一者慳惜；二者貪餘；三者強顏；四者耐辱；五者蛆弊；六者無慈悲；七者悕望；八者無厭；九者藏

* 本文為四川省社科聯規劃項目（項目編號：SC17C050）、四川省教育廳人文社科研究項目（項目編號：17SB0444）、四川文理學院科研基金重點項目（項目編號：2016KR001Z）的階段性研究成果。

積；十者憙忘。此烏有是十法，汝等欲殺不？"（《五分律》卷八，22/58/a[①]）

按：例中"貪餘"，大型語文辭書未見收錄。除漢文佛經用例之外，筆者未檢索到其他用例[②]。從文中講述的事情來看，"貪餘"詞義顯豁，當為"貪婪"之義。然"餘"字無法解釋，疑"餘"為"飻"之形誤。考《玄應音義》卷十五《五分律》第八卷"貪飻"條："又作餮，同。他結反。《說文》：'貪也。'謂貪食曰飻。"佛典文獻中"飻"與"餘"互為異文較為常見，如：

（1）執意覺弘，不違如來至真之法，究暢威靈。其羸劣者心不慕法，諸貪飻者心不清淨。"（西晉竺法護譯《阿差末菩薩經》卷四，13/599/c）

（2）戒度無極者，厥則云何？狂愚兇虐，好殘生命，貪餘盜竊，婬泆穢濁，兩舌惡罵，妄言綺語，嫉恚癡心。（吳康僧會譯《六度集經》卷四，3/16/c）

例（1）中"飻"，《大正藏》校勘記："宋本、宮內省圖書寮本作'餘'，元本、明本作'餮'。"例（2）中"餘"，《大正藏》校勘記："元本、明本作'饕'。"今按此二例中的"餘"應為"飻"之形誤。《說文·食部》："飻，貪也。從食，殄省聲。"《正字通·食部》："飻，餮本字。《說文》作飻，隸作餮。""貪飻"為同義連文，猶言貪婪、貪得無厭。因"餮"與"饕"義近，故例（2）中元本、明本作"饕"。近年來，也有學者在佛典注譯過程中因不明"餘"為"飻"之訛而沿誤的，如吳海勇（1998：141）注譯《六度集經》和蒲正信（2011：126）注《六度集經》均把例（2）中對應的文字錄作"貪餘"。

從表面上看，"飻""餘"二字聲符相差較大，但俗書"㐱"與"余"相似。黃征先生（2005：547）認為："由於隸書'㐱'寫作'尓'、'尔'等形，故後世楷書遂乃沿用。"張涌泉先生也指出："'㐱'俗字作或'尓'或'尔'。""㐱"又可以寫作"尒"，如"珍"寫作"珎"（《漢韓勑碑陰》，秦公 1985：97）。在"尒"的基礎上增加一橫即成為"余"字。另外，"餘"的俗寫也與"飻"形近，如敦煌寫卷 P.3873《韓朋賦》："令乘素車，前後事從，三千飻人，往到墓所。"（張涌泉 2015：276）此例中"飻"即是"餘"字，與"飻"形似，故易混同。由以上分析可知，"飻"字的致誤過程可能為：飻→飾→餘→餘。

二、釜　燋

爾時有居士請比丘尼僧食。諸比丘尼食前著衣持缽往到其家，從作食人索飲、或索釜燋、或索飯。（《五分律》卷十四，22/97/a）

---

① 本文所引佛經依次標出《大正新修大藏經》中的冊數、頁碼、上中下欄。

② 筆者檢索所利用的電子語料庫為"中國基本古籍庫"和"漢籍全文檢索系統"。

按：上揭律文中“索釜燋”，《玄應音義》卷十五《五分律》第十四卷作“索鐎”，并釋云：“今作銚，同。子消反。《韻集》云：‘鐎，溫器也，三足有柄。’《字林》云：‘鐎，容一斗，似銚。’銚，又音遙。一音徒吊反。”我們認為玄應所釋不確，理由有三：其一，從上例中“索食”“索飯”等提示性詞語可知，“索釜燋”應是索取一種食物，而不是索取一種煮飯的器具；其二，在佛典文獻中，未見有比丘或比丘尼在乞食的時候索要“釜鐎”等煮飯器具的；其三，五代經師可洪在《新集藏經音義隨函錄》卷十六“釜燋”條中也明確指出玄應的錯誤：“子消反。釜底爆乾之食也。經音義作‘鐎’，非也。律意不是器名也，彼誤。”綜合以上分析，我們認為《大正藏》本作“釜燋”為是。張涌泉先生（1995）認為：“文字因受上下文影響，而使本不一致的偏旁趨於一致，這是最為常見的一種類化現象。”“燋”字或是受到上字“釜”的類化影響，而改變形旁寫作“鐎”的。

漢譯佛經中“燋”常與“飯”連用，例如：

（1）時迦留陀夷小頻申起，婆羅門婦見起復作是念：“著釜燋饭當與其食。”即以杓酌，終不得燋飯，但得好飯，時釜飯流來向鉢。（姚秦竺佛念譯《鼻奈耶》卷九，24/892/b）

（2）陳遺，吳人，少為郡吏。母好食鎗底燋飯，遺在役，常帶囊，每煮食，錄其燋貽母。（唐道世撰《法苑珠林》卷四十九，53/659/a）

例（1）中“燋飯”與“好飯”相對，詞義顯豁，可知“燋飯”是指靠近鍋底而燒焦的飯。唐黃滔《祭陳先輩鼎》：“匪無隨駕之懇，實切問安之計，肩負燋飯，志銷丹桂。”例（2）中“燋”，周叔迦、蘇晉仁（2003：1488）校注《法苑珠林》作“焦”。《正字通·火部》：“釜底飯之乾者俗曰焦。”明李時珍《本草綱目·穀部》“鍋焦”條：“一名黃金粉，乃人家煮飯鍋底焦也。”清吳慶坻《蕉廊脞錄》：“季弗欲，婦乃乞鄰得米一碗，又鐺底焦飯升許，以布縛之，使姑攜歸。”在清代以來的方志中“燋饭”又稱作“鍋焦”“飯焦”等，如清光緒十六年《重修儀征縣志》卷三十六：“白水為羹，鍋焦作菜，晏如也。”民國十五年《甘泉縣續志》卷五“鹽法”：“和碱為下，碱鹽亦名碱片，係鍋底融結之塊鹽，猶炊飯之鍋焦。”民國二十三年《恩平縣志》卷四：“飯鍋巴曰飯焦，亦曰燶粥。鍋巴茶曰飯焦水。”《漢語大詞典》釋“焦飯”為“鍋巴”，但未收表示“鍋巴”義的“釜燋（焦）”“鍋焦”“飯焦”等詞，當補。

三、批　箭

又問：“其事云何？”答言：“過去世時，有一射師名拘和離。有人從學射法，六年教之，語言：‘應作如是捉弓，如是批箭。’”而未教放法。弟子後時

念言："我六年中學捉弓批箭，而未一放，今試放之。"（《五分律》卷二十五，22/165/b）

按："批箭"一詞費解，考《玄應音義》卷十五《五分律》第二十五卷作"錍箭"，并釋云："普啼反。《方言》：'箭广长而薄廉者谓之錍。'"玄應對"錍"進行了注音和解釋，然而"批箭"是否就是"錍箭"呢？查《慧琳音義》卷五十三《起世因緣經》第八卷音義："錍箭，上匹迷反。《方言》云：'箭族[①]廣長而薄者謂之錍。'《說文》從金卑聲，亦鈚，經本作鈹，音坡，非字形也。"由此可知，"錍箭"為名詞，而上揭例中"批箭"與"捉弓"相對成文，"批"與"捉"都應為動詞，顯然與玄應所釋的"錍箭"不符。可洪在《新集藏經意義隨函錄》卷十六"批箭"條中也提出了疑問："上普迷反，推也，轉也。又宜作扯，將此、側買二反，拉也，取也。《經音義》以錍字替之。錍，箭名也。今詳律意，但令拈掇取與，不令放箭也，亦不是箭名也。請細意詳之也。"

可洪認為"批"宜作"扯"，而非玄應所說的"錍"，結合律文內容我們認為此說可信。"扯"有"取"義。《說文·手部》："扯，捽也。"《漢書·貢禹傳》："不避寒暑，捽中杷土，手足胼胝。"顔師古注："捽，拔取也。"《龍龕手鑒》卷二："扯，側買反，取著也。"《玄應音義》卷九《放光般若經》第四卷"不扯"注："側賣、子爾二反，謂取著也。《通俗文》：'掣挽曰扯。'《說文》：'扯，捽也。'謂捽持也。《大品經》作不取是也。"《可洪音義》卷一《放光般若經》第十七卷"扯於"："上音紫，取也。"又同卷"不扯"："同上。《大品經》云：'不取色受想行識便得。'《阿耨多羅三藐三菩提此經》云：'不扯五陰，即色受想行識是也。'"玄應和可洪分別用兩部佛經對照來解釋"扯"與"取"同義。鄭賢章先生（2007：13）認為"扯箭"應為拉取、掇取箭的意思，其說近似。從射箭的整個過程來看，"一般的射箭必須有執弓、取箭、拉弦、瞄準、放箭一系列連續動作"（周初明 2007）。上揭律文中弟子跟隨射師拘和离學習射箭六年，但從未真正把箭射出去，所以弟子所學的"捉弓扯箭"應是放箭之前的一系列動作。

究其致誤之由，當與"此""比"俗書相似有關，如敦煌寫卷 S.214《燕子賦》："些些小事，何得紛紜？"（黃征 2005：454）此例中"些"即"些"字，上半部分"此"的寫法與"比"相似，故從"此"之字易訛變為從"比"，如《字彙補·失部》："矪，《字彙》作矨。案字書多從此，姑存之。"佛典文獻中也有"扯"異文作"批"的用例，如：

（1）世尊！波羅蜜無所扯。（西晉無羅叉譯《放光般若經》卷十，8/68/c）

---

① "族"據文義當為"鏃"。參見徐時儀 2012：1449。

(2) 斯等恒纏苦，燒諸行惡者，或若麻床𢪛，或粉如細末。（唐義淨譯《龍樹菩薩勸誡王頌》，32/753/a）

例（1）中“𢪛”，《大正藏》校勘記曰：“元本作‘批’。”例（2）中“𢪛”，《大正藏》校勘記曰：“明本作‘批’。”傳世文獻中亦有“𢪛”訛作“批”的用例，如段玉裁《説文解字注》（1988：599）卷十二：“𢪛，各本作𢪛。《小徐本》及《集韻》《類篇》《廣韻》作批，今正。批者，𢪛之譌。”以上均可佐證“批箭”為“𢪛箭”之誤。

四、捲

若用水時，應先看水有蟲無蟲。不得多用水，然要使周事，以器捲水，極令安徐。（《五分律》卷二十七，22/177/a）

按：例中“捲水”之“捲”，《大正藏》校勘記曰：“聖本作‘率’。”“捲水”“率水”二者孰是孰非，抑或二者皆誤呢？我們查閲《大正藏》之外的其他藏經版本，多作“捲水”或“率水”，而《趙城金藏》和《中華大藏經》對應文字作“以器𢍭水”。“𢍭”即“𢍰”之俗寫。《磧砂藏》本《五分律》作“捲水”，其卷末隨函音義“捲水”條：“上正作𢍰，居願反。”《玄應音義》卷十五《五分律》第二十五卷“𢍰水”注：“居萬反。《通俗文》：‘汲取曰𢍰。’《説文》：‘杅[1]漏也。’”《可洪音義》卷十五、卷十六均釋“捲水”曰：“上居願反。𣢾也。正作𢍰。”從藏經版本異文及佛經音義所釋來看，當作“𢍰水”為是。“𢍰水”就是用瓢、勺等器具舀水，“𢍰”字此義習見於漢文佛典，如：

(1) 勑邊侍人：“捉持器來，吾𢍰海水，至於底泥，不得珠者，終不休懈。”即器𢍰水，以精進力，不避苦難，不惜壽命，水自然趣，悉入器中。（西晉竺法護譯《生經》卷一，3/75/c）

(2) 用淨銅匙若銅杓等，𢍰油灌其二像身頂一百八遍。（唐阿地瞿多譯《佛説陀羅尼集經》卷十一，18/884/c）

例（1）中“𢍰海水”，是指用器具舀海水。呂有祥（2004：55）譯註《佛説本生經》把此例中“𢍰”字錄作“汲”，翻譯為“汲盡海水”，不確。“𢍰”同“𢍰”。《集韻·願韻》：“𢍰，或從廾。”《廣雅·釋詁》：“𢍰，抒也。”從上兩例可知“𢍰”的對象一般是水或者油等液體的物質。

“𢍰”字在漢文佛典中也有寫作“捲”或“惓”的，如：

(3) 佛言：“若粥初出釜，畫不成字者，聽除肉粥、魚粥，餘一切粥，非

---

[1] “杅”，《慧琳音義》卷五十八作“抒”，參見徐時儀 2012：338。

處處食、非别眾食、非滿足食。若比丘乞食，煮飯未熟合汁汁𢍰與，食者無罪。若但取飯與，食者，名别眾食、處處食、滿足食。”（東晉佛陀跋陀羅共法顯譯《摩訶僧祇律》卷二十九，22/463/b）

（4）六者典藏寶，臣王須寶時，手執神器用以𢍰空瀉則成寶，取止隨王。（姚秦竺佛念譯《菩薩處胎經》卷第五，12/1038/a）

例（3）中“𢍰”，《大正藏》校勘記云：“宋本、元本、明本、宮内省圖書寮本均作‘捲’。”《新集藏經意義隨函錄》卷十五“捲與”：“上居願反。𣢾物也。正作攣。又音捲，非也。”例（4）中“𢍰”，《大正藏》校勘記云：“宋本、宮内省圖書寮本作‘捲’，知思院本作‘惓’。”“𢍰”誤作“捲”“惓”，蓋因其讀音相近。《廣韻》“𣂑”為見母願韻，“捲”為羣母仙韻，二音聲韻相近。另外，“𢍰”字在佛經中也寫作“卷”，例（1）中的文字亦見於《經律異相》，《大正藏》本《經律異相》卷九對應文字作“吾卷海水”（53/48/c）。《可洪音義》卷十八《經律異相》第九卷音義：“吾卷，居願反，𣢾水也。正作𢍰。”

上揭例中“捲”，正倉院聖語藏本作“率”，當與“𢍰”字形近而誤。在漢文佛經中，“𢍰”與“率”作為異文互用的情況也有用例，如：

（5）瀉水時筒折，佛言：“應以餘器率取。瀉水瓶中時患棄水，應作㪷水筒。若懸繩斷，上安鐵鐶鈕。”（姚秦佛陀耶舍共竺佛念等譯《四分律》卷五十，22/942/c）

此例中“率”當是“𣂑”之形誤。《大正藏》校勘記：“宋本、元本、明本、宮内省圖書寮本均作‘𣂑’。”明弘贊在犙《四分律名義標釋》卷三十三“𣂑取”：“𣂑，同𢍰，俱願切。音見，抒滿[①]也。𢍰，舀也。”揆其致誤之由，當與“𣂑”“率”俗書相似有關。“𣂑”俗書與“率”相近，如敦煌寫卷 P. 3906《碎金》：“手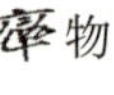物：居援反。”（黄征 2005：213）此例中“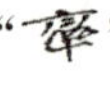”即“𣂑”。清王太岳《四庫全書考證》（1985：838）卷二十一《集韻》卷七：“𣂑，刊本訛攣，據《説文》改。”而“率”亦有俗書作“攣”，唐陸德明《經典釋文》卷七“之率”：“字又作攣，音類，又音律，又所律反。”《干祿字書》“攣率：上俗下正。”通過以上分析，我們可以把“𢍰”字在佛典中的訛變情況分為兩類。其一是讀音相近，其致誤過程可能為：𢍰→捲→惓→卷。其二是字形相近，其致誤過程可能為：𢍰→→→→攣→率。

漢文佛典版本眾多，異文情況錯綜複雜，給佛經文獻整理及佛經語言研究帶來很多困擾。但如果能夠合理地利用這些材料進行比勘研究，反而可以為我們梳理文

① “滿”，今本《説文》作“屚”。段玉裁注曰：“屚，各本作滿，誤。玄應作‘漏’為是。”（1988：718）

字演變、辨正文字訛誤、考釋疑難詞語等提供重要的材料和線索。

參考文獻

段玉裁. 說文解字注. 影印本. 上海：上海古籍出版社，1988.
黃征. 敦煌俗字典. 上海：上海教育出版社，2005.
呂有詳. 佛說本生經. 北京：宗教文化出版社，2004.
蒲正信. 六度集經. 成都：巴蜀書社，2011.
秦公. 碑別字新編. 北京：文物出版社，1985.
王太岳. 四庫全書考證//叢書集成初編. 影印本. 北京：中華書局，1985.
吳海勇. 六度集經. 廣州：花城出版社，1998.
徐時儀. 一切經音義三種校本合刊. 上海：上海古籍出版社，2012.
俞理明. 佛經文獻語言. 成都：巴蜀書社，1993.
曾良. 敦煌佛經字詞與校勘研究. 廈門：廈門大學出版社，2010.
張涌泉. 敦煌文書類化字研究. 敦煌研究，1995 (4).
張涌泉. 敦煌俗字研究. 2 版. 上海：上海教育出版社，2015.
鄭賢章.《新集藏經音義隨函錄》研究. 長沙：湖南師範大學出版社，2007.
周初明. 古代射箭手部動作考略. 東方博物，2007 (1).
周叔迦，蘇晉仁. 法苑珠林校注. 北京：中華書局，2003.

Interpretation of Four Puzzling Characters and Words in *Mahisasakavinaya* (《五分律》)

Ding Qinggang

Abstract: Chinese Buddhist scriptures are important for the study of Chinese language history, but in their spread and publication there were a lot of mistakes of characters, which brought great obstacles to the study of Buddhist scriptures and words. This article mainly uses the method of "study the shape", "comparative exploration", "example induction", "dialect evidence" to explain the four puzzling characters and words "*tan yu*" (貪餘)、"*fu jiao*" (釜燋)、"*pi jian*" (批箭)、"*juan*" (捲) in *Mahisasakavinaya* (《五分律》), so that the academia can better study relevant issues.

Keywords: *Mahisasakavinaya* (《五分律》); puzzling characters and words; interpretation

(丁慶剛，四川大學文學與新聞學院、四川文理學院文學與傳播學院)

朱駿聲《説文通訓定聲》引蘇俗考*

王其和

提　要：朱駿聲在《説文通訓定聲》中徵引了大量江蘇方言俗語，共計 267 條。通過引證蘇俗方言，朱駿聲或考釋名物，或闡明詞義，或指出蘇俗方言本字，創獲尤多。這些蘇俗方言有的仍活躍在今天口語中，有的已經消亡，有的語音或詞義發生了變化，它們是研究《説文》和清代方言俗語的重要資料，在訓詁學和方言學研究上具有重要價值。

關鍵詞：《説文通訓定聲》；蘇俗方言；詞義

方言俗語是語言的“活化石”。古代訓詁學家經常利用方言俗語考釋詞義，這是重要的訓詁方法之一，同時也為我們提供了研究漢語史的重要資料。早在東漢，杜子春注《周禮》，就時引當時方言説明字義，後來鄭玄三《禮》注，何休《公羊傳》注，晉郭璞《爾雅》《方言》注，引用當時當地方言就更多了。清代訓詁學家同樣十分重視方言俗語的作用，在考釋詞義時經常加以徵引，尤其是自己家鄉的方言俗語，如郝懿行《爾雅義疏》所徵引的方言遍及全國各地，主要有河北、順天、交趾、幽州、關西、江南、蜀等二十餘地域，而尤以山東乃至其家鄉方言為多（吳慶峰 2002：295）。清代《説文》四大家之一的朱駿聲也十分重視方言俗語的作用。《説文通訓定聲》是朱駿聲的代表作之一。王力先生（1990：160）曾評價説：“《説文通訓定聲》實在夠得上‘博大精深’四個字。段玉裁在《説文》研究上應該坐第一把交椅，而朱駿聲則在詞義的綜合研究上應該坐第一把交椅，他的主要貢獻不在《説文》的研究上，而在全面地研究了詞義。”在全面考釋詞義的過程中，朱駿聲除了廣泛徵引故訓材料外，還引用了大量方言俗語。由於朱駿聲的籍貫是江蘇吳縣，因此在《説文通訓定聲》中引用的江蘇方言俗語尤多。據統計，全書明確標有“蘇俗”字樣的共計 267 條。通過引證蘇俗方言，朱駿聲或考釋名物，或闡明詞義，或

* 本文寫作過程中，得到山東師範大學文學院邵燕梅副教授及研究生盛子芸的大力幫助，謹致謝忱。

指明方言本字，創獲尤多。這些蘇俗方言有的仍活躍在今天口語中，有的已經消亡，有的語音或詞義發生了變化，它們是研究《說文》和清代方言俗語的重要資料，在訓詁學和方言學研究上具有重要價值。

一、以蘇俗考釋名物詞語

《説文》中有大量名物詞語，隨著社會的發展和語言的演變，很多詞語到清代已經改變了名稱。朱駿聲在疏證這些詞義時，常常引證當時蘇俗方言加以解説，從而使其義更加顯豁清楚，讓人一目了然。從涉及內容看，這些名物詞語主要包括服飾、身體部位、動物、植物、器具、飲食、建築、醫學等方面。

（一）服飾詞語

《説文通訓定聲》引蘇俗考釋有關服飾類的詞語，涉及褲子、上衣、鞋子、床上用品以及孩童所穿戴之物等，內容十分豐富。如：

（1）襱，絝踦也，從衣龍聲。……按，襱者，蘇俗曰褲腳管。（豐部，35）[①]

（2）綘，枲履也，從糸封聲。……今蘇俗謂履之判合者為幫。（豐部，56）

（3）緥，小兒衣也，從糸保聲。字亦作褓，一名繃，蘇俗所謂抱被也。（孚部，278）

（4）袑，絝上也，從衣召聲。按，股所居處，蘇俗謂之褲當，是也。（小部，327）

（5）樞，編枲衣，從衣區聲。此草雨衣之類。【別義】一曰頭樞，一曰次裹衣。《方言》四："緊袼謂之樞。"注："即小兒次衣也。"蘇俗謂之圍瀺，著小兒頸肩，以受次者，其制圜。（需部，367）

（6）裾，衣袌也，從衣居聲，讀與居同。衣之前襟也，今蘇俗曰大襟。《爾雅·釋器》"衱謂之裾"，《方言》四"袿謂之裾"。又無袌者謂之裎衣，古謂之深衣，今蘇俗曰對襟，曰外套。凡褻衣無裾，禮服必有之。（豫部，421）

（7）絝，脛衣也，從糸夸聲，字亦作袴。今蘇俗謂之套褲。（豫部，428）

（8）襭，以衣衽扱物也，從衣頡聲，或從手。《詩·芣苢》："薄言襭之。"今蘇俗謂之衣兜。（履部，643）

（9）袚，蠻夷衣也，從衣犮聲，左衽者。【別義】《廣雅·釋器》："袚，襦也。"按，謂小兒藉，蘇俗謂之抱裙。（泰部，691）

---

① 本文引文所據版本為中華書局1983年影印臨嘯閣刻本《説文通訓定聲》，括注數字為頁碼，著重號為筆者所加，下同。

（10）楥，履法也，從木爰聲，讀若指撝。按，撝、楥一聲之轉。字亦作楦，蘇俗謂之楦頭，削木如履，置履中，使履成如式，平直不皺。（乾部，731）

（11）袒，衣縫也，從衣旦聲。謂衣有縫也，有縫而補綴之曰組。……又《方言》："袒飾謂之直衿。"《廣雅・釋器》："袒飾，長襦也。"即今蘇俗所云長棉襖，亦曰鄙袒，曰羞袒，見《釋名》。（乾部，745）

（12）繜，薉貉中女子無袴，以帛為脛，空用絮補覈名曰繜衣，狀如襜褕，從糸尊聲。按，如今蘇俗婦人所用之卷膀也。（屯部，805）

（13）帤，枕巾也，從巾刃聲。謂加于枕以籍首者，今蘇俗謂之枕衣。（屯部，805）

（14）鞔，履空也，從革免聲。蘇俗謂之鞻幫。（屯部，822）

（15）褮，鬼衣也，從衣熒省聲，讀若《詩》曰"葛藟縈之"，一曰若"靜女其姝"之姝。按，讀若靜也，此明器之屬，今蘇俗有冥衣，以紙為之。（鼎部，866）

今按：以上所舉蘇俗方言詞語，有些仍然存在於江蘇某些地區方言中，如例（1）"褲腳管"，仍存於今江蘇丹陽、蘇州地區①；例（5）的"圍灂"，即兒童用的圍嘴，今見於蘇州地區；例（7）的"套褲"，指套在褲子外面只有褲腿的褲子，今蘇州方言仍在使用；例（9）的"抱裙"，指包裹嬰兒的正方形小被子，今蘇州方言仍有此語；例（10）的"楦頭"，即制鞋時所用的模型，多為木製，今仍存於徐州、揚州、南京、丹陽等地方言。也有的方言詞逐漸進入普通話詞語，如例（4）的"褲當"，今寫作"褲襠"，指兩條褲腿相連接處，雖今揚州、南京等方言還有此語，但已逐漸進入普通話詞彙。

（二）身體部位詞語

《說文通訓定聲》引蘇俗考釋有關身體部位的詞語較少，僅有三例，如下：

（1）膕，《廣雅・釋親》："膕，曲腳也。"按，膝後曲腳之中，蘇俗謂之膀彎。（頤部，231）

（2）肘，臂節也，從肉從寸，會意。寸，手寸口也。肘者，肱與臂相接處。吾蘇俗謂之臂撐子，其內曰擊，其外曰肘。（孚部，260）

（3）腓，脛腨也，從肉非聲，蘇俗謂之膀肚腸子。（履部，562）

今按：例（1）"膀彎"，今南京方言指前後臂相接處可以彎曲的地方，即胳膊肘，今揚州方言稱"膀彎子"，與朱駿聲所言"腿彎"之義有所不同；例（2）"臂

① 本文所涉及清代蘇俗方言與現代江蘇各地區方言的比較，主要參照李榮 2002，後不一一注明。

撐子”，即胳膊肘，今蘇州方言稱為“臂膊撐子”。

（三）動物詞語

《說文通訓定聲》引蘇俗考釋有關動物的詞語較為豐富，有魚類、昆蟲、鳥類等。如：

（1）鮦，鮦魚也，從魚同聲。……蘇俗謂之黑魚，首有七星，夜則北向，諸魚中惟此魚膽甘可食。（豐部，37）

今按：今揚州、南京、蘇州等地方言仍有此語。

（2）螉，螉蟲也，在牛馬皮者，從虫翁聲。蘇俗謂之牛蝱。（豐部，47）

（3）蚣，蜙蝑以股鳴者，從虫松聲。或從公聲，疑蘇俗所謂紡績娘也。……【別義】《字林》：“蚣，蜈蚣，蝍蛆也。”蘇俗謂之百腳。（豐部，47）

今按：“紡績娘”，今蘇州、揚州方言稱作“紡織娘”或“紡織娘子”；“百腳”，即蜈蚣，今丹陽、蘇州、揚州等地仍有此語。

（4）蠓，蠛蠓也，從虫蒙聲。蠛蠓，雙聲連語。《爾雅》“蠓，蠛蠓”，注：“小蟲似蜹，喜亂飛。”單呼曰蠓，累呼曰蠛蠓耳。蘇俗謂之蠓蜙子。（豐部，59）

（5）鴿，鳩屬，從鳥合聲，形同勃姑。勃姑，雛也，蘇俗謂之水勃姑鴿，馴狎可畜于家，兩兩相匹，不雜交，每孕二卵，伏十八日而化。（臨部，110）

（6）狧，犬食也，從犬，從舌，讀若比目魚鰈之鰈。按，甜省聲，字亦作狢。蘇俗謂犬不吠而猝噬人曰冷狧狗。（謙部，141）

（7）齝，吐而噍也，從齒台聲。《爾雅·釋獸·齸屬》：“牛曰齝，羊曰齥，麋鹿曰齸。”按，食久復吐而回嚼，今蘇俗謂之轉草。（頤部，176）

（8）蛓，毛虫也，從蟲𢦏聲。《爾雅》釋文引《說文》讀若笥。字亦作蚝，蘇俗謂之刺毛，食木葉，有角，其毛螫人，有采色，老而口吐白汁，凝聚如小卵，在中作蛹。（頤部，194）

今按：刺毛，今蘇州方言稱作“刺毛蟲”，亦稱“洋辣子”，樹上的一種毛蟲，蜇人很疼。

（9）蝓，虒蝓也，從虫俞聲，今蘇俗謂之延游，語之轉也。其有殼者如螺，古亦謂之蠃，即蝸牛也，蘇俗謂之背包延游。（需部，364）

今按：背包延游，即蝸牛，今蘇州方言稱作“背包蜒蚰”。

（10）鸕，鸕鷀也，從鳥盧聲。《字林》：“似鶂而黑，水鳥也。”一名鷧，不卵而吐生，多者生八九，少者亦五六，相連而出。今蘇俗謂之水老鴉，畜以

捕魚。（豫部，402）

今按：水老鴉，即鸕鷀，用以捕魚的水鳥，今丹陽、蘇州等地仍有此語。

(11) 縊，經也，從系益聲。……【轉注】《爾雅·釋蟲》："蜆，縊女。"即蘇俗所謂簑衣蟲也，常吐絲自懸。（解部，540）

今按：今亦作"蓑衣蟲"，今江蘇南京、丹陽等地仍有此語。

(12) 蠲，馬蠲也，從虫益聲……又謂之刀環蟲者，以其死側臥狀如刀環也，多足而行遲，蘇俗所呼商延蟲、火百脚之類，是也。（解部，540）

(13) 蟣，蝨子也，從虫幾聲。……《爾雅·釋魚》"蛭，蟣"，注："今江東呼水中蛭蟲入人肉者為蟣。"按，蘇俗謂之馬黄，蓋黄色而大之蛭也。（履部，575）

(14) 鱓，鱓魚也，從魚單聲。字亦作䱇、作鱔。黄質黑文，蘇俗謂之黄鱔。（乾部，749）

今按：黄鱔，今江蘇南京、丹陽、徐州、蘇州等地仍有此語。

(15) 蟬，以旁鳴者，從虫單聲。《爾雅》謂之蜩，今蘇俗謂之知了。（乾部，750）

今按：知了，今江蘇蘇州等地仍有此語。

(16) 螼，螾也，從虫堇聲。《爾雅·釋蟲》"螼蚓，豎蠶"，注："蛩蟺也。"今蘇俗謂之曲蟮。（屯部，799）

今按：曲蟮，即蚯蚓，今江蘇揚州、南京、丹陽等地仍有此語。

(17) 鱒，赤目魚也，從魚尊聲。……《爾雅翼》云："目中一道赤，横貫瞳，魚之美者，食螺蚌也。"按，今草魚之類。草魚，蘇俗謂之鯶魚。（屯部，805）

(18) 鮸，魚名，出薉邪頭國，從魚免聲。按，即《尚書大傳》之北海魚石，《廣雅》之石首鯼也，蘇俗謂之黄魚，乾之為白鯗，腦有二石，鱗黄。（屯部，822）

今按：黄魚，今江蘇揚州、丹陽地區仍有此語。

有時朱駿聲用蘇俗方言來辨別相似的動物，指出其中的差異，幫助人們更準確地加以辨别。如：

(19) 易，蜥易，蝘蜓，守宫也，象形。按，在壁為蝘蜓、守宫也，蘇俗謂之壁虎；在草為蜥易、榮蚖也，蘇俗謂之四脚蛇。（解部，537）

(20) 蟙，姑蟙，強羊也，從虫施聲。米麥中小黑蟲，今蘇俗謂之翼子，其大者則曰烏甲蟲[①]。(隨部，490)

(21) 蚈，《莊子·秋水》："還蚈蟹與科斗。"釋文："井中赤蟲，一名蜎。"按，蘇俗謂之水蛆，以飼金魚，與所謂"打拳蟲"者微别。(乾部，778)

(22) 黽，鼃黽也，從它，象形，黽頭與它頭同。……按，蟾蜍，蘇俗所謂癩團也。黽，蘇俗所謂田雞也。又有蝦蟆，小而黄色，在水中尤怒鳴聒人耳，所謂耿黽者也。按，三者同類，皆得謂之鼃。(壯部，930)

今按：例（19）以蘇俗"壁虎"和"四脚蛇"區别了在牆壁上和在草中的"易"的不同。例（20）以蘇俗"翼子"和"烏甲蟲"區别了"米麥中小黑蟲"的大小之别。例（21）指出了蘇俗"水蛆"和"打拳蟲"略有不同。在《乾部》"肙"字下，朱駿聲云："《爾雅·釋魚》'蜎，蠉'，注：'井中小蛣蟩，赤蟲，一名孑孑。'按，今蘇俗謂之打拳蟲，揚州謂之翻跟兜蟲，生水中久則化為蚊。"(739) 今蘇州方言仍有"打拳蟲"的説法，揚州方言稱作"翻跟頭蟲子"，即孑孓，蚊子的幼蟲，可以看出"蚈"與"蜎"並非同一種動物。例（22）朱氏用不同的蘇俗語"癩團""田雞"區别了蟾蜍、黽和蝦蟆的差異。

（四）植物詞語

《説文通訓定聲》中引蘇俗考釋的植物詞語較少，主要涉及樹木、草類植物等，大多不存於今江蘇方言。如：

(1) 箁，竹箬也，從竹音聲，蘇俗謂之笋殼。(頤部，210)

(2) 瓠，匏也，從瓜夸聲，有甘、苦二種。《詩》"甘瓠纍之"，今蘇俗謂之壺盧。瓠即壺盧之合音。(豫部，428)

(3) 茈，茈草也，從艸此聲。《爾雅》"藐，茈草"，注："可以染紫。"《廣雅》："茈莀，茈草也。"《西山經》："勞山多茈草。"今蘇俗謂之紫草子。(履部，593)

(4) 蘭，香草也，從艸闌聲……今所謂建蘭、蕙蘭即藥品中之澤蘭，蘇俗謂之淨頭草者是。(乾部，734)

(5) 蘩，白蒿也，從艸緐聲，籒文從茻。《爾雅·釋草》："蘩，皤蒿。"又"蘩之醜，秋為蒿。"按，今蘇俗謂之蓬蒿菜，葉似艾，粗於青蒿，白於衆蒿，可為菹。(乾部，759)

---

① 《説文通訓定聲·屯部》："蚚，強也，從虫斤聲。《爾雅·釋蟲》'強，蚚'，又'姑蟙，強蛘'，注：'今米穀中小黑蟲也。'建平人呼為蛘子，音芈姓之芈。按，今蘇俗呼為恙子，又轉弋子。"今按："弋子"即"翼子"。

今按：蓬蒿菜，即茼蒿，一種蔬菜，今蘇州方言仍有此語。

(6) 葱，忍冬草，從艸忍聲。今蘇俗謂之金銀花藤。(屯部，806)

(7) 檉，河柳也，從木聖聲。《爾雅》“檉，河柳”，注：“今河旁赤莖小楊。”按，今蘇俗謂之西河柳，枝葉似松，即《子虛賦》之“朱楊”，《廣雅》之“雨師”也。(鼎部，882)

(五) 器具詞語

《説文通訓定聲》引蘇俗涉及的器具詞語主要是日常所用的一些器具，如針綫、鎖鑰、飯器、衛生用具、繅絲用具、存錢罐，等等。如：

(1) 搭，縫指搭也，從手沓聲，讀若眔，以革為之，其以金者為鐺，今蘇俗謂之針裹。(臨部，113)

(2) 笠，簦無柄也，從竹立聲。……【別義】《廣雅·釋室》：“笠、戻，戶牡也。”按，即鍵也。蘇俗謂之鎖簧，其牝曰閉，俗謂之鎖殼，所以啟鍵者曰管鑰，俗謂之鑰匙。(臨部，117)

(3) 嫌，帷也，從巾兼聲。以布為之，施于戶，蘇俗謂之門嫌。(謙部，124)

今按：門嫌，也稱“門簾”，門上掛的布簾，蘇州一帶門上不掛竹簾。

(4) 幟，拭也，從巾韱聲。今蘇俗刷塵之帚曰擔帚，音轉如膽。(謙部，127)

(5) 籃，大篝也，從竹監聲。《廣雅·釋器》：“籃，筐也。”《字林》：“籃，大筌也。”蘇俗謂熏篝曰烘籃。(謙部，137)

今按：烘籃，今徐州方言指用鐵絲、竹片編成的半圓形籠子，罩在爐子上，用來烘烤衣物。

(6) 銛，郭衣針也，從金舌聲。《廣雅·釋器》：“銛，針也。”按，今製衣裘用之，蘇俗謂之粥針，與箴微別。(謙部，153)

(7) 筐，取蟣比也，從竹匠聲，蘇俗謂之編笄，是也。其疏者曰木梳，所以理髮，不任取蟣。(頤部，181)

(8) 箅，漉米藪也，從竹奧聲。今蘇俗謂之飯籮，其盛飯者反曰溲箕。(孚部，285)

(9) 箾，陳留謂飯帚曰箾，從竹捎聲。今蘇俗謂之筅箒。(小部，322)

(10) 缿，受錢器也，從缶后聲，古以瓦，今以竹。按，瓦者如今之撲滿，蘇俗謂之積受罐；竹者如蘇俗市中錢筩，皆為小孔，錢入而不可出。(需部，350)

（11）籆，收絲者也，從竹蒦聲，或從角閒聲，字亦作籰。《方言》五："簑，榱也。"今蘇俗謂之籆頭，有車曳者，有手轉者。（豫部，463）

（12）籋，箝也，從竹爾聲。字亦作鑈，《方言》十二："鑈，正也。"按，凡脅持物以竹曰籋、曰箝，以鐵曰鑈、曰鉗、曰鉆、曰錋，蘇俗謂之鑷子。（履部，622）

（13）楗，歫門也，從木建聲，字亦作揵。……按，今蘇俗謂之木鎖，其牝為管、為閉，其牡為楗。（乾部，735）

（14）筳，維絲筦也，從竹廷聲。按，所以絡絲者，蘇俗謂之籆頭筳，即其四周挺如柵者。（鼎部，880）

（六）飲食詞語

《説文通訓定聲》引蘇俗考釋有關飲食的詞語，包括麵粉、穀米、酒、食品等。如：

（1）麪，麥末也，從麥丏聲。蘇俗所謂面勃，是也。（坤部，849）

（2）糂，以米和羹也，從米甚聲。【別義】《説文》"一曰粒也"。按，今蘇俗謂皀曰飯米糝。（臨部，89）

今按：今江蘇方言仍有此語，揚州方言稱作"飯米糝子"，即米飯粒。

（3）糟，糜和也，從米覃聲，讀若鄲。按，糜以菜盉之，蘇俗所謂菜粥，是也。（臨部，105）

今按：菜粥，今蘇州方言仍有此語，即用菜飯泡粥。

（4）稴，稻不粘者，從禾兼聲，讀若風廉之廉。按，蘇俗謂之秈米。（謙部，124）

今按：秈米，今揚州、丹陽、蘇州等地指秈稻碾出的米，黏性小，揚州口語多稱"小米"。

（5）糗，熬米麥也，從米臭聲。蘇俗之炒米粉、炒麥面。（頤部，261）

（6）醪，汁滓酒也，從酉翏聲。《三蒼》"醪，有滓酒也"，今蘇俗所謂白酒。（孚部，264）

今按：白酒，今揚州方言仍有此語，也稱"辣酒""麻酒"。

（7）皀，飯剛柔不調相著，從皀冂聲，讀若適。皀者，米之馨香也。按，蘇俗謂之隔生飯。（解部，542）

（8）䣸，釃酒也，從酉肙聲。《玉篇》："䣸，以孔下酒。"按，蘇俗所謂盉酒。（乾部，740）

（9）饖，飯傷熱也，從食歲聲。《廣雅·釋器》："饖，臭也。"《蒼頡篇》："饖，食臭敗也。"按，蘇俗所謂餿，凡傷熱則餿，疑與"餲"同字。（泰部，680）

（10）康，穀皮也，從禾從米，會意，庚聲，或從米庚聲。今蘇俗穀皮之粗大者曰礱穅，米皮之粉細者曰穅。（壯部，934）

（七）建築詞語

《説文通訓定聲》引蘇俗考釋有關建築方面的詞語，主要涉及房屋構件、建築名稱等。如：

（1）窗，在牆曰牖，在屋曰囱，象形。……【轉注】《廣雅·釋室》："寤謂之灶，其窗謂之埃。"今蘇俗謂之煙囱。（豐部，60）

（2）窨，地室也，從穴音聲。今蘇俗猶曰地窨子。（臨部，92）

今按：地窨子，即地窖，今揚州方言仍有此語。

（3）閤，門旁戶也，從門合聲。《爾雅·釋宫》："小閨謂之閤。"《漢書·公孫宏傳》："開東閤。"注："小門也。"按，今蘇俗所謂腳門，是也。（臨部，111）

（4）檐，梍也，從木詹聲。《爾雅·釋宫》："檐謂之樀。"按，今蘇俗檐瓦謂之滴水。（謙部，134）

今按：滴水，也稱滴水檐，今徐州、揚州地區方言仍有此語。

（5）根，門樞臼也，從木㫃聲。淵中以居樞，蘇俗謂之門印子。（履部，567）

今按：門印子，即門墩，支住門軸的木頭或石頭，今蘇州方言仍有此語。

（6）楮，柱底也，從木耆聲，古用木，今以石，蘇俗謂之柱磉石。（履部，591）

（八）醫學詞語

《説文通訓定聲》引蘇俗考釋有關醫學方面的詞語，主要涉及疾病、身體特徵等。如：

（1）瘲，病也，從疒從聲。按，瘲瘛，小兒病也。瘲之言縱，瘛之言掣，蘇俗所謂驚風。（豐部，57）

今按：今江蘇徐州、揚州、南京等地區仍有此語，指一種小兒疾病，分急驚風和慢驚風兩種。如《紅樓夢》第八十四回："看了出來，站在地下躬身回賈母道：

‘妞兒一半是內熱，一半是驚風。’”（曹雪芹 1992：1313）

（2）䵳，《廣雅·釋器》：“䵳，黑也。”《玉篇》：“面黑子也。”《名醫別錄》：“麝香去面䵳。”按，蘇俗謂之雀子斑。（升部，80）

今按：雀子斑，一種皮膚病，面部出現黃褐色或黑褐色的小斑點，今蘇州、丹陽等地方言仍作此語，蘇州也稱作“腳子斑”。

（3）顉，面黃也，從頁含聲。《離騷》：“長顑顉亦何傷。”今蘇俗所謂面黃肌瘦。（臨部，96）

（4）瘜，寄肉也，從疒息聲。《三蒼》：“瘜，惡肉也。”許書肉部“腥”篆説解“豕肉中小瘜肉也”①。按，蘇俗謂之百日瘡。（頤部，219）

（5）跔，天寒足跔也，從足句，會意，句亦聲。按，蘇俗所謂膀牽筋。（需部，355）

（6）頪，難曉也，從頁從米。……或曰頪，視不明也，今蘇俗謂近視者白頪覷眼。（履部，583）

二、以蘇俗闡明詞義

隨著社會和語言的發展，詞義也是不斷發展演變的。《説文》中有些古義仍舊保留在方言俗語之中，有些詞義在方言和通語之間出現了差異。朱駿聲能夠敏鋭地體察這些詞義的變化，充分利用蘇俗方言進行詞義的辨析和考釋。如：

（1）克，肩也，象屋下刻木之形。按，以肩任物曰克，物高於肩，故從高省，下象肩形。……今蘇俗負小兒于背，語兒云“克在肩上”，猶有此言。（頤部，225）

今按：朱氏引蘇俗“克在肩上”以證“克”之“以肩任物”之義。

（2）溲，浸沃也，從水叟聲。今蘇俗言溲粉、溲面皆是。（孚部，271）

今按：朱氏以蘇俗“溲粉”“溲面”以證“溲”之“浸泡”之義。

（3）舀，抒臼也，從爪臼，會意。……凡舂畢於臼中挹出之曰舀。今蘇俗凡挹彼注茲曰舀，音如要，舀水其一端也。（孚部，275）

今按：舀之本義為舂米完成後，從臼中取出穀米。據朱氏所引蘇俗，舀的詞義引申後，凡是從別的地方取來注入另一處都稱為舀，舀水只是其中的一種情況。段玉裁《説文解字注》（1988：334）亦云：“抒，挹也。既舂之，乃於臼中挹出之。

① 今本《説文·肉部》“腥”釋義為“星見食豕，令肉中生小息肉也”（許慎 1963：89）。

今人凡酌彼注此皆曰舀，其引伸之語也。”

(4) 稻，稌也，從禾舀聲。今蘇俗凡粘者、不粘者統謂之稻，古則以粘者曰稻，不粘者曰秔。又蘇人凡未離稃去糠曰稻，既離稃曰穀，既去糠曰米，北人謂之南米、大米，古則穀、米，亦皆曰稻。（孚部，275）

今按：此條朱氏首先指出蘇俗中不管粘者還是不粘者統稱為稻，這與古代詞義不同；同時又詳細區分了蘇俗中稻、穀、米的稱呼差異，區分更加精細，而古代不管是否離稃去糠都統稱為稻：這樣就清晰地勾勒出了“稻”的詞義發展變化。

(5) 饒，飽也，從食堯聲。……【轉注】《小爾雅·廣詁》：“饒，多也。”《廣雅·釋詁一》：“饒，益也。”漢時謠曰“今年尚可後年饒”，今蘇俗買物請益謂之討饒頭。（小部，307）

今按：朱氏引漢代民謠與蘇俗“討饒頭”證明“饒”有“多”義，“討饒頭”，意思就是買完東西之後請求賣家再增加點。清王有光《吳下諺聯·有餘》（1997：102）：“月子灣灣照九州，太白金星做個討饒頭。變星銅錢銀子，落滿吾哩江南省。”

(3) 禿，無髮也，從人，上象禾粟之形，取其聲。王育説：蒼頡出，見禿人伏禾中，因以製字。未知其審。按，此字當從秀而斷其下，指事。禾割穗則禿也。轉注為無髮，今蘇俗老而禿頂曰秀頂，凡物老而椎鈍皆曰秀，故鐵刀生衣亦曰銹，秀、禿相近字也。（需部，376）

今按：此條朱氏認為王育説不當，“禿”當從“秀”得義，“禾割穗則禿”，此是其本義，而“無髮”是其引申義。朱氏引蘇俗“老而禿頂曰秀頂”“凡物老而椎鈍皆曰秀，故鐵刀生衣亦曰銹”，從而證得“禿”從“秀”得義，很有説服力。

(4) 羠，騬羊也，從羊夷聲。按，馬曰騬，牛曰犗、曰犍，豕曰豶，犬曰猗，羊曰羠、曰羯，蘇俗語通謂之扇。（履部，572）

今按：對不同動物進行閹割，古代有專門的稱呼，“馬曰騬，牛曰犗、曰犍，豕曰豶，犬曰猗，羊曰羠、曰羯”，但在江蘇方言中，統一稱作“扇”，今作“騸”。

(5) 暍，傷暑也，從日曷聲。《字林》：“傷熱也。”《廣雅·釋詁三》：“暍，煐也。”……今蘇俗戒人衣被過暖曰“勿太暍熱”。（泰部，673）

今按：“暍”之義為“傷暑”，也即今之“中暑”，朱氏除了引字書之外，還引蘇俗“勿太暍熱”以證“暍”之義，説明此義仍活躍於當時方言之中。

(6) 坺，治也，一曰臿土謂之坺，從土犮聲。按，字亦作墢。《周語》“王耕一墢”，即坺也。今蘇俗有所謂草皮泥者，築壙用以起冢，以臿取之，一臿

為一甴，形如土墼，惟不剛堅耳。按，此亦可得坺名[①]。（泰部，691）

今按：坺，即耕地翻土。對於此義，朱氏用蘇俗“草皮泥”加以說明，即“築墳用以起冢，以臿取之，一臿為一甴，形如土墼，惟不剛堅耳”，更加形象生動。

三、指出蘇俗方言本字

許多方言俗語常常存在有音無字現象，或者不容易求得其本字。朱駿聲在疏解《說文》時，能把《說文》之字與當時蘇俗方言結合起來，從而考證出方言本字，這對文字學和方言學研究具有重要資料價值。如：

（1）敆，合會也，從攴合聲。……按，今竹木器物門栒，蘇俗謂之合縫，是此敆字。（臨部，110）

（2）趬，行輕貌，一曰舉足也，從走堯聲。今蘇俗語有言輕趬者，有言趬腳者，皆此字。（小部，307）

（3）訬，訬擾也，從言少聲，讀若毚，今蘇俗謂讙呶曰炒鬧，即此訬擾字。（小部，322）

（4）盄，器也，從皿弔聲。今蘇俗煎茶器曰吊子，即此盄字。（小部，329）

今按：今南京方言仍有此語，指燒水或煎藥用的容器。《紅樓夢》五十一回：“寶玉命把煎藥的銀吊子找了出來，就命在火盆上煎。”（曹雪芹 1992：818）又五十四回：“秋紋道：‘憑你是誰的，你不給？我管把老太太茶吊子倒了洗手。’”（曹雪芹 1992：854）據《說文》，本字當為“盄”。

（5）猥，犬吠聲，從犬畏聲。【叚借】又為痿。按《廣雅·釋言》：“猥，頓也。”蘇俗言氣弱不任運動曰委頓，蓋痿鈍字。（履部，567）

（6）瓪，敗瓦也，從瓦反聲。謂破瓦，今蘇俗瓦爿字當作此。（乾部，722）

（7）鐜，下垂也，從金敦聲。【別義】《說文》“一曰千斤推”。按，如今眾舉以築地者，蘇俗謂之打亨，蓋打鐜之誤也。（屯部，804）

四、《說文》中某些詞語在清代蘇俗方言中仍保存

《說文》中有些詞語，仍保存在清代江蘇方言俗語之中，表現出了旺盛的生命

① 《說文通訓定聲·解部》：“厶，絫坺土為牆壁，象形。按，坺土者，如蘇俗築墳所用之草皮泥。”（535）與此相類。

力。朱駿聲在《説文通訓定聲》中常有“今蘇俗尚有此語”或“今蘇俗語如此”等表述。如：

(1) 誒，可惡之詞也，從言矣聲。今蘇俗凡失意可惜之事尚作此語。（頤部，178）

(2) 唉，譍也，從口矣聲，讀若埃。今蘇俗尚有此語。（頤部，178）

(3) 餿，《六書故》引《字林》：“餿，飯傷熱濕也。”今蘇俗語如此。（孚部，300）

(4) 酵，《韻集》：“酵，酒酵也，古孝反。”按，今蘇俗語如此。（孚部，301）

(5) 醵，會飲酒也，從酉豦聲，或從巨聲。《禮記・禮器》《周禮》“其猶醵與”注：“合錢飲酒為醵。”……今蘇俗尚有扛醵之語。（豫部，401）

(6) 棨，傳信也，從木，啟省聲。【別義】《廣雅・釋木》：“棨，條也。”今蘇俗語樹新枝曰棨條，其遺言歟？（履部，579）

(7) 豤，齧也，從豕艮聲。今蘇俗尚有此語，與齦略同。（屯部，815）

(8) 盪，滌器也，從皿從湯，會意，湯亦聲。熱水去垢，故從湯。……字多以蕩為之，今蘇俗尚有此語。（壯部，892）

(9) 僵，僨也，鍇本偃也，從人畺聲。却偃曰僵，前覆曰仆。……字亦作殭，又《爾雅・釋木》注：“殭，木也。”釋文：“殭，死而不朽。”今蘇俗猶謂不動不朽曰殭。（壯部，912）

還有一些詞語，雖在蘇俗方言中仍存在，讀音卻發生了變化。如：

(10) 鞏，雨濡革也，從雨從革，會意，讀若膊，革濡則虛起，今蘇俗語音如樸。（豫部，464）

(11) 螇，螇鹿蛁蟟也，從虫奚聲。《爾雅》“蜓蚞，螇螰”注：“即蝭蟧也。”……今蘇俗曰知了，即“蝭蟧”之音轉也，亦曰遮了。（履部，573）

朱駿聲在《説文通訓定聲》中徵引蘇俗方言，除了訓詁學上的價值外，在方言學上也具有重要意義。首先，朱氏《説文通訓定聲》中保存了大量清代江蘇方言資料，可以看作是江蘇方言的小詞典，是研究清代江蘇方言俗語的珍貴資料。其次，這些方言俗語，給我們研究現代江蘇方言提供了重要依據。隨著語言的發展，清代蘇俗方言也發生了很大變化，有的在今天江蘇方言中仍然存在，有的意義已經發生了變化，或者使用範圍發生了變化，有的方言俗語已經被普通的名稱所替代。這些問題都值得我們進一步深入研究。

參考文獻

曹雪芹．紅樓夢．濟南：齊魯書社，1992.

段玉裁．説文解字注．影印本．2版．上海：上海古籍出版社，1988.

李榮．現代漢語方言大詞典．南京：江蘇教育出版社，2002.

王力．中國語言學史//王力文集：第十二卷．濟南：山東教育出版社，1990.

王有光．吳下諺聯．北京：中華書局，1997.

吳慶峰．郝懿行《爾雅義疏》引登萊方言考//音韻訓詁研究．濟南：齊魯書社，2002.

許慎．説文解字．北京：中華書局，1963.

朱駿聲．説文通訓定聲．影印本．北京：中華書局，1983.

（王其和，山東師範大學國際教育學院）

學術筆記中考辨類語料詞彙研究的語料價值及現實意義*

郭海洋

提　要： 學術筆記是古代學者學術研究的重要載體，其中含有大量詞彙研究內容，這些研究內容如能加以整理利用，可作為漢語詞彙史研究的重要語料。目前學術界對漢語詞彙史的語料性質尚未有明確的劃分，對於學術筆記作為詞彙史研究的語料價值關注不夠。通過考察可以發現，學術筆記在語料性質上屬於間接性語料，是具有考辨性質的語料。同時，該類語料對漢語詞彙研究具有重要的參考價值和獨特的現實意義。

關鍵詞： 學術筆記；考辨類語料；詞彙史

梁啟超在論及清代學術特點時曾指出："大抵當時好學之士，每人必置一'劄記冊子'，每讀書有心得則記焉。""要之當時學者喜用劄記，實一種困知勉行工夫，其所以能綿密深入而有創獲者，頗恃此，而今亡矣。"（2010：91，93）實際上，以讀書劄記的形式撰寫學術著作，自古已有之，最早可追溯至唐代，如顏師古《匡謬正俗》、李濟翁《資暇集》、蘇鶚《蘇氏演義》及封演《封氏聞見記》等。至宋代，這種筆記逐漸成熟，歷經元明時期的蕭條，于有清一代達到高峰（劉葉秋 2003），並持續發展至近現代（如錢鍾書《管錐編》、呂叔湘《語文常談》），並非如梁氏所稱"而今亡矣"。這類學術劄記，劉葉秋先生（2003：4）在《歷代筆記概述》中將其稱為考據辨證類筆記，趙守儼先生（1998：216）將其稱為"學術筆記"。這類筆記內容上以探討學術問題為主，而形式上則採用的是讀書筆記這種形式，因此我們亦使用"學術筆記"這個名稱。

學術筆記內容十分駁雜，考證經史、品評詩文、訓詁文字等學術問題均是其研究內容。在語言研究方面，學術筆記中包含了大量語言研究的材料，是語言學研究

---

* 本文爲國家社科基金後期資助項目"學術筆記中語言文字研究語料的鑒別與考釋"（16FY002）階段成果。

的寶庫，只是這些研究內容大多藏匿於浩如煙海的文獻之中，求之難得，檢之亦不便，需要不斷地彙集整理，去粗取精、去偽存真，方可為語言研究所使用。本文試就學術筆記在詞彙研究方面的價值及其現實意義予以論述。

一、學術筆記的語料性質

詞彙史研究屬於漢語史的分支，因此漢語史研究語料大多可作詞彙史研究的材料，在這方面，語言學前輩為我們提供了大量可資利用的語料。如高曉方、蔣來娣編著的《漢語史語料學》就是一部專門討論漢語史語料的專著，該書按年代將漢語史語料分為“上古漢語語料”“中古漢語語料”“近代漢語語料”“現代漢語語料”四大類，其內部按語料的題材又作具體分類，如“中古漢語語料”中又分“總集類”“別集類”“史書類”“訟狀類”等若干小類（2005：1）。陳東輝《漢語史史料學》（2013）將漢語史語料分為“訓詁學和詞彙史史料”“文字學史料”“音韻學和方言學史料”等共七類語料。諸位先生提供的材料豐富而詳盡，是漢語史研究的重要依據。而根據這些語料在語言研究中的性質和功用的不同，又可分為直接語料和間接語料兩種。

（一）學術筆記是間接性語料

直接語料是指那些可以直接拿來作語言研究的語料，是語言研究的材料，如“宋儒語錄”“宋元話本”等，對於這些語言材料，研究者考慮的主要是材料的真偽問題，即材料的真實程度，語料的真實程度決定了研究的科學性和價值。間接語料是研究語言的材料，這類語料在內容上以研究語言問題為主，如各種訓詁類著作、考辨類的筆記等，都是間接語料，對於這類語料我們主要考慮的是其所研究的內容如何，這些研究內容對今天語言文字研究可利用的材料有多少，其價值有多高。因此，對於不同性質的語料，在研究方法上亦採用不同的研究手段：對於直接語料，在確定其真實性的基礎上一般是直接拿來作研究的對象；間接語料則主要作為語言研究的佐證予以使用，同時對這些語料的內容一般還要考釋和辨證。

（二）學術筆記是考辨性質的語料

學術筆記同其他類型的語料性質不同，它是一種考辨性質的語料。其中包含了“考”和“辨”兩方面的內容。

所謂“考”指的是對某個未知的或沒有人研究過的問題進行考釋，如《資暇集》卷下“不反剉”：“諺云：‘千里井，不反唾。’蓋由南朝宋之計吏，瀉剉殘草于公館井中且自言：‘相去千里，豈常重來。’及其復至，熱渴汲水遽飲，不憶前所棄草，草結於喉而斃，俗因相戒曰‘千里井，不反剉’，復訛為唾爾。”考釋的是諺語“千里井，不反剉”的理據。

所謂“辨”，指的是對一些已知或已有研究成果進行辨正，評價其得失，糾正其謬誤。這類研究或駁斥舊說，或贊同某說，或新出己見，或對於某些爭議較多的問題加以評判，提出自己的觀點和看法。如清趙翼《陔餘叢考》卷四“市井”：“市井二字，習為常談，莫知所出。《孟子》‘在國曰市井之臣’，注疏亦未見分晰。《風俗通》曰：‘市亦謂之市井，言人至市有鬻賣者，必先于井上洗濯香潔，然後入市也。’顔師古曰：‘市，交易之處；井，共汲之所，總言之也。’按《後漢書·循吏傳》‘白首不入市井’注引《春秋井田記》云：‘因井為市，交易而退，故稱市井。’此說較為有據。”考證“市井”一詞的理據，並對已有研究内容進行辨正。

總之，學術筆記是考辨性質的語料，是一種間接性的語料，在研究利用時也具有同其他類型的語料不同的特點。

二、學術筆記中考辨類語料詞彙及詞義研究内容

（一）探索詞源、考證詞語的來源及出處

詞彙史研究重要的任務之一就是對詞語的探源，考察詞語的始見時間，發掘其早期詞義特點，這方面學術筆記中有眾多材料可以利用。舉數例如下。

（1）宋王楙《野客叢書》卷第三十“健兒跋扈”：

> 《漫錄》曰：“今以軍為健兒，往往以杜詩‘健兒勝腐儒’為證。非也，按《世說》祖逖過江，常使健兒鼓行劫鈔。東晉時已有健兒之稱。”僕謂健兒之名，見於東漢。觀朱遵戰死，吳漢表為置祠，為健兒廟。又見於《三國志》甚多，不可引東晉為證也。

認為“健兒”一詞東漢時期已有，非如吳曾《能改齋漫錄》所稱始於東晉。按，朱遵“健兒廟”之說見載于《太平廣記》第一百九十一“驍勇一”，“健兒”一詞還見于王粲《漢末英雄傳·呂布》：“布謂性曰：‘卿健兒也！’”據檢索《漢籍全文檢索》等語料庫系統可發現，“健兒”一語，《三國志》中多見，指軍士、士兵，《漢語大詞典》所舉書證即為《三國志·吳志·甘寧傳》，王楙之說可從。

（2）宋王應麟《困學紀聞》卷四：

> 《槁人》注：“今司徒府中有百官朝會之殿。”後漢《蔡邕集》所載“百官會府公殿下”者也。古天子之堂未名曰殿。《說苑》：“魏文侯御廩災，素服辟正殿五日。”《莊子·說劍》云：“入殿門不趨。”蓋戰國始有是名。《燕禮》注：“當東霤者，入君為殿屋也。”疏謂“漢時殿屋四向流水”，舉漢以況周。然《漢·黃霸傳》“先上殿”，注謂“丞相所坐屋”。古者屋之高嚴，通呼為殿，不必宫中也。

認為古時天子之堂不稱“殿”，戰國時始稱“殿”，並且其本不專指天子所居；“殿”在春秋以前沒有作房屋義者，作房屋義之殿當產生于戰國時期。按，《說文·殳部》：“殿，擊聲也。從殳，屍聲。”段玉裁注：“此字本義未見，假借為宮殿字……又假借為軍後曰殿。”是“殿”作房屋義本為假借字。又《漢書·霍光傳》：“鴞數鳴殿前樹上。”顏師古注：“古者屋室高大，則通呼為殿耳，非止天子宮中。”是其本非指皇帝所居之宮殿。作屋義之“殿”，《漢語大詞典》及《漢語大字典》均舉《戰國策·魏策》為例，是作房屋義蓋始于戰國時期。

（3）清趙翼《陔餘叢考》卷四十三“點心”：

> 世俗以小食為點心，不知所始。按吳曾《能改齋漫錄》云，唐鄭傪為江、淮留後，家人備夫人晨饌，夫人顧其弟曰：“治妝未畢，我未及餐，爾且可點心。”其弟舉甌已罄。俄而女僕請飯庫鑰匙，備夫人點心，傪詬曰：“適已點心，今何得又請?”是唐時已有此語也。亦見《輟耕錄》。又《癸辛雜識》記南宋趙温叔丞相善啖，阜陵聞之曰：“朕欲作小點心相請。”乃設具，飲玉海至六七，又啖籠炊百枚。

認為“點心”一詞唐代已有。按“點心”本義與“小食”相同，為動詞義，後引申為名詞，指小食品。《漢語大詞典》所舉書證為唐孫頠《幻異志·板橋三娘子》，亦可證該詞唐時已產生。

（4）清顧炎武《日知錄》卷二十四“將軍”：

> 《春秋傳》：“晉獻公作二軍：公將上軍，太子申生將下軍。”是已有將軍之文，而未以為名也。至昭公二十八年，閻沒女寬對魏獻子曰：“豈將軍食之而有不足。”正義曰：“此以魏子將中軍，故謂之將軍。”及六國以來，遂以“將軍”為官名，蓋其元起於此。……《漢書·百官表》曰：“前後左右將軍，皆周末官。”《通典》曰：“自戰國置大將軍，楚懷王與秦戰，秦敗楚，虜其大將軍屈丐。”至漢則定以為官名矣。

認為“將軍”一詞本為動詞“率領軍隊”義，至戰國時期成為名詞，為武將之名。按，“將軍”作官名，春秋時期已有，《墨子·非攻中》：“昔者晉有六將軍。”孫詒讓《墨子閒詁》：“六將軍，即六卿為軍將者也。春秋時通稱軍將為將軍。”（2001：138）是“將軍”本為官名，文官、武將俱可稱之，專門作武將之名稱則始于戰國。

（二）考證詞語的始見書證及其初始義

詞語的始見書證是詞語在文獻中確切可查的客觀依據，是大型歷史性語文辭書的重要語料來源。學術筆記的作者多為著名學者，有機會接觸到大量珍稀文獻，從而為今日之研究提供了大量可依據的材料。舉例如下。

（1）宋王應麟《困學紀聞》卷二：

“皇帝”始見於《呂刑》。趙岐注《孟子》引《甫刑》曰：“帝清問下民。”無“皇”字，然岐以帝為“天”，則非。

認為“皇帝”一詞始見書證為《尚書·呂刑》，《漢語大詞典》“皇帝”條下釋義為“古時對前代帝王的尊稱”，首舉書證即為《尚書·呂刑》，正與王說同。

（2）宋洪邁《容齋隨筆》卷第四“鳳毛”：

宋孝武嗟賞謝鳳之子超宗曰：“殊有鳳毛。”今人以子為鳳毛，多謂出此。按《世說》，王劭風姿似其父導，桓溫曰：“大奴固自有鳳毛。”其事在前，與此不同。

指出用“鳳毛”來誇讚他人之子，東晉已有之，非如宋人所稱出自劉宋。按，余嘉錫《世說新語箋疏》云：“南朝人通稱人子才似其父者為鳳毛。”（1983：622）《漢語大詞典》所舉書證亦與其相同。

（3）清趙翼《陔餘叢考》卷二十二“題目”：

《北史·念賢傳》，魏孝武作行殿初成，未有題目，詔侍臣各名之。念賢擬以“圓極”，帝曰：“正與朕意同。”題目二字始見於此。孔穎達《尚書·大禹謨》正義云，史將錄禹之事，故為題目之詞。北齊文宣帝令辛術選百官，時參選者二三千人，術題目士子，人無謗讟，此則品題之意。

按趙翼所稱之“題目”實為考題之義，《漢語大詞典》所舉書證為唐封演《封氏聞見記·敏速》：“須中書考試，陟令善書者三十人，各令操紙執筆，向席環庭而坐，俱占題目，身自循席，依題口授。”二者年代亦相近。

（4）清吳翌鳳《遜志堂雜鈔》甲集：

今人罵僧曰“賊禿”亦有本，梁荀濟《表》曰：“朝夕敬妖怪之胡鬼，曲躬供貪淫之賊禿。”

認為辱駡和尚作“賊禿”者，出自梁荀濟《論佛教表》。按，《全後魏文》卷五十一載梁荀濟《論佛教表》一文正是該詞，《河東記》亦有記載：“但聞猙牙齧詬嚼骨之聲，如胡人語音而大罵曰：‘賊禿奴，遣爾辭家剃髮，因何起妄想之心？假如我真女人，豈嫁與爾作婦耶？’”《漢語大詞典》所舉書證為《水滸傳》，時代稍晚。

（三）考據常用詞詞義演變

常用詞是漢語的基礎詞彙部分，常用詞的演變關係到漢語基礎詞彙的構成及發展，因此是漢語史研究的重要內容。學術筆記中含有大量常用詞演變研究的相關語料，這些研究有的涉及詞義範圍的變化，有的涉及詞義色彩的變化，有些研究對詞義變化還進行了較為細緻的考證。舉例如下。

（1）王觀國《學林》卷第七“精舍”：

> 《晉書》：“孝武帝初奉佛法，立精舍於殿內，引沙門居之。因此世俗謂佛寺為精舍。”觀國案，古之儒者，教授生徒，其所居之舍皆謂之精舍。故《後漢·包咸傳》曰：“咸往東海，立精舍講授。”又《劉淑傳》曰：“隱居立精舍講授。”又《檀敷傳》曰：“立精舍教授。”又《姜肱傳》曰：“盜就精廬求見。”章懷太子注曰：“精廬，即精舍也。”以此觀之，精舍本為儒士設，至晉孝武立精舍以居沙門，亦謂之精舍，非有儒、釋之別也。

認為“精舍”本為儒士講學所設之所，後晉武帝置僧人居住于此，後世遂以“精舍”為出家人居住之寺觀。按，郭沫若《中國史稿》（1995）第三編第五章第一節：“東漢時候，私人傳經的事業很盛，有些學者設立‘精舍’，先後著籍的學生有一萬多人，往往從幾千里外到那裡去求學。”是“精舍”本為講學之所，後因釋、道亦居住於此，故又有寺觀之義。丁福保《佛學大詞典》“精舍”條即引王觀國之說，并云：“精舍本為儒士設。晉時別居沙門，乃襲用其名焉耳。”

（2）顧炎武《日知錄》卷二十一“字”：

> 春秋以上言“文”不言“字”，如《左傳》“于文止戈為武”“故文反正為乏”“于文皿蟲為蠱”。及《論語》“史闕文”，《中庸》“書同文”之類，並不言字。《易》“女子貞，不字，十年乃字”，《詩》“牛羊腓字之”，《左傳》“其僚無子，使字敬叔”，皆訓為“乳”。《書·康誥》“于父不能字厥子”，《左傳》“樂王鮒字而敬，小事大，大字小”，亦取愛養之義。唯《儀禮·士冠禮》“賓字之”，《禮記·郊特牲》“冠而字之，敬其名也”，與“文字”之義稍近，亦未嘗謂“文”為“字”也。以“文”為“字”乃始於《史記》。秦始皇《琅邪臺石刻》曰：“同書文字。”《說文敘》云：“依類象形，謂之文。形聲相益，謂之字。文者物象之本，字者孳乳而生。”《周禮·外史》“掌達書名于四方”，注云：“古曰名，今曰字。”《儀禮·聘禮》注云：“名，書文也，今謂之字。”此則“字”之名自秦而立，自漢而顯也與？

指出在春秋以前表“文字”義之字只用“文”而不用“字”，“字”在春秋時期為養育、生育義，至秦、漢時期，“字”才有文字之義。“文”最初表獨體字，“字”最初表合體字。按，“字”表文字義，《漢語大字典》《漢語大詞典》俱引許慎《說文解字敘》為始見書證，是“字”作文字義當始於漢代。

（四）解說詞語的構詞理據

語詞的理據是“語言自組織過程中語詞發生發展的動因”（王艾錄，司富珍

2001）。張永言先生（1981：1）將其稱作“内部形式”，蔣紹愚先生（2005：259）認為：“詞的内部形式，就是用作命名根據的事物特徵在詞里的表現，又叫詞的理據。”由此可知，語詞的理據就是指語詞音義結合的根據，即事物的得名之由。學術筆記中收録有眾多研究語詞理據的内容，這些研究成果涉及詞語理據研究的各個方面，内容全面、涉獵廣泛。舉例如下。

（1）宋王觀國《學林》卷第三“戊己校尉”：

《前漢·西域傳》曰：“元帝置戊己校尉，屯田車師前王庭。”《前漢·百官公卿表》曰：“元帝初元元年，置戊己校尉。”……蓋戊己土也，屯田以耕土為事，故取戊己為名。既專主屯田于車師前王庭，則有常居矣，非寄治也。

此為考據官職名稱的構詞理據，按《禮記·月令》：“〔季夏之月〕中央土，其日戊己。”是按五行之说，戊己為土，故屯田之職稱戊己校尉。

（2）宋程大昌《續考古編》卷六“金明池”：

《本紀》：“太平興國三年鑿金明池。”《長編》云：“非鑿也。初年鑿池，引金水河注之，至是賜名耳。”按金水河者，引京、索水為之，以其清澈，故曰金水。其名金明者，取其金水而明澈，亦兼仿漢長安昆明池之義也。

此為解釋古建築名稱的構詞理據，金明池名為引金水河並仿照長安昆明池之義而起。

（3）清趙翼《陔餘叢考》卷三十八“布袋”：

俗以贅婿為布袋。按《天香樓偶得》云，《三餘帖》，馮布少時，贅于孫氏，其外舅有瑣事，輒曰令布代之。布袋之訛本此。

此為分析俗語的構詞理據，指出俗語稱贅婿為布袋是因為馮布曾入贅于孫氏，其妻父有瑣事輒令馮布代之，是“布袋”本為“馮布代之”之義，後語訛“布袋”稱贅婿。

（4）宋孫奕《履齋示兒編》卷六“龍斷”：

龍，音壟。斷，如字。龍斷者，岡壟斷而崛起之小山也。四顧無礙，可左右望而見其商旅負販之來者，以羅取一市之利。故曰：“必求龍斷而登之，以左右望而罔市利。”

此為分析複音詞的構詞理據，“龍斷”即今之“壟斷”，龍、壟聲近可通，故龍斷又作壟斷。

（五）揭示詞語的多個義項及其用法

詞語在歷時發展過程中由於詞義引申以及假借等原因，會產生出多個義項，尤其是一些常用詞，以多義詞居多。學術筆記中許多內容為論述多義詞問題，這些研究可以使我們更好地了解和掌握漢語詞義的發展狀況。如宋王觀國《學林》卷第三“除”：

> 字書除有三義：曰“除，開也”，曰“除，盡也”，曰“除，去也”。《天保》詩：“俾爾單厚，何福不除。”毛氏《傳》曰：“除，開也。”《東門之墠》詩毛氏《傳》曰：“墠，除地也。”……凡此皆開道也。除又訓“盡”者，顏延年《秋胡詩》曰：“良人為此別，日月方向除。”五臣注《文選》曰：“除，盡也。”……除又訓“去”者，如淳注《漢紀》以除官為除故官，則是除去之也，以除去之為除官，固非美稱，如淳誤矣。

指出除有三個義項，即“開”“盡”“去”，訓“開”則為“開闢”“修治”義；訓“盡”則為“去掉”“清除”義；訓“去”則為“離開”義。意義不同，在文獻中的具體用意也各不相同。

（六）揭示詞語的古義、僻義

詞語在漫長的歷史發展過程中，由本義出發不斷地引申、發展出許多其他的意義，有些詞的意義一直保留至今，為人們所熟悉和瞭解，有些詞的意義則在歷史發展過程中被淘汰，或被其他詞語所替代，這些詞義在現在看來不為人們所熟知，僅保留在古代的一些典籍中，成為我們閱讀整理古籍的障礙。學術筆記有許多內容是考證這些詞語的古義及僻義，為我們熟悉掌握詞義的發展歷史及正確解讀詞語的詞義提供了有價值的參考。舉例如下。

（1）明焦竑《焦氏筆乘》卷一“赤族”：

> 赤族，言盡殺無遺類也。《漢書注》以為“流血丹其族者”，大謬。古人謂空盡無物曰赤，如“赤地千里”，《南史》稱“其家赤貧”是也。

認為“赤”有空、盡之義。《漢語大字典》“赤”字條③下即引焦氏此說為證。“赤貧”一詞，《漢語大詞典》所引書證即為《南史・齊臨汝侯坦之傳》。

（2）清桂馥《札樸》卷第三“貂”：

> 或問《釋名》云：“貂，短也。”其義何解？答之曰：“貂當為犳。”《廣韻》：“犳，短尾犬也。”《晉書・張天錫傳》：“從事中郎韓博有口才，桓溫使刁彝嘲之。彝謂博曰：‘君是韓盧後邪？’博曰：‘卿是韓盧後。’溫笑曰：‘刁以君姓韓，故相問焉。他自姓刁，那得韓盧後邪！’博曰：‘明公脫未之思，短尾者為刁也。’一座推歎焉。”案：“犳”“刁”聲近，故借為說。

桂馥認為“貂”有短義乃因其字本作“犳”，“犳”為短尾犬，故“貂”有短義。按：“犳”不見於《說文》，或乃“貂”之俗字，《正字通・犬部》：“犳，俗貂字。”

《說文・豸部》："貂，鼠屬。大而黃黑，出胡丁零國。"是"貂"亦為鼠類體形較小之獸，因此"貂"亦可引申出"短"義。

（3）清鄧廷楨《雙硯齋筆記》卷二：

> 今人以謝為拜賜之辭，非字之本義也。《說文》："謝，辭去也。"《曲禮》："大夫七十而致仕，若不得謝則必賜之几杖。""不得謝"言不得辭而取也。此辭謝之義。襄二十六年《左傳》"使夏謝不敏"，成元年《左傳》"敢告不敏"，"告"即"謝"也，此孫謝之義。《漢書・高帝紀》："高祖嘗告歸之田師。"師古注曰："告者，請謁之言，謂請休耳。或謂之謝。"此謁謝之義。惟《說文》："賕，以財枉法相謝也。"與今語意略近，相謝者，此以行財求，彼以枉法報，如今之所謂酬謝耳。

認為今表拜賜之"謝"，古作辭義。按《說文・言部》："謝，辭去也。"《玉篇・言部》："謝，辭也，去也。"

（4）清盧文弨《龍城劄記》卷三："覺有校義"：

> "覺"有與"校"音義並同者。《詩・定方之中》正義引《正志》云："今就校人職，相覺甚異。"趙岐注《孟子・中也養不中章》："如此賢不肖相覺，何能分寸？"又《富貴子弟多賴章》："聖人亦人也，其相覺者，以心知耳。"《續漢書・律志》中："至元和二年，《太初》失天益遠，日、月宿度相覺浸多。"《晉書・傅玄傳》："古以步百為畝，今以二百四十步為畝，所覺過倍。"《宋書・天文志》："斗二十一，井二十五，南北相覺四十八度。"凡此，皆以"覺"為"校"也。後人有不得其義而致疑者，更或輒改他字，故為詳證之。

列舉諸家之文以證"覺"有"校"義，按"覺"一音古岳切，古音為見母沃部，義為醒悟、明白，《說文》："覺，悟也。"一音古孝切，古音見母幽部，義為睡醒，《說文》："覺，寤也。""校"古音見母宵部，與古孝切之"覺"字聲母相同二者雙聲，韻母幽部、宵部旁轉，是二者古音相近，可通用。段玉裁《說文解字注》："較，亦作校。凡言讎對，可用較字。史籍計較字用覺。"《孟子・盡心下》"《春秋》無義戰"趙岐注："《春秋》所載戰伐之事，無應王義者也。彼此相覺，有善惡耳。"孫奭疏："覺，音教，義與校同。"是"覺"可假借作"校"，"覺"之"校"義乃是其假借義。

三、學術筆記中考辨類語料的現實意義

以上從七個方面論述了學術筆記中考辨類語料的詞彙及詞義研究。我們認為這些研究在今天仍具有直接的現實意義，主要表現為以下幾方面。

（一）有助於漢語詞彙史研究

學術筆記考索詞源，考證詞語的始見書證，描寫詞語的詞義演變，發掘詞語的古義、僻義，這些對漢語詞彙史研究都具有參考價值。周大璞在《訓詁學初稿》中曾指出："雜考筆記中的訓詁……積累了非常豐富的訓詁資料，可以說是漢語訓詁資料的寶庫，其中既保存了先秦兩漢的古訓，也闡明了許多詞語的新義，以及近代的俗語方言，這對研究漢語語義學、詞彙學和漢語發展史，都是很有用處的。只可惜現在還很少人能認真地開發這個寶庫，整理這些資料，使它從雜亂的、零碎的變成有條理有系統的東西，以便能夠充分發揮它在漢語研究中的作用。"（2002：30）劉堅在《古代白話文獻簡述》一文中也指出："除了記述小說故事、瑣事遺聞以外，筆記小說裡還有考據辨證一類值得注意。作者所考訂的有故實，也有名物，甚至方俗詞語，這對古代白話詞語的研究是很有用處的。"（1982：102－103）都充分肯定了學術筆記在詞彙史方面的研究價值。

（二）有助於辭書的編纂和修訂

學術筆記描寫詞義的演變，揭示語詞的文獻用義，解釋詞語的古義、僻義，這些研究成果為辭書的編纂提供了豐富的例證。無論是大型歷史性辭書，還是斷代辭書，或是專書詞典，在語詞義項的設立、詞義的解釋以及書證的使用上都可以充分利用學術筆記的研究成果。大型辭書如《辭海》《辭源》以及《漢語大詞典》都曾引用過《日知錄》《演繁露》等學術筆記的內容；專書詞典如《詩經詞典》，其中也有部分內容引用了《香草校書》《讀書偶識》等學術筆記的內容。如果能將學術筆記中的相關語料加以整理、彙釋，對辭書的編纂將會提供更大的利用價值。

（三）有助於詞彙學及詞義理論研究

學術筆記中還含有大量詞彙及詞義理論研究的內容，如《學林》卷第五"盧"，是有關詞源理論的研究；《野客叢書》卷第十六"駁娑承明"條，是關於音變造詞的研究；《能改齋漫錄》卷十五"鷂有數種"條為修辭造詞的研究。此外，如《日知錄》《陔餘叢考》《焦氏筆乘》等學術筆記亦有許多關於詞彙及詞義理論研究的論述，如能將這些研究材料加以整理彙編，對古代漢語詞彙史及詞義研究將具有非常重要的研究價值。

參考文獻

陳東輝．漢語史史料學．北京：中華書局，2013．

高小方，蔣來娣．漢語史語料學．北京：高等教育出版社，2005．

郭沫若．中國史稿：第二冊．北京：人民出版社，1995．

蔣紹愚．古漢語詞彙綱要．北京：商務印書館，2005．

梁啟超. 清代學術概論. 朱維錚，校注. 北京：中華書局，2010.

劉堅. 古代白話文獻簡述. 語文研究，1982（1）.

劉葉秋. 歷代筆記概述. 北京：北京出版社，2003.

孫詒讓. 墨子閒詁. 孙啟治，點校. 北京：中華書局，2001.

王艾錄，司富珍. 漢語的語詞理據. 北京：商務印書館，2001.

余嘉錫. 世說新語箋疏. 北京：中華書局，1983.

張永言. 關於詞的"內部形式". 語言研究，1981（1）.

趙守儼. 趙守儼文存. 北京：中華書局，1998.

周大璞. 訓詁學初稿. 武漢：武漢大學出版社，2002.

（郭海洋，洛陽師範學院文學院）

從歷代文人筆記看得體話語的表達空間*

李娟紅

提　要：得體是取得語效的首要條件。筆者通過考察發現，文人筆記中的得體話語主要通過“禮貌”和“幽默”兩個原則實現語效。表達空間在語效的實現過程中尤其重要，該表達空間有主、客觀之分，主要通過在表達載體和認知源域間製造差異、提請關聯、利用思維慣性三種方式形成。

關鍵詞：文人筆記；得體話語；表達空間

得體是話語交際中語效得以實現的首要條件，是修辭學研究的核心課題之一。在“得體原則”下，禮貌、幽默、克制是三大準則。我們曾經考察文人筆記，並從中挖掘出所記録的得體話語。本文即以之爲研究對象，進一步探討得體原則的內在生成機制，發現表達空間的存在是其語效實現的必需通道。爲表達方便，先設定三個概念：源域、表達載體、目標域。“源域”是話語表達的源頭概念，或可稱爲“本體”；“目標域”是話語表達的意圖、預期語效；而“表達載體”則是達成“源域”與“目標域”話語信息參數轉換的語言形式。

一、對文人筆記中得體話語的初步觀察

得體話語的“體”參數衆多，林大津、謝朝群（2005：419－424），王希杰、孟建安（2006）均對此做過詳細闡述，故其實現效度的方式不一而足。但正如劉大爲（2003：1—5）所説：“某些特殊語言形式的成功使用不是簡單地出自增加表達效果的需要，而是思想內容本身對形式的要求必然造成的。”雖“體”參數衆多，却必須以思想內容爲前提。作爲封建社會隨性之作的文人筆記，言語交際主體既要展示自己的博學、才識，有時“語言交流的方式受到權力的扭曲”，字裏行間在充

* 基金項目：國家社科基金青年項目“歷代學術筆記中語言文字學論述整理和研究”（項目編號：14CYY059），河南省科技廳軟科學項目“筆記小説中家國意識對生態文明建設作用研究”。

盈着機智、隨性的同時，又布滿時代背景的烙印，可謂中國式“得體”的典型。考察文人筆記中的得體話語，發現其實現語效的方式主要是“禮貌”和“幽默”，而前文所述三大準則中的“克制”僅只作爲“禮貌”“幽默”的認知動因，不宜單列討論。

（一）禮貌話語的實現方式

在話語交際中，交際者總希望得到對方的尊重，説話人要想取得預期交際效果，必須學會適應情境采取恰當的策略以示禮貌，“在交往中爲了給自己面子，也爲了保留對方的面子，最好的辦法就是使用禮貌語言”（何自然 1997：107）。文人筆記中的“禮貌語言”，主要表現爲恰當的稱呼和婉轉的説法。

1. 恰當的稱呼

稱呼包含了話語交際中施、受雙方社會關係、地位、尊卑、長幼、親疏等因素，使用是否恰當，是能否達到預期語效的首要因素。如：

（1）李□兵部使陝西轉運使，嘗至一州，軍伶白語但某叨居兵部，繆忝前行。李大怒。（江修復《江鄰幾雜誌》）

此例中，“前行”爲兵、吏二部之稱。作爲表達載體重要因素的“叨”“忝”均謙辭，《華嚴經・序・音義上》引《韵圃》：“叨，忝。”《説文・心部》：“忝，辱也。從心，天聲。”謙辭本應自用，話語主體却用在上級身上，稱呼的不當就導致該交際過程的失敗。

文人筆記所關涉的恰當稱呼主要有避諱和謙敬辭兩類。

1）避諱

封建社會中，對於尊者、賢者、長者的名字，人們往往通過换字、缺筆等方式避免説出，以示對對方的尊敬，維護對方的健康。該過程中，本字、同音字甚至同韻字均要避諱。

最常見的是爲本字避諱。如：

（2）王羲之之先諱“正”，故法帖中謂“正月”爲“一月”，或爲“初月”，其它“正”字率以“政”代之。（陸游《老學庵續筆記》）

王羲之祖父名“正”，故其法帖改“正”爲“一”“初”“政”等字，是爲避祖父名本字而易字避諱。不難發現，表達載體與本字有某種關聯：“一”“初”與“正”義近，“政”則與之音同。

不但本字，有時同音字也要避諱：

（3）《唐律》禁食鯉，違者杖六十。豈非“鯉”“李”同音，彼自以爲裔出老君，不敢斥言之，至號鯉爲“赤鯶公”，不足怪也。（方勺《泊宅編》）

此例是爲避尊者、賢者諱，所避範圍較之前例（2）更廣泛：因國姓“李”與“鯉”同音，《唐律》禁食鯉，且美稱鯉魚爲“赤鯶公”，表達載體與本字爲同（近）義關係。

甚至同韻字也要避諱，《南部新書》（錢易 2001：317）即載有言語交際主體爲避“談”字，將庾信《枯樹賦》中與〔am〕韻相近之〔m〕韻字“南”“潭”“堪”分别易之爲同義字“陰”“潯”“任”，表達載體與本字義同（近）。

綜上，避諱話語的表達載體通過改换本（同音、同韻）字，使源域在話語交際中免於出現；同時又努力使表達載體、源域間有某種關聯，使目標域的實現有緒可考。

2）謙敬辭的使用

封建社會的禮制有嚴格的層級，作爲表達載體的稱呼語是其外在表徵的典型：相同人、事在不同階層中稱法各異，這就涉及到謙敬辭的使用。如：

（4）東坡云：“凡人相與號呼者，貴之則曰公，賢之則曰君，自其下則爾汝之。雖王公之貴，天下貌畏而心不服，則進而君公，退而爾汝者多矣。”（洪邁《容齋隨筆》）

漢代以丞相、太尉、御史大夫爲三公，後泛稱朝中職高掌權者，故“公”是尊稱。君，敬稱。《説文·口部》：“君，尊也。從尹；發號，故從口。”爾，代詞，用於第二人稱，相當於“你”。古上下通用，後只用於平輩或對下。汝，代詞，表示第二人稱，相當於“你”。《孟子·盡心下》：“人能充無受爾汝之實，無所往而不爲義也。”焦循正義：“爾汝，爲尊於卑、上於下之通稱。”（1987：1008）例（4）中“進而君公，退而爾汝者”表裏不一現象，實爲對敬語内、外表徵不符的諷刺。

不但稱呼用語，一般的行爲用語也有嚴格區分，如：

（5）《公羊傳》桓公十六年“屬負兹”，注曰：天子稱不豫，諸侯稱負兹，庶人稱負薪。莫知兹爲何物。予觀《史記·周紀》：“衛康叔封布兹。”徐廣曰：“兹，借席之名。諸侯病曰負兹。”然後知兹乃席也，與負薪蓋有等級。（劉昌詩《蘆浦筆記》）

例（5）中，同樣是生病，天子、諸侯、庶人却稱法不一，是用同一行爲表達載體的不同，爲不同主體人爲創造認知心理上的層次。

人類認知的普遍規律是由可感知的具體事物作爲源域，映射不可（難以）感知的抽象事物（目標域），目標域的抽象層次必須通過具體可感的表達載體揭示。上文（4）（5）例中，個體的人本身、生病是源域，並無本質差别，爲實現表達意圖（目標域：人、事均有高低貴賤之分），采用不同的語言方式作爲表達載體，該外在表徵的差異爲目標域的實現形成了具體可感的層級，達成了源域到目標域的信息轉碼。

2. **婉轉的説法**

“禮貌是人們使用間接語言的一個很重要的原因”（何兆熊 1997：148），内斂的民族心理特質決定了漢語言交際尤其需要婉轉語，通過不直説本意、用委曲含蓄的話來烘托暗示，達到軟化、減弱威脅雙方面子的行爲之效。如：

（6）曾子宣丞相常排蔡京於欽聖太后簾前。太后不以爲然，曾公論不已，太后曰："且耐辛苦。"蓋禁中語，欲遣之使退，則曰"耐辛苦"也。（陸游《老學庵筆記》）

上例中，欽聖太后不認同曾布關於蔡京的相關言論，又不能直説威脅對方面子，故以認同對方“忍受勞累表謝意”（耐辛苦）爲表達載體，暗示她希望對方“退下休息”的意圖（目標域）。該例中，“耐辛苦”作爲虛假的禮貌，通過字面意對對方行爲的某種認可減弱對其面子的威脅。

（7）趙正夫丞相薨，車駕臨幸。夫人郭氏哭拜，請恩澤者三事，其一乃乞於謚中帶一"正"字。餘二事皆即許可，惟賜謚事獨曰："待理會。"平時徽廟凡言"待理會"者，皆不許之詞也。（陸游《老學庵筆記》）

此例的“待理會”相當於現代人的“再説吧”，話語主體對不同意見，不正面拒絶但也絶不實施，軟化了觀點、行爲對立對雙方面子的威脅。

綜上，在言語交際中，有觀點的差别就會有衝突，就會威脅到雙方面子；委婉語的使用，爲不同觀點的較量提供了語義上的餘地，從而爲交際主體形成心理緩衝的空間，最終弱化觀點衝突對面子的威脅。

（二）幽默話語的表達方式

作爲英語“humour”音譯詞的“幽默”，相當於漢語的“諧謔”，是積極調動各種修辭方式，含蓄地、機巧地對話語表達進行智力干涉的言語行爲，實際是言語交際主體智慧、學識、思想的交鋒。初步考察文人筆記所關涉事例，發現主要通過歪解、歸謬、雙關三種方式實現。

1. **歪解**

人類的認知遵循着固有的規律，常規邏輯往往會爲言語交際自覺設定思維方向，而出其不意地跳出常規邏輯的預定方向，是文人、智者製造幽默情趣的主渠道之一。如：

（8）一日，饌親賓，願亦預焉。李公有故人子弟來投，落拓不事。李公遍問舊時别墅及家童有技者、圖書有名者，悉云賣却。李責曰："郎君未官家貧，産業從賣，何至賣及書籍古畫？"惆悵之久。復問曰："有一本虞永興手寫《尚書》，此猶在否?”其人慚懼，不敢言賣，云：“暫將典錢。”顧忽言曰：“《尚書》大屯。”李公忘却先拒其談諧之事，遂問曰：“《尚書》何屯?”顧曰：“已遭堯典舜典，又被此兒郎典。”李公興怒之意大開，自此更不拒周。（趙璘《因話録》）

“典”有“典籍”“典當”二義，《堯典》《舜典》之“典”本指“經籍”，該義爲交際的常規義，但交際主體却出其不意地跳出常規，使該“典”與“又被此兒郎典”相對使用，取“抵押”義。例（8）“典”義項的故意轉换，爲交際過程中信息轉碼創造可能，通過活躍現場氣氛減弱對對方面子的威脅，並實現預期語效。

2. **歸謬**

以認同對方荒謬的説法爲基點，並依其邏輯軌道逐步舉出旁證，直至基點邏輯的荒謬凸顯。如：

（9）今人謂賤丈夫曰“漢子”，蓋始於五胡亂華時。北齊魏愷自散騎常侍遷青州長史，固辭。文宣帝大怒曰：“何物漢子，與官不受!”此其證也。承平日，有宗室名宗漢，自惡人犯其名，謂“漢子”曰“兵士”，舉宫皆然。其妻供羅漢，其子授《漢書》，宫中人曰：“今日夫人召僧供十八大阿羅兵士，大保請官教點《兵士書》。”都下哄然傳以爲笑。（陸游《老學庵筆記》）

語言作爲社會現象，和社會結構的共變是存在的常態。五胡亂華，漢人在周邊民族中地位下降，導致“漢子”色彩義由褒而貶。宗漢爲避開該詞，稱“漢子”爲“兵士”。交際主體以之爲基點，同時把“其妻供羅漢”“其子授《漢書》”中的“漢”均用“兵士”替代，使主體言語的荒謬逐漸擴大，實現諷刺目的。

3. **雙關**

在人類的認知領域中，不同事物可以通過某種方式産生關聯，有意利用該關聯製造出話語組合，可表達雙重意義，達到“言”在此而“意”在彼的語效。如：

（10）韓侂胄用兵既敗，爲之鬚鬢俱白，困悶莫知所爲。伶優因上賜侂胄宴，設樊遲、樊噲，旁有一人曰樊惱，又設一人揖問：“遲，誰與你取名?”對以“夫子所取”，則拜之曰：“是聖門之高第也。”又揖問噲曰：“爾誰名汝?”對曰：“漢高祖所命。”則拜曰：“真漢家名將也。”又揖惱云：“誰名汝?”對以“樊惱自取。”（葉紹翁《四朝聞見録》）

《廣韻·元韻》“樊，附元切”，又“煩，附袁切”，故“樊”“煩”同音。該例即在特定語境中，使“樊惱”之同音詞“煩惱”作爲表達載體參與交際，言在此而義在彼，實現話語交際的預期語效。

綜上，文人筆記中的幽默話語主要通過歪解、歸謬、雙關，以交際活動之外的人、事、物或錯謬的言論作爲表達載體，有意利用它與源域的分離和關聯，製造幽默，逐步達成話語交際到目標域的信息轉碼。

二、得體話語表達空間的類型

認知心理學的“語義空間”（semantic space），指“由概念與概念，概念與其特徵之間的關係所構成的網絡或區域”（魯忠義 2007：22—28），是對整個語義網絡的探究；本文的“表達空間”雖與之相似，却更側重於對交際過程中表達載體與源域、目標域關係的考察。如上所述，不難發現，作爲“得體”話語關鍵因素的表達載體，與話語的“源域”“目標域”或有意拉開距離，或人爲製造層級，作爲預期語效實現的心理認知場所，我們稱該距離或層級爲得體話語的“表達空間”。鑒於對相關實例的進一步考察，我們發現該“表達空間”有主、客觀之分：主觀空間僅存於交際主體認知心理上，是内在的，感官不可觸碰；而客觀空間是外在的，是可觸可見的。二者區分的關鍵在於表達載體對認知源域是否有實質性的改换。

（一）主觀表達空間

語言的存在狀態與該民族的認知心理密不可分，此即主觀表達空間存在的根本原因。漢民族的内斂特質，決定表達載體在目標域實現過程中必具以下二特徵之一：①使受話者有面子迴旋的餘地；②爲受話者提供足够的思維場所。需具備哪個，由交際場景、目的、對象等因素綜合決定。

1. 面子迴旋的心理場所

如上文例（6）（7）（8），在言談現場，當甲、乙雙方觀點存在正面衝突，甲方既要表達自己的真實意圖，又必須軟化、減弱對雙方面子的威脅，這就需要調動各種修辭技巧生成合適的表達載體，爲交際主體留出面子迴旋的餘地。又如：

（11）嘉興林叔大鏞掾江浙行省時，貪墨鄙吝，然頗交接名流，以沽美譽。其於達官顯宦，則刲羔殺豕，品饌甚盛，若士夫君子，不過素湯餅而已……子素即書一絶句云：“阿翁作畫如説法，信手拈來種種佳。好水好山涂抹盡，阿婆臉上不曾搽。”大痴笑謂曰：“好水好山，言達官顯宦也；阿婆臉不搽，言素面也。”（陶宗儀《南村輟耕録》）

例（11）中，交際主體對林叔大的“貪墨鄙吝”顯然很不贊同，但並未直説，而是以“好水好山涂抹盡，阿婆臉上不曾搽”兩句詩中“好山好水”“阿婆臉上”的不同，映射林在宴席中的區别對待。話語實施者巧妙使用外物作爲表達載體，既達到預期語效，又未直刺給對方留出面子迴旋的心理空間。

2. 展示機巧的思維通道

當交際過程的預期語效是展示主體的博聞强識、活躍現場氣氛時，説話者就需要利用表達載體爲受話者留出思維通道。如：

（12）越人好傳讕語，如云徐天池游西湖，題某扁曰“虽二”，詰之，曰“風月無邊”也。”（平步青《霞外捃屑》）

例（12）中，交際主體把匾上的“虽二”解爲“風月無邊”，實爲以局部代整體，在突出“風”“月”二字中間部分的同時，又將認知源域、表達載體的形體作出對比，並把二者外在表徵的差異作爲受話者的思維通道參與讕語製作，匠心獨具，機巧新穎。

綜上，主觀表達空間是通過描述、比擬等方式爲交際主體創造的虛擬空間，該空間爲交際主體的思維活動提供必需場所，是實現目標域的引導。在該空間的形成中，載體只是改換源認知域外在表徵表達方式，並未對其進行實質性改變。

（二）客觀表達空間

在客觀表達空間的形成中，交際主體所使用的表達載體，是對源認知域進行的故意的、客觀的改變。字的形、音、義改變均可成爲表達載體的生成方式。

1. **通過意義轉換實現**

客觀空間可通過同音字或多義詞不同意義、義項之間的故意轉換實現。如：

（13）北齊高祖嘗以大齋日設聚會……石動筩最後議論，謂法師曰：“且問法師一個小義：佛當騎何物。”法師答曰：“或坐千葉蓮花，或乘六牙白象。”動筩云：“法師全不讀經，不知佛所乘騎物。”法師即問云：“檀越讀經，佛騎何物？”動筩答云：“佛騎牛！”法師曰：“何以知之？”動筩曰：“經云：‘世尊甚奇特’，豈非騎牛？”坐皆大笑。（侯白《啓顔録》）

“特”可指牛，還有“獨特、特殊”之意。佛經“世尊甚奇特”一句中，“特”表“獨特”，而交際主體故意將之繆解爲“牛”，此錯誤義項與源認知域概念的客觀差別爲受話者提供了思維空間，順利製造幽默。

2. **通過字形改換實現**

客觀表達空間的形成還可通過字形的改換實現。如：

（14）高祖友嘗集儒生會講，……動筩云：“先生全不讀書，《孝經》亦似不見。天本姓‘也’，先生可不見《孝經》云：‘父子之道，天性也’。此豈不是天姓？”高祖大笑。（侯白《啓顔録》）

該條例中，因“性”“姓”同音，交際主體故意將二者調換，錯解《孝經》的“天性也”，實爲通過載體對本體的錯謬表述，形成認知源域到目標域的客觀通道。上文例（2）亦爲通過該方式形成客觀表達空間，達成語效。

綜上，客觀表達空間的形成需同時具備以下二特徵：①表達載體與認知源域的差别是客觀存在的，而該差别是言語交際主體思維活動的場所；②表達載體與認知源域、目標域間一定有某種關聯（或同音，或同義），此關聯是思維活動順利進行的引導。

三、得體話語表達空間的生成方式

由上可知，在通過表達載體由源認知域到目標域的過程中，作爲得體話語語效實現通道的表達空間有主、客觀之分。通過進一步考察，我們發現，該表達空間可通過製造差異、提請關聯、利用思維慣性三種方式生成。

（一）通過製造差異形成表達空間

只有表達載體、源域、目標域間有差異，主體的認知活動才會有自由馳騁的場所，故製造三者之間的差異是形成話語表達空間的重要途徑。當然，形成有效差異的方式並非只有一種。

1. 可通過字形、義的不同實現

上文之例（2）（3）即利用改字、换字爲源認知域、表達載體製造字形的客觀差别，拉開交際主、客體之間的距離，以形成表達空間的典型；而例（13）的言談主體則利用同音字意義的不同，自由轉换形成表達載體和源認知域的差異，爲思維活動提供通道；例（14）解“天性”爲“天姓”例則通過同音字“性”“姓”字形的轉换，利用錯謬的表達載體，製造其與源認知域的差别，形成認知場所。

2. 可通過表達載體的層級性來實現

如上文例（4）“呼君爲爾汝”，認知源域概念本無實質區别，爲實現目標域的不同，表達載體被有意製造出層級以形成思維空間；例（5）“屬負兹”同例（4），並無實質差别的行爲，被表達載體人爲區分出層級，從而使得人們在認知上爲之填充各種特徵，最終實現源認知概念在人類認知上的層級性。

（二）通過某種關聯形成空間

與製造差異相反，認知源域與其他事物間的某種關聯也可作爲表達空間形成的基點。該關聯可相似、可相關、可爲性質、可爲形體，不一而足。如：

> （15）寧宗恭淑后上仙，而曹氏爲婕妤，平原恃以爲親屬。偶值真里富國進馴象至，平原語公瑾曰：“不聞有真里富國。”公瑾曰：“如今有假楊國忠！”平原雖憾之，而無罪加焉。（張仲文《白獺髓》）

該例中，“假楊國忠”爲表達載體，本體（源域）爲“平原公”。平原公恃爲曹婕妤之親屬與楊國忠借楊玉環之勢相似，該行爲的相似就成爲話語表達空間形成的基點。此類又如：《隋唐嘉話》卷中對長孫無忌、歐陽詢因體貌缺陷互以猴、猪來嘲弄對方的記載；《朝野僉載》卷六狄仁杰、盧獻以姓互嘲的趣事；《啓顏録》敦煌寫本中專列“嘲誚”一門，皆通過拆字以嘲笑對方之姓、名爲戲語。

（三）通過思維慣性形成空間

與其他物理運動相同，人類的思維活動也具有慣性，該慣性或爲常規邏輯預定，或爲交際語境設定，均能引導思維活動自覺地朝既定方向發展。對常規慣性的違背或錯謬邏輯慣性的利用，也是生成話語表達空間的方式之一。

1. **通過違背常理形成空間**

常規思維的慣性是自覺存在的，對該自覺行爲的人爲干預終止，可爲順勢思維和實際言語交際活動製造對比反差，形成語義表達的空間。如：

（16）故老能言五代時事者云：馮相道、和相凝同在中書，一日，和問馮：“公靴新買，其直幾何？”馮舉左足示和曰：“九百。”和性煸急，遂顧小吏云：“吾靴何得用一千八百？”因詬責久之。馮徐舉其右足曰：“此亦九百。”於是哄堂大笑。（歐陽修《歸田録》）

該話語行為中，“一千八百買一雙靴”是符合常規的表達方式，而表達主體却故意把常規整體拆分兩步分別展示，爲兩行爲留足時間間隔，使受話者誤解，再調轉話鋒，通過跳脱形成戲謔的思維空間。該條目中，整體的分步展示、展示行爲間的時間間隔是人爲干預自覺思維的關鍵：既爲受話者提供順勢思維空間，又給受話者認知活動的跳脱反轉打下基礎。

2. **利用錯謬邏輯形成空間**

在言談現場，邏輯可能是常規的，也可能是錯謬、不合常理的，錯謬邏輯也可作爲基點巧妙形成表達空間。

以特定語境中的荒謬邏輯作爲後文話語行爲的基點，且遵循其錯謬進一步順推，逐步擴大該邏輯與正常邏輯間的差異，也能形成話語表達空間。例（9）交際主體即通過承認宗漢用“兵士”替换“漢”字的荒謬邏輯爲基點，不斷順推，形成表達空間，製造幽默。但故意逆推或夸大抵觸話語基點的荒謬，也可形成表達空間。如：

（17）又有典樂徐申知常州，押綱使臣被盗，具狀申乞收捕，不爲施行。此人不知，至於再三，竟寢不報。始悟以犯名之故，遂往見之云：“某累申被賊，而不依申行遣，當申提刑，申轉運，申廉訪，申帥司，申省部，申御史臺，申朝廷，身死即休也！”座客笑不能忍。（莊綽《鷄肋編》）

例（17）是對避諱過度的嘲諷：典樂徐申爲自己避諱，以至於因具狀犯其名，出了盗賊也不下令拘捕，申狀者明白原因後，故意十用“shen”音，极力夸大徐申的荒唐行徑。該條例中交際主體在明知對方意圖的情况下，利用表達載體故意抵觸以夸大其錯誤意圖的荒謬，爲認知源域到目標域的語義生成創造出表達空間。

四、結　論

綜上，本文得出如下結論：

第一，鑒於思想内容的表達要求，文人筆記中得體話語主要通過“禮貌”“幽默”兩種方式實現。在上述表達過程中，認知源域、表達載體、目標域間的認知表達空間起關鍵作用。

第二，根據目標域、表達載體、認知源域的關係，言語交際的表達空間有主、客觀之分：主觀空間是虚擬的，表達載體並未對認知源域做出實質性改變；而客觀表達空間中，表達載體對認知源域的改變是客觀存在的。

第三，作爲由認知源域到目標域實現通道的表達空間，主要是通過表達載體對本體（源認知域）製造差異、提請關聯、利用思維慣性三種方式實現的。

參考文獻

方勺．泊宅編∥宋元筆記小説大觀．上海：上海古籍出版社，2001．

何兆熊．新編語用學概要．上海．上海外語教育出版社，1997．

何自然．語用學與英語學習．上海：上海外語教育出版社，1997．

洪邁．容齋隨筆．上海：上海古籍出版社，1978．

江修復．江鄰幾雜誌∥宋元筆記小説大觀．上海：上海古籍出版社，2001．

焦循．孟子正義．北京：中華書局，1987．

林大津，謝朝群．論言語交際的得體原則：争論與意義．外語教學與研究，2005（6）．

劉昌詩．蘆浦筆記．北京：中華書局，1986．

劉大爲．言語學、修辭學還是語用學?．修辭學習，2003（3）．

魯忠義．語義空間的研究方法．心理學探新，2007（3）．

陸游．老學庵筆記∥宋元筆記小説大觀．上海：上海古籍出版社，2001．

歐陽修．歸田録∥宋元筆記小説大觀．上海：上海古籍出版社，2001．

平步青．霞外捃屑．上海：上海古籍出版社，1988．

錢易．南部新書∥宋元筆記小説大觀．上海：上海古籍出版社，2001．

陶宗儀．南村輟耕録∥宋元筆記小説大觀．上海：上海古籍出版社，2001．

王希杰，孟建安．關於得體性原則相關問題的討論．淮陰工學院學報，2006（4）．

葉紹翁．四朝聞見録∥宋元筆記小説大觀．上海：上海古籍出版社，2001．

趙璘．因話録．上海：上海古籍出版社，1957．

莊綽．鷄肋編∥宋元筆記小説大觀．上海：上海古籍出版社，2001．

（李娟紅，南陽師範學院新聞與傳播學院）